中国古典学への招待

目録学入門

程千帆・徐有富著

向嶋成美・大橋賢一
樋口泰裕・渡邉　大　訳

研文出版

中国古典学への招待

目録学入門

目次

まえがき―訳者より……3
第一章　目録と目録学……9
第一節　目録とは何か　9
第二節　目録学とは何か　16
第二章　目録の構造とその機能……29
第一節　篇目　29
第二節　書目　38
第三節　書の叙録　43
第四節　書目の序　54
第三章　目録の著録事項……71
第一節　書名　71
第二節　篇巻　82
第三節　版本　92
第四節　真偽　100
第五節　存佚　110
第六節　著者　118

第四章　目録分類の沿革……132
第一節　『七略』から『隋書』経籍志まで　134
第二節　四部分類法の形成以後における内部調整　152
第三節　四部分類の規則を守らない分類法　169
第五章　総合目録……197
第一節　国家蔵書目録　199
第二節　史志　208
第三節　叢書目録　224
第四節　地方文献目録　229
第五節　私人蔵書目録　238
第六節　聯合目録　253
第六章　学科目録……269
第一節　経学書目録　269
第二節　史学書目録　279
第三節　諸子学書目録　291
第四節　文学書目録　305
第七章　特種目録……332
第一節　推薦書目録　332

第二節　禁書目録　340
第三節　販書目録　348
第四節　引用書目録　356
第五節　版本目録　366
第六節　個人著作目録　384
第七節　目録の目録　392
第八章　目録の編製……404
第一節　主題の選定とその範囲　404
第二節　著録と配列　413
第三節　別裁と互著　421
第四節　序例と索引　428
訳者あとがき……453
附録　目録学要籍解題　455
目録学年表　483
参考文献（『校讎広義』参考書目挙要・訳者参考文献）　489
目録分類要覧　41
索引　書名索引・人名索引・事項索引……1

中国古典学への招待

目録学入門

まえがき——訳者より

本書は程千帆、徐有富両氏によって著された『校讎広義』目録編の翻訳である。『校讎広義』目録編は、南京大学古典文献研究所専刊として斉魯書社から一九八八年に出版された。程千帆氏の「叙録」によると、『校讎広義』はもともと一「版本編」、二「校勘編」、三「目録編」、四「典蔵編」の四編をもって構想されており、「目録編」に続いて一九九一年には「版本編」が出版されている。そして既刊の版本編、目録編の再版に未刊の校勘編、典蔵編を加えた四編を一括して、一九九八年に同じ斉魯書社から傅璇琮氏が主任をつとめた国家古籍整理出版規画小組学術委員会編「中国伝統文化研究叢書」第一輯として出版された。目録編の初版本と再版本とでは、誤植の訂正など若干の異同があるが、本書の翻訳は一九九八年の再版本によっている。

著者の程千帆氏は一九一三年、湖南省長沙の読書人の家で生を受けた。当時、程家はかなり清貧の家庭であったらしいが、程氏は一九三二年に二十歳で南京大学の前身である金陵大学に入学した。金陵大学では黄季剛、呉瞿安、胡小石、劉衡如、汪辟彊氏らから指導を受け、特に目録学、校讎学では劉衡如、汪辟彊氏の指導によって大きな興味を抱いたことが「叙録」に記されている。一九三六年に大学を卒業、翌一九三七年に日中戦争が勃発したため安徽の屯渓に逃れ、その後長沙、武漢、重慶、康定などの地を転々とするが、一九四〇年からは四川省内のいくつかの学校で教鞭を取り、一九四五年に日中戦争が終結すると、武漢に帰って武漢大学の副教授に任じられ、やがて教授に昇任した。ところが一九五七年、反右派闘争で「右派」と見なされて粛清を受け、その後の文化大革命の時代にかけて約二十年におよぶ苦難の生活が続いた。そして社会の混乱が収束した一九七八年、友人たちの尽力によって母校南京大学の教授に迎えられ、二〇〇〇年に齢八十八歳で亡くなるまで、精力的に学術研究と学生の教育とに従事した。

程千帆氏の著作は、一九五四年に出版された夫人の沈祖棻氏との共著『古典詩歌論叢』（上海文藝聯合出版社）をはじめとして多数を数える。かつその学術の領域について見ると、校讎学の『校讎広義』のほか、歴史学の『史通箋記』（中華書局、一九八〇年）、文学批評の『文論十箋』（黒竜江人民出版社、一九八三年）、古代文学研究の『古詩考索』（上海古籍出版社、一九八四年）など、文学史の『両宋文学史』（呉新雷氏との共著、上海古籍出版社、一九九一年）など、文学史研究の『唐代進士行巻与文学』（上海古籍出版社、一九八〇年、なおこの書には松岡榮志、町田隆吉両氏による翻訳が『唐代の科挙と文学』の名で一九八六年に凱風社から出版されている）、古典詩歌注釈の『古詩今選』全二冊（沈祖棻氏との共著、上海古籍出版社、一九八三年）など、広く中国古典学一般が研究の対象となっている。まことに一代の碩学というのにふさわしい。こうした程氏の著作は、程氏から指導を受けた南京大学教授莫砺峰氏の編集になる『程千帆全集』全十五巻（河北教育出版社、二〇〇一年）に収められている。以上、程千帆氏の略歴については、多くを莫砺峰氏の「程千帆評伝」（『学術界』総第八三期、二〇〇〇年）によった。

もう一人の著者徐有富氏は、一九四三年に南京で生まれ、一九六七年に南京大学を卒業、一九八一年に南京大学研究生を修了し、南京大学図書館学系に所属、目録学主任などを経て、南京大学の教授を務めた。程千帆氏から指導を受け、主として校讎学を専門とする学者である。著書に、『李清照』（江蘇古籍出版社、一九八二年）、『書目工作概論』（呉式超氏との共著、書目文献出版社、一九八九年）、『鄭樵評伝』（南京大学出版社、一九九八年）、『文献学研究』（徐昕氏との共著、江蘇古籍出版社、二〇〇二年）、『中国古典文学史料学』（北京大学出版社、二〇〇六年）などがある。

「校讎学」とは、著者程千帆氏の「叙録」のことばを借りるならば、「治書の学」である。もともと書物の校勘を指した「校讎」（「讎」は、二人が向かい合って対校すること。その様子がまるで讎《かたき》同士が向かい合うようであったためこの名がついたという）は、やがて校勘のみならず、書籍の捜求・分類・所蔵についての学、さらには書籍の分類を通して学問の系統、またその変遷を明らかにする「治書の学」になったという。「治書の学」の意味するところは要するに書物を十全に活用するための書物に関する学問、広く書籍を修習する学問といってよいであろう。程氏はその「校讎学」に「版本の学」「校勘の学」「目録の学」「典蔵の学」という四つの下位区分を設け、各々について一書をなしたということである。

そしてここに訳出する『校讎広義』目録編では「目録の学」が第一章「目録と目録学」、第二章「目録の構造およびその効用」、第三章「目録の著録事項」、第四章「目録の分類沿革」、第五章「総合目録」、第六章「学科目録」、第七章「特種目録」、第八章「目録の編製」の全八章にわたって詳細に論述されている。我が国の倉石武四郎氏の名著『目録学』の「序説」では、「かかる学問が中国に存在することを知り、これを利用して、如何なる類には如何なる書物があり、如何なる書物から如何なる学問を考えるかということがいささかでも分かるならば、中国の学術を研究する人たちにとって、王鳴盛のいうように目録の学は「学中第一緊要事」で、これから道を問うてこそその門に入ることになる」と説かれる。ちなみに王鳴盛の言はその著『十七史商榷』に見えるもので、「目録の学は、学問の中で第一に緊要なことであって、必ずここから道を問うて、はじめてその門を得て入ることができる」とある。この翻訳書を『中国古典学への招待』と名付けたゆえんである。

目録学にはこれまで多くの著作が書かれている。近代以降の主だったものだけでも、中国では余嘉錫氏の『目録学発微』（北京大学における講義録。中華書局、一九六三年）、姚名達氏の『中国目録学史』（商務印書館、一九三八年、一九五七年再版）、許世瑛氏の『中国目録学史』（台湾中華文化出版社、一九五四年、のち、台湾中国文化大学出版部、一九八二年新版）、張舜徽氏の『中国文献学』（中州書画社、一九八二年）、王重民氏の『中国目録学史論叢』（中華書局、一九八四年）があるし、我が国でも内藤湖南氏の『支那目録学』（一九二六年京都大学における講義録。『内藤湖南全集』第一二巻、筑摩書房、一九七〇年）、倉石武四郎氏の『目録学』（東京大学東洋文化研究所附属東洋学文献センター叢刊第二〇集、一九七三年、のち、汲古書院、一九七九年）、清水茂氏の『中国目録学』（筑摩書房『世界古典文学全集』月報、一九六六～一九六九年、のち、筑摩書房、一九九一年）がある。そして程徐両氏の『校讎広義』目録編は、かかる従来の研究を踏まえて目録学を系統的に整理して記述するとともに、従来の「目録学」の書がややもすると個別の目録を時代順に取り上げて目録学史といった体裁をとることが多いのに対して、現在におけるその活用法を説くことに重点を置いていることが特徴的で、実に有効な論著たりえている。

そこでこの書を広く世に紹介すべく翻訳を行った。訳出にあたっては、原文の構造に忠実であるよりも内容の理解しやすさを優先させた。冒頭で述べたように、一九九八年版を底本とし、一九八八年版を随時参照した。原著中の誤字、誤植等の明らかな誤りは適宜改め、原著中に引用される諸資料は可能な限り原典にあたって確認した（なお、原著や引用の字句を改めた場合でも特に必要がないかぎり註記していない。書名、人名等の異称や略称については強いて統一していないが、索引はその点を配慮して作成した）。また、より充実した紹介を期して、原注のほかにかなり豊富な訳者注を補った。原注は（　）で、訳者注は〔　〕で示し、番号は別立てとし、各章の末尾に原注、訳者注の順に置いた。さらに、附録として、原書にはない目録学要籍解題、目録学年表とともに、目録分類要覧、参考文献を作成したほか、書名索引、人名索引、事項索引によって読者の便宜を図った。

この翻訳書が中国古典学を志す、特に若い学生諸君の指標として活用されることを願ってやまない。

第一章　目録と目録学

第一節　目録とは何か

「目」という字の本義は眼《め》である。眼は二つあることから複数の事柄を表すのに用いるようになった。例えば『論語』に「顔淵が仁について尋ねた。先生は『克己復礼（自分自身に打ち克《か》って礼の規範に立ち復《かえ》ること）を仁というのだ』と仰った。……顔淵が『どうかその「目」をお教えください』と言うと、先生は『礼に適わなければ見ず、礼に適わなければ聞かず、礼に適わなければ話さず、礼に適わなければしないことだ』と仰った。」（『論語』顔淵篇）とあるが、孔子の返答はすなわち克己復礼の項目である。「録」という字は「彔」の異体字である。もともとは木を刻むときに出る音を指していたが、派生して「記録」という意味を持つようになった。[一] 例えば『周礼』には「職幣という官職は、法度に従って官庁・都・地方にかかる費用と軍事費の餘剰を収め、また君主の命による特定の事務費用の餘剰を収める。すべての内容を分類し、その『録』を取り札に書きつけておく。」（『周礼』天官・職幣）とある。最後の部分は政府の財物はみな登録し、札に記録しておくということを述べている。

この二語が目録学の中で使われると、「目」は一書の篇名のリスト、もしくは複数の書名のリストを指し、「録」は叙録、すなわち一篇あるいは書物全体の内容について記した提要を指すことになる。この二語が一つになったのが目録である。もっとも、この二語は古代の著述において、使い分けられることも、互いに通用することも、一方が他方の意味を含むこともある。ここでは、ある書物の篇名を列記し、その全篇に提要を記したもの、あるいは書物全体に提要一篇を記すものを「一書の目録」と呼ぶ。多くの書名を列記し（簡単な形式でも複雑な形式でも）まとめてあるものは「群書の目録」である〔二〕。後者が目録学の主たる研究対象であるが、一書の目録の方が早く出現し、後者によってそれが継承、発展された。

一書の目録はその書物の構成成分であり、附属物である。古い時代の書物は竹簡・木簡や絹帛に記され、簡を編んで篇とし、帛を捲いて巻とした。しかし、どちらもあまり長くはできず、収まる字数にも限界があった。そこで比較的大きな著作は皆いくつかの篇や巻に分けなくてはならなかった。書物全体が完成し、その後に目録を作ることになる。そのため目録はすべて書物全体の最後に置かれていた。現行の『周易』には経文の後に「序卦」という篇があり、六十四卦が互いに相応じながら順序立てて並んでいる意味を説明しているが、これは恐らく現存する最も早い一書の目録であろう〔三〕。そのため清の盧文弨は次のように述べている。「思うに易の序卦伝は六十四卦の目録ではないだろうか。『史記』や『漢書』などの序は、ここに淵源を求められるであろう。」（『鍾山札記』巻四）。ここにいう『史記』『漢書』の序とは『史記』末篇の「太史公自序」と『漢書』末篇の「叙伝」を指している。両篇の中で、司馬遷、班固は、自身の家柄について述べるだけでなく、すべての篇名を逐一列挙し、各篇の内容を簡潔に提示している。両書から各一例を挙げよう。

桀、紂が道を失って湯、武がおこり、周が道を失って『春秋』ができた。秦が政治に失敗すると、陳渉が興起して、諸侯が争いを起こした。風が起こり雲が湧くように世が乱れ、ついに秦を滅ぼした。天下のことは陳渉の叛乱に端を発したため、『陳渉世家』第十八を設けた。

（『史記』巻一三〇）

伏羲が八卦を創り、文字がその後にできた。虞・夏・商・周と代がかわり、孔子がその業をまとめて、『書』を編み、『詩』を削り、『礼』を綴り、『楽』を正し、彖伝、繫辞伝を作って『易』をさかんにし、『春秋』にもとづいて法則を立てた。こうして六学が成立したが、世情により広まることなく、様々な発言が紛々とし諸子が相次いで起こった。秦はそれらを破壊したが、その残缺を漢が補い、劉向が書籍を司って、諸家を九流に分けた。そこで、ここにそれらの書物の目録を著して、残された大いなる業績のあらましを述べ、『藝文志』第十とする。

（『漢書』巻一〇〇下）

古書の目録はもともと書物全体の末尾に置かれていたが、印刷術の発明、印刷条件の進歩、書籍制度の変化などに伴って、検索の便のため、後ろから前に移され、今日行われているようになった。（書物が完成してから全体の目録が作られたのと同様、古代は篇が出来上がるごとに篇名が加えられたので篇名は各篇の末尾に置かれた。今日前に置かれているのはやはり後人が改めたものである。ただし『詩経』などではまだ本来の面目を保っている。）この点については、盧文弨も次のように述べている。

『史記』『漢書』で書物の前の方に目録を置くのは、版本が起こってからのことで、単に検索の便のためにすぎない。しかしながら、この二つの史書の本来の意図は失われたところが多い。そもそも「太史公自序」は『史記』の目録であり、班固の「叙伝」は『漢書』の目録であるのだ。それを後人が……前に置かれた目録を作者自ら定めたものと誤り、それによってもとの書物を譏る者まで出てきたのである。

（『鍾山札記』巻四）

これまで紹介してきたのは一書の目録の一形態で、篇名を列記し、篇毎にすべて提要を附すものである。もう一形態として、篇名は列記するものの、各篇に提要はつけず、ただ一書全体について総括する提要を一篇附すだけのものがある。前者の多くは古書にもとから備わっていたもので、作者自らの手によるものであること、すでに述べた通りである。後者はその書物を校勘した者が加えたもので原書にもとから備わっていた構成要素ではない。その後者に属し、今日目にすることのできる最も早いものは、劉向が漢の成帝の命を受けて群書を整理校勘した際、毎書の末尾につけた「書録」である。〔四〕一例を挙げよう。

天瑞第一
黄帝第二
周穆王第三

仲尼第四（篇名を極知とするテキストもある）
湯問第五
力命第六
楊朱第七（篇名を達生とするテキストもある）
説符第八

右の通り新書八篇を定めた。護左都水使者、光禄大夫の臣劉向が申し上げる。校訂した中書（宮中の蔵書）の『列子』五篇、臣劉向が謹んで長社尉の臣参とともに太常の蔵書三篇、太史の蔵書四篇、劉向の蔵書六篇、臣参の蔵書二篇を校勘した。宮中内外の書、計二十篇を校訂し、重複する十二篇を除き、八篇を定めた。中書は多く、外書は少なく〔五〕、文章の乱れが諸篇に見え、あるものは「盡」字を誤って「進」に作り、「賢」字を「形」〔六〕に作るといった類が多かった。新書を作るに及んで缺落がある時、校訂は中書に従って定めた。すべて竹簡をあぶり、書き写すべきものである〔七〕。

列子は鄭の人であり、鄭の繆公と同時期で、道をわきまえた人物であったろう。その学は黄帝、老子にもとづき、号して道家という。道家は、物事の枢要・根本を捉え、清虚無為である。身を修め事に臨んでは努めて競い合わないことを尊重し、その点は六経に合致する。しかし、「穆王」「湯問」の二篇は出鱈目でいい加減であり、君子の言とはいえない。「力命」では運命を尊ぶ一方で、「楊子」ではひたすら放逸を重んじており、二篇の主張は乖離矛盾し、一人の作とは考えられない。それでも各々道理に通じている所、観るべき所がある。孝景帝の時、黄老の術を尊び、この書は大変広く世の中に広まったが、その後廃れて民間に散じてしまい、今は伝える者がない。寓言が多く荘周と似ている。そのため司馬遷は（列子のために）列伝を作らなかったのである。謹んで記録し、臣劉向が昧死して奉る。護左都水使者、光禄大夫臣劉向が校勘した『列子』書録、永始三（前一四）年八月壬寅に奉る。

（『快閣師石山房叢書』本『七略別録佚文』引宋本『列子』）

ここから一書の目録は『史記』や『漢書』の目録とは違いがあることがわかる。篇毎の提要とその篇名を一緒に書くのではなく、まずすべての篇目を挙げ、その後に書物全体についての提要を記している。前者が目、後者が録であり、両者をあわせて目録というのである。最初に篇目を定め、次いで整理の経過を説明し、書物の内容を明らかにし、作者を評して、本文を読む前に概要を知ることができるようになっている。そのため、『漢書』藝文志は、劉向らの校訂作業を説明して「一書の校訂が終わる度に、劉向はまず篇目を並べ、内容をまとめ、それを記録して奏上した。」（『漢書』巻三〇）と記している。『隋書』経籍志にも「一書の校訂が終わる度に、劉向は一篇の『書録』を撰して要旨を論じ、誤りを明らかにして、上奏した。」（『隋書』巻三二）とある。「篇目を並べ」とは「目」の部分を指し、「要旨を論じ、誤りを明らかにし」とは「録」の部分を指している。

群書の目録は、一書の目録を継いで現れた。群書を記載するには、一定の基準、主に学術分類に従って配列する。群書の目録には、発展の過程において繁簡三種の基本形態が生まれた。第一は、書名を分類、記録し、大小の各類に序をつけ、書毎に提要をつけるもので、例えば『四庫全書総目』のようなものがある。第二は、書名を分類、記録し、大小の各類に序はつけるものの、毎書の提要はないもので、例えば『漢書』藝文志である。第三は、書名は記録するものの、各類の序、提要をともに缺くものである。[1] この種の目録は、学術を明らかにできないため、早くから批判されてきた。『隋書』経籍志・史部・簿録類の小序にこうある。「漢代の劉向『別録』、劉歆『七略』は、学術の系統を見極めて、的確に部立てを行い、その変遷を跡づけているが、それが古の制度であったのだろう。後のものは学術の系統を明らかにできず、ただ書名を記すのみである。」(『隋書』巻三三)。しかしながら目録をつくる目的、時間、能力等の要素には限度があることから、ただ書名を記すだけの目録も広く存在している。そのため、いわゆる目録とは、実際には、一定の順序で篇名あるいは書名を記したものということになる。それは一部もしくは一群の書物の内容や形式を集約的に反映するものである。

目録という語は最も早くは『七略』に見え、その佚文には次のようにある。〔八〕「『尚書』に青い糸で編まれた目録がある。」(『文選』巻三八、任彦昇「為范始興作求立太宰碑表」李善注引『七略』)。これは一書の目録を指すもののようであるが、前引の『漢書』叙伝には、「藝文志」は劉向が校訂した書物のために作った「目録」であると班固自ら述べており、そちらは明らかに群書の目録を指している。〔九〕つまり、この専門用語は前漢末に劉向劉歆父子が行った書物の校訂という実際の作業の中で現実の必要に迫られて作り出されたものなのである。[2] 目録にはその体裁の変化によっていくつかの異なる名称が現れた。劉氏父子が撰した一書の目録はもともと「書録」と称していたがそれは「録」をもって「目」を兼ねたものである。ただ、録の前に目があるため、劉向の書録は目録といえるのである。例えば「列子書録」を『文選』李善注では「劉向『列子目録』」(『文選』巻二一、王康琚「反招隠詩」注)と呼んでいる。後人が劉氏に倣って作ったものには形式にやや変更があり、録を目の前に置くものには「序録」と改称し目を省略するもの、例えば、陸徳明『経典釈文序録』などがある。また「録目」と称するものもあり、例えば、釈智昇『開元釈教録』には『歴代所出衆経録目』の一篇がある。さらに「目」とのみ称するものもあり、例えば王堯臣『崇文総目』がそれである。「録」と称するだけのものもあり、阮孝緒『七録』がそれである。このほか班固『漢書』藝文志では「志」といい、荀勗『中経新簿』は「簿」といい、李充『晋元帝四部書目』は「書目」といい、毋煚『古今書録』は「書録」と称している。[3] 陳振孫『直斎書録解題』は「解題」とし、朱彝尊『経義考』は「考」とし、銭曾『読書敏求記』は「記」としている。つまり、一定の順序で篇名や書名を配列したものはいずれも目録と見なすべきで、目録という名称を使っているかどうかではない。

第二節　目録学とは何か

「科学研究の区分は科学の対象が有している特殊な矛盾性を拠り所とする。」(『毛沢東選集』第一巻「矛盾論」)と我々は知っている。目録が解決しようとするのは、絶え間なく増え続ける文献と人間の文献に対する特定の要求との間に生じる矛盾である。目録学とはすなわち目録が生まれ発展していく法則を研究する科学である。あるいは絶え間なく増え続ける文献と人間が文献に対して有する特定の要求との間に生じる矛盾をどのように解決していくかを研究する学問ともいえる。目録学は各種の目録をどのように編成し、利用するかを重点的に研究する。

中国目録学の発展は発生も歴史も古い。今から二千年を遡る、劉向の『別録』、劉歆の『七略』がすでに中国目録学の堅牢な基礎を固めている。漢代の統治者は少なからず図書の収集を重視した。『史記』蕭相国世家にはこうある。「沛公が咸陽へ到着すると諸将は皆争って金帛財宝の保管場所へ向かいそれらを分け合った。蕭何は一人真っ先に秦の丞相・御史の律令や地図、書物を収めて保管した。……漢王が天下の要害や戸数の多少、地勢の優劣、民の苦しみ悩むものをつぶさに知ることができたのは蕭何が秦の地図、書籍を持っていたためである。」(『史記』巻五三)。劉歆『七略』も前漢の蔵書の盛況について語っている。「武帝は広く献書の路を開き、百年の間に書物は丘や山のように積みあがった。こうして外には太常、太史、博士の蔵があり、内には延閣、広内、秘室の府があった。」[一〇](『太平御覧』巻二三三引)。武帝の元朔五(前一二四)年、礼官に勧学の詔が下されてから[一一]、成帝が河平三(前二六)年に光録大夫劉向を校中秘書に任命するまでちょうど百年である。この百年の間、国家の蔵書は充実したものの、整理、編目はされず、その効果を発揮できないでいた。成帝は「経書を好み」(『漢書』巻一〇「成帝紀」)、「詩書に詳しく、古文を読んだ」(『漢書』巻三六「楚元王伝」)とされており、このような局面を打開するため大規模な書物の校訂事業を組織した。その結果、各書の提要をまとめた『別録』と、群書を分類して書目を列挙し、分類毎に序を撰して説明を加えた『七略』が作られた。この校訂の経過および歴史背景について『漢書』藝文志の序文は次のように簡潔にまとめている。

昔、仲尼が没すると奥深い教えは絶え、七十人の弟子たちが亡くなるとそれぞれの大義とするところはばらばらになってしまった。こうして『春秋』は五派に分かれ、『詩』は四派に分かれ、

『易』にも数家の伝が生まれた。戦国の世になり、合従・連衡の説が行われ、互いに真偽を争い、諸子の説は紛然として乱れた。秦代にはそうした状況を危ぶんで、文章を焼きつくし、民衆を愚かにしようとした。漢が興ると秦の失政を改め、大いに書籍を収集し、広く献書の路を開いた。しかし、武帝の世に至っても書には缺落があり簡には脱落があり、礼制は崩れ、楽制は乱れたので、皇帝はため息をついて「朕は大変憂慮している」と嘆いた。そこで蔵書の策を立てて書写の官をおき、経書はもとより、下は諸子、伝、説に至るまで、みな秘府に収めた。成帝の時代になると、秘府に収めた書物が多く散佚したため、謁者の陳農を遣わして天下に遺書を求めさせた。さらに勅命により光禄大夫の劉向に経伝、諸子、詩賦を校訂させ、歩兵校尉の任宏には兵書を、太史令の尹咸には数術（天文）を、侍医の李柱国には方技（医術）をそれぞれ校訂させた。一書の校訂が終わる毎に劉向はその篇目を列挙し、内容をまとめ、記録してこれを奏上した。劉向が亡くなると、哀帝はさらに劉向の子、侍中奉車都尉の歆に命じて父の事業を完成させた。劉歆はそこで群書をまとめ『七略』を奏した。こうして「輯略」「六藝略」「諸子略」「詩賦略」「兵書略」「術数略」「方技略」があるのである。

（『漢書』巻三〇）

ここから、『別録』と『七略』は正しく絶え間なく増加していく文献と人々のそれに対する特定の必要との間にある矛盾を克服した産物であったということがわかる。

『別録』『七略』の編纂は読者のためであるが、第一義的には漢代の最高統治者に奉仕するものであった。現在に残る『別録』の佚文はこの点をはっきりと説明している。『説苑』二十篇の書録に次のようにある。

内容は雑多で、字句文章は乱れ、上下は混乱し、次第を整えるのも困難であった。『新序』と重複するものを除き、さらに残りの浅薄で義理を得ていないものは（本書とは）別にまとめて『百家』とした[12]。それから類似する内容を集め、一々篇目を定めて、改めて新しいものを十万言以上作り上げた。計二十篇、七百八十四章、号して『新苑』という。すべて見るべきものである。

（四部叢刊影明抄本『説苑』巻首）

この「全て見るべきもの」とは、『説苑』が整理を経て統治者の参考とすべき価値を持つようになったと説明しているのである。

漢代に始まった中国目録学の著作はすでに相当成熟していたが、目録学という言葉が成立したのは北宋末のことである。宋・蘇象先『蘇魏公譚訓』（巻四）に次のような話がある。蘇頌が「王原叔（洙）に会って政事を論じた際、仲至（王原叔の息子）が側に侍していた。原叔は仲至に命じて経書や史書を確かめさせ『息子には目録の学があります（此児有目録之学）』と言った。」（『蘇魏公譚訓』巻四）。ここから北宋の初年には早くも目録の利用が専門的学問と見なされるようになっていたことが見て取れる。

目録学は目録の発生と発展の規律を研究する科学である。では目録の発生と発展はどのような規律による制約を受けるのであろうか。

まず、階級社会においては、目録学はどうしても時代の制約と影響を受けざるを得ない。特定の階級の烙印を押され特定の階級の利益のために奉仕することになる。例えば董仲舒『賢良対策』にはこうある。「謹んで考えますに、六藝の科、孔子の術でないものは皆その道を絶ち、進む者のないようにすべきです。」（『漢書』巻五六「董仲舒伝」）。漢の武帝は彼の「孔氏を推進し百家を退ける」（同上）という意見を承け、「黄老刑名百家の言を謗り、文学儒者数百人を呼びよせ、公孫弘は『春秋』をもって、平民から天子の三公になり、平津侯に封ぜられた。天下の学士は皆この風潮になびいた。」（『史記』巻一二一「儒林列伝」）。そこで劉歆も『七略』において、ただ儒教のみを尊重し、六藝略を各類の書籍の筆頭においたのである。そのほかの書籍についての評価は、劉向達もそれらが経義と合致するかどうかを基準にするという原則によって行った。例えば「晏子書録」にはこうある。

本書のうち、六篇[一三]はすべて君主を真心から諫めるもので、文章は観るべきもの、義理は則るべきもので、みな六経の義に合致している。また、重複している部分もあるが、文辞にかなり違いがあるため、それらも捨て去るようなことはせず別に一篇としてならべた。さらに経術に全く合致しないものもあり、どうやら晏子の言ではなく、後世の辯士のなしたもののようではあるが、そのために取り除くこともせず、それも一篇としていれた。全八篇、その内の六篇は常に傍らに置いてご覧になる価値のあるものである。（四部叢刊影印明活字本『晏子春秋』巻首）

清代の乾隆帝に至るとさらに自覚的に『四庫全書総目』の編纂を通してその政治目的を達成した。一方では目録の編纂をもって文化政策の盛んなることを宣伝し、一方では機に乗じて民族思想を保持する多くの典籍を廃棄した。そのことは二度にわたる詔勅にありありと見ることができる。乾隆三十七（一七七二）年正月初四日の詔書には次のようにある。「朕は古の道を鑑み学問を尊んで治理の助けとする。……今、宮中の蔵書は書架に満ちてないわけではない。しかし古今の書物を著した者の数はざっと数千百家はおり、名山に隠れ蔵書係の記録に挙げられずにいるものもある。今まさにそれらを採集すべき時であり、まとめて都に送付させ、中国がはるか昔より同一文化にあることを明らかにしたい。」（『四庫全書総目』巻首）。乾隆三十九（一七七四）年八月初五日の詔勅にはこうある。「本朝を譏る言辞はこの度の審査に及んで徹底して廃棄する。邪な発言を止めさせて人心を正し、風俗を豊かにするには、断固として放ったまま裁かないわけにはいかない。」（『辦理四庫全書档案』下冊、三〇頁）。

次に、目録の編纂は文献を基礎とするため文献の発展状況の制約も受ける。よい目録を作ろうとするなら、必ずありのままに当時の文化、科学の発展水準を反映しなくてはならないし、その作業も当代一流の学者や専門家によって分担されなくてはならない。例えば漢・成帝期の校訂事業もまず劉向、後にその息子劉歆によって主宰されたが作業はやはり分担された。「光禄大夫の劉向が経伝、諸子、詩賦を校訂し、歩兵校尉の任宏が兵書を校訂し、太史令の尹咸が数術を校訂し、侍医の李柱国が方技を校訂した。」（『漢書』巻三〇）。また分類の点から見ると部立ては往々にして書籍の多寡によって決定される傾向にある。例えば兵書が『七略』で一つの略として独立して配されたのは、春秋戦国時代から漢代にかけては戦争が頻発し、軍事を研究した著作も多かったためである。しかしその後、兵書は相対的に少なくなり、再び単独の大類として立てられることはなくなった。例えば梁・阮孝緒「七録序」では「兵書は少なく別に部立てするには足りないので、今、子の最後に附属させ、まとめて子兵と呼ぶことにする。そこで子兵録を序して内篇第三とする。」（『広弘明集』巻三）といっている。また史書は後に相当発達し目録でも専門に史部が立てられることになるが、劉歆が『七略』を編んだ当時は、史部に分類されるような書籍は九家四百十一篇〔一四〕しかなく、単独で部立てするには足らず、六藝略の春秋類に附随して置かれていた。これらはどれも当時の文化学術の発展状況を如実に反映している。そこで班固は「劉向は書籍を司り九つの流派に分けた。」（『漢書』巻一〇〇下「叙伝」）と述べ、また「『七略』は学術を分析し百家の系統を総括した。」（『漢書』巻三六「楚元王伝」）ともいっている。章学誠も「校讎の本義は、劉向父子以来、書籍の分類、配列を通じて、学術を辨章し、その源流（起源と沿革）を考鏡（考察・反映）することにあり、道徳学術の精微、諸家群言の得失に通暁している者でなければ与ることはできない。」（『校讎通義』巻一「叙」）といっている。これらは、すべて目録は否応なく文化学術の発展状況の制約を受けることを説明するものである。そのため、目録の編纂に従事するには、科学の原則に自覚的に遵い、文化学術の発展水準をありのまま目録に反映させなくてはならない。

最後に、目録の編纂は、人々が文献に対して持つ特定の必要による制約も受ける。目録が、絶えず増加する文献と人々が文献に対して持つ特定の必要の間に存在する矛盾を解決するものである以上、人によって異なる需要を満足させるため、目的の異なる各種の目録を作るということになる。これらの目録は、普通、どれも実用性という原則を実現している。

汪辟疆先生は次のように述べられた。

ただ書名、篇数巻数、作者を記すのみだが類例は整い、（他の目録との）異同を詳らかにしつつ、柔軟に増減して前例に拘泥しない。書物を根本に据えて論を立て、偏った意見には与さない。学術を分類し明らかにすると殊更標榜はしないけれども、自然とその意図を引き出す。例えば『漢書』藝文志は劉歆の『七略』を削り、類例を定め、群書の配列も整然としており、巻数や篇名の記述も詳細である。後人にも一目瞭然で、検索も自ずと易しい。これが目録家の目録である。

論を立てるには必ずその起源を探り、言葉を選ぶには必ず諸史に準じ、是非異同の判断は序論につぶさに備わり、学問の淵源や継承関係は各書個別に明らかにされる。例えば、『漢書』藝文志は、「総序」では孔子の説を反映し、「諸子略」では諸子毎に、ある学派は古のどの官から派生したものか、その末流がどのような家学になったかを推論している。また各書についても学問の授受を略述し、例えば『胡非子』には「墨翟の弟子」と注し、『蔡公』には「周の王孫に仕えた」と注してある。学統についてはわずか数語ではあるが、書物の概要、学派の流れのおおよそを知ることができる。また、史伝と相互に参照すべきで、あるものは目録に記されて史伝には見えず、あるものは目録に記されずに史伝に見えており、史書と表裏をなす。それこそ所謂「学術を辨章し源流を考鏡する」もので、まさに史家が藝文について記す天職といえようが、職に溺れては良い史家とはいえない。これが史家の目録である。

古い版本の鑑別、異同の校訂は、『漢書』藝文志に端を発し、後人がこれに倣った。そこで目録の編纂に際しては、宋代の版刻か、元代の版刻か、比較吟味し、行を数え字数を調べてみな明らかにしようとする。甚だしいものは収蔵印、題記の年月、版式など、細大漏らさず記し、徒に鑑賞品として供するとともに収蔵の多いことを誇る。本旨を追求するため広く旧本を求め校勘の便をとると言わないものはないが、実際には、内容を弁別する遑もなく、典籍を愛玩の道具とするばかりである。洪亮吉はこれを賞鑑家として五類の末に据えた。〔一五〕これが蔵書家の目録である。

班固「藝文志」が各書の下に学統、大意を述べて以来、後世、解題や提要が徐々に増えていった。唐宋以降で特に専門的な書物としては晁公武『郡斎読書志』や陳振孫『直斎書録解題』等がある。これらは書物毎に詳しく考証を加えている。あるいは著者の略歴を述べ、あるいはその書の要旨を述べ、学派の淵源を明らかにし、紛糾している異説の判定をする。また篇や章の真偽や道理が一貫しているか否かについても必ず繰り返し検証する。これらは学問を承け伝える者に準を与え、実に目録学の大著というべきものである。しかしながら憶測を勝手にし、悲憤の語を述べ、恣に大道を離れて行き違えることは、清の『四庫全書総目提要』のように大例に沿って出来たものでも免れ得ない。しかしその体例は一家の法とするに足る。これが読書家の目録である。

（『目録学研究』目録与目録学）

汪先生は目録を四つに分類する際その機能から出発している。また姚名達が読書・治学という角度から目録学に下した「目録学とは群書を甲乙に分類し、学術の異同を系統立て、大義を明らかにして、各分類の関係を明らかにすることで『学術を辨章し源流を考鏡』し、必要な書物を明らかにして、書物によって学問を究めようとする専門学術である。」（『中国目録学史』叙論篇「目録学」）という定義も実用の精神を兼ね備えている。その他、館蔵目録は検索番号を著録することで借出や閲覧の便を図り、販書目録は定価を明記することで購入の便を図り、聯合目録は〔一六〕参加図書館の番号を著録するとともに各種索引を附録して検索の便を図る。これらはすべて人々が文献に対して持つ特定の必要を体現したものである。

原注

（1）余嘉錫『目録学発微』目録学之意義及功用を参照。

（2）『四庫全書総目』（巻八五）史部目録類の小序に「鄭元（玄）に『三礼目録』一巻があり、目録という名称は、ここに始まる」として目録の名は後漢に起こったとするのは正しくない。

（3）これは群書の目録を書録としたもので、劉向が一書の目録を書録としたのとは異なる。

訳注

〔一〕許慎『説文解字』七篇上「彔」部に「彔、刻木彔彔也。」とある。

〔二〕姚名達『中国目録学史』叙論篇も目録を「一書之目録」と「群書之目録」に大別する。

〔三〕序卦伝は孔子の作とされる十翼（彖伝上下・象伝上下・繫辞伝上下・文言伝・説卦伝・序卦伝・雑卦伝）の一つ。六十四卦の配列の意味を解説する。例えば「天地（乾坤）があって万物が生じる。天地の間に盈ちるのは万物である。そこで乾・坤を屯で承けるのである。屯は盈ちるという意味であり、物が始めて生じるという意味でもある。」などとある。

〔四〕劉向校書事業の始まりについては、『漢書』成帝紀に河平三（前二六）年秋八月のこととして「光禄大夫劉向校中秘書。謁者陳農使使求遺書於天下。」と見える。

〔五〕「中書」は秘府（宮中の書庫）の蔵書。秘書、中秘書、内書ともいう。『漢書』儒林伝の顔師古注に「中書、天子所蔵之書也。」とある。「外書」は各官署や個人の蔵書。『漢書』藝文志・総序の顔師古注に

「劉歆七略曰、外則有太常・太史・博士之蔵、内則延閣・広内・秘室之府。」と如淳の説を引く。

〔六〕 原文は「及在新書有栈」。「栈」字について、唐の殷敬順『列子釈文』は「音剪、言虫蠹断滅也。略作剗、又作揃、皆与剪字同。」とし、「虫食いの（鮮明でない）ところ」と解している。本書はこれに従った。なお、余嘉錫『古書通例』巻三「論編次」では、「晏子書録」に見える「揃」に通じるとし、孫星衍の「揃」が「箋」の異文であるとする説を引きながら「箋識」、つまり附箋として理解している。

〔七〕 原文の「殺青」は竹の表面を火であぶって乾燥させること。竹簡の油気を除いてから墨書した。

〔八〕 「佚文」は散逸して失われた文章。また、原書は失われ、他書に引用されるなどして部分的に残された文章。

〔九〕 姚名達『中国目録学史』も『七略』の佚文に言及し「青絲編目録」を「一書之目録」と見なしている。

〔一〇〕 「太常」は九卿の一つで宗廟の祭祀と礼儀を掌った。「太史」は太常に属し天文暦法を掌った（また典籍の管理、修史を職掌としたともいう）。「博士」も太常に属し古今に通じる者が諸事の諮問に与った。太常、太史、博士は職掌上いずれも蔵書を備えた。例えば『史記』秦始皇本紀には焚書を勧める丞相李斯の言葉として「博士が職務上保存するもの以外、天下に詩書、百家の語を所蔵する者がいれば郡守郡尉に提出させすべて焼いてしまいましょう。」とある。延閣、広内、秘室は宮中の書庫の名。

〔一一〕 詔は『漢書』武帝紀に「蓋聞導民以礼、風之以楽。婚姻者、居室之大倫也。今礼壊楽崩、朕甚閔焉。故詳延天下方聞之士、咸薦諸朝、其令礼官勧学、講議洽聞、挙遺興礼、以為天下先。太常其議予博士弟子、崇郷党之化、以厲賢材焉。」と見える。

〔一二〕 原文では「百家」に所謂「書名号」が附されておらず普通名詞として扱っているが、『漢書』藝文志の諸子略・小説家には「百家百三十九巻」として著録されている。本書では書名と解して訳出した。

〔一三〕 『晏子春秋』八篇のうち、劉向のいう六篇は、内篇諫上、内篇諫下、内篇問上、内篇問下、内篇雑上、内篇雑下を指し、残る二篇は、外篇重而異者および外篇不合経術者である。なお、「内篇」は比較的信頼性の高いもの、「外篇」は内容が浅薄で仮託の疑われるものをいう。こうした内外の区別は一書の中のみでなく、『韓詩外伝』のように独立した書物についても行われることがある。

〔一四〕「九家四百十一篇」は、『漢書』藝文志・六藝略・春秋家の末尾に附された、世本十五篇、戦国策三十三篇、奏事二十篇、楚漢春秋九篇、太史公百三十篇、馮商所続太史公七篇、太古以来年紀二篇、漢著記百九十巻、漢大年紀五篇を指す。姚名達『中国目録学史』淵源篇では「書少不能成一類者、附入性質相近之類。」として、これら九家とともに、その直前に著録されている国語二十一篇、新国語五十四篇もその例として挙げている。本書は、国語が（春秋外伝国語として）『隋書』経籍志でも経部・春秋類に置かれていることを重く見て除いたのであろう。

〔一五〕洪亮吉は『北江詩話』巻三で蔵書家を「考訂家」「校讐家」「収蔵家」「賞鑑家」「掠販家」の五家に分類している。また「校讐広義叙録」には次の「校讐学範疇諸家論列異同表」が附されている。

洪説	(3) 収蔵家	(4) 賞鑑家	(2) 校讐家	(1) 考訂家	(5) 掠販家
繆説	(2) 収蔵家	(1) 賞鑑家			
葉説		(1) 版本派	(2) 目録派		
汪説	(3) 蔵書家		(1) 目録家	(2) 史　家	(4) 読書家
程説	(4) 典蔵之学	(1) 版本之学	(2) 校勘之学	(3) 目録之学	

洪説とあるのが洪亮吉の説。その他は、上から、繆荃蓀『古学彙刊』序目、葉徳輝『書林清話』巻一「版本之名称」、汪辟疆『目録学研究』（華東師範大学出版社、二〇〇〇年）所収「目録与目録学」の説。下段は程千帆の説。これが『校讎広義』の各編に該当する。

〔一六〕「聯合目録」は複数の図書館の蔵書目録をまとめて編纂した目録。第五章「総合目録」第六節参照。

第二章　目録の構造とその機能

すでに述べたように、一書の目録は主に一つの書物の篇目および叙録から構成され、群書の目録は主に分類された書目と各類の序から構成される。一書の叙録を群書の目録に編入すると、それがすなわち各書の提要ということになる。叙録（提要）と書目の序は学術を明らかにするために非常に重要であるが、篇目と書目はさらに基本的な目録の構成要素である。叙録や各類の序がなくとも目録の体を失うことにはならないが、どのような目録も篇目あるいは書目を欠くわけにはいかない。いま篇目、書目、書の叙録、書目の序の四つに分けて以下に述べよう。

第一節　篇　目

篇目の機能は次の数点にまとめることができる。

第一に、内容を明らかにすること。章学誠は、「古人は書物を著す際、往々にして篇名を記さなかった。後人が校訂の際、篇首の字句をもって篇名としたのである。」（『文史通義』内篇「繁称」）という。

章学誠の説は正しい。『論語』冒頭の一篇は「学而」というが、これはその最初の一句が「学而時習之（学んでは折りに触れて復習する）」であるのによっている。『詩経』冒頭の一篇は「関雎」というが、これはその第一句が「関関雎鳩（くわくわと鳴くみさご鳥）」であるのに由来している。このような篇名は内容を十分反映できない。

その後、人間の知識とともに書物編纂の技術も進歩し、多くの人が著述の際に主題をしっかり立てる必要を知り、それを篇名に示すようになった。こうして子書の中に篇名によって主題を明示するものが現れ始め、主題と篇名が一致するようになった。例えば『荀子』の第一篇は「勧学」といい、学問の重要性と方法を説き、勧める内容である。また『韓非子』の「説難」篇はもっぱら遊説の困難について語り、いかに他人を説得し、その心理を掌握するかを考察している。その他『墨子』の「非攻」や『呂氏春秋』の「察伝」も同様である。このような篇目は一定程度作品の内容を明示でき有用である。

第二に、検索の便となること。篇目は検索の基礎であり、検索に役立つのは当然のことで、問題はその配列方法である。例えば『史記』は、十二本紀、十表、八書、三十世家、七十列伝に分かれているが、これは歴史の記述形式による分類で、読者の検索に便宜を提供している。もし配列方法が当を得ないと読者は困難を感じることとなる。例えば張相の『詩詞曲語辞匯釈』は六巻に分かれ、毎巻がさらに条目に分かれるが、配列に一定の規則がなく、読者は必ず不便を感じる。そこで中華書局は出版に際して「語辞筆画索引」を作って附録とし、その欠点を補ったのである。

篇目の配列方法にはある種自然の順序によるものもある。例えば『左伝』は魯の十二公の年代順に出来事を記録している。しかし、ほとんどは人為的な順序、一定の基準によって編次を行う。分類によるもの、主題によるもの、特定の検索方法によるものなど、結局どれも検索の便のためなのである。

第三に、錯乱を防ぐこと。宋以前には印刷術は広く行きわたっておらず、書籍は主に抄写によって流通していた。簡策に記す竹書は多くの篇に分けなくてはならず、帛書の長さにも限度があった。宋以降、刻版印刷の本が増え、線装本一冊に何巻も納められるようになった。もし篇目がなければ、あるいはあってもその順序が定まっていなければ容易に錯乱してしまう。劉向の『別録』にはっきりとこの一点を見出すことができる。例えば『戦国策』の書録には「校訂した戦国策のうち中書のほかの巻では錯乱して互いに入り交じっていた。」とある。あるテキストには「重複」があり、あるテキストはまた「篇が少なく足りない」こともあり、その上、同一の書籍が名称を異にする場合まであった。「中書のあるものには『国策』とあり、あるいは『国事』といい、『短長』というもの、『事語』とするもの、『長書』とあるもの、『脩書』とするものもあった。」(四部叢刊影印元至正本『戦国策』)。ここから『戦国策』は整理の前は非常に混乱していたことが読みとれる。ほかの書物でもこのような現象はあり、例えば『列子』では「中書は多く、外書は少なく、文章の乱れが諸篇に見られた。」(『快閣師石山房叢書』本『七略別録佚文』引宋刊本『列子』)とある。そこで劉向らは書物を校訂する際に書名・篇名を確定するだけでなく篇次まで定めたのである。後人が書物の抄写、校訂を行う際、これに倣ったので、錯乱の状況は大いに克服された。もし錯乱が生じたとしても、篇目があるため容易に発見でき、疑問が出され論議する機会が生まれる。そのため孫徳謙は次のようにいうのである。

編次の際たまさか不注意があると、他人の書いたものを誤って混入してしまい、本来の著者に長い間無実の罪を負わすことになる。どうしてそういえるのか。『韓非子』は韓非によって著され、祖国が刑罰に不明であったため危機に陥ったことを憤ったものであるが、そのように心を砕くのは、もとより韓非が忠臣義士であったからである。「存韓篇」を読むに、韓非は、身は秦にあってもなお韓のことを思っていたのである。懇切に故国を思う様子は敬するに足るではないか。今、冒頭の一篇「初見秦」では秦に韓を滅ぼすように勧めているが、どうして韓非がそのようなことを願い出よう。これについては幸いにも『国策』があり（実際には）張儀の建議であったことがわかる。（一）古を鑑みるものはその真偽を判断できるが、それでも私は編次を行った者の過ちを責めないわけにはいかない。韓非を今に至るまで明らかにしていないからである。この篇を『韓非子』に入れたのが誰なのかはわからないが、劉向ではなかろう。『戦国策』も劉向が編次したものであるから、明らかに張儀のものとわかっていながら韓非の書に入れるはずがない。もしこの誤りが劉向によるものならば、その咎は浅いとはいえない、甚だしいものである。編次を疎かにしてはならないのだ。（『劉向校讎学纂微』謹編次）

第四に散佚を防ぐこと。篇目がなければ書籍は容易に散佚してしまう。劉向の「晏子書録」は『晏子』を整理したときの様子を次のように紹介している。「中書外書すべて三十篇、計八百三十八章。重複する二十二篇、六百三十八章を除き、八篇二百十五章を定める。外書にないものは三十六章、中書にないものは七十一章、中書外書に共通する部分をもって互いに定めた。」（四部叢刊影印明活字本

『晏子春秋』巻首)。書録から、ある章節は中書になく、ある章節は外書になく、散佚のあることが分かる。だから篇目を明らかにしておくことは散佚を防ぐ重要な手段であり、そのため「晏子書録」はただ篇目を載せるだけではなく、章の数まで明記するのである。例えば、次の如くである。

内篇諫上第一凡二十五章
内篇諫下第二凡二十五章

また例えば『説文解字』で許慎は条目を記すほかさらに巻末の序で明確に次のように記している。「この十四篇は、五百四十部、九千三百五十三文字、重文一千一百六十三、解説は合計十三万三千四百四十一字である。」(『説文解字』第一五下)。作者の意図は明らかに散佚を防ぐことにある。篇目、篇次、さらに篇数、字数まであれば、比較的容易に書物が完全で欠落がないかがわかる。たとえ欠けていても、どの篇がどれだけ欠けているのか知ることもできる。例えば『詩経』小雅には「南陔」「白華」「華黍」「由庚」「崇丘」「由儀」という六首の詩の篇目はあるが歌辞そのものはない。これは歌辞が散佚したためかもしれず、もともとなかったのかもしれない。『史記』も同様で、作者は自序の中で百三十巻といっているが、そのうち十巻は篇名が記録されるのみで実物はなく、後に褚少孫の手によって続補がなされた〔二〕。これによって今伝わる『史記』はすべてが司馬遷の手になるものではないことがわかる。篇目は古籍が完全か否かを知る上でも有用なのである。

第五に、分合を考えること。別裁は書籍著録の重要な手段の一つである。別裁とは、篇を裁って別に取り出すこと、つまりある書物から、独立性を有し、また、独立させる価値のある部分を取り出し、独立した一書として処理することである。古書において別裁はよく見られるもので、例えば『管子』中の「弟子職」が単独で世に行われたのはその一例である。このような方法は現在でも時折行われ、例えば范文瀾はその『中国通史簡編』中の唐代仏教について論じた二つの節を取り出し、前に序を、後ろに年表をつけ、別に『唐代仏教』という一書とした。このような状況にぶつかった時には、その篇目から分合関係を考えることができる。南宋の朱熹は『四書』を編纂した。その内の『論語』と『孟子』はもともと独立した著作であったが、『大学』『中庸』は小戴の『礼記』中から別裁され取り出されたものである。それらは別裁された後、さらに『論語』『孟子』とともに儒家哲学の小叢書とされた。『礼記』の篇目に今も「大学」「中庸」があることで、その分合状況を考えることができる。もう一例挙げよう。『礼記』中には「楽記」という一篇があるが、孔穎達は鄭玄『三礼目録』を引いて次のように述べている。

「楽記」と名付けているのは、音楽の意義について述べるものだからである。この篇は『別録』には『楽記』として著録されているが、恐らくその十一篇をあわせて一篇としたものであろう。(『楽記』の篇目として)「楽本」「楽論」「楽施」「楽言」「楽礼」「楽情」「楽化」「楽象」「賓牟賈」「師乙」「魏文侯」とあり、今は『礼記』中の一篇となっているもののおよそは分かれている。

(『礼記注疏』巻三七)

ここでは「楽記」はもともと十一篇であった文章を一篇にまとめたものであることを説明し、同時に十一篇のもとの篇目を列記し分合の様子をわかるようにしている。篇目がなければわからなかったに違いない。

第六に、真偽の辨別。古書の篇目は屢々偽作判別の手掛かりを提供してくれる。古人は書物の編纂に非常に慎重であった。宋代の人は杜甫の詩集を再編纂する際、配列と篇目は主に唐代の旧本によった。新たに杜甫の作と認められる詩が発見されると、慎重な方法をとって、「新附」または「附録」として書末に附し、もとの篇章と一緒にしなかった。こうすれば本当の作品を漏らすこともなく後人に真偽辨別の餘地を残しておくことにもなる。この一例は篇目の配列が真偽の判断と関係することを物語っている。

さらに別の状況もある。すなわち作品は亡佚し篇目は残っている時、後に再び作品が出るまで真偽の判断を待つということである。篇目はこの種の作業にも役立つ。例えば「泰誓」はもともと周初の重要な文章であり、『国語』『左伝』『墨子』『孟子』などが引用しているが後代失われてしまった。前漢の武帝あるいは宣帝の時、その佚文が発見されると、『尚書』に編入され世に行われた。しかし後漢の学者馬融は後出の「泰誓」が偽作であることを指摘した。その「書序」には次のようにある。

後出の「泰誓」は、その文章を考えるに浅薄であるようだ。さらに「八百諸侯が招かないのにやって来て、期せずして時を同じくし、図らずして言葉を同じくした。」とか「火が再びあがり、宮城に到ると鷲になった。五度目には穀物とともに火をあげた。」とあるが、神怪は君子の語らぬところではなかったか。また『春秋』が「泰誓」を引いて「民の欲するところに天は必ず従う。」とし、『国語』が「泰誓」を引いて「私の夢は占いに一致し、善兆が重なった。商を襲えば必ず勝つだろう。」とし、『孟子』が「泰誓」を引いて「我が武をここに高揚し国境を征伐する。彼の地の凶悪なるものを征伐しよう。我が勢力は伸張し湯にもまして輝こうぞ。」とし、孫卿（荀子）が「泰誓」を引いて「独り者の受（紂王）」とし、『礼記』が「泰誓」を引いて「私が受に勝ったなら、私の武によるものではなく、父君文王に罪がないためである。受が私に勝ったなら、我が父文王に罪があるのではなく、ただ私に善良さがないだけのことだ。」としている。これらは今文の「泰誓」に全く見られない。私が目にした『尚書』の伝はずいぶん多いが、それらに引用される「泰誓」が今の「泰誓」には見えないものが相当ある。これ以上詳しくは記さないが、ただ五つの例を挙げただけで明らかにそのことがわかる。[1]

（『尚書注疏』巻一一「泰誓」疏引）

馬融は主に周漢の古書が引く「泰誓」の文を挙げ、それらが河内の女子が得た後出のテキストに見られないことからそれが偽作であることを証明している。[三] もし古書に引く文に篇目がなければ比較する手だてがない。これは明らかでわかりやすいことだ。

第七に、輯佚の便となること。書物が散佚しても篇目があれば、その大体の内容を知り得るかもしれず、輯佚作業も楽になる。宋代から清朝にかけて、中国の文献学、目録学に存在した一分野に輯佚学がある。輯佚とはすでに失われた書物（の佚文）を集めることであり、簡単にいえば、残缺、佚亡した古書を復元するということである。明の祁承㸁は大変具体的に輯佚の方法について述べている。

例えば三代に著され漢代に滅びた書がある。しかし漢代の人は経を引く際、多くそれらによっている。漢代に著され唐代に失われた書がある。しかし唐代の著述の中にそれらはまだ残されている。唐代に著され宋代に失われた書がある。しかし宋代の纂集物が多くそれらを集めている。逐一調べると、本文に引用されたり、注解の根拠とされたりして、前代の書物で今は（完本の）失われたものが見つかる。それらを書物毎に摘録する。例えば『周易坤霊図』『禹時鈎命訣』『春秋考異郵』『感精符』の類は間々『太平御覧』に得られ、『会稽典録』、張璠『漢紀』の類は『北堂書鈔』に得られ、『晋簡文談疏』『甘沢謡』『会稽先賢伝』『渚宮故事』の類は『太平広記』に得られる。そうした記載をことごとく集めるのである。漢唐以前の残文断簡はすべて網羅すべきもので、神獣吉光の一片の羽毛のように稀少なだけでなく、それ自体が珍重するに足る。馬の一部でも見れば馬の前に立った経験がないということにはならないというではないか。

（『澹生堂蔵書約』蔵書訓略〔四〕）

つまり、漢代に出現した古書の注釈、漢魏の際に出現した類書〔五〕、六朝の合本子注書〔六〕には、いずれも大量の古書の断片が残存しているということである。このほか、詩文の総集、地方志、あるいは筆記小説などにも散佚した古書の一部分が残っていることがある。各種の書物に散在する残存部分を集めて復元すれば、当然、古代文化の研究に有用である。

輯佚作業は、劉向の校訂作業の時にすでに芽生えていたともいえる〔七〕。清朝には大規模に行われ、大きな成果が得られた。最も有名なのは馬国翰『玉函山房輯佚書』であり、五百八十餘種を輯佚している〔八〕。王謨『漢魏遺書鈔』も四百餘種を集めている〔九〕。黄奭『漢学堂叢書』は二百五十餘種を集めている〔一〇〕。このほか湯球は諸家の晋史を集めているし、任大椿『小学鈎沈』や魯迅『古小説鈎沈』など専門的にある種類の著作を集めたものも有名である〔一一〕。
古書の篇目が輯佚に役立つことは明白である。例えば後漢の桓譚は十六篇の『新論』を書いたが、後に散佚してしまった。ただ、その十六篇の篇名は『後漢書』本伝の李賢注に見えており、清代の人が佚文を集めた際、復元に役立った〔一二〕。

第二節　書　目

書目とは群書の目録を指す。これが目録学研究の主たる対象であり、群書の目録の機能について説明することは目録学の機能について説明するのに等しい。その機能には主に三つの面がある。

第一に読書、学習の指南になる。唐代の目録学者毋煚は、目録を編纂しないこと、また目録学を理解しないでいることが、読書や学習にもたらす困難を早くも認識していた。彼が編んだ『古今書録』の序にはこうある。「もし源流をはっきりさせず、分類を明らかにしなければ、先賢の行いは代が変わればわからなくなってしまうし、大国の経書も天命とともに空しく失われてしまう。それでは学ぶ者が一艘の船で大海に出ていくようなもの、頼りない羽で天を飛ぶよう、石つぶてで大海を埋めるよう、杖を手に太陽を追いかけるようである。名前を知らずに、どうして家系を明らかにできるだろうか、疲労するばかりである。」（『旧唐書』巻四六「経籍志」引）。清の王鳴盛も次のように指摘している。「目録の学は学問の中で最も緊要なものであり、必ずここに道を尋ねることによって、はじめてその門に入ることができる」。ただし彼は続けてこうも警告する。「しかし、このことは苦学、精究し、よい指導者に質すのでなければ、たやすく明らかになるものではない。」(『十七史商榷』巻一「史記集解分八十巻」条)。

よい指導者に恵まれるとは限らないから、学者には屢々初学者に導読書目を薦める者がいた。張之洞は『四庫全書総目』(すなわち『四庫提要』)を大いに推薦していた。

無闇矢鱈で拠り所がなければ一生得るところがない。門を得て入れば手間は半分、効果は倍となる。経であれ、史であれ、文学であれ、政治であれ、天文・暦算・地理であれ、みなそうである。経はどの経を修めるか、史はどの史を修めるか、政治学はどうか、分類を頼りに求めると各々にまた専門の注解がある。経注はどれが師授の古学で、どれが根本のない俗学か、史伝はどれに法があり、どれが体を失っているか、どれが詳細で、どれが疎漏か、文学はどれが正当で、どれが傍流か、よく選択取捨してこそ耳目を誤らず用いることができる。それには師の教えを承けることが必要である。しかし師はたやすく得られようか。書物こそ師なのである。諸君に一人の良師を紹介しよう、『四庫全書総目提要』を一遍読めば学術の糸口をほぼ知ることができるであろう。

(『輶軒語』語学「論読書宜有門径」)

当然この説も現在から見れば十分ではない。まず『四庫全書総目提要』にも間違いはある。例えば余嘉錫は『四庫提要辨証』二十四巻を著して、その誤りを正し不足を補った。次に、この書は十八世紀の産物であり、その後二百年の学術成果を収めていない。第三に、『四庫全書総目提要』を主編した紀昀は、漢学を重視する一方で宋学は軽視し、学術評価の観点に偏見があった。しかし、そうだとしても現在までそれに代わる書物は出ておらず、いまだ中国古代文化研究の入門的著作という地位を失っていない。そのため魯迅も許世瑛にあてたリストの中で『四庫全書総目』の簡略本である『四庫全書簡明目録』を「実際いまあるものでは比較的よい書籍の批評であるが、ただ『欽定』であるという点には注意しなくてはならない。」（許寿裳『亡友魯迅印象記』第二三節「和我的交誼」）と述べている。[一三]

目録によって視野を広げ、読むべき書物を探し出し、そのうち、どれが基本的で、どれを先に読むべきか、どれが参考に値するかを知ることができる。例えば『説文解字』は言語学、文字学を修める者の必読書であり、中国古代文化を研究する者にも大いに参照する価値がある。清代の人には『説文解字』を研究した著作が多く、『説文解字』四大家といわれるものがある。そのうち最も基本的なものはどれか、初学者がまず読むべきものはどれか、目録学の著作が教えてくれる。段玉裁『説文解字注』は最も詳しく、『説文解字』研究の基本となる著作と見なすべきである。そのほか桂馥『説文義証』、王筠『説文釈例』『説文句読』、朱駿声『説文通訓定声』などは他の追随を許さず、参考にすべき所がある。そして初学者にはまず王筠『説文句読』が入門しやすい。(2)[一四]

同一の書籍であっても多くの版本が存在する可能性もあり、精密な校勘を経て、比較的間違いの少ない版本もあり、校勘を経ず、間違い百出の版本もある。目録はどのテキストを読めばよいか、どのテキストは読むべきでないかを教えてくれる。例えば、『書目答問』は、『十三経注疏』に関して「乾隆四年武英殿刻附考証本、同治十年広州書局覆刻殿本、阮文達公元刻附校勘記本、明北監本、明毛晋汲古閣本」と列記している。と同時に「阮本が学ぶ者に最も有益である。すべて校勘に関係する箇所は字の横に圏点が振ってあり、圏点に従って確認すれば、精妙すべてここに備わる。四川書坊が翻刻した阮本には誤りが非常に多く読むべきでないが、そのうえ圏点を取り去ってしまったのはひどい間違いである。明監本、汲古閣本も良くない。」(『書目答問』巻二)と指摘している。

王鳴盛『十七史商榷』も適確に説明している。「書物を読むのに最も肝要なのは目録の学である。目録の学が明らかになれば書物を読むことができ、明らかでなければ乱読に終わってしまう。」(『十七史商榷』巻七「漢書叙例」条)

第二に科学研究のよい伴侶となる。汪辟疆先生は次のように指摘された。「目録は、群籍を総合、分類、配列し、考察を助けるものである。目録学は、ただ書物を分類、配列するだけでなく、学問の源流(淵源と沿革)を明らかにし、つぶさに義例を究めるものである。学術の条理の本質にもとづき、後世に著述の模範を拓くものとして、あたる価値のあるものである。」(『目録学研究』目録与目録学)。このような目録学自身の特徴が目録学と科学研究との切っても切れない関係を決定づけている。まず、よい目録の編纂自体、極めて価値ある科学研究活動である。書目を通して各時代における文献の著述・収蔵・流伝・散佚の状況を理解でき、また、そこから各時代の文化学術の盛衰を窺うこともできる。そのため范文瀾は『七略』を非常に高く評価し「『七略』は西周以来の、主として戦国時代の文化遺産を総合し……完整した巨帙である。目録学、校勘学を切り開くことになったのみならず、さらに重要なのはそれ自体が極めて貴重な古代文化史であるということである。」(『中国通史簡編』第二編〈修訂本〉一二六頁)と述べている。

次に、目録学は版本学、校勘学、情報学などの科学研究と不可分の関係にあるということである。例えば『西諦書目』において目録書は二百九十五種の多くを占めている。[一五] 鄭振鐸はなぜ目録書の収集を重視したのだろうか。一つには目録学は科学研究に重要な手がかりを与えてくれるためであろう。例えば、彼は『録鬼簿』二巻『続編』一巻の跋文において、それを見つけた時の驚喜の心情を語っている。「私が最も心驚かせ、眼にして意に適ったのは、まず明藍格抄本『録鬼簿』とその後に附された無名氏『続録鬼簿』一巻である。これは元・明の文学史研究において最も重要な未発見の資料である。」(『西諦書目』附「西諦題跋」)。また一つには、ある本が目録に著録されているかを検索することは、版本およびその価値を鑑定する重要な手段の一つであるからであろう。鄭振鐸は『石倉歴代文選』二十巻の跋文でこう述べている。「この『石倉国初文選』二十巻は諸家の蔵書の記録には見えない。来薫閣主人の陳済川は浙江省の大西山房の林集虚からこれを得たが、私は一目見て驚き、秘笈であるとみとめ、すぐに持って帰ってきた。値段は百金でことのほか高いけれども、それについて考慮している暇はなかった。」(同上)。校勘には広く様々なテキストを集め、相互に比較することが必要であるが、目録学の知識がなければ寸分も進むことは難しい。このほか目録学は情報学とも緊密に結びついている。現在、全国、全世界において毎年各種各様の科学討論会が開かれている。その席上で提出される論文の多くは手稿や油印の形式で発表されるが、目録を編成し、人々の検索・捜索に供すべきである。出版社や雑誌によって公刊されるのを待っているようでは出遅れてしまう。

さらに、目録学は各分野の科学研究の補助学問でもある。科学研究というものはすべて前人の基礎の上に立ち、さらに前にむかって邁進していくものである。自分の研究領域に、前人がいかなる成果を挙げているのかは、常に把握しなくてはならない。さもないと、新大陸を二回発見するという笑い話を作ることになる。そうならないためには、必ず目録学の知識の助けを借りなくてはならず、関連する目録、索引を調べなくてはならない。科学研究に従事するのに目録学の知識が全くなければ、ひどい回り道をし、手間がかかるばかりか効果は半減してしまう。

第三に、文献作業の基礎となることである。目録学は、文献と関係する各種業務、例えば図書館や図書の出版と発行、博物館、公文書館などの業務の基礎知識となる。施廷鏞先生は「書目の図書に対する関係は、先導船のようなものである。図書館の機能を充分に発揮させたければ、書目の纂輯に関して完備されるよう努力しなくてはならない。」（『国立清華大学図書館中文書目甲編一』序）と述べている。図書館業務の各部門、例えば、購入・編目・典蔵・流通のどれをとっても、群書の目録と目録学の知識を離れて成り立つものはない。このほか公文書の管理、図書の出版・発行、情報の収集・利用、そのほか文献と関連する仕事にも目録学の知識の把握と運用は必須である。

第三節　書の叙録

叙録は、提要とも解題ともいう。目録において、書物の内容・意義について読者の理解に役立つもの、作者の平生を紹介する性質のものは、すべて叙録あるいは解題といってよい。

余嘉錫は「叙録の体は『書序』に源流を持つ。[一六] 劉向の著した『書録』（叙録）の体裁は列伝のようで、司馬遷、揚雄の自序とほぼ同じである。[一七] それ以前に淮南王劉安の作った『離騒伝叙』はすでにこの体を用いている。[一八]」（『目録学発微』目録書之体制二「叙録」）と指摘している。劉向の書録にも淵源があるという余氏の指摘はその通りである。しかし劉向は前人がまとめた経験を基礎とし、さらなる発展をもたらしたのであった。彼は一つの書物を整理し終えると、まず全篇目を列挙し、その後ろに書物全体に対する叙録を載せた。叙録では書物の整理状況を説明し、作者を紹介してから、内容を概括し、さらに分析、評価を加えている。そのため書物毎の書録を集めて完成した『別録』は、実際、後世の提要の始まりといわれるのである。後の書目の提要は劉氏の残した方法そのままに叙録に取りあげる書籍を全面的に紹介するもの、内容の紹介に重点をおくもの、作者の紹介に重点をおくもの、版本および校勘に重点をおくものなど、各々偏りはあるものの、どれ一つとして『別録』から変遷してきていないものはない。

劉向劉歆父子の図書整理と目録編纂は同時進行であって、一書の校訂が完了するとそのまますぐにその書録を書いた。目録を作る際、「また別に諸書の書録を（一つに）まとめたので『別録』という。」（『広弘明集』巻三「七録序」）という。これは読者に大変便利であり、十八世紀、紀昀らが『四庫全書』を編纂した時もやはり同様の方法をとって、どの書籍にも提要を一篇作り、各書前に配すとともに全ての提要をひとまとめにして『四庫全書総目』を作ったのである。[一九]

しかし、その後、新しい状況が起こった。書籍の校訂と同時に目録を作成するとは限らなくなり、両者が分担されるようになったのである。こうして書物の提要と叙録（後人は一般に序、跋という）[二〇]との必然的な結びつきはなくなって（提要は他者によるもの、序跋は作者やその縁者によるものとなって）しまった。分かれて以後、目録学者はある書物の叙録（提要）を書く際、必ず原書の序跋を参考にするようになった。例えば、すでに晁公武『郡斎読書志』、陳振孫『直斎書録解題』は、ともに各書の序跋その他関連資料の利用に意を配っている。唐以降、清に至るまで読書人はみな随筆を書くことを好んだ。随筆には記さぬところがなく、ある書物に触れることもあり、その真偽、版本の善し悪し、作者の思想、人物の身の上について議論することもあった。このような諸資料に散在する材料はどれも叙録（提要）を書く上で参考にする価値のあるものである。

これまで述べたような状況から、劉向以来使用されてきた叙録（提要）は、発展を通じ、大きく二つの類型に分けられる。すなわち諸材料を溶かしこみ、新たに一つの文をなす「綜述体」と、材料をただ並べるだけで「述べて作らず」（『論語』述而篇）の「輯録体」である。(3)

傅増湘は劉向の採用した綜述体の叙録の基本的な内容について、簡潔に、「昔、劉向が校書の詔を奉じて作った書録は、まず篇目を並べあげ、中書、外書、合計どれだけのテキストを校勘したかを述べ、どのテキストではどの字を誤ってどの字に作っていたか述べ、その後に作者の行状および著作の大意について述べた。」（『蔵園群書題記』序）と記している。

ここから、綜述体の提要は篇目以外におおよそ三つの部分から構成されることがわかる。第一は、書物の校勘状況である。例えば『晏子』八篇の書録には次のようにある。

右『晏子』、全内外八篇、計二百十五章。護左都水使者、光禄大夫臣向が申し上げる。校訂したところの中書『晏子』十一篇、臣向が謹んで長社尉臣参と校勘したのは太史書五篇、劉向の書一篇、参の書十三篇で、中書、外書の合計は三十篇、八百三十八章となった。重複する二十二篇、六百三十八章を除き、八篇二百十五章を定めた。外書にないもの三十六章、中書にないもの七十一章、中書外書両方あるものを互いに突き合わせて定めた。中書は「夭」字を「芳」にし、「文」

を「備」に、「先」を「牛」に、「章」を「長」にするような例が多かった。謹んで記録し皆定まったため、殺青し浄書できる。

（四部叢刊影印明活字本『晏子春秋』巻首）

第二の部分は、作者の紹介である。例えば「晏子書録」にはさらに次のようにある。

晏子、名は嬰、諡は平仲、萊の人。萊は今の東萊の地である。晏子は博聞強記で古今に通じ、斉の霊公、荘公、景公に仕えて節用倹約、実践躬行に励み、忠義を尽くして諫言を極め、斉の君主を正しい行いに導き、百姓を親しませ、用いられない時は退いて野に耕し、登用されると義を曲げなかった。脅しに屈することなく、刃を胸に当てられても最後まで崔杼の脅しに屈しなかった。斉の君主を戒めるには婉曲にして周到、恭順にして峻刻、諸侯に使いするには言辞を疎かにしなかった。博く通じることかくのごとく、恐らく管仲に次ぐものであろう。内には親族に親しみ、外には賢人を厚遇した。相国の位にあって万鍾の俸禄を受けたため、身内で頼って飲み食いする者は五百餘家、処士の身を寄せて生活する者も非常に多かった。晏子自身は麻の衣服や鹿皮衣を身につけ、粗末な車、羸馬に乗り、すべての俸禄を親戚友人に与えたので斉の人は彼を尊敬した。

（四部叢刊影印明活字本『晏子春秋』巻首）

叙録（提要）が作者の平生を紹介する際には、屢々作者の学術、思想とそのもとづくところを紹介する。それは当然読者にとって参考とする価値を有する。例えば、荀子を法家と見なす人もいるが、劉向が撰した「孫卿書録」には次のようにある。「孫卿は『詩』『礼』『易』『春秋』をよく修めた。」、

「孫卿は、道は礼儀を遵守し、行は基準に合致し、貧賤に甘んじた。」、「楚には尸子や長廬子、芊子がおり、みな書を著したが、先王の法に則るものではなく、いずれも孔子の術に循うものではない。ただ孟軻、孫卿だけがよく仲尼を尊ぶものである。」、「漢が興ると、江都の相であった大儒董仲舒が書を著して孫卿を褒め称えた。」（四部叢刊影印『古逸叢書』本『荀子』巻末）。このような記述が荀子の学術の淵源を正確に認識するために大変役立つことは明らかである。

余嘉錫先生は『別録』の佚文を例に劉向が著者の平生を叙述するには三種の方式があると指摘する。(4)

第一に、徴史（史書に論拠を求める）。劉向が目録を作った時、正史は『史記』しかなかった。もし『史記』に（著者の）伝があれば劉向は自分で新たに作らず、『史記』から関係する記事を直接『別録』に書き込んだ。例えば『韓子』五十五篇の書録ではすべて『史記』の韓非列伝を用いている。『四庫全書総目』が事蹟を述べる際、すべて正史本伝を用いるのもこの精神に倣ってのことである。

第二に、補伝（史伝を補う）。『史記』の記載が詳細でなく、彼の要求に合致しない時、あるいはその書が司馬遷の後のものであれば、劉向はほかの資料によって補った。例えば『史記』の荀卿の伝はわずか数語で名も載せていない。そこで『孫卿新書』の書録はその名は況であるといい、さらに分量を数倍に増やしている。また尸子は『史記』に伝がないが、『別録』には次のようにある。「（『史記』の記述では）楚に尸子がいたとあるが、蜀にいたというべきであろう。今『尸子』を案ずるに、晋の人で、名は佼、秦の相、衛鞅の客であり、衛鞅商君は事を計り法を立て民を治めるに、佼と相談しないことはなかったが、商君が刑罰を被ると、佼はともに罰せられるのを恐れて蜀に逃れた、とある。」（『史記』巻七四「孟子荀卿列伝」集解引）。

第三に、辨誤（過ちを正す）。資料によっては作者の平生を誤って述べているものもあるが、劉向はそのような状況に行きあたると、特にそれをとりあげて訂正を加えている。例えば先秦の書物では『荀子』『呂氏春秋』がともに、鄭の子産が鄧析子を殺したとしているが、『別録』中の『鄧析』の書録では『春秋左氏伝』の記載を根拠に「子産が亡くなって後、二十年たって鄧析が死んだのであり、伝・説で子産が鄧析を殺したとするものは誤りである。」（『快閣師石山房叢書』本『七略別録佚文』）と指摘している。

当然、叙録（提要）が作者の平生を紹介する際、どのような方式によっても読者にとっては大いに参考とする価値を有する。特に経伝に見えない無名の作者については、その平生は往々にして目録にしか残されない。元の鍾嗣成は「録鬼簿序」で次のように述べている。「今、暇な日々に任せて、古人を懐かしむに、出身は卑しく職位も振るわないが、優れた才知を有し、記録すべき者がいる。このまま歳月がたてば、煙が消えるように聞こえなくなってしまうであろう。そこでその本末を伝え、楽章をもって弔うことにする。「水をして氷より冷たく、青をして藍よりも濃くせしめる」（『荀子』勧学篇）ことがあれば幸いである。」（『録鬼簿（外四種）』本『録鬼簿』巻首）。まさに『録鬼簿』は戯曲家のために伝を立てようとし、そのために元代戯曲研究の貴重な歴史的資料となった。無名氏の『録鬼簿続編』も同様である。例えば羅貫中の紹介をしていう。「羅貫中、太原の人、湖海散人と号した。人と交わることは少なかった。楽府・隠語（謎かけ）は極めて斬新であった。私と年齢をこえた親交があったが、種々の事情で離れ離れになり、甲辰（一三六四年）に再会し、別れてさらに六十数年、ついにその終わるところを知らない。」（『録鬼簿（外四種）』本『録鬼簿続編』）。これは羅貫中に関する比較的早く、かつ稀に見る貴重な資料である。

叙録（提要）は屢々作者の紹介とともに著述の年代にも配慮していることにも注意しなければならない。古代には、作者の名はわかっていてもどの時代の人間なのかは必ずしもわからないという状況が屢々起こる。仮に作者の名がわかるだけで、その他のことは全くわからなければ、やはりその書物を正確に理解することにはならない。反対に作者の名を知らなくともその書が作られた時代がわかれば、それがすなわち作者のいた時代ということであり、大いに助けとなる。この意味において、同時にこの意味においてのみ、古書の時代の推定は往々にして作者の比定よりも重要なのである。

劉向父子が作者の時代を紹介する四つの方式を余嘉錫がまとめているので参考に供する。

第一に、作者の履歴を述べることで自然と時代が明らかになる。例えば『別録』は、『管子』については、管子が斉の桓公に仕えたことを記し、『晏子』については、晏子が斉の霊公、荘公、景公に仕えたことを記し、『孫卿』については、荀子が斉の宣王、威王の時に初めて遊学し、春申君のもとで蘭陵の令となったと記しているのがそれである。

第二に、作者の生卒時期がわからない時、もしくは作者不明の時は、著述の時代を考察する。『別録』『七略』および「漢志」にいう、「近世」「六国時」「武帝時」の類はみなこれである。後の目録学者達はこの点にあまり留意していない。

第三に、作者の生卒年を記し、同時に著述年代を詳しく記す。これは僅かに『七略』に記す揚雄のみに見え、その後は絶えてこの方法を用いるものはない。

第四に、作者の年代が不明の時、書中の引用や後人の発言によって、作者が誰と同時期か、誰の前か、誰の後かなど、相互に参照しながら年代を推定する。この方法もまた劉向によって始められ「漢志」に多く用いられている。王倹および晁公武、陳振孫の書目にもあるが多くはない。

（『目録学発微』目録書之体制二「叙録」）

叙録（提要）の第三の部分は書物の内容の紹介であり、書名を解釈するものには、例えば『易伝古五子』の書録に次のようにある。「六十四卦を分けて太陽や星辰に配当すると、甲子から壬子まで、全部で五つの子があり、それで五子というのである。」（『快閣師石山房叢書』本『七略別録佚文』）。また例えば『易伝道訓』の書録には「淮南王はよく易を修めている九人を招き、これに従って意見を取った。そのために中書は署して『淮南九師書』としている。」（『快閣師石山房叢書』本『七略別録佚文』）とある。書物の内容を評論するものもある。例えば『戦国策』の書録には「この書は春秋を継いで、楚漢の起こるまで、二百四十五年間のことを記している。」（四部叢刊影印元至正本『戦国策』巻首）とある。また『管子』の書録では「管子の書は、富国安民を務めとし、道は約、言は要であり、経義に明らかになることができる。」（四部叢刊影印宋刊本『管子』巻首）とある。さらに『四庫全書総目』の『宝文堂分類書目』の提要では次のように指摘している。

この本は御製を巻首に置いている。上巻は総経・五経・四書・性理・史・子・文集・詩詞などの十二目に分けられる。中巻は類書・子雑・楽府・四六・政治・挙業などの六目、下巻は韻書・政書・兵書・刑書・陰陽・医書・農圃・藝譜・算法・図誌・年譜・姓氏・仏蔵・道蔵・法帖など十五目に分かれる。著録範囲は広く、古本をすべて網羅しているとはいえないが、書毎にどの刻かを明記しており、明代の版本の源流を考えるに足る。ただ篇次に一定の基準がなく、類目は雑多で、二度見えるものも一再でなく、とりわけ検閲の妨げである。恐らく広博を好んだため精緻とまではいかなかったのであろう。

（『四庫全書総目』巻八七「史部」目録類存目）

この文章から、我々ははっきりとこの目録の内容、長所、短所を知ることができる。当然、作者の紹介と内容の評価は叙録（提要）では屢々一緒に行われ、機械的に区別する必要もない。この方面においては『四庫全書総目』の提要は非常によくできており、模範とするに足る。

加えて述べておかなくてはならないのは、叙録（提要）の中には作者の伝に重きを置くあまりに、その他の事柄には触れないものがあるということである。例えば『隋書』経籍志の総序は、王倹『七志』は「著述の意図については述べず、ただ毎書に（作者の）伝を立てるのみである。」（『隋書』巻三二）という。その後は、余嘉錫によれば「阮孝緒『七録』もほぼ同様であり、釈僧祐、道宣、智昇の徒は仏書目録を作ったが、みな訳者のために伝を立てている。恐らく儒家に倣ったものであり、そのために王倹、阮孝緒と図らずも一致したのであろう。」（『目録学発微』目録書之体制二「叙録」）ということである。『新唐書』藝文志も時折、作者の小伝を附す。例えば『邱為集』の下には次のようにある。

蘇州嘉興の人。継母に仕えて孝行であったため、堂下に霊芝が生じたという。太子右庶子まで官を重ね、時に年八十餘りであったが、母親は健在で、俸給の半分を与えていた。喪に及んで、観察使の韓滉は、仕官を辞めたのを機に俸禄を与えるのは老臣を養うためであり、喪にあったとしても（その本旨に）違ってはいけないと、ただ春秋の季節毎に羊酒を贈るのだけを取りやめることにした。故郷に戻った際、県令が謁すると、門で迎え腰を折って挨拶し、県令が座に就くと拝礼をした。庭下に立った小役人が退出してから座った。県の役所を過ぎる時には馬を降りて趨って通った。卒年九十六。

（『新唐書』巻六〇）

鍾嗣成『録鬼簿』および無名氏『録鬼簿続編』は作家毎に小伝を置いている。明・徐𤊹『徐氏紅雨楼書目』は特に「明詩選」の部分において作者の履歴を詳しく注しており、どれも元明の藝文研究者の特に重視するところとなっている。例えば『徐氏紅雨楼書目』巻四「明詩選姓氏」には、「袁凱、字は景文、華亭の人。洪武帝の時に徴せられて御史となる。永楽帝の時に気の病を装い、放逐、帰郷する。『海叟集』があり、世に行われている。」とある。このような形式の叙録（提要）は、図書の内容および作者の平生、学術について同じく重きを置いて述べるものと比べれば、当然、大層劣りはするが、目録に残されている作者の平生についての記述もまた得難く貴ぶべきものである。

輯録体の提要は仏教目録から起こった。すでに述べた通り、序跋は一般に書物の作者と内容を紹介するものであり、叙録（提要）を編纂する目録学者は自然、原書の序跋を参考にするようになるが、いっその事と目録に編入する書籍の序跋を一か所に集める者が出た。こうして劉向本来の叙録（書録）の体裁は発展することになったのである。梁の僧祐が編纂した仏教目録『出三蔵記集』計十五巻のうち、六巻から十二巻は「総経の序」で、各経の序文を一纏めにしたものである。唐・釈道宣編『大唐内典録』、智昇編纂『開元釈教録』もこの方法を採用した。仏経は翻訳であり、翻訳にあたった人間が序を書いて紹介をするが、それらを一か所にまとめて目録に附属させれば、経典の内容と由来のおおよそを知ることができる。これらはどれも輯録体の先駆けである。

輯録という方法を大規模に採用し、輯録範囲を一切の関係資料にまで拡大したのが馬端臨の『文献通考』経籍考である。『文献通考』自序は「経籍考」について次のように紹介している。

著録する対象は、まず、四代の史志〔二二〕に名を連ね、近世まで伝存し考察しうるものとし、諸家の書目における評価を集め、あわせて史伝・文集・雑説・詩話に至るまで博捜した。なべて議論の及ぶところ、著作の本末を記すもの、流伝の真偽を考えるもの、条理の純駁を訂正するものは、つぶさに載せた。読む者をしてまるで群玉の府に入ったか、それとも翰林院の蔵書を閲したかと思わしめ、その本が存在するものについては、やや考察を加えるのみでなく、その趣旨まで洞究できる。たとえその本がなくとも、諸批評を味わえば、また粗々手掛かりを窺える。見聞を広め学問を広げる一手立てたらんと「経籍考」第十八を作った。

輯録体の提要は専門家には最も重宝なため、目録学史にも大きな影響を生み出した。清・朱彝尊『経義考』、謝啓昆『小学考』はともに原序と各家の考訂を収載する。近人姚振宗の『漢書藝文志条理』『隋書経籍志考証』も同様である。いずれも原資料を用い、態度は慎重で信頼できる。解放後、一連の古代の作家と作品を対象とする資料匯編が出版されたのもこの方法を拡大したものである。

孫詒譲はこのような方法を高く評価しこう述べている。「篇題毎に序跋を多く集め、目録以外にも群書を証拠として採用するという、『文献通考』経籍考の一門は、正にここから始まった。朱彝尊

『経義考』は、馬端臨『文献通考』経籍考を祖述して益するところ大であり、群藝の選択、是非の研覈を観るに、実に校讎の総覧、考究の淵藪である。」（『温州経籍志』巻首「序例」）。また姚名達は次のように述べている。「わが国の古代目録学の最大の特徴は分類を重視し、編目の方法を軽んじるという点にあるため、解題があって索引がないということになる。……その西洋の目録より優れているのはわずかに解題という一点のみである。」（『中国目録学史』結論篇）。中国古代目録学における「学術を辨章し源流を考鏡する」という優れた伝統は、確かに主に叙録（提要）および次節で取りあげる書目の序を通して表現されてきた。そのため、従来、叙録（提要）や書目の序によって文献の内容を提示することが重視され、また、その有無や優劣が目録評価の主な基準の一つとされてきたのである。

第四節　書目の序

叙録は一書の大要を紹介し、書目の序は群書の概略を示す。今、大きく三点に分けて説明しよう。

第一に、全目の序（総序）、すなわち目録全体について説明する文章である。すでに引用した『漢書』藝文志の序文全体を読めば大体を知ることができる。後世の目録、例えば『四庫全書総目』などは、冒頭に序ではなく、凡例を置くが、その凡例の性質もほぼ全目の序と同様である。

第二に、大類の序、すなわち目録の大類（略・部）を説明する文章である。『漢書』藝文志は著録する書物を六つの「略」に分類し、毎略の末尾にはいずれも序を附している（後世では多く前に移された）。例えば「詩賦略」の序は次のようである。

伝に曰く「歌わずに誦するのを賦という。高い場所に登って賦することができれば、大夫とすることができる」と[5]。これは風物に感じたのを契機に（詩歌を作ることが）でき、才知が奥深く美しければ、ともに事を謀れ、大夫に列せられるということをいっている。古の諸侯、卿大夫は隣国と交際する際、奥深い言葉によって互いに意を伝えあい、挨拶の時には必ず『詩』を唱してその志を譬えたが、それによって（人物の）賢愚を見分け、（国の）盛衰を判断したのであろう。だから孔子は「詩を学ばなければ語ることはできない」（『論語』季氏篇）と言ったのである。春秋の後、周の道は次第に廃れ、聘問の際に歌を詠ずる習慣も列国に行われなくなり、『詩』を学んだ者は布衣に身を隠し、こうして賢人による失意の賦が起こった。大儒の孫卿と楚の臣屈原は讒言にあって国を憂えて賦を作り風諭した。ともに惻隠という古詩の義を偲ばせるものである。その後、宋玉、唐勒が、漢が興ってからは枚乗、司馬相如が、下に及んで揚子雲（雄）が競って奢侈長大な詞を作り、風諭の義は失われた。揚雄はそれを悔やんで言った、「詩人の賦は麗にして法に適い、辞人の賦は麗にして淫らである。孔門で賦を用いたとすれば、賈誼は堂に登り、相如は室に入るであろうに、用いないのではどうしようもない」〔二二〕。孝武帝の時、楽府を設立し、歌謡を採集すると、代・趙の謳、秦・楚の風が集められた〔二三〕。どれも哀楽に感じ事に触れて発したもので、風俗を観、人情の厚薄を知ることができるものである。詩賦を順序立てて五種とする。

（『漢書』巻三〇）

この序は要点を押さえて周漢の詩賦の流別（系統と変遷）を叙述している。春秋時代、詩を賦して志を述べるのは一種の外交儀礼であると同時に外交手段でもあった(6)。

戦国時代、この種の外交儀礼、外交手段は徐々に消え去り、代わりに起こったのが蘇秦、張儀らの長広舌であった。訪問詠歌が列国で行われなくなると詩を学んだ者は処士となって隠れた。つまり王官の学が流れて私門の学になったのである。彼らは詩という一種の表現手段を身につけていた上、職を失った不満を抱いており、国家のための賦詩から転じて自身のための創作へと向かったのである。

続いて、楚辞が変じて漢の賦となったと説き及び、同時に民間歌謡の採集について述べている。つまり、この序は古代における詩歌の発展状況を概括しているのである。この例によって大類の序がどのように叙述されるものか、おおよそ示すことができるであろう。

第三に、小類の序、すなわち目録の小類（種・類・家）についての説明である。『漢書』藝文志は六略に三十八種の下位分類を設けて書籍を著録している。詩賦略の五種を除き、小類ごとの末尾にも序が置かれている（大類の序と同じように後になって前のほうに移された）。例えば「諸子略」縦横家の序は次のようである。

縦横家は、行人の官（賓客や使者の接待を職掌とする）に由来するものであろう。孔子は「詩三百を誦して四方に使いする際、自分独りの考えで応対できなければ、多くの詩を知っていても何の役に立つだろうか。」（『論語』子路篇）と言っている。また「（立派な）使いである、（これこそ）使いである。」（『論語』憲問篇）とも言っている。〔一四〕つまり、事にあたるには臨機応変でなくてはならず、主人から命令は受けても（先方へ伝える具体的な）文辞は受けないということで、それは縦横家の長ずる所である。邪な人間がこれを行えば、詐欺に傾いて信用を失うことになる。

（『漢書』巻三〇）

縦横家が王官に出ることをいい、孔子の外交に対する要求、基準を紹介し、さらにそこから縦横家の長所、短所を評論し、短い文章で縦横家の基本を概括している。

全目の序（総序）の起源は、劉向『七略』の「輯略」である。『七略』は、実際は六分類であり、六略の前に「輯略」と称する総論が置かれていた。だから阮孝緒『七録』の序には「（劉向の）息子、歆はその要点をまとめて『七略』を著した。うち一篇は六篇の総最（総括）であり、『輯略』と名付けられた。」（『広弘明集』巻三）というのである。『漢書』藝文志の顔師古注には「（輯略の）輯は集に同じ。（輯略とは）諸書の総要ということである。」（『漢書』巻三〇）とある。総要とは、つまり概論である。[二五] 後世の目録には大類小類の序のないものもあるが、全目の序あるいは凡例は多くの目録に備わっている。これは輯略をもとにしたものである。ただ大小の序のあるものは、そちらで各類、学術の流別について論述するため、全目の序ではただ経籍の効用、学問の流れ、編纂の体例について総述するのみであること、前引した『漢書』藝文志の通りである。

各類の序で、現存する最も早いものとしては『漢書』藝文志を挙げねばならない。しかしながら、前人はすでに『漢書』藝文志の諸類序は劉歆「輯略」から採録したものであると指摘している。姚振宗は「『藝文志』全体の序が一篇、六略それぞれの総序（大類の序）が六篇、毎篇の篇序（小類の序）が三十三篇、合計四十篇、班氏が後に補足した記事を除けば、みな『輯略』から節録した文章である。」

（『快閣師石山房叢書』本『七略別録佚文』序）という。余嘉錫も次のように認めている。「班固は『七略』を削り、その要を撮って『藝文志』とした際、『輯略』の文章を分割し、各類の後に分載して閲覧の便を図った。後代の学者はそのことに気づかず、『七略』は六略しか残っていないと思っているが、実は『輯略』の原文はつぶさに残っているのである。」（『目録学発微』目録書之体制三「小序」）と。

それ以降編纂された目録で、劉、班二氏の例を踏襲し、全目と各類の序を置くものに、南斉・王倹『七志』、梁・阮孝緒『七録』、隋・許善心『七林』、唐・毋煚『古今書録』などがある。『隋書』経籍志の序には、「王倹はさらに『七志』を撰し……道・仏の書を附載して計九類とした。著述の意図については述べず、ただ毎書に著者の伝を立てるのみで、九類の序を作って巻のはじめに置いた。」（『隋書』巻三二）とある。『隋書』許善心伝には、「善心は阮孝緒『七録』に倣ってさらに『七林』を編み、各々総序（大類の序）を作って篇首に置いた。また部録の下には作者の意を明らかにし、類例を明らかにした。」（『隋書』巻五八）とある。『旧唐書』経籍志の序には、「毋煚らは（古今書録）編纂にあたって班固『藝文志』の体例によった。部毎にみな小序があり、その指すところを明らかにしている。近時、史官の撰した『隋書』経籍志も同様である。」（『旧唐書』巻四六）とある。

以上の目録のいくつかは惜しくも完全に失われてしまっている。現存する目録中、諸序がすべて残っているものとしては、『隋書』経籍志、『四庫全書総目』が例となり得る。

『四庫全書総目』の巻首にある凡例（実際には全目の序）に次のようにいう。

四部の冒頭に各々総序（大類の序）を置いて各部の源流と沿革を総述し、綱領を示す。四十三類の冒頭にも各々小序（小類の序）を置いて各類の分合、改変について詳述し、各条目を甄別する。もし意を尽くさず、例として不十分なものがあれば、子目（属＝類の下に設けた細目）の末尾や当該条に案語を附して伝統を継承、あるいは変革した理由を明らかにした。〔二六〕

その他の著名な目録で諸序を完全に備えるものはない。余嘉錫が次に指摘する通りである。

『崇文総目』には類毎に序があるものの、空談を尊び、実証は少なく、『漢書』藝文志、『隋書』経籍志の伝統を継承しているとはいいがたい。晁公武、陳振孫の書目は良書とされている。ただ晁氏は四部毎に総序を置くのみで各類については語っていない。陳氏は総序を設けず、時折小序を置くが、ただ門目の分合の意義を述べるだけで、学術的には新たな発明は少ない。（『直斎書録解題』には、ただ「語孟」「起居注」「事令」「農家」「陰陽家」「音楽」「詩集」「章奏」の八類のみに序がある）（『目録学発微』目録之体制三「小序」）

これらの全目の序（あるいは凡例）および大類小類の序は、基本的に四つの内容を含む。

第一に、経籍の効用を広く述べる。例えば『隋書』経籍志の総序には次のようにある。

そも経籍は、機微玄妙の奥義、聖哲の当為、志業であり、天地を統べ、陰陽を治め、綱紀を正し、道徳を弘めるためのものである。仁徳を（外に）顕せば万物を利することができ、効用を（内に）秘めれば一人で善を修められる。これを学ぶ者は成長し、学ばぬ者は落伍していく。……一体、経籍といえば、古の聖人は竜図により、鳳紀を手にしていたし、南面して天下に君臨した者にはいずれも史官がおり、その言行を記録していた。発言は左側の史官が記録し、行動は右側の史官が記録した。だから「君の挙は必ず書す」（『春秋左氏伝』荘公二三年）というのであり、そこには勧善懲悪の意が込められているのである。……

さても仁義礼智は国を治める拠り所、方技数術は身を修める手立て、諸子は経籍を鼓吹する楽章、文学は政教の彩りであり、すべて治道の道具立てである。故にそれらを本志に配すのである。

（『隋書』巻三二）

この引用から古人には目録編纂の際、自ずと政治的立場があり、その目的も極めて明確であったことがわかる。その作業は正統的儒家思想の支配のもとで進行し、統治階級に仕えるためのものであった。

第二に学問の源流・本文について詳述するということである。目録には我が国の古代図書事業の発展史を総括しているものもあり、そこから歴代の文化学術の盛衰について知ることができる。今『隋書』経籍志の序で隋代の蔵書について言及している一段を挙げて例とする。

隋の開皇三（五八三）年、秘書監の牛弘が上表文を奉り、各地に人を派遣し、珍本・異本を収集することを願い出た。書物一巻につき絹一匹を賞与し、校訂筆写がすむと本は直ちに持ち主に返された。そのため民間に埋もれた珍本・異本が時折世に出た。陳の平定後、経籍は次第に整った。入手したものを調べると、多くは陳の太建年間（五六九～五八二）の本で紙質や墨は上等でなく書跡も拙かった。そこで一纏めにして次第を揃え、古書として保存することになった。天下の能書家であった、京兆の韋霈、南陽の杜頵らを召集し、秘書閣で残缺部分を補修、正副二部を揃えて宮中に所蔵し、その他は秘書・内閣・外閣に収め、総数三万巻餘りであった。煬帝が即位すると秘書閣の書物を五十部に限って筆写し、副本を作製して三品に分けた。上品は赤い瑠璃の軸、中品は紺の瑠璃の軸、下品は漆の軸に仕立てた。洛陽の観文殿の東西廂房に書庫を設けて配架し、東屋には甲乙の部に属する書を、西屋には丙丁の部に属する書を収めた。また魏以降の名筆名画を収集し、観文殿の後ろに二つの台を建て、東側を妙楷台と呼んで古来の名筆を収め、西側を宝蹟台と呼び古来の名画を収めた。また内道場には道教・仏教関係の書籍を集め、それらには別に目録をつくった。

(『隋書』巻三二)

また『宋史』藝文志の序に次のようにある。

歴代の書籍は、秦より災厄が大きかった時代はなく、隋唐より豊富だった時代はない。隋の嘉則殿の蔵書は三十七万巻であった。唐の蔵書は開元が最盛期で八万餘巻であった。その間の唐人の著述は約三万巻であるから、旧書の伝承は少なかったであろう。次第に衰えて五代になると、戦火が相次ぎ、天下は混乱し、民はもはや詩書礼楽の教化を受けられなくなった。周の顕徳年間(九五四~九五九)になって版刻が始まると学徒は筆札の労なしに古人の書物をすべて目にできるようになった。しかし、国乱以来、書物は散乱し、幸運にも残ったものは百のうち二、三もなかった。

(『宋史』巻二〇二)

第三に、学術の異同得失を明らかにするということである。姚振宗は『七略別録佚文』の序文で古代目録のこの方面における貢献を特に強調している。彼は「『七略』冒頭の一篇は六略の各分類を総括したものであったろう。六藝の注釈は大抵孔子にまで遡っている。諸子以下も各々（その淵源である）官職を詳察し、学術の師承・本文を逐一述べて、複雑でも分を越えず、それぞれ帰すべき所に落ち着いている。」（『快閣師石山房叢書』本『七略別録佚文』）といっている。

章学誠は『校讎通義』においてさらに詳しくこの問題を分析している。

劉歆『七略』は、班固が輯略を削り、六略が残されている。顔師古注には「輯略は諸書の総要である。」とあり、劉氏が群書の本旨について検討論究したものであったろう。道を明らかにする要であったのに、惜しいかな、その文章は伝わらない(7)。今見られるのは各部目の総計の後に学術の流別を述べる数語のみである。そこから窺うに、劉歆は、古代、官制と学問は一体であり、抑も私門には著述のなかったことに深く通じていたようである。というのは、『六藝』に次いで諸子に及び、必ず「某家者流は古の某官から出たものであろう、後に某氏の学へと流れ、失して某氏の缺点となった。」と述べるからである。「某官」とは、儀法が官に備わり、官が書物を掌っていたということである。「某氏の学へと流れ」とは、官司が職掌を失って師弟によって学業が伝承されるようになったということである。「失して某氏の缺点となった」とは、孟子の所謂「（間違いが）心に生ずれば弊害が諸事に生じる」（公孫丑上）というものである。それらを辨別したのは知言の学者を求めてのことであろう。劉氏父子の本旨によれば、広く古今の典籍を求めて、著録、分類し（学問の）流別を辨章するのは、六藝を折衷し大道を宣明するためであり、ただ徒に甲乙によって配列し、巻帙を記録するためだけのものでないことは明らかである。

（『校讎通義』巻一「原道」）

前引の詩賦略、縦横家の二序が両者の論を証明しているであろう。

第四に、目録の義例に通じるということである。つまり序は目録の条例、編纂方針について紹介するものである。これには二つの内容がある。一つは古い目録の部類の分合と是非を評記すること、もう一つはその目録の拠り所と沿革を明らかにすること、つまり分類の原則、根拠、また、どの部類を拡大、縮小したのかなどを紹介することである。例えば、劉歆『七略』、班固『漢書』藝文志の編纂時には史書は少なかった。司馬遷『史記』などは、経書である『春秋』の後ろに附すほかなかった。以後、史書は徐々に増加し、魏晋から史部が分離、独立するようになる。梁の阮孝緒『七録』はこうした現実によって「経典録」の外に「記伝録」を別に立て、序文において次のように説明している。

劉（歆）と王（倹）はともに史書を『春秋』にあわせている。劉氏の頃は史書が少なく、『春秋』の附属とするのは実に妥当であった。今や諸家の記伝は経典に倍し、依然、藝文志の方法に従えば大変煩雑になる。また『七略』で詩賦が六藝の詩部に附属しないのは、詩賦の書がすでに多かったため別に一略としたのであろう。今、その例に倣って史書を分出し、「記伝録」を序し、内篇第二とする。

（『広弘明集』巻三）

さらに例えば、先秦には諸子の書が多かったが、漢の武帝が百家を退け、儒家を一尊して以降、諸子の書は少なくなった。後の目録家は書籍が特に少なくなった流派を合併せざるを得ず、まとめて雑家と呼ぶことにした。『四庫全書総目』子部・雑家類の小序は、次のように説明している。

周末、百家が争鳴し、説を立て書を著し、各々流品をなしたことは『漢書』藝文志につぶさに列せられている。ある学は流伝が絶えて祖述者がなく、ある学は評判が悪く受け入れられなかった。こうして事情は各々異なり、一概に著録できなくなった。後人は旧法を守株して、墨家にはわずかに『墨子』『晏子』の二書のみ、名家は『公孫竜子』『尹文子』『人物志』の三書、縦横家は『鬼谷子』一書が残るのみなのに、それぞれ別立ての一支派としている。〔二七〕これは流派に拘泥する誤りである。黄虞稷『千頃堂書目』では数が少なく類をなせないものをあわせて雑家にいれている。雑という語は意味が広く含まぬところがない。班固の所謂「儒墨をあわせ名法を兼ねる」である。変じて宜しきを得ており、例としてよいので、今、その説に従う。

（『四庫全書総目』巻一一七）

ここからわかるように、部類の分合状況によって学術の盛衰を見ることもできるのである。つまり目録の序は、経籍の効用を論述し、学問の淵源沿革を明らかにし、学術の異同、目録の義例について述べ、そのことが序を目録の構成要素として欠くことのできないものとしているのである。

原注

（1）案ずるに、今本『尚書』泰誓も漢代に発見された「泰誓」同様、本物ではない。『章太炎先生国学講演録』「経学略説」、呉承仕『経典釈文序録疏証』注解伝述人「尚書・泰誓佚文」を参照のこと。

（2）汪国垣『読書挙要』下篇「文字学之部」（『東方雑誌』第二三巻第一九号）参照。

（3）来新夏『古典目録学浅説』第一章第三節。

（4）『目録学発微』目録書之体制二「叙録」参照。

（5）冒頭の「伝曰」は「不歌而誦謂之賦」の後ろに来るべきであろう。ここでいう伝とは『詩経』の毛伝である。『詩経』鄘風「定之方中」の毛伝では君子に九能があれば、大夫になれるといっている。その九能の一つが「高い場所に登って賦すことができる」であり、毛伝中に「歌わずして誦するのを賦という」の句はない。『文心雕竜』詮賦篇には「劉向は歌わずして誦すといって〔賦の性格を〕明らかにしている」とあり、この句は恐らく劉向『別録』の説であって、劉歆がそれを『七略』にも使用したのを、班固がそのまま移してきて伝写の際に順序を入れ替えてしまったということがわかる。だから、『漢書』藝文志の原文は「不歌而誦謂之賦。伝曰、登高能賦、可以為大夫。」とあったに違いない。

（6）この点については、朱自清先生の『詩言志辨』が詳細に研究されていて参考になる。

（7）案ずるにこの語は誤りであろう。『輯略』がほぼ『漢書』藝文志に保存されていることはすでに見た通りである。

訳註

〔一〕『韓非子』初見秦篇は韓非が秦王に初めて謁見した時のものとされる。しかしその内容は韓非と時代が合わず同様の建議が『戦国策』秦策一には張儀のものとして見えている。

〔二〕『漢書』藝文志は『史記』を「太史公百三十篇」と著録し、自注には「十篇有録無書」とある。缺けた十篇と褚少孫の補亡については『史記』太史公自序の集解と索隠が張晏の説を引いて「遷之没後、亡景紀・武紀・礼書・楽書・兵書・漢興已来将相年表・日者列伝・三王世家・亀策列伝・傅靳蒯列伝。元成之間、褚先生補缺、作武帝紀・三王世家・亀策日者列伝。言辞鄙陋、非遷之本意也。」とする。

〔三〕 河内の女子が得たという後出「泰誓」については、『論衡』正説篇、『隋書』経籍志「書」序、『経典釈文』などに漢の宣帝の時のこととする。

〔四〕 「澹生堂蔵書約」は「読書訓」「聚書訓」「蔵書訓略」の三篇からなる。明代屈指の蔵書家である祁承㸁が、読書、蔵書、聚書に関する自身の見解や経験を述べたもの。もとは蔵書目録である『澹生堂蔵書目』に附属していたが後に「庚申整書小記」とあわせて別行した。

〔五〕 「類書」は一種の百科事典で、諸資料に見える記述を項目毎に分類し、編纂した書物。初唐の欧陽詢らによる『藝文類聚』を例にすれば、大きく天部、歳時部、地部、州部、郡部等四十六部からなり、各部はさらに細目に分かれる（例えば、天部は天、日、月、星など十三項目）。各細目では、経書等諸書の引用に続いて、詩、歌、賛など文体別に作品が示される（類書の重要な役割は作文、作詩の参考に供することであった）。類書は、三国魏の『皇覧』に始まり、北宋の『太平御覧』、『冊府元亀』、明の『永楽大典』（一部残存）、清の『淵鑑類函』、『古今図書集成』などがある。

〔六〕 「合本子注書」は正文の下に注釈を書き加えた書。陳寿『三国志』の裴松之注、劉義慶『世説新語』の劉孝標注、酈道元『水経注』など。古く注釈は正文を部分的に掲出するのみで本書とは別行していた。

〔七〕 散逸して、名前のみ、もしくは部分的に残っている書物を「佚書」という。諸資料に散在する佚文の捜集作業を「輯佚」といい、輯佚によって（一定程度でも）復元された書物を「輯本」という。工具書に孫啓治・陳建華編撰『中国古佚書輯本目録解題』（上海古籍出版社、二〇〇九年）がある。

〔八〕 清・馬国翰『玉函山房輯佚書』は、唐代以前に著され、その後、散逸した諸書の佚文を諸資料から捜輯し、書物毎に整理して経史子の三編にまとめたもの。もと章宗源が輯録したものに、光緒年間初め、馬国翰が整理、補修を加えた。続編に王仁俊『玉函山房輯佚書補編』がある。

〔九〕清・王謨『漢魏遺書鈔』は、漢魏から隋までに著され散逸した諸書の佚文を注釈書や類書から輯め、分類、整理して書物毎にまとめている。地理書が多かったため後に別出し『漢唐地理書鈔』とされた。

〔一〇〕清・黄奭『漢学堂叢書』は、漢魏六朝に著された経書の注釈、緯書、諸子、史書の佚文を諸書より輯め、分類、整理して書物毎にまとめている。経解逸書考、通緯逸書考、子史鈎沈逸書考からなり、計二百餘種を収載する。

〔一一〕魏晋以降、史書の編纂が盛んになり、晋朝を対象とする史書も多く編纂された。『隋書』経籍志には、正史（紀伝体）に、晋・王隠『晋書』など九種が、古史（編年体）に、陸機『晋紀』四巻、干宝『晋紀』二十三巻、曹嘉之『晋紀』十巻、習鑿歯『漢晋陽秋』四十七巻、鄧粲『晋紀』など八種が著録されている。清・湯球はこれらを輯佚し『晋書輯本』『晋紀輯本』にまとめた。なお、現行本『晋書』は、唐・太宗の詔により、房玄齢、褚遂良などが臧栄緒『晋書』などをもとに編纂したものである。

清・任大椿『小学鈎沈』は、散逸した古字書の佚文を諸書より輯め字書毎にまとめたもの。四十種の字書を収録し、漢魏以降の字書の輯本としては最も優れる。清・顧震福『小学鈎沈続編』がある。

魯迅『古小説鈎沈』は、散逸した古小説の佚文を諸書より輯め、書物毎に配列する。周代以降、隋代までの「小説」三十六種を収載し、その間の主な小説をほぼ収めている

〔一二〕桓譚は、後漢、沛国相の人。古学を好み、五経に通じた。光武帝が讖緯を好むのを批判し、左遷される道中に没したという。『後漢書』（巻二八上）本伝には、「初、譚著書言当世行事二十九篇、号曰『新論』、上書献之、世祖善焉。」とあり、その李賢注に、「『新論』、一曰本造、二王霸、三求輔、四言体、五見徴、六譴非、七啓寤、八袪蔽、九正経、十識通、十一離事、十二道賦、十三辨惑、十四述策、十五

閔友、十六琴道。本造・述策・閔友・琴道各一篇、餘並有上下。『東観記』曰、光武読之、勑言巻大、令皆別為上下、凡二十九篇。」とある。『隋書』経籍志・子部・儒家に、『桓子新論』十七巻として著録するのは目録をあわせてのことであろう。『新論』の輯本には孫馮翼のもの（一巻、問経堂叢書、叢書集成初編、四部備要所収）、厳可均のもの（三巻、前後漢文所収）などがある。

〔一三〕 ここでいうリスト（原文「書単」）は、長子許世瑛の清華大学入学に際して、読むべき書を教示して欲しいという許寿裳の求めに応じて魯迅が記したもの。四庫全書簡明目録のほか、唐詩紀事、唐才子伝、全上古…隋文（原文ママ）、全上古…隋詩（原文ママ）、歴代名人年譜、少室山房筆叢、世説新語、唐摭言、抱朴子外篇、論衡、今世説が若干の解説、論評とともに挙げられている。

〔一四〕 「読書挙要」は、『汪辟疆文集』（上海古籍出版社、一九八八年）に所収。

〔一五〕 『西諦書目』は、鄭振鐸架蔵の目録書二百九十五種を、公蔵、私蔵、提要考証、地方書目、営業書目、其他書目の六類に分けて著録する。

〔一六〕 「書序」は、尚書各篇の冒頭に置かれる小序。例えば「昔、帝堯は聡明で教養に富み思慮深く、その徳は天下に満ち及んだ。堯は退位し虞舜に位を譲った。堯典を作る。」などとある。孔安国「尚書序」には、もと孔子が一篇にまとめたものを、孔安国が壁中古文尚書整理の際に各篇首に分載したとある。馬融、鄭玄、王粛、孔穎達らは書序を孔子の作として疑わなかったが、現在は「尚書序」、孔安国伝とともに魏晋期の偽託と考えられている。『隋書』経籍志・史部・簿録の小序に、「古者史官既司典籍、蓋有目録、以為綱紀、体制堙滅、不可復知。孔子刪書、別為之序、各陳作者所由。韓毛二詩、亦皆相類。」とあるように、書序は（詩序や周易序卦伝とともに）目録の源流のひとつとされてきた。

〔一七〕 揚雄『法言』の書末にも「政治によって民衆を鼓舞し天下を教化するには中和より大切なものはなく、中和の初めは民情を知ることにある。先知篇を撰した。」などと全十三篇の概括する自序が置かれている。司馬遷『史記』太史公自序については第一章第一節を参照。

〔一八〕淮南王劉安「離騒伝叙」は王逸『楚辞章句』所引の班固序中に「昔在孝武博覧古文、淮南王安叙離騒伝、以『国風好色而不淫、小雅怨悱而不乱、若離騒者、可謂兼之。蟬蛻濁穢之中、浮游塵埃之外、嚼然泥而不滓、推此志、与日月争光可也。』」と引用され、『史記』屈原伝にもほぼ同文が見える。

〔一九〕各書の前に配されるものを「書前提要」、総目にまとめられたものを「総目提要」として区別する場合がある。同一書についての書前提要と総目提要の文言に異同のある場合もある。

〔二〇〕「序」は、編著の趣旨や出版の経緯について記した文章。はしがき。編著者自身が記すものを「自序」、その他を「他序」「代序」として区別することもある。『史記』太史公自序、『説文解字』叙、『論衡』自紀篇など、古く自序は書末に配されるものであったが、後世、冒頭に置かれるようになった。「跋」は書物の終わりに記される文章。あとがき。跋文。後序。書後。

〔二一〕「史志」は、正史に収載される藝文志や経籍志、また、正史の藝文志や経籍志を補足したもの、藝文志や経籍志のない正史に後人が撰したもの、その他史籍に収められる目録などをいう。

〔二二〕「風諭」(諷喩)は為政者を婉曲に諷諫・誨諭すること。『楚辞』「離騒」をはじめ、諷諭は辞賦の伝統とされてきた。しかし漢代以降、司馬相如の子虚賦上林賦のように、作品の規模が大きくなる一方で風諭の義は薄れ、形式的に末尾に附されるものとなった。揚雄の発言(『法言』吾子篇)は、こうした経緯を踏まえ、賈誼や司馬相如の作品における風諭の形骸化を批判するものである。

〔二三〕「楽府」は、前漢、武帝期に設けられた各地の民謡を採集する役所(『漢書』礼楽志)。魏晋以後、その歌題だけを借りて作られた詩を楽府と称した。古代の歌謡をまとめたものに清・杜文瀾『古謡諺』がある。

〔二四〕「使乎、使乎」は、孔子が蘧伯玉(衛の大夫)からの使いに主人の近況を尋ねた際、使いが「あの方は過ちを減らそうとしてまだできずにおります。」と返答したことに対する感嘆の語。単なる伝令でなく、機転を利かせて必要な情報を適切に伝えることこそ使いの役割であるということ。

〔二五〕余嘉錫は、阮孝緒が輯略を「六篇之総最」と評していたのを、顔師古が「群書之総要」としたために後世その意味が不明確になったと批判している（『目録学発微』目録之体制三「小序」）。

〔二六〕『四庫提要』の子目（属）の末尾に附された案語の一例を挙げると、経部・礼類一・周礼之属に、「案『周礼』古謂之『周官』。欽定『三礼義疏』已復其本名。以諸家注本、題『周礼』者十之九、難於一一追改、故姑従鄭玄以来相沿之例。」とあり、名称を「周官之属」ではなく「周礼之属」とした理由を述べている。また、当該の条に附せられた案語には、経部・易類一の『周易鄭康成註』一巻（宋・王応麟編）に、「謹按、前代遺書、後人重編者、如有所竄改増益、則従重編之時代、『曾子』、『子思子』之類、是也。如全輯旧文則仍従原書之時代、故此書雖宋人所輯而列於漢代之次。後皆倣此。」とあり、輯本は輯佚・編纂の状況に応じて配列箇所を定めるという体例について述べている。

〔二七〕例えば、『郡斎読書志』は、名家類に「尹文子二巻、鄧析子二巻、人物志三巻」、墨家類に「墨子十五巻、晏子春秋十二巻」、縦横家類に「鬼谷子三巻、戦国策十三巻」を、『直斎書録解題』は、名家類に「公孫龍子三巻、鄧析子二巻、尹文子三巻、人物志三巻、広人物志十巻」、墨家類に「墨子三巻」、縦横家類に「鬼谷子三巻」を著録する（傍点は『四庫提要』の挙げないもの）。ややズレはあるがこのような事実を踏まえての記述であろう。その他、『旧唐書』経籍志は名家十二部、墨家二部、縦横家四部、『新唐書』は名家十二家、墨家三家、縦横家四家、『宋史』藝文志は名家五部、墨家一部、縦横家三部を著録する。

第三章　目録の著録事項

群書の目録の編成、利用にあたっては、二つのことに注意しなくてはならない。一つは各書についての著録事項であり、もう一つは各書の分類上の位置づけである。前者からはその書物についての若干の知識が得られ、後者からは学術体系におけるその書物の性格を知ることができる。

著録事項には繁簡の差があり、ごく簡単なものはわずかに書名を載せるのみ、すなわち書名という一項を著録するのみである。比較的完備したものは、書名のほか、篇数・巻数、版本も記載する。提要のある目録では、書名、篇数・巻数、版本の記載、真偽の討議、存佚・完缺の考訂のほかに、著者の平生と学術に対しても簡単な紹介と評価を行うことができる。各項目について以下説明しよう。

第一節　書　名

書名は目録に不可欠の項目であり、書名のないものは目録ではない。

早期の古書には皆もともと書名がなく、現在の書名は文献整理の過程で生み出されたか、確定されたものである。章学誠は次のように述べる。「古人は書物を著す際、往々にして篇名を記さなかった。後人が校訂の際、篇首の字句をもって篇名としたのである。書名がない場合、後世、校訂の際、その人物の名をとって書名とした。」（『文史通義』内篇「繁称」）と。章氏の説はその通りで、例えば『論語』の篇名はすべて初めの二文字をとったものである。また『漢書』藝文志に著録される『伊尹』『太公』『墨子』などはみな作者の名を書名としている。劉向らには、群書を整理校訂し、篇名、書名を定めるのも重要な一工程であったこと、前引の「列子書録」からもその一斑を窺うことができる。また例えば劉向は「戦国策書録」で次のように述べている。「中書では、あるものは（書名を）国策とし、国事とするもの、短長とするもの、事語とするもの、長書とするもの、脩書とするものがあった。考えるに、戦国の時、遊士は自分を用いてくれる国を輔け、その国のために策謀をなした。戦国策とするのがよいだろう。」（四部叢刊影印元至正本『戦国策』巻首）。ここから『戦国策』にはもともといくつもの書名があり、劉向は整理の後、その内容に最もよくあった名称を採用したということがわかる。

書名は書物を理解しようとする時、最初に触れるものであり、その書物の性質と学術上の分類を知るために最も重要な事項である。書名は往々にしてある書物の内容・体裁・作者を概括的に反映する。例えば、『説文解字』『歴代茶馬奏議』『攸縣志』『種樹書』『金石録』『元曲選』といった書名からは直ちにその書物の内容を知ることができる。『五経白文』『十三経注疏』『建炎以来繋年要録』『戦国策校注』『欽定曲譜』などからは著述の形式を知ることができる。もし書名に体裁との関係において誤りがあれば直ちに専門家が疑問を提出できる。例えば銭曾『読書敏求記』は『杜荀鶴文集』に関して次のように述べている。「私の所蔵する九華山人詩は陳解元の書店が出版した宋本で、総名を『唐風集』という。後に得た北宋本は『杜荀鶴文集』とし、『唐風集』の三字を下に注している。思うに荀鶴には詩はあるが文はない。どうしてこのような名をつけたのか、実に不可解である。」(『読書敏求記』巻四「詩集」)。

書名が作者を示す状況はやや複雑である。

本名を用いるものには、例えば『盧照鄰集』、『駱賓王文集』がある。

字を用いるものには、『陳伯玉文集』(陳子昂は伯玉という字である)、『蘇子美集』(蘇舜欽の字は子美)。

号を用いるものには、『清真集』(周邦彦は清真居士と号した)、『白石道人四種』(姜夔は白石道人と号した)、『洪焱祖杏庭摘稿』(銭曾はいう、「焱祖、字は潜夫、元に仕えて休寧県の長官となる。『続新安志』十巻、『爾雅翼音注』三十二巻を著す。居所に銀杏がありその太さは百囲であった。そこで杏庭を号にし、そのまま集名とした。それがこの選集である。」(『読書敏求記』巻四「詩集」)と)。

室名を用いるものには、例えば、『尊白堂集』(尊白堂は宋の虞儔の書堂名である)、『絳雲楼書目』(絳雲楼は清初の常熟の銭謙益の蔵書楼の名称である)がある。

官名を用いるものもあり、『高常侍集』(高適の官職は散騎常侍に至った)、『杜工部集』(杜甫は検校工部員外郎であった)などがそれである。

任官の在所を用いるものには、例えば『韋蘇州詩集』(韋応物は蘇州の刺史をしていたことがある)、『剣南詩稿』(陸游は四川の地方官、軍官を約十年勤めた。そこでその詩集にこう名付けて記念とした)がある。

執筆と出版の時間を反映するものもある。例えば『元氏長慶集』、『白氏長慶集』(元稹と白居易の集はどちらも唐の穆宗の長慶年間に編纂された)。

書名に関してはさらに二つの複雑な状況に注意しなくてはならない。一つは同書異名、もう一つは同名異書である。同書異名にはおおよそ以下の数種がある。

一、装飾的なものと質朴なものが入れ替わる。古代、多くの書名はもともと素朴であったが後に文雅なものに改められた。先秦の子書は『老子』『荘子』『列子』などのように作者の名前を書名とする。『老子』の大半は道徳を説いており、漢末の辺韶が『老子銘』を記して「道徳之経」と呼んだため、後人は『老子』を『道徳経』と称するようになった。唐の玄宗は道教を強く信奉しさらに道教徒が先秦道家を道教の祖とする意見に従って、『老子』を『道徳真経』と改称し、『荘子』を『南華真経』と改称し、『列子』を『冲虚真経』と改称した。これらは「古人の名付けは素朴で、後人が華やかさを添える。」(『校讎通義』巻一「辨嫌名」五之二)という例である。反対に比較的文雅であったものが後に質朴なものに改められることもある。例えば、淮南王劉安は門客を集め『淮南鴻烈』を著したが、『漢書』藝文志は『淮南子』と改称している。現代の学者劉文典は、その注釈を撰するにあたって『淮南鴻烈集解』と称し、旧名を用いている。さらに漢初の説客の蒯通は書物を著して『雋永』と名付けたと『漢書』の本伝に見えている。顔師古の注には「雋は肉の脂身、永は長いの意。その書の論ずるところは甘美であり意味は深いということである。」(『漢書』巻四五)とある。この書名にはやや宣伝の意味あいが含まれている。劉歆『七略』では『雋永』を『蒯子』と改称し、『漢書』藝文志もそれに従っている。

二、部分と全体が入れ替わる。これは部分の名が全体を覆ってしまうことで、例えば『呂氏春秋』は全部で十二紀・八覧・六論からなっているが、司馬遷「報任少卿書」は、「不韋は蜀に移り世に

『呂覧』を伝えた。」（『文選』巻四二）と、「呂覧」をもって『呂氏春秋』に替えている。さらに漢魏六朝は「離騒」一篇でもって『楚辞』を指すこと屢々であった。例えば『文選』には屈原、宋玉らの作品を収めた一類があるが、それらを楚辞類とは呼ばず、ただ騒類と称している。『文心雕竜』の「辨騒篇」が実際に論じるのは『楚辞』全体である。晋代の郭璞は『山海経』に注釈をつけ、屢々『楚辞』を引用し「『離騒』には次のようにある」などというが、突きあわせてみると引用箇所は「離騒」にはなく、「天問」や「遠游」に見えるということがある。（一）いずれも部分が全体に替わる例である。さらに全体が部分に替わる例もある。例えば史記は本来普通名詞であり、漢代に史記といえば史官の記録した文章を広く指し、司馬遷によって著された『太史公書』のみを指すわけではなかった。しかし後漢の末年にはその普通名詞が徐々に『太史公書』の代名詞になっていった。（二）

三、削・増・改易。削ったものは、例えば、応劭『風俗通義』、班固『白虎通徳論』で、後に省略されて『風俗通』、『白虎通』と呼ばれるようになった。増したものとして、『詩』『書』『易』は後人が経典を尊んで『詩経』『書経』『易経』と呼ぶようになった。（三）書名に各種の冠詞が加えられることもある。例えば、皇明・国朝・昭代…、増訂・増集・増修…、校正・校補・校輯…、批評・批点・批注・評定・評点・評選…、類編・類輯・類纂…、改定・改訂・改修…、欽定・御定・御選…、古本・新刊・続刻…などはよく見られる。改易の例として、『詩経』は『葩経』と改称され（韓愈は『進学解』で「詩は正にして葩」と述べている）、『春秋』は『麟経』と改称された（孔子は『春秋』を編集して獲麟で筆をおいた）。

このような状況が発生する原因は以下のようにまとめられよう。

第一に重複を避け新しみを求めるためである。新たな版本が出るとどの出版社も別の名をつけて差別化を図った。例えば文天祥は、号は文山、江西吉水（旧称廬陵）の人、丞相を務め、封ぜられて信国公となり、後人はさらに忠烈公と尊称した。そのため彼の集名には『文山公集』『文文山先生全集』『文丞相全集』『廬陵文丞相全集』『文信国公全集』『文忠烈公全集』などの異なる名称がある。

第二に本屋が利益を狙って捏造するためである。旧社会では出版商が売り上げ拡大のため、故意に旧書の名を変更し、新書と勘違いして購入する者もいた。例えば「三言二拍」の『喩世明言』はもと『古今小説』といったが、『警世通言』『醒世恒言』が出ると書店は『喩世明言』と改め、「三言」と併称した。黄丕烈も「ただ恨むべくは本屋が人を欺いて好んで古書の名称を改易することである。まず『大唐類要』と変え、次いで『古唐類範』とする。間違いが次々に起こり遂には本当の名が失われてしまう。」（『蕘圃蔵書題識』巻六「古唐類範一百六十巻」）と述べている。葉徳輝も次のように指摘する。

明代の人には一種の悪習があり、刻書の際、往々上辺だけを変え、節略して名前を変えることがあった。例えば唐の劉粛『大唐新語』は、馮夢禎刻本では『唐世説新語』に改められている。先少保公（葉夢得）の『巌下放言』は、商維濬が『稗海』本を刻するに及んで鄭景望『蒙斎筆談』と改めた。郎奎金は『釈名』を刻して『逸雅』とし、『五雅』の目にあわせた。すべてあてずっぽうで意図がどこにあるかまるでわからない。（『書林清話』巻七「明人刻書改換名目之謬」条）

刻本だけでなく、抄本にもこのような状況はあり、汪辟疆先生は次のような話をされたことがある。

北斉の『修文御覧』三百六十巻は失われて久しい。以前南京にいた時、金陵大学が『修文御覧』全帙を購入したと耳にして非常に驚き、この世の至宝だと思った。某日劉衡如を訪ねて見せてもらったところ、確かに明人の旧抄で計百数冊あったが、巻を広げて大いに失望した。すべて宋修の『文苑英華』だったのだ。巻首の李昉の表文は『英華』と全く同一で、ただ表文中の書名が変えられ、『文苑英華』が『修文御覧』となっていたのであった。明代は古を好み、本屋も士人も古書を手にするのを喜んだため、上辺だけ変えて貴官の風雅を気取る者を欺こうとした。これもその一例であろう。

（『読常見書斎小記』「修文御覧」条、もと『中国文学』第一巻第三期）

書名に多くの冠詞を加えるのも往々にして営利の必要からするものである。陳源曙も例を挙げてこのような現象を説明している。

書物を版刻する者は書物の表面的価値を高め市場で利を得るために、屢々書名の前に「新刻」「重校」「繡像」〔四〕などの文言を加えた。例えば金陵の本屋唐対渓は『白兎記』を刻して巻端題〔五〕を『新刻出像音注五代劉智遠白兎記』とし、挿し絵（出像）と音注があると説明して読者を引きつけようとした。書物の重要性を明らかにするため、「欽定」「御批」「御纂」などを冠することもある。有名人の著、注、評であることを誇るため、書名の上に、撰者の姓・名・字・号・室名・官職・本籍・地名・諡号・廟号などを加えることもあり、あるいは「××名家評定」「××増批」などの文言を加えた。

（「古本書巻端題識」、『図書情報知識』一九八二年第三期）

劉咸炘はさらに次のような状況に触れている。「よく本屋の帳簿籤題を見るに、書名は皆三字で、もとが四字以上であったものは削り、二字であったものは紙色や地名の一字を加えて三字にしている。ばらばらで意味が通らなくなってしまい実にわらいぐさである。『白虎通』『風俗通』の称も実はこの種のものである。本屋はもとより、著録家もこの弊から免れない。」(『目録学』上編「名目」第四)。

第三に忌避に由来するもの。例えば宋・呉曾『能改斎漫録』は筆記考訂書で、新中国成立後に重版されている。呉曾は博学の人で、この書も参考価値がある。ただ彼は政治的に秦檜に従ったため評判が悪い。そこで後人は重刻の際、『復斎漫録』と改称し、作者の姓名も王氏に改めた。避諱も同書異名の原因となる。例えば顔師古の『匡謬正俗』は『宋史』藝文志では太祖の忌み名を避けて「匡」を「刊」あるいは「糾」に改めている。その結果、『刊謬正俗』または『糾謬正俗』として著録されている。

第四に著録が杜撰であること。汪辟疆先生は次のような例を挙げておられる。

唐・韋絢『劉賓客嘉話録』一巻を、『宋史』は韋絢『劉公嘉話』一巻として載せ、さらに『賓客嘉話』一巻としても著録している。『劉公嘉話』は韋絢の著作に間違いない。『賓客嘉話』の方は諸家の著録にはどれも見あたらないから、他書の引用によったものであるに違いない。あるものは『劉公嘉話』とし、あるものは『劉賓客嘉話』としていたのを、『宋史』は注意が足らず、一つの書物を誤って二度著録し、さらに(後者の)劉の字を落としてしまったのだろう。

(『目録学研究』「論唐宋元明四朝之目録」注二五)

同書異名とは反対の同名異書という現象も古書中によく見られる。『敝帚集』には、宋の黄庭堅のもの、明の呉中蕃、陳益のもの、清の周慶森、趙秉忠、陳祚明のものがある。類似の書名はさらに多くなる。例えば『宮詞』を書名とするものは十数種を数え、よく目にするものに次のようなものがある。一に唐の王建、二に後晋の和凝、三に後蜀の花蕊夫人、四に宋の王仲修、五に宋の張公祥、六に宋の宋白、七に宋の胡瑋、八に宋の周彦質、九に宋の徽宗、十に宋の王珪、十一に明の王叔承、十二に明の朱権、十三に清の徐昂発など。(1)書名だけを見れば作者ははっきりせず誤解の発生は避けがたい。

同名異書が生ずる原因は比較的単純である。一に偶然であり、例えば漢の王褒と北周の王褒の字はどちらも子淵で、二人の集名はともに『王子淵集』という。二にわざと同じにするもので、例えば清の孔尚任と劉廷璣は友人同士で、二人の詩集は康煕年間に同時に出版され、ともに写刻本で行格も版式も共通、両方『長留集』と名付けられた。(2)三に内容が共通で改名不能なもので、例えば多くの地方志は異なる時期の異なる刻本が同一の書名を用いる。『高淳県志』には、明嘉靖刻本、清乾隆刻本、光緒刻本、さらに民国七年刻本があり、四度にわたる刻本の編者はみな異なるが、書名は同じである。

古書の名称はこのように複雑な状況にある。文献を認識し、掲示する際、この問題にどう対処すればよいだろうか。

最も確実なのは書名だけでなく実物を確かめることである。書名だけでは書物の内容と体裁がわからないものもあるからである。例えば清の陳本礼は李賀の詩に注をつけ、李賀が協律郎の官についていたことから、『協律鉤元(玄)』と名付けた。また宋の車若水は脚気を病み、作書を自らの楽しみとしたため、撰した文集に『脚気集』と名付けた。どちらも正確に書籍の内容を反映できないため、最も確実なのは実物を見るということになる。鄭樵はいう。

書目を編む者の多くは粗笨である。書名を見て内容を見ない者がおり、前だけ見て後ろを見ない者もいる。『尉繚子』は兵書だが、班固は諸子と見なして雑家に置いた。これを「書名を見て内容を見ず」という。隋唐は班固に従い、『崇文総目』に至ってようやく兵書に入れられた。顔師古『刊謬正俗』は経史に関する雑記で、第一篇だけが『論語』を論じているが、『崇文総目』は論語類に入れてしまっている。これを「前を見て後ろを見ず」という。『崇文総目』の判断は書物全体に目を通さず多くはただ帙の前の数行を見ただけで、適当になされたのものであることを知っておくべきである。案ずるに『刊謬正俗』は経解類に入れるべきであろう。

（『通志』校讎略「見名不見書論」）

これは確かに経験の談であり、章学誠の「『書名を見て内容を見ない』ということは編次する者にとって実に難しい。」（『校讎通義』巻三「漢志諸子」第一四之二二）という感嘆も嘘ではない。しかし、毎書、最初から最後まで読んで分類するのは困難だし、極端にいえば必要でない。古書を正確に認識し、反映するためには、著者、序跋、篇目、木記などを参照する以外に、十二分に工具書、特に各種目録を利用しなくてはならない。例えば、我々は、目録編纂の際、『新校本聖武親征録』〔六〕という書物に出くわしたことがある。封面と内封面には『聖武親征録校本』と題し、書口には『親征録』と題していた。『中国叢書綜録』から本書に『聖武親征録』『聖武親征録校注』『元親征録』『校正元親征録』などの名があることが判明し、巻首の「綴言」によって『四庫全書総目』に著録されていることがわかる。こうして我々は『四庫全書総目』（巻五二）史部・雑史類・存目一の中から『皇元聖武親征録』を探し出し、突きあわせてみて、ようやくこの書であることがわかったのである。『総目』の評価は我々の理解と（目録への）反映に当然大きな助けとなる。

注意を要するのは書名が古書中に現れる可能性のある場所は非常に多いということで、例えば、封面、内封面、目録の前後、巻端、巻末、書口、書根、序、跋、牌記などである。[七] 現今の書籍は通常、奥付の題を基準とするが、古書では一般的に原書の巻端題を基準とする。巻端の書名は普通は編者が自らつけた題であり、その他の書名は往々にして他人（例えば著名人、書店、刻工、蔵書家など）によってつけられ、時に増減、異同がある。巻端に書名がなかったり、書名が不的確であれば、融通をきかすこともできるが、附注でそのことを明記しなくてはならない。例えば『唐詩始音一巻正音六巻唐音遺響四巻』は各巻で題名が異なっている。序と凡例は『唐音』としているから、『唐音』十一巻と著録し、附注で「書名は序と凡例によって著録する」としておくべきである。また、『皇明二祖十四宗増補標題評断実紀』は、書名が冗長に過ぎるから、書口の題によって『皇明実紀』と著録し、附注で「巻端には『皇明二祖十四宗増補標題評断実紀』と題す」とすべきである。

書名と書物の判断には不断に文化修養を高める必要がある。汪辟疆先生はこのような話をされた。

> 前清の顕宦、翁叔平、張孝達、端午橋らは古学を大変好み、収蔵を喜んだため、一時は都中の古籍、金石、碑刻などが蒐集し尽くされそうであった。外省の属吏には内僚の応援を求めて、金石・書翰を贈って、その風に迎合する者が屡々現れた。聞くに某太守は京師に至り、『欽定四庫

全書提要』一部を携えて某相国に贈ろうと表に自ら『宋版四庫全書』の六字を記し、瑠璃廠で表装した。贈呈の段、相国は笑って「『提要』は本朝の著作なのに君はどこから北宋版を入手したのだ。こんな値のつけようのないお宝は受け取れない。」と言った。某は大いに恥じて去り、一時笑い話の種になったとのことである。

（『小奢摩館脞録』〈『小説海』一巻二号〉）

この話は文献を正確に認識し科学的に反映させるには一定の文化修養が非常に重要だと告げている。要するに書名に関する種々の状況の理解は古書の認識・著録・検索のいずれにも必要なものである。

第二節　篇　巻

「全国古籍善本書総目著録条例」〔八〕は「書名項：書名・巻数・附録を含む」と規定している。例えば『金史』〔九〕一百三十三巻目録二巻では、「金史」が書名、「一百三十三巻」が巻数、「目録二巻」が附録である。これはその書物の内容・形式・分量を過不足なく反映している。そのため篇巻の数は古書を著録する上で省略されることの少ない項目である。

篇・巻は、古籍のまとまりを計算するための単位である。この単位には二つの意味が含まれる。一つは内容のまとまりである。もう一つは内容の依拠する物質上のまとまりである。文字を書写する素材は、最初は竹簡であったため「篇」と称し、その後、帛を用いるようになると「巻」と称した（さらに後、紙を用いるようになり、今日は「冊」あるいは「本」と通称している）。近人の曾樸は「古書の簡冊に記されたものが篇、絹帛に記されたものが巻である。」(『補後漢書藝文志』叙録)と概括している。章学誠は目録著録における篇から巻への転換について比較的詳しく説明している。「後世、文字が増加し、校讎の学が起こった。劉向・劉歆は、著録の際、多く篇・巻をもって記録するが、ほぼ篇は竹簡によるもの、巻は絹帛によるもので、素材によって(篇・巻の)名称が定まる、ただそれだけのことである。また、絹帛の利用は竹簡より遅く、そのため周秦は篇を用い、漢になって巻の語が用いられるようになった。……隋唐には書物を巻で数える方が多くなり、篇で数えるものは少なくなった。」(『文史通義』内篇「篇巻」)。

篇は、当初、物質上のまとまりをあらわす単位であり、また内容上の単位でもあった。絹帛を用いて書写材料とするようになると、篇は次第に物質上の単位でなくなり、ただ内容上のまとまりをあらわすようになり、巻はただ物質上のまとまりをあらわすようになった。一巻に収まる文字数は一篇より多い場合があるためである。細かく見れば、当然様々な状況がある。一篇の文章がちょうど一巻の帛に収まる場合もある。例えば『列子』は『漢書』藝文志では八篇、『隋書』経籍志でも八巻と著録されており、一篇がちょうど一巻になっている。一巻の帛に抄写される文章は常に一篇とは限らない。例えば『孫卿新書』は、劉向の撰した「書録」は三十二篇とするが(『漢書』藝文志では『孫卿子』三十三篇とするが、書録一篇を附したものであろう)、『隋書』経籍志には十二巻とあり、三十二篇(あるいは三十三篇)がわずか十二巻の絹帛に収まったことがわかる。『詩経』三百篇は、どれもそれほど長くない。そのため『漢書』藝文志が著録する『詩経』はわずか二十八巻、平均すると一巻の帛に約十篇の詩が写されていたということになる。葉徳輝はこの問題について比較的詳しく述べている。

私は以前『呂氏春秋』の毎巻「月令」十二紀の後にほかの文章四、五篇が混入している意味が全く理解できなかった。後にようやく月令を記した後に帛に餘白があったため、ほかの文章を続けて抄写したということに気がついた。刻本になってもそのままそれを襲ってしまったのであろう。さらに気づいたことに、大小二戴の『礼記』がふたつに分かれているのは、当初、テキストには（大戴小戴の）区別はなく、ただ叔父と甥とが各々数巻ずつ分けあっていたものを日がたつうちに各々自らの学をなし、小戴が先に学官に列せられ、大戴はそのまま廃れてしまったのである。〔一〇〕にもかかわらず『大戴礼』三十九篇中に「曾子」十篇が混入しているのは、きっと古人が抄写して学習の便を図ったためといよいよ確信するようになった。巻子本が線装本になってその辺りの事情がますますわからなくなったのである。

（『書林清話』巻一「書之称巻」条）

篇と巻の関係については、余嘉錫がさらに分析を進めている。

事柄や内容（のまとまり）によって篇を分かつ場合、文の長さは著された時点ですでに固定しており、わずか数本の簡に記されたものも、自ずと一篇とすることができる。その他は編次の際におおよその字数と綴じ糸や革ひもの耐えうるところを計って、一篇としたのである。帛書が盛行するに及んで、篇は巻に替わったが、一幅の容量は、簡と篇とはほぼ同じであったため、多く一篇は一巻になった。しかし古人が文章を書く際に初めから字数を決めることは不可能であり、篇幅の非常に短いものは数篇をあわせて一巻にしたのである。恐らくあまりに短いものは一軸にならず、長すぎるものは巻き取ったり広げたりするのに不便であったのであろう。そのため一篇を数巻に分けたものもあるが、それはおおよそ漢以降に起こったものである。

（『目録学発微』目録書之体制一「篇目」）

しかし、書写材料の変化に従って、巻も物質上のまとまりをあらわす単位から、徐々に意味のまとまりをあらわすようになった。章学誠はこの変化の過程について論じている。

篇という名称はもっぱら内容上のまとまりを担い、巻の方は帛をまとめる分量とのみ関わっていて、それ以上の意味はない。篇をもって書に名付けるのは、巻より（篇の方が）古いためであろう。そのため異なる篇が同じ巻に収まることもあるが、巻を内容上のまとまりとして名前をつけるなどとは聞いたことがない。班固に至って五行志や元后伝(3)のように、一篇が長く一巻では足りなくなると、子巻に分けるようになった。つまり篇は変えられないが、巻は分けたりあわせたりできるのである。それ以降隋唐になると書物を巻で数えるものが増え、篇で数えるものは少なくなり、著述家のいう一巻が古人の一篇にあたるようになった。事は時に随って変化し、人も知らず知らずそれに従うようになったのである。

（『文史通義』内篇「篇巻」）

雕版印刷、線装本の登場以降も毎冊はやはり複数の巻に分けられ、書籍を物質的にまとめる単位に巻のほかに冊が現れ、冊と巻という大小二つの階層が生じたが、篇は一貫して内容上のまとまりであった。章学誠はこの問題についても説き及んでいる。「宋以来、巻毎の分量は長くなったが、古人の巻は軸に捲きつけるものであり、勢い長くなりすぎることはなかった。後人が紙冊で書物を作るようになると、巻の名だけが残り、意のままに巨冊に載せられるようになった。紙冊をもって（絹帛による）巻の名を残しているのは、漢代に絹帛によって以降も竹簡の篇という名を残していたのと同じ理屈である。」（『文史通義』内篇「篇巻」）。章学誠はまた次のように考えている。

現在すでに絹帛は用いず紙冊を用いるようになったため、当然のこと、紙の耐えうる分量によって冊を分けている。古を好んで巻と呼んでも物質的まとまりによって冊と呼んでも勿論悪いことはない。しかし巻と冊との対応関係を態々不揃いにし、巻によって篇を求めさせ、さらに冊を挟んで巻を求めさせるのは面倒が増すだけであり、すべきことではない。……巻は一定不変のものでないのに、篇を重ねて一巻としておきながら、さらに冊を跨いで一巻を分けると検索に一手間多くかかるし、義例とも関係ないのだから全く面倒なだけではないか。だから著書は篇のみを論ずるべきで巻で計ってはいけない。どうしても巻で計るならその分量と冊の長短とを調整するのがよい。冊数を計らず小さな巻に分け、題箋や著録の美観をなすのは、古に拘泥し実を忘れたものであるといえよう。（『文史通義』内篇「篇巻」）

章氏の主張は確かに理に適っているが、巻冊の不揃いという歴史的な名残は依然残ったままである。

要するに、竹書において、篇は内容上のまとまりの単位であると同時に物質的まとまりの単位でもあった。帛書では、篇は内容上の単位となり、物質的単位という意味は当然失われた。巻は物質的まとまりの単位ではあるが多くの場合一篇が一巻に相当し、また普通は作者も内容のまとまりと物質上のまとまりの一致を考慮するため、巻が自ずと内容上のまとまりになることもある。紙を用いる線装本では、篇は内容的まとまり、冊（本）は物質上のまとまりであり、巻は両方の性質を兼ねる。まとまりは、物質条件の進歩に従うものであり、大まかにいえば、篇が最も短く、巻は一般に篇より長い、そこで一巻には複数の篇を収めることができる。冊（本）は巻よりもさらに容量が大きく、一冊に数巻を容れることができる。例えば『四庫全書総目』は二百巻で、一般的な線装本では何十冊かになり、商務印書館『万有文庫』本でも四十冊であるが、もう一種の精装本ではわずか四冊であり、一九六五年、中華書局が印刷した精装本ではたった一冊である。だから目録を編纂し、解題を作る者はこのような分合変遷の関係を適切に明らかにし、読者の参考にしなくてはいけない。「古籍善本書総目著録条例」において、巻数が書名の著録事項とされているのは、古籍において巻が物質上のまとまりであったことを保存しているとともに、往々、内容上のまとまりでもあることを考慮してのことである。冊数は検査項目であり、これは一般的な古籍において冊が物質上のまとまりであることを考慮してのことである。このような規定は古籍の篇巻の変遷の実際にもあっている。

目録が篇・巻・冊の数量を記録するのは、第一に、それによって書物の完缺分合、版本の差異を知ることができるからである。例えば晁公武『郡斎読書志』は、『宋史』藝文志の伝記類には『晁公武読書志』二十巻と著録され、目録類には『晁公武読書志』四巻と著録されており、まさに巻数の違いから異なる版本が存在することがわかる。一歩検討を進めるとさらに以下のようなことがわかる。

この書には宋時二種類のテキストがあった。一つは四巻本で、淳祐十（一二五〇）年、番陽の黎安朝が袁州の知事になって出版し、趙希弁の家蔵書を後ろに続け『附志』と呼んだ。これがいわゆる袁州本である。もう一つは二十巻本で、晁公武の門人の姚応績の編纂である。淳祐九（一二四九）年、南充の游鈞が衢州の知事になって出版したものでいわゆる衢州本である。袁州、衢州の両本は巻数に違いがあり、その後、希弁が衢州本を得て、『後志』二巻を作りその缺を補ったが、恐らくすでに完全なものではなかったのであろう。馬端臨の『経籍考』が引用する晁公武の説は全て衢州本によるものである。例えば『京房易伝』『宋太祖実録』『太宗実録』『建康実録』の類はその文は数倍に至り、ことごとく衢州本に一致する。近時、王先謙は袁州本、衢州本の二本をあわせて刊行し、それまでまれにしか見ることができなかった衢州本を目にすることができるようになった。

（『目録学研究』論唐宋元明四朝之目録）

これによって我々が今日『郡斎読書志』を使用するに一般的な状況においてはただ王氏の刊本によればよいということがわかるのである。

著録されている巻数の違いから後人が原書を改易していることが判明し、その書の価値がわかることがある。黄丕烈は『楊仁斎直指方論』十三巻（旧抄本）の題識でいう。

郡中に外科医の高某という者があり、家中には秘本の医書が多かった。伝え聞くところでは『仁斎直指』を所蔵し、他所で目にした者はなかったという。去年その某が亡くなり、残されたのは側室と幼子ばかり、家蔵書の大半は離散し、この本もまた世に出た。私は偶然目にする機会を得て、あまねく蔵書家の目録を調べてみたところ、どれも『仁斎直指方論附遺』二十六巻となっており、この本の十三巻とは異なっていた。明人は附遺と合計で二十六巻であったとはいえ、十三巻本との異同の理由を詳しく検討しなかったため、目録家たちはただ二十六巻本があるのを知るだけで十三巻本があるのを知らなかったのである。十三巻本が出るに及んでも人々はその巻帙が少ないのを疑って、このテキストが善本であると信じる者も、重視する者もなかった。今年たまたま市場で明刻本二十六巻を入手し、十三巻本の抄本と突き合わせてようやく十三巻本を二十六巻本に改めたのは明人によるものとわかった。（二十六巻本は）目録の大字小字は、もとの通りのもの、変更したもの、すべて憶断に出ており、原書の面目はことごとく失われている。こうして、目録の学は実になしがたく、博聞強記でなければ口出しするのは難しいと歎じたのである。書物は必ず原本を尊ぶべきである。私はすでに刻本は蔵しているが、さらに抄本の原書を置かなくてはならないこと如上の通りである。（『蕘圃蔵書題識続録』巻二）

古書には巻数が非常に多く、後人が刻書の際に勝手に删節したものもあるが、これも巻数の著録から暴くことができる。清の杭世駿は次のように指摘する。「『朱子集』は多きこと三百餘巻に及び、『建炎進退志』、『時政記』が附載されている。福建で改刻され『李忠定集』と題されたものは四十巻で、前後は入れ替わり古人の面目は失われている。」（『道古堂集』巻一八「欣託斎蔵書記」）。読書の際にこのような書物に出会ったら別本を探して比較するとよい。

さらに巻数を根拠にして著録上の誤りを判断できる。劉咸炘はいう。「数字は最も間違いやすいものである。三から一が落ちれば二になるし、十四が逆さになれば四十になる。簿目（目録）は単なる数字の羅列で、人は見るのを厭い、疎かにしやすいため、歴代の簿目には異同が多く、実物を自身で確かめ対照する必要がある。四庫の著録はこの点すこぶる詳しい。旧文に寄りかかり、みだりに異論を生むのは実に好ましくない。」（『目録学』上編「篇巻」）。つまり同一書の巻数に異同が生じる原因は往々にして著録の際の手抜かりにあるいうことである。『四庫全書総目』の、呉・韋昭注『国語』二十巻の提要には次のようにある。「韋昭注本は、『隋志』では二十二巻に作り、『唐志』では二十巻に作る。しかし実際この本は首尾揃って二十一巻であり、諸家に伝わる南北宋本はどれも同じでないものはなく、『隋志』は一を誤り、『唐志』は一を落としたことがわかる。」（『四庫全書総目』巻五一）。実際に書物を目にして対照する以外に、複数の目録を比較することで著録における篇巻の間違いを発見できる。例えば『呂氏春秋』は『漢書』藝文志、『隋書』経籍志、『旧唐書』経籍志、『新唐書』藝文志、『通志』藝文略、『郡斎読書志』、『宋史』藝文志、『四庫全書総目』では全て二十六巻と著録されており、ただ『文献通考』経籍考だけが二十巻、『直斎書録解題』が三十六巻としている。この両書は誤って、前者は六の字を落とし、後者は二の字を三にしてしまったのであろう。

当然、古書における篇巻の著録状況は複雑で、一概に論じてはならない。劉咸炘は、巻数は少なくとも内容はかえって多いという状況もあると指摘する。

商維濬『稗海』中の『雲渓友議』十二巻は三巻本が充足しているのに及ばない、これがどうしてわかりやすいだろうか。『孔叢子』七巻は併せて三巻となり、『易林』十六巻は併せて四巻となって、巻数は大いに減ったが文章はすっかりもとのままである。朱子『八朝名臣言行録』の伝存する宋本は李衡による纂要（要所を抜き出した節略本）であり、文量は大幅に減って巻数はそのままである。これがわかりやすいといえようか。

（『目録学』上編「篇巻」）

ここで例に挙げているのは比較的特殊な例ではあるが、ただ目録の編纂、使用の際には慎重な態度をとるべきであり、最もよいのは多くの本を比較することである。

目録が篇巻の数を記録するもう一つの意義はそこから歴代の学術の盛衰を読みとれるということである。鄭樵は次のように述べている。

古籍には、前朝で缺け後世に充足されるものがある。「唐志」で得られた旧書を見ると、ことごとく梁代の書の巻帙で、隋代より多くなっている。恐らく梁代の書物は隋代に失われた物が多く、巻帙の不完全なものも多かったのであろう。唐代の人は王倹『七志』、阮孝緒『七録』を参考に図書を探し求め、その結果、巻帙は隋より、また、梁よりも多くなったのであろう。例えば『陶潜集』は、梁代で五巻、隋代で九巻であるが、唐代では二十巻である。諸書でこのような例は極めて多い。前代に失われた書物が後代でも備わらないなどと誰も言うまい。

（『通志』校讎略「闕書備於後世論」）

この話が告げているのは、梁代の文化事業は比較的発達し、書籍の巻帙も非常に多かったが、その後、王朝が頻繁に交代し社会が混乱すると、文化事業もその影響を受け、書籍の損失も大きく、巻帙も不完全となったということである。唐代、文化事業は空前の繁栄を迎え、巻帙も前代を上回った。例に挙げた陶集の巻数の増加は、古本がすでに滅んでおり、九巻本、二十巻本の内容が五巻本より多かったと実証はできないが、前代に滅んだ書物が再び世に出る事例は確かに少なくない。また、例えば漢代に出現した二つの傑出した史書は文体が異なっており、『史記』は単句（散句）を、『漢書』は対句を用いている。漢以降、文章は単句から対句の方向に向かい、〔一一〕漢魏六朝には『漢書』を研究する者が『史記』を研究する者より多かった。『隋書』経籍志によれば、『漢書』の注釈は二十一家、計六百二十巻であるが、『史記』の注釈はわずかに三家、計九十五巻にすぎない、ということが一つの証拠となるであろう。当時、『漢書』に精通すると「漢聖」(4)（『漢書』研究の聖人）と呼ばれた。しかし、「史聖」と呼ばれた者はいなかった。各種書物の巻数を統計すれば、ある時代に何が盛んに学ばれたかがわかる。これも篇巻がもたらす効用の一つである。

第三節　版　本

目録における版本の著録は読者が図書を認識する主要な手段の一つである。このような方法は宋代に始まった。葉徳輝は次のように指摘している。

彫版が起こると版本にも言及するようになった。その例は宋・尤袤『遂初堂書目』に創まり、一書について多く複数のテキストを著録している。〔一二〕成都石経本、秘閣本、旧監本、京本、江西本、吉州本、杭本、旧杭本、厳州本、越州本、湖北本、川本、川大字本、川小字本、高麗本などがある。〔一三〕正経、正史が多く大抵は州郡公使庫本〔一四〕である。時を同じくして岳珂が『九経三伝』を刻し、

> その「沿革例」で称するところには、監本、唐石刻本、[一五]晋天福銅版本、京師大字旧本、紹興初監本、監中現行本、蜀大字旧本、蜀学重刻大字本、中字本、中字本有句読附音本、潭州旧本、撫州旧本、建大字本、[一六]兪紹経家本、また中字は計四本あり、婺州旧本、[一七]興国の于氏、建安の余仁仲をあわせて計二十本。さらに越中注疏旧本、建有音釈注疏本、蜀注疏本で合計二十三本。版本の辨別は、宋の士大夫がすでにその風を開いていたのである。
>
> （『書林清話』巻一「古今蔵書家紀版本」条）

明清に至ると版本を著録する風はさらに盛んになった。例えば明・嘉靖年間の『晁氏宝文堂書目』は書名の下に版本を明記し、一書に多くの版本がある場合も逐一著録している。明末清初に銭曾が撰した『読書敏求記』は提要のある版本目録であり、種々の方面から版本の源流と評価を定め、前人の基礎の上に大きな前進を遂げた。その後、黄丕烈が撰した目録の成果を銭曾のものと比べると、（黄丕烈の方が）すべて優っており及ばぬところはない。

目録における版本の著録は私家よりおこったが、その後官書も版本について考究するようになった。葉徳輝はいっている。

> 乾隆四十（一七七五）年、大学士の于敏中が勅命によって『天禄琳琅書目』十巻を編纂し、宋版、明版、影宋などに分類し、刊行の時期、場所、収蔵者の氏名、収蔵印まで逐一考証している。嘉慶二（一七九七）年、以前不十分であった箇所と成書の後に得たところをもって、彭元瑞などが勅命により後編二十巻を作った（光緒甲申（一八八四）長沙の王先謙が前後編を合刻した）。これが、

官書が版本に言及する最初の例である。

（『書林清話』巻一「古今蔵書家紀版本」条）

古籍版本目録で最も実用的なのは邵懿辰『増訂四庫簡明目録標注』と范希曾が張之洞撰『書目答問』を基礎として編纂した『書目答問補正』である。版本を著録する意味を説明するために各一例を挙げよう。例えば前者は以下の通りである。

王右丞集注二十八巻附録二巻　唐王維撰　清趙殿成箋注

乾隆元年趙氏刊本。抱経（盧文弨）曰く「校正は旧本より遥かに優る。ただし別の者に再校させていないためやはり誤字も多い」。翻刻本あり。明正徳仿宋本、十巻、無注、毎半葉二十行、毎行十八字。昭文張氏に何義門校本がある。黄氏丕烈に宋代麻沙の刊本十巻本、毎半葉十一行、毎行二十字。明、東壁図書府刊の詩集二巻本。弘治甲子呂夔刊の六巻本。明嘉靖二十四年顧佃子刊本。明刊、多色刷り本七巻、『孟浩然集』と合刊。汪立名刊、王孟韋柳本二巻。項氏玉淵堂仿宋刊本六巻、佳本、毎半葉十一行、毎行二十一字、韋集と合刊。【続録】宋蜀本十巻、『摩詰集』と題す。汪氏に宋刊十巻本あり、徐季の鈐記あり。天禄書目に刻影宋本十巻、琴川の毛氏の抄本。建昌本、『王右丞集』と題し、蜀本と順序が異なる。大体蜀刻本六十家集は、多く他所と異なるが、この編も非常に乱れている。趙殿成はいう、「須渓本も過ちは免れないが、ほかと比較してよい。王涯の遊春辞も竄入していない」。涵芬楼所蔵の劉評元刊本六巻。傅沅叔所蔵の元刊本、冒頭に『須渓先生校本唐王右丞集』とあり、毎半葉八行、毎行二十字。明奇字斎本。明嘉靖丁酉南陽府陳鳳刊本、毎半葉十行、毎行十八字、孟集と同刻。明、顧可久注説本六巻、毎半葉九行、毎行十七字、劉須渓評点を附す。表の後ろに「嘉靖巳未歳季冬月十四日洞陽書院刊行」の二行がある。『四部叢刊』本。

（『増訂四庫簡明目録標注』巻一五「集部二」）

また、後者は次のようである。

曹子建集十巻　魏曹植　明仿宋刻附音義　明安氏活字本　漢陽朝宗書室活字版本　補　『四部叢刊』影印明活字本　涵芬楼『続古逸叢書』影印宋大字本　呉興蔣汝藻『密韻楼叢書』覆宋刻本　丁晏『曹集詮評』十巻附年譜　江寧局本　上元朱緒曾『曹子建集考異』□巻　民国間江寧傅春官刻『金陵叢刻』本　順徳黄節『曹子建詩注』商務印書館排印本

（『書目答問補正』巻四）

目録が版本を著録する大きな目的は異本によって校勘の材料を提供するためである。多くのテキストを準備しての校勘作業は劉向、劉歆から始まり、伝統となったものである。古代の学者は書を読むにはまず考訂が必要だと考えていた。王鳴盛は次のように述べている。「よく著述を好むより群書を読むほうがよいというが、読書をするならまず精密に校勘しなくてはならない。校勘が精確でないものを慌てて読んでも多くは誤ってしまう」。このために彼は読書とは畢竟「善本を買うか借りるかして再三校勘すること。」（『十七史商榷』自序）というのである。銭大昕は「盧氏群書拾補序」で次のように述べている。

盧抱経先生は、経訓を研鑽し、群書を博く究めた。書籍に通じて以降故郷に帰ってからも活字本や版本に触れぬ日はなかった。給与を頂戴すると口に糊するほかはすべて書籍の購入にあてた。秘抄精校の本に出会うとすぐに穏やかに話をつけ借りて抄録した。家蔵の図書は数万巻になり、皆自ら校勘したものでその審理に過ちはなかった。校訂はすべて善本と比較し、証拠としてほかのテキストを利用して、友人後輩のちょっとした一言でもよいものを選んではそれに従った。

（『潜研堂文集』巻二五）

また清の銭泰吉は岳珂が群書を考訂したときの状況について次のように述べている。

宋の岳倦翁は『九経三伝』を刊行したが、家蔵の該刻、ならびに興国于氏、建安余仁仲本合計二十本、さらに越中旧本注疏、蜀注疏合計二十三本を、各経を専門とする名士だけに委嘱して繰り返し参訂してもらい、ようやく腕のいい職人に命じ出版した。その撰したところの『相台書塾刊正九経三伝沿革例』は、書本・字画・注文・音釈・句読・脱簡・考異などすべて条目を羅列し、詳しく考察していることがわかる。

（『甘泉郷人稿』巻七「曝書雑記」）

王鳴盛の理論、盧文弨、岳珂の実践はともにこの点について説明している。

著録および引用書籍に版本を明記することは学問や著作において特に重要である。余嘉錫はこれについて詳しく論じている。

書籍は、（素材は）木竹から絹帛、紙に変わり、（まとまりは）篇から巻、冊になり、（製作手段は）抄写から版刻、活字へと移った。変化にどれほどの歳月がかかったかわからず、何人の手を経て考訂されたかもわからない。通儒によるものもあるが、俗士から出たものもあり、断爛によって一書は缺け、刪削によって篇が缺け、省略によって文が缺け、脱誤のため文字に異同が生じ、増補のため書物に異同が生じ、校勘のため版本に異同が生じる。どの本か明記しなければ、著者と読者で目にするものが食い違ってしまう。叙録の論説は原書によらないわけにはいかない。こちらが挙げたのが足本で、相手が手にするのが残本であれば探しても見つかるはずがない。こちらがよっているのが善本で、相手が目にするのが誤本であれば突き合わせても一致しない。こちらが引いた原本とあちらの読んだ別本とでは、篇巻の分合、先後の順序がすべて食い違ってしまう。目録は本来人々に手がかりを示すものであるが、こちらとあちらで異なる版本を見ていれば、縺れた糸を解こうとして、かえって混乱を生じさせ、延いては学者を迷わせ、従うべきもののない状況となってしまう。このことの関わるところは決して些細でない。反対に、初めから原書に目を通さず、残本や誤本別本によってなす説や、語るところの是非得失は、みな事実とは大いに径庭がある。これはただ古人をみだりにするだけでなく後学に過ちを残すものである。顧広圻が「ある書が本当にその本か確かでないうちは、それが精確か不確かか、良いか悪いか論じようがない。」（『思適斎集』巻一二「後研斎書目序」）という通りである。しかしながら善本は得がたいものであり、またそれとわからぬ事もあり、まして他人の目にしたものの同不同や善し悪しも簡単に決められるものではない。四庫館が天下の書物を集めたものであっても、『提要』のよったところに過ちがないとはいえない。著述家は多く貧寒であり、どうしてそれがわかろうか。ただ、どの版かを明らかにして掲載すれば、その論が不確かでも読者はなぜ誤ったかを知ることができる。学者の誠実な態度は本来このようであるのだ。

（『目録学発微』目録学之体制四「版本序跋」）

版本の著録の、書籍購入、所蔵に対する作用も明らかである。葉徳輝は例を挙げて、「明・毛扆『汲古閣珍蔵秘本書目』（一巻、黄丕烈『士礼居叢書』刻本）、注に宋本・元本・旧抄本・影宋本・校宋本などの字がある。これは潘稼堂（耒）に売ったものである。詳しく記載しなくてはならないのは買い手の確認に備えるためである。」（『書林清話』巻一「古今蔵書家紀版本」条）と説明している。およそ善本として著録するものについては、現在比較的大規模な図書館はどこも善本専門の書庫があり、適切に管理されている。

版本の著録に関しては、明清以来、叙録（提要）の外、題跋の中にも屢々見える。それらは書物の行款（字詰・行格）・印記・源流・諱字などについても、詳しい説明を加えている。二例をあげよう。

方言十三巻江安傅氏双鑑楼蔵宋刊本

漢揚雄撰。首題は『輶軒使者絶代語釈別国方言』第××とする。前に郭璞序および宋慶元庚申（一二〇〇）李孟伝、朱質刻書両跋を載せる。書中の避諱字は「廓」字まで。〔一八〕毎葉十六行、行大小ともに十七字、双辺、白口。上魚尾の上に双行で大小の字数を記す。下魚尾の下に刻工の姓名を記す。〔一九〕『読書敏求記』に「旧蔵宋刻本『方言』、牧翁（銭謙益）が私のために題跋を書いてくれた。紙墨はすこぶるよく、後に季滄葦のもとに帰した。」とあるのがこの本である。朱大韶、季滄葦の印記あり。

（『四部叢刊初編書録』経部）

孟東野詩集十巻唐孟郊撰

宋刊本、半葉十一行、行十六字、白口、左右双闌。版心の上間に字数を、下間に刻工の姓名を記す。上魚尾の下に「孟詩××」と（葉数を）記す。原版は、全巻にわたって通し丁、計百六十七葉。補版では間々巻数、葉数を下魚尾の下に移している。〔二〇〕巻末に「泰興季振宜滄葦氏珍蔵」の題識一行がある。黄丕烈の跋。印記は、「銭氏敬先」、「銭氏家蔵子子孫孫永宝用」朱文の大印がある。さらに清の季振宜、徐乾学、黄丕烈、汪士鐘および海源閣楊氏父子の印。さらに安岐、唐良士の諸印。
案ずるに、この本は断爛甚だしく、百六十七葉中、原版は僅か十数葉、残りはすべて補版である。刀法筆勢を鑑みるに江右の刊本であろう。海源閣が佚し、現在は李木斎（盛鐸）師の所蔵である。近時、陶君蘭泉が刊行し世に行われているが、ここには詳しく記さない。（丁卯十月李木斎先生宅にて目睹す）

（『蔵園群書経眼録』巻一二）

「全国古籍善本書総目著録条例」は古籍目録がいかに版本を著録するかについて次の通り明確に規定している。「版本の項には、出版年・出版地・出版者・版本類別および批評・校正・題辞・跋文を加えた人物を含む。出版年、出版者は、通常、封面・牌記あるいは書尾に題されたものを標準とし、序・跋・各家の目録および関係資料も参照し決定する」。

以上から、書物に異本があれば優劣にも異同があるということがわかる。目録中で版本を明らかにすれば、収蔵と利用に役立つ。そのため疎かにできない項目なのである。

第四節　真　偽

張之洞は「真偽を分ければ、古書は半ばを取り去らねばならない。」（『輶軒語』語学「論読書宜有門径」）と述べている。我が国の文化累積は長く、偽書が生まれる状況も複雑である。古代文献の著録・利用にあたって信頼性を確保し、読者が精確に認識・運用できるよう、附注や提要において偽書の判別を行っている目録もある。

『漢書』藝文志・諸子略・道家類には『文子』九篇があり、その注に「老子の弟子。孔子と同時期であるのに、周の平王が（文子に）訊ねたとあり、依託のようである。」とある。周の平王は東遷後最初の天子であり、孔子は春秋末の人物である。もし文子が孔子と同時期であれば周の平王が政治を問うのは不可能であり、そのため班固は『七略』の説を根拠に「依託のようである」と述べている。このような例は『漢書』藝文志に六十ほどある。例えば諸子略・道家の『力牧』二十二篇の注には「六国時代の作、力牧に仮託したもの。力牧は黄帝の相。」とある。雑家の『大禹』三十七篇の注には「伝に禹が作ったというが、文章は後世のもののようである。」とあり、農家の『神農』二十篇の注には「六国時の諸子が農業に励まない当時の風潮を憂い、農事を重視する者が神農に託したもの。」等々とある。

仏経目録も辨偽を重視しており、東晋・釈道安が編んだ『綜理衆経目録』には『疑経録』一巻がある。梁・僧祐『出三蔵記集』巻五には『新集疑経偽撰雑録』があり、その小序には次のようにある。

昔、安法師は偽経二十六部を摘出し、さらに慧達道人にも深く戒めるよう諭した。古がすでにそうであったのだから今もまた同様である。私が群経を校閲し、広く異同を集め、約するに経律をもってするに、かなり疑わしいものがある。そもそも本物の経典の趣きは融然にして深遠、仮託の文は表現も内容も浅薄雑多であり、本物と偽物は、はっきりと見分けがつく。いま疑わしいものを区別しこれを注記し、近世の妄作についても文末にその旨明記した。（『大蔵経』巻五五）

これ以降、仏教目録の編纂者はみな偽書に注意するようになった。例えば、隋・沙門法経『大隋衆経目録』には『疑惑』『偽妄』の二録がある。唐・釈道宣『大唐内典録』には『歴代所出疑偽経論録』が、釈智昇『開元釈教録』には『疑惑再詳録』『偽妄乱真録』などがある。

宋代、晁公武『郡斎読書志』と陳振孫『直斎書録解題』はともに提要で辨偽を行っている。例えば晁公武は王通『文中子』に疑問を呈し、「仁寿四（六〇四）年、王通が始めて長安に至った時、李徳林が亡くなって九年たっていた。にもかかわらず『文中子』には徳林が面会を請う語が見えている。関朗は太和中に魏孝文帝に拝謁しており、太和丁巳（四七七）から王通が生まれた開皇四（五八四）年甲辰まで百七年である。それなのに礼を関子に訊ねたとある。」（『郡斎読書志』巻三上）。ここでは時間的な矛盾から『文中子』が偽書であることを明らかにしている。陳振孫もまた『関子明易伝』一巻に疑問を持ち、「後魏・河東関朗子明撰、唐・張薿注。『隋志』、『唐志』はともに著録していない。ある者は阮逸の偽作という。」（『直斎書録解題』巻一）としている。既存の目録に著録されていないことから流伝の疑わしさを指摘しているのである。『四庫全書総目』は、『直斎書録解題』を評して、「古書の今に伝わらないものは、この書によって概略を知ることができる。今に伝わるものは、この書によって真偽を辨じ異同を質すことができる。考証の拠り所としても廃すことのできないものである。」(『四庫全書総目』巻八五)としている。目録を利用しての真偽判断には、当然、こうした目録における先行論の利用も含む。

明・胡応麟『四部正譌』は、比較的早期の辨偽目録であるとともに偽書を辨じた専著といえる。この書は万暦十四(一五八六)年に成立し、その冒頭部分で、偽書の状況と来歴について言及している。

なべて偽書の成立状況は非常に繁雑である。簡潔にまとめてもほぼ十数種ある。前代の偽作で世に知れ渡っているものに、風后『握奇』、岐伯『素問』がある。近代の偽作で人々がかえって惑わされているものに、卜商『易伝』、毛漸『連山』がある。古人の事を綴って偽ったものに、仲尼が車蓋を傾けて程子と親しくしたことで『子華』があり、老子が函谷関を出たことで『尹喜』があるといった例がある。古人の名を恃んで偽ったものに、伍員が書を著したことで『越絶書』があり、賈誼が鵩の賦を著したことで『鶡冠子』があるといった例がある。[一一]古人の名に託けて偽ったものに、伊尹が鼎を背負って商王に会ったことで『湯液』が世に聞こえるようになり、戚が牛を飼って桓公に用いられたことで『相経』が著されたという例がある。古書の名を襲って偽ったものに、『汲冢書』が発掘されて『師春』が補われ、『檮杌』が著され偽の楚史が伝えられたという例がある。自身の名を憚って偽ったものに魏泰『筆録』の類がある。自身の名を恥じて偽ったものに和氏『香奩』の類がある。他人の記述を剽窃して偽ったものに法盛『晋書』の類がある。[一二]

大家の名を借りて重みをつけ偽ったものに蘇軾「杜解」の類がある。〔一三〕他人を憎み、偽ることで禍を与えたものに僧孺『行紀』の類がある。他人を憎み、偽ることで相手を貶めたものに梅堯臣『碧雲』の類がある。原書自体は偽書でなく、別人がそれに仮託して偽ったものもある。『陰符』は三皇について言及していないのに、李筌が（『黄帝陰符経疏』を著して）黄帝のものとした類がその例である。もともと偽書であったものに別人が手を加え、ますます偽ったものに『乾坤鑿度』および諸々の緯書の類がある。

（『少室山房筆叢』巻三〇「四部正譌」上）

清・姚際恒は『古今偽書考』を著し、九十一種の古籍について辨偽を加えた。顧実が『重考古今偽書考』で姚氏の考えを覆すと、黄雲眉先生はさらに『古今偽書考補正』を著して姚氏を支持し、議論を通して多くの問題が明らかになった。その後比較的備わったものに張心澂『偽書通考』がある。この書は書名を大綱とし、まずある書籍に関する辨偽の説を集め、次に広く諸書に見える関係資料を引用する。集大成というべき辨偽目録で計一千一百四種を収めている。引用には逐一出典あるいは某書からの転引と注記し、編者の案語は各説の末に附す。考証の内容は豊富で辨偽のための有用な工具書である。この書は『四部正譌』を継ぐ辨偽目録である。

胡応麟『四部正譌』はさらにいかに偽書を見分けるかについても言及している。

すべて偽書調査の道は、『七略』によって淵源を確かめ、群志によって端緒を確かめ、同時代の発言によって評価を確かめ、後世の言及によって流伝を確かめ、文章によって文体を確かめ、取り上げる事柄によって時代を確かめ、撰者によって仮託を確かめ、伝承者によって人物を確かめるのである。この八つの事項を調べれば、古今の偽書はもう逃れ隠れることはできない。
（『少室山房筆叢』巻三〇「四部正譌」上）

この経験談は、偽書の判別には、目録における著録状況を理解し、ほかの著作における引用の有無を考察し、表現が時代に合致しているか検討し、内容と作者が生きた時代の史実との間に矛盾がないか調査し、撰者が仮託でないか注意し、伝播した人物の信頼性を考慮しなければならないと伝えている。

近代に至ると梁啓超は前人の経験にもとづいてさらに歩を進めて十二項目の方法をまとめた。以下に全文を載せる。

一、前代から著録されず、引用した人もなく、突然出現した書籍はほとんど偽書である。例えば『三墳』『五典』『八索』『九丘』の名は『左伝』に見え、『晋乗』『楚檮杌』の名は『孟子』に見えるが、『漢書』『隋書』『唐書』の藝文志・経籍志は著録せず、司馬遷以降誰一人引用していない。古代にも存在しなかったと考えられ、もし存在したとしても秦始皇の焚書前後夙に亡佚してしまったのだろう。明人が刻した『古今逸史』に、突然、所謂『三墳記』『晋史乗』『楚史檮杌』などの書が現れるがすべてこの類の書籍は内容を全く調査せず名を聞いただけで偽書とわかる。

二、前代に著録されていても、久しく散佚しているところに突然異本が出現し、篇数・内容などが旧本と全く異なる書籍はほとんど偽書である。例えば最近突然出現した明抄本『慎子』は現行の四庫全書本、守山閣本と全く異なり、「隋志」「唐志」『崇文総目』『直斎書録解題』などが記す篇数と一つも合致せず、流伝の状況も全く考察できない。私は諸書目を見て疑い、再度内容を調べ、明人の偽作と定めることができた。

三、旧本の有無を問わず、今本の来歴が不確かな書籍は軽信すべきでない。例えば、漢の河内の女子が得た「泰誓」、晋の梅賾が献上した『古文尚書』、孔安国伝は、いずれも来歴が曖昧で、後人が疑い、偽書と定めたものである。また、今本『列子』八篇は、張湛の序に、あわせ成った数本がいずれも湛の親類から出たとしているのは、当時、この書がなかった証拠で、私はこの書を疑わずにいられない。

四、流伝の始まりを他方面から考察でき、それによって今本が某人旧撰と題するのが過ちと証明できるもの。例えば、今称する所の『神農本草』は、『漢書』藝文志には見えず、劉向の時代にはなかったとわかるが、次に『隋書』経籍志以降の諸書目、その他の史伝を調べると、本書が蔡邕・呉普・陶弘景らと大変深く関係しており、宋代になって、その規模が大いに備わったことがわかる。正確にいえば本書はまったく長時間にわたる多くの人々の苦心と労力の集成であり、ただ神農一人の手から出たものではないし、西漢以前の人間の関与も極めて少ないと断言できる。

五、真書・原本が前人に引用されて確実な証拠があり、今本とその引用とが異なれば、今本は必ず偽書である。例えば、古本『竹書紀年』には、夏の啓が伯益を殺害し、商の太甲が伊尹を殺害したなどという記事が見える一方、夏の禹以前には及んでいない。これらはいずれも原書が初めて出土した時に諸人が自ら目にしたものであり、信ずるに足る根拠があるものである。しかし今本に載る伯益、伊尹などの記事は古本と全く違っており、年代も黄帝の時代に託している。それに

よって、今本が決して汲冢書の本来の面目でないことを知るのである。〔二四〕

六、某人撰と題していても、書籍に記載されている事跡が撰者本人以降のものであれば、全くの偽書か部分的偽作である。例えば『越絶書』は、「隋志」に初めて著録され、子貢撰と題しているが、「漢志」に見えず、内容も漢以降の建置（官職、役所、郡県などを制定すること）の沿革にまで及んでおり、子貢の撰ではなく、漢代のものでもないとわかる。また『管子』『商君書』は、「漢志」がともに著録し、それぞれ管仲、商鞅撰と題しているが、いずれも管仲、商鞅没後の人物や事跡を記載しており、両書が決して管仲、商鞅の自撰ではなく、全くの偽書でないとしても、部分的には偽作が混入していることがわかる。

七、真物であっても、一部分が後人の改竄を経たのが確実で根拠があれば、全体に対しても慎重に鑑別しなければいけない。例えば、『史記』が司馬遷の撰であること全く疑いないが、自序に叙述の範囲を「麟止の年まで」〔二五〕と明言しているのに、今本は太初（前一〇四～前一〇一）、天漢年間（前一〇〇～前九七。いずれも武帝年間）に止まらず、宣帝・元帝・成帝以降の事も載っており、全てが司馬遷の原文でないのは明らかである。〔二六〕こうした部分に改竄があるなら、ほかに改竄がないと保証できようか。

八、叙述内容が完全に事実に反していれば間違いなく偽書である。例えば、今の『道蔵』には、劉向撰『列仙伝』が入っており、「隋志」にも著録されている。書中で仙人の荒唐無稽な話を述べているのは論を俟たない。自序には「七十四人はすでに仏典に見える」とあるが、仏教は後漢の桓帝・霊帝の時代に初めて翻訳書が出たのであり、それは劉向没後、二百年にもなろうという頃のことである。劉向がどうして仏経の存在を知り得ようか。この一語によって全体が偽書であることは紛れもない。

九、二書が同一の事柄をともに載せ、両者が完全に矛盾していれば、必ず一方あるいは両方が偽書である。例えば、『涅槃経』で仏陀は「今日から弟子が肉を口にすることを許さない。」と述べているのに対し、『入楞伽経』では「私は『象腋』『央掘魔』『涅槃』『大雲』などすべてのスートラ（経典）で肉食を許していない。」と述べている。『涅槃経』は仏陀が滅度に臨む数時間前に説かれたと一般に考えられており、『象腋』などの仏経にこの教義があったなら、どうして「今日から」などといえよう。また『涅槃経』は仏陀が最後に説いた経典である以上、『入楞伽経』はどうしてその教義を引用できるのか。つまり『涅槃経』、『楞伽経』は少なくとも必ず一方が偽書であり、あるいはともに偽書である。

以上の九例はみな具体的反証によって辨偽を進めるものである。さらに抽象的反証によるものもある。

十、各時代の文体には自ずと違いがあり、多く読者も自然とそのことを知っている。したがって後人の偽作は字句に従って細かい反証を求めなくても、文体を少し見るだけで判断できる。例えば、東晋の末に出土した『古文尚書』は、今文の周「誥」、殷「盤」と比較すれば、はっきりと文体を異にしており決して三代以前の文でないとわかる。また今本の『関尹子』に「譬えば犀牛が月を眺めて月の形が角に入ったと思うのは、ただ認識によってそれが生じるのである。もともと月の形は実物の月にあるのであって、初めから角にあるのではない。」といった言葉が見えるが、これは純粋に晋代、唐代の仏典翻訳の文体であり、決して秦漢以前のものでないことは、少し見ただけでわかる。

十一、各時代の社会状況は、各方面の資料によって、その概略を推測できる。もし某書が述べる時代状況が道理と懸絶していれば偽書と断定できる。例えば『漢書』藝文志・諸子略・農家に『神農』二十篇があり、その自注に「六国時代の諸子が神農に仮託したもの」と述べている。この書は今に伝わらないが、『漢書』食貨志に鼂錯が神農の教えを引いて、「高さ十仞の石城、広さ百歩の湯池（堀）があり、帯甲百万（武装兵百万）がいても、兵糧がなければ守ることはできない。」と述べている、とある。これは確かに鼂錯が見た『神農』書の原文ではある。しかし、石城、湯池、帯甲百万といった状況は、決して神農の時代にあり得ることではない。劉向、班固が六国人の偽託としたのも武断ではない。

十二、各時代の思想は進化の段階に自ずと一定性がある。もし書籍の思想とその時代が嚙み合っていなければ偽書と断定してよい。例えば今本の『管子』には、「停戦論が強いと堅固な城塞も守り通せないし、兼愛の思想が強いと兵士は戦わなくなる。」などの文言が載るが、これは明らかに墨翟、宋銒以降の思想である。管仲の時代には、寝兵（戦争放棄）や兼愛の主張などまだないのに、どうしてそれに反論できようか。『素問』『霊枢』は、陰陽五行について述べるが、それは明らかに鄒衍以降の思想であり、どうして黄帝の時代にこうした記述があり得るだろう。

以上の十二例はまだ完全とはいえないが、これに従って推測すれば大きな間違いは犯さないだろう。

（『中国歴史研究法』第五章第二節）

注意すべきは、辨偽の作業を進める際は複数の方法を用いるべきで、一つの方法を用いるだけでは確実でないということである。例えば『漢書』藝文志は、多くの古籍を著録するが、先秦時代の古書すべてを記録している訳ではなく、姚振宗『漢書藝文志拾補』が多くを補っている。一九七三年十二月に長沙の馬王堆三号の漢墓から出土した『経法』『十六経』などの帛書は『漢書』藝文志には記載がない。つまり目録を調べるだけでは必ずしも真偽を確定できず、ほかの方法もあわせて証明しなければならないのである。

辨偽の目的は文献の価値を確定し、どのように利用するかを確定することにある。我々は、実際はそうでないのに、仮託され、ある人物が著したとされる書物や偽ってある時代のものとされる書物を偽書と呼んでいるが、偽書は全く価値のないものではない。考証を通して時代や作者を確定できた偽書はやはり有用な文献なのである。例えば今本『列子』は多くの考証によって先秦時代のものではなく、晋人の手になるものと断定された。この点が確定した後も『列子』はなお魏晋思想研究の重要な資料である。旧題を牛僧孺撰とする唐人の小説『周秦行紀』は、文学的価値は高くなく物語も出鱈目である。考証によって現在は李徳裕の門人韋瓘の作で牛僧孺に仮託し陥れるためのものであったことがわかっている。この一篇は作品を利用して政敵に反対するという一事例を文学史に提供し、また唐代党争史の格好の資料でもある。

従って我々は著録作業において辨偽に注意しないわけにはいかない。それはまさに読者がよりよく文献資料を使用するためなのである。

第五節　存佚

伝統的目録の多くは古書の存佚状況についても反映、著録している。鄭樵は次のようにいう。

古人は書物編纂の際、皆その亡闕を記した。仲尼が書籍編定にあたって佚篇をつぶさに載せたのもそのためである。王倹も『七志』を編纂し、劉向『七略』、両漢「藝文志」、魏『中経簿』に欠けている書を列ねて一志とした。阮孝緒も『七録』を編纂し、劉向『七略』および班固「漢志」、袁山松「後漢志」、『魏中経』、『晋四部』に欠けている書を並べて一録とし、隋朝も梁の亡書を記している。

（『通志』校讎略「編次必記亡書論」）

鄭氏の説は『隋書』経籍志で検証できる。『隋書』経籍志は現存する中で最も古い存佚を注記する目録である。「隋志」は、まず梁・阮孝緒『七録』と対照して隋代に亡佚していた書を附注で明記し、その後、各類の佚書を集計し、類序で（亡佚した）原因を説明している。例えば経部・讖緯類は以下の通りである。

『孝経内事』一巻　梁（『七録』）に著録するのは、『孝経雑緯』十巻宋均注、『孝経元命包』一巻、『孝経古秘援神』二巻、『孝経古秘図』一巻、『孝経左右握』二巻、『孝経左右契図』一巻、『孝経雌雄図』三巻、『孝経異本雌雄図』二巻、『孝経分野図』一巻、『孝経内事図』二巻、『孝経内事星宿講堂七十二弟子図』一巻、

また『口授図』一巻、さらに『論語讖』八巻宋均注、『孔老讖』十二巻、『老子河洛讖』一巻、『尹公讖』四巻、『劉向讖』一巻、『雑讖書』二十九巻、『堯戒舜禹』一巻、『孔子王明鏡』一巻、『郭文金雑記』一巻、『王子年歌』一巻、『崇高道士歌』一巻で、（現在は）亡佚している。

同時にそれらを集計して「右十三部、計九十二巻。佚書の通計は三十二部、二百三十二巻。」とする。類序はさらに両漢から隋代に至るまでの讖緯の盛衰の原因にまで言及している。〔二七〕

新の王莽が符命を好み、光武帝が河図、讖緯書によって国を興した頃から盛んに世に行われるようになった。後漢では東平王劉蒼に詔を下し、五経の解釈を改め、すべて讖緯書の記載に従うよう命じた。こうして俗儒は時勢になびき、愈々讖緯の学に努めたため、讖緯書の篇巻、題目も増加、拡大し、五経を説く者はみな讖緯書に従って説を立てた。ただ孔安国・毛公・王璜・賈逵らだけが讖緯を否定し、中庸の教えを乱す怪しいものという見解を継承した。こうして彼らは、漢の魯恭王、河間献王が得た古文を参照し、考えあわせて経義をなし、古学と称した。しかし時の儒学者達も古学を排撃したため結局は広まらなかった。その後、魏の王粛は古学を推し進め、讖緯の学を非難した。王弼、杜預が続き、（経義を）明解にして以後、古学は次第に確立した。宋の大明年間（四五七～四六四）に至って初めて河図、讖緯書を禁止し、梁の天監年間（五〇二～五一九）以後はさらに厳重になった。隋の高祖が受禅すると、ますます厳しく禁じた。煬帝が即位すると、使者を全国に派遣し、讖緯に関する書籍を捜索させ、すべて焼却し、官吏に摘発された者は死刑に処せられた。以後、讖緯の学は復興せず、宮中の蔵書も多く散佚した。今、現存するものを著録し、六経の下に配して異説を備えておくこととする。

『隋書』経籍志は『魏闕書目録』一巻を著録している。これは最も早い闕書目録についての記載である。『隋書』経籍志の序には「孝文帝は洛陽に遷都すると南斉に書籍を借り、秘府の図書はようやく充実した。」とあり、この目録は北魏の孝文帝が南斉の明帝に図書を借りた際に編纂したものであろう。『宋史』藝文志は『唐四庫捜訪図書目』一巻を著録している。『旧唐書』経籍志の序に「文宗の時、鄭覃が禁中で講義し、経籍の道が滅ぶと度々主張したため、秘閣に詔して、遺漏していた文書を捜索し、日々抄写させた。」とあり、『唐四庫捜訪図書目』は文宗の時に編纂されたものかも知れない。唐代には仏教経典の目録が特に闕書目録の編纂に注意を払っている。例えば道宣『大唐内典録』巻一〇には『歴代衆経有目闕本録』があり、その提要に「現物はなくとも書目に著録されているものがある。恐れるのは、後世に（その書を）手にした者が現行の目録に載らないために省みず、疑偽の書と同様に扱ってしまうことである。そこで古今の書録を調査して経典、書籍の有無を確かめ、現存すれば蔵書に加え、なければその書名を題して捜索する。願わくは、志を同じくする士が本録を懐にして広く収集されんことを。」（『大蔵経』巻五五）とある。智昇『開元釈教録』巻一四、一五はまた『有訳無本録』としている。宋代も書籍捜索のため闕書目録を編纂した。例えば北宋・太宗が「三館に詔して『開元四部書目（群書四部録）』を用いて館中に欠けている図書を調査させ、つぶさに書名を列記し、賞金を懸けて集めさせた。」（『資治通鑑長編』巻二五）というのがそれである。鄭樵『通志』藝文略も『嘉祐訪遺書詔並目』一巻、『求書目録』一巻を著録する。北宋の末年、館閣の書籍はほとんど散佚してしまった。宋朝の南渡後、国家の蔵書はやや回復を見た。『宋史』藝文志の序には「高宗は臨安に移ると、秘書省を国史院の右側に建て、遺漏していた書籍を捜索させ、屢々図書を献上した者に賞を与えたため、四方に隠れていたものもようやく現れ、館閣で編集し、蔵書も日々豊富になった。」とある。現存する紹興年間改訂の『秘書省続編到四庫闕書目』からは当時なお遺漏捜索に努めていた状況が窺える。本目録は計三千四百七十二部を著録し、うち一千九百八十二部に「闕」字を注している。葉徳輝「刊秘書省続編到四庫闕書目序」には次のようにある。[28]

> 宋紹興十七（一一四七）年、鄭樵は秘書省が公布した闕書目録によって、『求書闕記』七巻、『外記』十巻を著した。[29] 陳振孫『直斎書録解題』には「『秘書省四庫闕書目』一巻。また紹興年間に改訂された。欠けている図書には「闕」字を各書の下に注している。」とある。これが紹興年間の秘書省闕書目改訂の顛末である。
>
> （『秘書省続編到四庫闕書目』巻首）

四庫全書編成の後、鄭文焯は『国朝未刊書目』を撰し、朱記栄は『国朝未刊遺書志略』を撰し、劉世瑗は『徴訪明季遺書目』を撰した。いずれも著名な闕書目録である。

存佚の著録は、第一に図書の変動情況を反映し、学術の盛衰、変化を描き出す。例えば『隋書』経籍志は全部で存書三千百二十七部、三万六千七百八巻と佚書一千六十四部、一万二千七百五十九巻を著録している。また、亡佚した書物には、「宋にはあった〔宋有〕」、「梁にはあったが今はない〔梁有今亡〕」などの字句を注に明示している。このように隋朝一代の蔵書を反映させたうえ、六朝時代の書籍の変動情況も明らかにしているのである。いつ国家が繁栄して典籍も豊富になり、いつ国家が混乱して典籍が散佚したか、また、どの書が学術の繁栄によって保存され、どの書が政治の影響によって散佚したか、いずれも存佚を著録することでその大概を知り得る。例えば『隋書』経籍志・経部・孝経類には次のようにある。

古文孝経一巻　孔安国伝。梁末に亡佚した。現行本は古本ではないであろう。
孝経一巻　鄭氏注。梁に馬融・鄭衆注の『孝経』二巻があったが亡佚した。

その孝経類序には次のように述べる。

…また、『古文孝経』なるものがあり、『古文尚書』とともに世に出て……孔安国が伝を施した。劉向は校書の際、顔氏蔵本によって古文を校勘し、繁雑な部分を除いて十八章に定めた。鄭衆、馬融がともに注を施した。また「鄭氏注」というものがあり、鄭玄の注とも伝えられているが、解釈が鄭玄の注した他書とは異なっており疑わしい。梁代には孔安国と鄭氏の二家がともに国学に立てられたが、孔安国本は梁の戦乱で亡佚した。陳および北周、北斉には鄭氏のみが伝わった。隋代には秘書監の王劭が京都で「孔伝」を探し出し、河間の劉炫に送り届けた。劉炫がその長所短所を序し、義疏を撰述し世間で講義すると朝廷にも聞こえ、後に勅令によって鄭氏の学説と並んで立てられた。しかし口喧しい学者達は、劉炫が自作したもので孔安国の旧本ではなく、宮中の蔵書にも初めからそんなものはなかったのだと言いあった。

ここから我々は『古文孝経』の変遷をはっきりと見てとることができる。

存佚の著録はさらに蔵書事業に対しても直接的効果をもたらすに違いない。鄭樵は「古人は書が亡佚しても記録していたため、それを捜求することができた。書籍を求めて、北魏は『闕目録』一巻を作り、唐は『捜訪図書目』一巻を作った。そのため多くの書を求め得ることができたのである。」(『通志』校讎略「編次必記亡書論」)と述べている。宋代の蔵書事業も同様であった。

(宋の紹興十三(一一四三)年十二月)二十五日、権発遣盱眙軍の向子固が上書した。「近頃秘書省に詔を下され、『唐書』藝文志と『崇文総目』を拠り所とし、蔵書に欠けているものを検院、鼓院に掲げ、地方の官吏や庶民が蔵書を献上することが許されました。しかしなお遠方の者は闕書の具体を知らず、捜索、抄録に困難を来す恐れもございます。どうか秘書省に詔を下され、『唐書』藝文志と『崇文総目』を用い、闕書には「闕」と注記の上、版刻し、諸州軍に公布して、それをもとに照合、捜索させてください」。裁可され、これに従うこととなった。

(『宋会要輯稿』第五五冊「崇儒」)

晁公武『郡斎読書志』もこの件に言及している。『藝文志見闕書目』の項には「右(の書名にある藝文志とは)『唐書』藝文志のことで、近時、これによって朝廷は遺書を捜索するため、版刻して国内に布告し、書名の下に「書府に欠けている(書府所闕)」と注記して捜索させた。」(『郡斎読書志』巻九)とある。現在も闕書目録を利用して蔵書構築作業を進めている。例えばある図書館では重複している地方志の目録と欠けている地方志の目録を編纂し、自館の重複本を他館の蔵書で自館に欠けているものと交換しており、その効果には優れたものがある。館蔵目録に亡佚を記録しておくことは流通作業の推進においても非常に重要である。館蔵図書は可能な限り散佚を防ごうとしても杜絶する術はない。目録にあっても現物がないという現象は図書館にはよくあることで、この種の事態に的確に対応して随時闕書目録を編纂すれば機を逃さずに購入し缺損を埋め、よりよいサービスを提供できる。

闕書目録は科学研究にも活用できる。未見の文献目録を作成し、著述の際、引用書籍目録の後に附したり、別に公布したりすることは、(資料)捜索の手がかりを提供してもらうという点において有効だし、また、どの資料が入手困難で、捜索、保存、流伝に注意すべきかを知らせることもできる。

どのように書籍の存佚を著録するのか。朱彝尊『経義考』は新たな四区分を案出し運用した。それは各書を「存」「佚」「闕」「未見」の四類に区分して注に明記するというものである。孫詒譲は次のようにいう。「目録における存佚の区別は唐・釈智昇『開元釈教録』を嚆矢とする。朱氏は旧来の規範に従いつつ四区分に増した。存、佚のほか、闕は、篇簡が俄に缺けて完本が存在しないものである。また、未見は、収蔵は絶えていないが入手の難しいものである。四者は明確に区別されており調査に大変便利である。」(『温州経籍志』叙例)。章学誠は「史籍考釈例」で朱彝尊の四区分についてさらに一歩進んだ具体的説明をしている。

存佚:実際に目睹したものに限って存とし、必ず存在しないと判明したものは佚と記す。しかし自身が実際に目にせずとも、実際に目睹した者の記述が精確詳細で信頼できれば、存と判断する。また、久しく著録されないものでも、それに言及する者に確証があれば、未見と判断する。例えば謝承『後漢書』などは、宋以後(の目録)には収録されないが、傅山は家蔵本があるといい、それを用いて『曹全碑』の考察もしており、琴川の毛氏は疑っているが、全く非であるとはいえないため、やはり未見と判断する。記載に慎重を期すためである。また散佚した古書を、叢書が（輯めて）断片を刻しているような場合は、もとより完本ではないので、その著録を確かめて闕と判断する。また諸事情から推して必ず存在しているはずだが、確証がない場合にも未見と判断する。ほかもこのような体例に倣うこととする。（『章氏遺書』外編「補遺」）

四区分のうち、存は書籍が現存し実際に見られることをいい、闕は現存するものの一部分が欠けていることをいう。この二つはいずれも容易に断定できる。もっとも闕にはさらに二つの場合がある。一つは流伝の最中に書物が部分的に欠けたもので、目録学における闕とは即ちこのようなものを指す。もう一つは、書物自体がもともとすべては完成しておらず、完成した部分については完全な形で印刷、出版されたものである。例えば胡適が著した『中国哲学史』や『白話文学史』は、いずれも上巻のみが完成しているが、こうした例は目録に闕と注記する必要はない。

扱いにくいのが佚と未見である。ある書物が見られない時、果たしてまだ存在しているのに見られないだけなのか、すでに現存せず、そもそも見る術がないのか、非常に判断しがたい。例えば、章学誠が著したとされる『史籍考』は、当時の学者、畢沅、謝啓昆らが物質的援助を提供し、同時代の多くの人がその原稿を目にしている。三十年代、それが米国人によって購入され、国会図書館に収蔵されたと盛んに伝えられた。我々が（目録に）著録する際には、ほぼ未見とするのが妥当であった。それが一九五七年、商務印書館が姚名達『中国目録学史』を重印した際、王重民がその後記で、『史籍考』は咸豊六（一八五六）年に火災により失われていたことを実証した。こうしてようやく『史籍考』の亡佚が確定したのである。これとは逆に、明末の王嗣奭が著した『杜臆』は、仇兆鰲『杜詩詳註』に多く引用されるが、その後、目にした者はなく、散佚したかのようであった。それが新中国成立後、国運が隆盛に向かうと奇跡的に現れたのであった。〔三〇〕従って、佚と未見とは判断が難しく、著録の際には特に慎重を要する。

いずれにせよ存佚の著録は必要で、学術研究や図書館の購書、書籍流通の展開に効果を発揮する。

第六節　著　者

孟子は、「『詩』を誦し、『書』を読むのに、作者を知らないでよいのだろうか。」（『孟子』万章下）と言っている。明らかに早い時期から、作者を知ることが書籍の性質を理解し、価値を判断するのに非常に重要であると認識されており、漢代、劉向父子が『別録』『七略』を撰して以降、中国の目録学家は、著者の著録、紹介にも注意を払ってきた。

目録における著者の項目も（目録の）編纂過程で形成されたもので、古い典籍は往々にして作者の姓名を題していない。例えば『詩経』の大多数の作者が誰であるか、現在に至るまで知る者はいないし、はなはだしきに至っては、編者が一体誰なのかすら確認しがたい。戦国時代になっても、また、やや遅く西漢にあっても、作品に署名するなど思いもしない作者もいた。例えば、『史記』韓非伝には次のようにある。「ある者が韓非の書を伝えて秦に至った。秦王は『孤憤』『五蠹』を読み、『ああ、私はこの者に会って交際できたなら死んでも恨まない』と言った。すると李斯は、『これは韓非の著した書でございます』と言った。」（『史記』巻六三）。「孤憤」「五蠹」などの作が流通する際、まだ作者の姓名を題してなかったことが窺えよう。また、例えば、『史記』司馬相如伝には次のようにある。「蜀の人楊得意は狗監（猟犬の管理役）となって皇帝に仕えた。皇帝は『子虚の賦』を読んで気に入り、『私はこの人と時を同じくできないのが残念だ』と言うと、得意は『私と同郷の司馬相如という者がこの賦を自分が作ったと言っています』と答えた。皇帝は驚いて司馬相如を呼んで尋ねた。」（『史記』巻一一七）。もし司馬相如が「子虚の賦」に署名していれば、漢の武帝も当然このような感嘆を発しなかったに違いない。

また、署名はあっても、それが後人によって加えられたものであることも多い。例えば、『管子』は、劉向が整理して、重複する四百八十四篇を除き、八十六篇に定著し、篇第と書録を加えたものである。作者は当然管仲とされているが、「小称篇」には管仲の死が記され、『管子』が後人の編纂物であり、作者も後人が加えたものとわかる。そのため厳可均は次のように述べている。「近頃の人は、この書が多く管仲没後の事を扱うため、後人の補った部分が多いというが、私は、先秦諸子の書は、いずれも門人、弟子、また賓客、子孫が編纂したもので、必ずしも自著ではないと思っている。」（『鉄橋漫稿』巻八「書管子後」）。『荀子』もこの類に属し、楊倞は『荀子』に注して「大略篇」は「弟子が荀卿の言を雑録したもの」と指摘している。これらはすべて古籍の作者は多く後人の擬定したものであり、その大半は編目者が定めたものであることを説明するのに充分である。

漢代以降、古籍には整理を経て目録が附されるようになった。加えて個人の著述が盛んになり、個人の意識が目覚め、自著に署名するという現象が次第に増加した。書物によっては書名自体が作者を誇示するものもある。例えば『抱朴子』は葛洪が自身の号を以て名付けたものである。外篇の「自叙篇」には次のようにある。「洪は守常を期し、世の流れに従わなかった。その言は率直で真実を突き、戯言を途絶した。側に人がいなければ終日黙然としていた。そのため郷里の人はみな彼を抱朴の士と呼んだ。洪は書物を著すと、それにちなんで自らそう名付けた。」(『抱朴子』外篇巻五〇)。書名と作者の関係については「書名」の一節で触れたのでここでは多くを述べない。

著者の著録にも難しい面がある。劉国鈞氏は次のように指摘している。

すべて書物には必ず著した人がいる。だから図書の編目が必ず最初に著者の姓名を確定し、目録に記すのは、責任の所在を明確にするためであり、また、ある人物の著述を専門に研究する者の調査の便のためである。しかし、それは簡単なことではない。書物には偽託、仮託があり、同一人物が名を改めたもの、作者の姓氏を記さないもの、別の署名を用いるものもあり、いずれもただ原書に照らして記録すればよいわけでないこと、その道理は実に顕かである。そして一度こうした情況に出会えば、調査、考察して(著者を)同定しないわけにはいかない。このことは編目の際、特に注意すべきである。

(『中文図書編目條例草案』上編「著者」)

偽託の目的の大半は、有名人の名に借りて(自著や自説を)世に伝えようとするものである。『淮南子』修務篇は次のように指摘する。「世俗の人は、一般に古を尊び今を卑しむ。そのため道を行う者は必ず神農や黄帝に託すことで自説を受け入れさせることができる。乱世の暗君はその由来を高遠なものとし、その説を尊ぶ。学問をする者はその論に幻惑され、聞いたことを尊重し、仲間同士座を端して称え、襟を正して誦える。こうなるのは是非の分別に暗いためである。」（『淮南子』巻一九）。例えば、易は必ず伏羲、文王に託し、本草は決まって神農に託し、医経はきっと黄帝に託し、周礼はいつも周公に託すのは、どれもそのことを説明している。こうした風気は漢代以降も一般に盛行していた。『晋書』陸雲伝は、陸喜の著述について附載し、次のように述べている。「その著作は百篇近くあった。呉が平定されると、また『西州清論』を著し、世に広く伝えられた。諸葛孔明の名を借りてその書を世に行ったのであった。」（『晋書』巻五四）。

仮託は屢々政争上の必要から行われる。すでに『周秦行紀』の例を挙げた。梁啓超も一例を挙げている。

『涑水記聞』は従来、宋・司馬光の作とされてきた。原書は（司馬光本人による）真物だが、未定稿であったのだろう。司馬光の名声は大きく、世俗を欺きやすかったため、後人が部分的に抜き出したり、つけ加えたりして、他人を攻撃し、悪評を立てる道具としたのである。王安石についての捏造記事が特に多く非常に激しく批判している。普通の人間が王安石を攻撃しても取るに足らないが、もし司馬光が王安石を非難すれば、大きな力となる。実際、司馬光に『涑水記聞』という書はあったのだが（現行本は）もはや原物のままではない。孫の司馬伋は上奏して祖父の書いたものではないと言っており、その理由も納得できる。現存する『涑水記聞』には私事を攻撃する記事が非常に多い。司馬光と王安石は政治上の見解は合わなかったが、少なくとも司馬光の人格では決して他人の私事を攻撃したりしないことは我々も確信できる。後世の人々が彼の名声を利用して、他人の秘密を攻め立てるような話を無理に彼のものとしてこじつけたのであり、つまり捏造によって是非が混乱してしまったのだ。

（『古書真偽及其年代』総論）

さらに個人的な憤懣を晴らすために、著者名を隠したり、他人に仮託して人身攻撃を行ったりするものもある。例えば唐初の欧陽詢はただ書法が得意であっただけでなく、当時、盛名を博し、学問、文章も時の人に認められていた。しかし、彼に対し個人的な怨みを抱く者があり、『補江総白猿伝』を著して大変侮辱した。胡応麟は、「『白猿伝』は、唐人が欧陽詢を謗ったものである。欧陽詢は痩せこけて猿に似ていたので、当時無名の士が著して欧陽詢を謗ったのである。この書はもとから『補江総白猿伝』と題しており、撰者は著者を江総に仮託することで、欧陽詢を貶しただけでなく、江総をも貶めたのである。」（『少室山房筆叢』巻三二「四部正譌」下）と指摘する。宋の魏泰も好んで書を著し他人に仮託した。梅聖俞に仮託して『碧雲騢』を著して当世を譏って以降、次々に書を著しては多く他人に仮託して世に行われた。陳振孫『直斎書録解題』は王銍「跋范仲尹墓誌」を引いて、「近時襄陽の魏泰という者が科挙で志を得られず、他人の著書と偽って著述しては喜んでいる。『志怪集』『括異志』『倦游録』などはいずれも武人の張居正に仮託したものである。また抑えきれずに自らの姓名で『東軒筆録』を著したりしているが、いずれも個人的好みで前人を汚したものである。」（『直斎書録解題』巻一一）と述べている。

また別の情況として、作者、特に文藝作品の作者は本名を明かしたがらないということがある。例えば『醒世姻縁伝』は蒲松齢の著であるが西周生と署名され、また『花月痕』は魏子安の著であるが眠鶴主人と署名され、また『老残游記』は劉鶚の著であるが洪都百煉生と署名されている。こうしたことは当然、著者の著録にあたって一定程度の困難をきたす。

このほか、署名の複雑さは一個人の本名・字・号・官名・籍貫などの、いずれもが用いられる点にある。人によっては別字、別号が非常に多く、例えば宋・朱熹には数十の別名があった〔三二〕。詳細に考察しないと著録上誤りを犯すこととなろう。聶崇岐が多くの例を挙げている。

藝文志に著者を挙げるにはすべて本名を主とすべきで、やむを得ない場合は名に代えて字を用いてもよいが、同一人物に名を称したり字を称したり、前後一致しないのはよくない。諸藝文志修撰の際には疎略によって同一人物の名と字が現れるという事態が常に起こる。例えば、孔衍（字は舒元）は、「隋志」に孔衍とするものと孔舒元とするものがあり、徐広（字は野民）も、「隋志」には徐広、徐野民ともに見える。……陶弘景は陶隠居とも称すため、「隋志」は陶弘景としたり陶隠居としたりだし、商璠の本姓は殷であるが、「宋志」には商璠、殷璠ともにあり、章懐太子李賢も、「宋志」には章懐太子も李賢も見えており、王正範、王貞範は同一人物だが、「宋志」は王正範、王貞範ともに用い、宋庠は本名が郊であるが、「宋志」には宋庠とするものも宋郊とするものもある。……釈溥光の俗姓は李で、「補元志」には釈溥光、李溥光ともにある。以上はわかりやすいものを挙げたまででわかりにくいものはほかにどれだけあるか知れない。

（『藝文志二十種綜合引得』序）

著者の姓名の著録も（書名と同様に）正文の巻端に題するものを規準とすべきであり、奥付があれば奥付に題するものを規準とすべきである。例えば、『史記』の巻端には「漢太史令司馬遷撰、宋中郎外兵曹参軍裴駰集解、唐国子博士弘文殿学士司馬貞索隠、唐諸生侍読率府長史張守節正義」と題してある。漢、唐、宋は著者の生きた時代であり、撰、集解、正義は著述の方式である。『史記』の巻端題ははっきりと司馬遷が作者で、裴駰、司馬貞、張守節が注釈者であることを伝えている。

新たに出版される古籍には多く奥付があり（目録に）作者を著録する際、極めて大きな便宜をもたらす。古籍には一般に奥付がないため、巻端の題目以外にも、序跋、正文およびその他の目録、工具書も参考にする必要がある。例えば『読易易知』三十二巻は冒頭巻の巻端題を「海虞単恩蘭魁香解」とし、他巻の巻端は、「海虞宛里山人単恩蘭魁解」、「海虞単恩蘭魁薌輯」と題し、序言の末には「海虞単恩蘭自序」と記しており、明らかに単恩蘭が著者の姓名であるはずである。書物によっては作者を明記しないため、さらに必要な校訂作業を進めなければいけない。例えば清の宣統元（一九〇九）年の『鎮番県志』稿本には編纂者の姓名が記されていないが、一九〇二年の石印本『続修鎮番県志』巻首に「光緒三十四年奉文纂修県志姓氏」が載っており、当該書は常孝義修、彭汝翼纂であると判明し、さらに『続修鎮番県志』の「職官表」、「宦績列伝」から、もう一歩進んで常孝義、彭汝翼の平生を理解できる。当然、書物の著作権の問題は、専門研究の範疇に属し、意見も分かれるが、著録の際には比較的信頼できる結論によればよい。

目録の著録事項において主要なものは即ち以上の六点（書名・篇巻・版本・真偽・存佚・著者）である。

原注

（1）『古書同名異称挙要』同名部分「宮詞」条。

（2）『中国版刻図録』八四頁参照。

（3）案ずるに、元后は王莽に作るべきである。これは章氏の誤記であろう。

（4）『隋書』巻七六「劉臻伝」に「両漢書に精通しており、時の人は漢聖と称した。」とある。

訳注

〔一〕例えば、『山海経』（巻一四）「東海之外大壑」の郭璞注に「離騒曰、降望大壑」とする句は、実際には『楚辞』「遠遊」に見えている。

〔二〕『史記』太史公自序に「凡百三十篇、五十二万六千五百字、為太史公書。」とあるように、司馬遷自身は自著を「太史公書」と称している。古くは「太史公書」、「太史公」（『漢書』藝文志）、「太史公記」（『漢書』楊惲伝）、「太史記」（『風俗通』）とも称された。「史記」と称する古い例は、後漢・荀悦（一四五〜二〇九）の『漢紀』で、その孝武皇帝紀に「幽而発憤、遂著史記」と、孝平皇帝紀に「拠太史公司馬遷史記」と見える。また、後漢・桓帝の永寿元（一五五）年に建てられた「東海廟碑」（『隷釈』巻二）には、「闕者秦始皇所立、名之秦東門闕。事在史記。」とある。

〔三〕経という呼称自体は古くからあり、例えば、『荘子』天運篇では「孔子謂老聃曰、丘、治詩書礼楽易春秋六経、自以為久矣、孰知其故矣。」として六経が総称されているが、各経は当初ただ詩、書、易と呼ばれていた。毛詩、尚書、周易と呼ばれるようになったのは漢代以降、詩経、書経、易経と呼ばれるようになったのは宋代以降のことである。

〔四〕「繡像」は、挿絵入りということ。出相・出像・絵像などともいう。

〔五〕「巻端題」は、巻頭の第一行目に刻される書名のこと。

〔六〕「封面」は、見返し（前表紙の裏）、また、扉（前表紙の次に置かれる一葉）のこと。特に区別して、扉を内封面あるいは書名頁ともいう。封面に、書名・編著者・発行者もしくは所蔵者などを刻す。「書口」は、一葉の中央の折り目の部分。書物を読む際、指をかけて開く部分であるため書口という。また、一葉の折り目にあたるため「版心」とも、その形から「柱」ともいう。書口・版心には、書名・篇名・葉数・刻工名、大小の字数などが刻される。

〔七〕「書根」は、書物の底の部分。書物を帙に入れ書棚に置く際に検索の便を図って書根に書名や冊次などを記すことがある。「序跋」は、著者や編者、出資者、また、関係者によって記された文章で、多く、著者・出版者の紹介、著述・出版の経緯、書物の内容についての言及がある。（古く序は書物の末尾に置かれたが）版本では、序は本文の前に、跋は本文の後ろに置かれることが多い。序跋には、書名のほか、著者の姓名・官職、年月、書本の刊行についてなど重要な情報が記されていることが多い。「牌記」は、木版本に刻される刊記のこと。序文や目録、巻末、書末に置かれる。

〔八〕「全国古籍善本書総目著録条例」は「収録範囲」「分類表」とともに『全国古籍善本書総目』の作業方針を定めたもの。『全国古籍善本書総目』は周恩来の指示により始まった古籍整理事業で、一九七八年三月から四月にかけて招集された全国古籍善本書総目編輯工作会議で基本方針が定められ、後に『中国古籍善本書目』として成った。

〔九〕「全国古籍善本書総目著録条例」は基本著録として、「書名項（書名・巻数・附録を含む）」、「著者項（著者と副著者の時代および著作方式）」、「版本項（出版年・出版地・出版社・版本類別）批評・校正・題辞・跋文を加えた人物（原文は附批校題跋者）」、「検査項（稽核項）」、「附注項」の五項を定めている。

〔一〇〕大小二戴の『礼記』とは、「隋志」に、「大戴礼記十三巻漢信都王太傅戴徳撰」、「礼記二十巻漢九江太守戴聖撰、

鄭玄注」として著録される二書のこと。両書の関係については諸説あり、「隋志」は「漢初、河間献王又得仲尼弟子及後学者所記一百三十一篇献之。時亦無伝之者。至劉向考校経籍、検得（『記』）一百三十篇、向因第而叙之。而又得『明堂陰陽記』三十三篇、『孔子三朝記』七篇、『王史氏記』二十一篇、『楽記』二十三篇、凡五種、合二百十四篇。戴徳刪其煩重、合而記之、為八十五篇、謂之大戴記。而戴聖又刪戴之書、為四十六篇、謂之小戴記。漢末馬融、遂伝小戴之学。融又定月令一篇、明堂位一篇、楽記一篇、合四十九篇。而鄭玄受業於融、又為之注。」とする（両書のもととなったという五種のうち、孔子三朝記は「漢志」論語類に、その他は礼類に著録されている）。一方、『礼記注疏』所引の鄭玄「六藝論」は大戴礼、礼記（小戴礼）はそれぞれ別個に成ったとする。また、『経典釈文』序録所引「周礼論序」は「隋志」同様、小戴礼は大戴礼を刪定したものとするが、馬融による三篇の付加を経ずに最初から四十九篇であったように記されている。なお大戴礼は後世缺けて今本は三十五篇のみが伝わる。

〔一一〕「単句」「対句」の原文は「単筆」「複筆」。馴染みない言葉であるが、例えば、『史記』の「項王軍壁垓下、兵少食尽。」（項羽本紀）に対し、『漢書』が「羽壁垓下、軍少食尽。」（項籍伝）とするように、一文が不揃いのものを単筆、音節数を整えたものを複筆というのであろう。

〔一二〕例えば『遂初堂書目』の正史類には、川本史記、厳本史記、川本前漢書、吉州本前漢書、越州前漢書、湖北本前漢書などとして、同一書に複数の版本を挙げている。

〔一三〕「秘閣本」は宮中の蔵書楼の蔵書。「監本」は各朝の国子監で刊行された書物。「京本」は都で刷られた刊本。「江西本」は贛州刊本。「杭本」は杭州刊本。浙本、武林刊本、越州本、越中刊本ともいう。「湖北本」は鄂本ともいう。「川本」は四川刊本。蜀刊本ともいう。字体の大小によって「大字本」「中字本」「小字本」と呼んだ。「高麗本」は、朝鮮本、韓本ともいい、朝鮮で刷られた刊本。

〔一四〕「州郡公使庫本」は、宋代、州や郡などで刷られた官刻本（官公庁による公費刊行書）のこと。この呼称自体は『遂初堂書目』には見えないが、葉徳輝は旧監本などを指しているとおもわれる。

〔一五〕原文には省略されているが『書林清話』本箇所には「按此開成石経」という葉徳輝の按語が附されている。開成石経は唐・開成二（八三七）年に、周易、尚書、毛詩、礼記、儀礼、周礼、左氏伝、公羊伝、穀梁伝、孝経、論語、爾雅、五経文字、九経字様の計十四種が刻され、長安の太学に建てられた。

〔一六〕「建大字本」は、建安刊本の大字本。「九経三伝沿革例」の自注には「俗謂無比九経」と見えるが、葉徳輝は「俗称無比九経」と記している。

〔一七〕「婺州本」は、浙江省金華県で刷られた刊本。

〔一八〕刻本では、天子の諱を憚って刻さず、当該字を同音・同義の文字に変えたり、缺筆（最後の一画を省略）したりした。ここから書物の刊行時期のおおよそを確定できる。「廓」字は南宋寧宗の避諱字。

〔一九〕「一葉」とは、紙面一枚をいい、「葉」ないしは「丁」で数える。一葉は（印刷面を表に二つ折りし複数葉を綴じて線装本とするため）向かって右を「表」とよび、左を「裏」とよぶ。一葉を袋綴じにする際、折目になる部分を「版心」といい、読む時に手を掛けて開く部分であるため「書口」「版口」ともいう。書口・版心は、大抵、上中下の三段に分かれ、真ん中を「中縫」、上下を「象鼻」という。「白口」は、象鼻が無地であるものをいう。象鼻の真ん中に黒い縦線のあるものを「黒口」という。また、象鼻に記される魚の尾に見える部分を「魚尾」と呼ぶ（象鼻も魚尾も折目をつける際の目安となる）。魚尾が上下にある場合、区別して「上魚尾」「下魚尾」という。「双辺」は、双闌ともいい、一葉の印刷部分を取り囲む四周の枠が二本の線からなるもののこと。四周双辺ともいう。左右のみ二本線の場合は左右双辺という。一本線の場合、「単片」という。「大字」は、本文などを一行幅に一字記すもの。「小字」は、注釈などを一行幅に双行（二行）で記すもの。「刻工」は、板木を彫った職人。大小字数と刻工名を記すのは労賃の計算のためで、多くは実際の文字数と一致しない。刻工名は必ず刻されるわけではなく、後印本では削られることも多い。

〔二〇〕「原版」は、初版本、また、その版木。「補版」は、板木が摩滅したり紛失したりした結果、新たに彫られた板木で刷ったもの。「通し丁」は、巻毎に葉数を振りなおさず、全巻を通した葉数を示すこと。

〔二一〕柳宗元は「辯鶡冠子」で賈誼の「鵩鳥賦」によって『鶡冠子』が作られたと主張した。一九七三年馬王堆帛書の出土後、所謂黄帝四経などとの類似が指摘され、現在は偽書ではないとの説が有力である。

〔二二〕『晋書』は何法盛『晋中興書』を指す。『南史』巻三三、徐広伝に、東晋の何法盛が郗紹の『晋中興書』を盗んで自著とし、それが通行したという話が載る。

〔二三〕ここにいう蘇軾「杜解」とは、例えば、南宋・趙次公注(『九家集注杜詩』巻一、「奉贈韋左丞丈二十二韻」、「賤子請具陳」の句注)に見える『東坡事実』などを指すのであろう。『直斎書録解題』巻一九には「蜀人郭知達所集九家注。世有称『東坡杜詩故事』者、随事造文、一一牽合而皆不言其所自出。且其辞気首末若出一口、蓋妄人依托以欺乱流俗者、書坊輒勦入集注中、殊敗人意、此本独削去之。」(「杜工部詩集注三十六巻」)と、趙注とは異なる偽蘇注を含む書名が見えている。偽蘇注は『杜陵詩史』や『分門集注杜工部詩』など宋元に編まれた杜詩注釈書に引用され、現在も部分的に見ることができる。

〔二四〕「竹書紀年」は、戦国時代魏の史書。早くから散佚していたが西晋の太康年間初め(二八〇年頃)に汲郡(河南省)の古墓から出土した。竹簡に記され編年体であるため竹書紀年といい、また、汲冢紀年ともいう。『史記』の記事との相違がある一方、甲骨金文などと一致する点があり、古代史研究の貴重な資料となっている。唐以降、徐々に散佚し、後代、清の朱右曾や王国維によって輯本が編まれた。これを「古本」という。それとは別に南宋以降出現した二巻本の偽書を「今本」という。古本が(『隋志』に記される通り)夏以降を対象とするのに、今本は黄帝の事を述べる。また、古本が周の東遷(前七七〇)以降は晋の紀年を、三晋公認(前四〇三)以降は魏の紀年を用いるのに対し、今本はすべて東周の紀年を用いる。方詩銘・王修齢『古本竹書紀年輯證』（上海古籍出版社、一九八一年）は、王国維『今本竹書紀年疏證』を収録するなど今本まで含めて前人の成果をよくまとめている。

〔二五〕「麟止の年まで」とは『史記』太史公自序に「陶唐より麟止まで叙述した」とあることをいう。麟止は武帝が雍に行幸して五時を祀った際に白麟を得たという元狩元（前一二二）年を指す。なお、太史公自序の末尾には「太史公曰、余述歴黄帝以来至太初而訖、百三十篇。」とあり、そちらでは下限を太初（前一〇四〜前一〇一）としている。

〔二六〕元帝、成帝期の人褚少孫は、当時失われていた「武帝本紀」「三王世家」などを補っただけでなく、武帝後の諸事も増補した。

〔二七〕「讖緯」は未来を予言する「讖書」と神秘思想によって経書を解釈する「緯書」（縦糸を意味する経に対し、横糸を意味する緯をもって名称とした）のこと。単に緯書ともいう。陰陽五行、天人相関、災異瑞祥などを説いて、前漢末から後漢にかけて隆盛した。

〔二八〕『秘書省続編到四庫闕書目』は二巻からなり、葉徳輝の観古堂刊本には葉氏の考証が記されている。

〔二九〕鄭樵が紹興十七年に『求書闕記』七巻『外記』十巻を著したことについては、『玉海』巻五二「紹興求書闕記群玉会記」の条に見える。またこの二書は『宋史』藝文志・目録類にも著録されている。

〔三〇〕『杜臆』十巻、五冊からなる稿本は、建国後、郭石麒が王嗣奭の故郷、浙江省鄞県で入手したものである。本書はその後上海図書館に蔵され、一九六二年、中華書局上海編輯所から影印出版された。

〔三一〕高令印『朱熹事迹考』（上海人民出版社、一九八七年）には「朱熹姓朱名熹、字元晦、改字仲晦。初名沈郎（沋郎）、沈渓、小字季延、五二、五二郎、自号晦翁、晦庵（晦菴）、仲晦父、仲晦甫、晦庵通叟、白鹿洞主、雲壑老人、仁智堂主、拙斎、牧斎、茶仙、雲谷壑吏、雲台真逸、雲谷老人、雲谷晦庵老人、晦庵病叟、晦庵釣叟、雲台外史、雲台子、乙巳雲台子、雲台隠吏、嵩高隠吏、鴻慶外史、滄洲病叟、遯

翁、空同道士鄒訴。」とある。その他にも号として逆翁、考亭、紫陽が、また、追封として徽国、追贈として太師、諡として文公などがある。

第四章　目録分類の沿革

我が国の先人は早くから客観的事物に対して分類という観点を持っていた。例えば『周易』繋辞伝には「事は類を同じくするもの同士で集まり、物は群を同じくするもの同士に分かれる。」という名言があり、また『荀子』正名篇には非常にはっきりと次のように述べられている。

同じものには同じ名称を、異なるものには異なる名称を用いる。（一文字の）単純な名称で理解できれば単純なまま用い、単純な名称で理解できなければ（複数の文字からなる）複合的な名称を用いる。単純な名称も複合的な名称も、互いに正反対でないものは共通の名称を用いて包括する。共通の名称を用いても（それとは別に各々に固有の名称と実体があるから）不都合は生じない。内実が異なれば名称も異なること、だから、内実の異なるものにはすべて異なる名称を用いることを知れば、混乱のしようがない。中身が共通するものに同じ名称を用いるのも同様である。そこで万物は多様ではあるが、すべてをひと括りにしたい時には「物」という名称を用いる。物は（万物を包含する）大共名である。（個々の事物の）共通点を探して、あれば、それらを括る共通の名称で呼び、もうこれ以上ないというところ（物という大共名）までいきつく。また時にはほかと区別して個別に取りあげたいこともある。そこで鳥や獣という（同類を表す）名称を用いる。鳥や獣は、個別の名称（別名）の大きなものである。相違点を探して、あれば、ほかとは異なる個別の名称で呼び、もうこれ以上区別できないというところまでいきつく。

同書王制篇にも「類によって煩雑を整理し、一によって全体を包括する。」（『荀子』巻五）とあり、論理的思考における類推という方法に説き及んでいる。

こうした分類の観点が目録の編纂に応用されることは特に重要である。第一に、厖大な書籍を異なった階層に従って有機的に組織することで、物事の要点を挙げ、全体を網羅し、簡潔（な枠組み）によって繁雑（な事象）を整理するためである。鄭樵はこれを上手くいい得ている。「士卒が死んでしまうのは、部隊編制の原則がはっきりしないため、同様に、書籍が散佚するのは、類例の原則がはっきりしないためである。類例がはっきり分かれれば百家九流が各々条理を保ち、滅びようにも滅びようがない」。また、「書籍の分類は軍隊を統率するようなものである。条理があれば、いくら多くても治められるし、条理がなければ、どんなに少なくとも混乱してしまう。類例は多きを患うのではなく、多きを処理する方策がないことを患うのである。」（『通志』校讎略「編次必謹類例論」）。

第二に、書籍の分類自体が、学術を分類、闡明し、系統を考究するという効能を備えている。そのため章学誠はこういうのである。「校讎の本義は、劉向父子以来、書籍の分類、配列を通じて、学術を辨章し、その源流を考鏡することにあり、道徳学術の精微、諸家群言の得失に通暁している者でなければ与ることはできない。」（『校讎通義』巻一「叙」）、「劉氏父子の本旨によれば、広く古今の典籍を求めて、著録、分類し（学問の）流別を辨章するのは、六藝を折衷し大道を宣明するためであり、ただ徒に甲乙によって配列し、巻帙を記すためのものではないことは明らかである。」（『校讎通義』巻一「原道」）。またこうもいう。「部次、流別によって大道を申明し、百家九流の学を位置づけ、系統立てて、散佚を防ぎ、分類によって書物を求め、書物によって学問を考究できるようにする。」（『校讎通義』巻一「互著」）。

鄭樵、章学誠の両人が述べていることは、実に明確で具体的である。以下、古代における目録の分類の沿革について、簡単に論述を加え、その概況を理解することで、検索の便たらしめようと思う。

第一節　『七略』から『隋書』経籍志まで

目録における群書の分類は『七略』に始まる。『漢書』劉歆伝には、「歆は六藝、群籍を収集、分類して『七略』を著した。その語は藝文志に見える。」（『漢書』巻三六「楚元王伝附」）とある。劉歆の文章はすでに見た。『七略』は散佚したが、『漢書』藝文志の記載によれば、それは班固が『七略』を採って、少しく増補を加えてなったものであるから、『七略』は散佚しても、『漢書』藝文志にすっかり残っており、その部次、分類もなお完全に知ることができる。今『漢書』藝文志によって、『七略』の分類を以下に示す。

輯略
六藝略
易　書　詩　礼　楽　春秋　論語　孝経　小学
諸子略
儒家　道家　陰陽家　法家　名家　墨家　縦横家　雑家　農家　小説家
詩賦略
屈賦之属（屈原）　陸賦之属（陸賈）　荀賦之属（荀卿）　雑賦　歌詩
兵書略
兵権謀　兵形勢　兵陰陽　兵技巧
数術略
天文　暦譜　五行　蓍亀　雑占　形法
方技略
医経　経方　房中　神仙

略とは領域という意味である。輯略は後世の目録における叙例にあたり、分類とは関係ない。つまり、劉歆『七略』は、実際には書物を六つの大類に分けているのであり、六分法の一種である。六藝略は主に儒家の経書および経書を学ぶための基礎的書物である。漢の武帝が儒教を一尊したため、六藝略も六略の筆頭に配され、儒家は諸子略の冒頭に置かれた。諸子略は中国古代の哲学、政治、経済、法律などの分野の著作を包括している。賦は漢代に特に発達した文体で、武帝も愛好し、武帝の時にはまた特に楽府を設立して歌謡を採集したので、詩賦は単独で一略として立てられ、諸子略の次に置かれた。兵書略は軍事に関する著作を収める。戦争が頻発した時代にあっては、軍事学は、勢力拡大、政権強化に大変有効であり、春秋戦国以来、その類の著書が多かったこともあり、数術、方技の二略の前に配された。数術略は主に天文暦法、占卜星相といった分野の書籍である。方技略は主に医薬衛生分野の書籍である。この二略は自然科学と応用化学の著作を反映している。もっとも、古人の科学に対する認識の限界から、封建社会における迷信的な書籍も多少混入している。

『七略』はどうして六類に分類されなければならなかったのだろうか。

まず、なによりも学術に違いがあるためである。六藝略の主要な部分は王官の学である。〔一〕諸子略に収められるのは個人およびある学派の著書で、つまり私門の学である。そして、詩賦、兵書、数術、方技はそれぞれが専門性を有するため分けて並べる必要があるのである。

次に書籍の校訂作業が分担されたためである。劉向は書籍の校訂事業の責任者であり、経伝、諸子、詩賦の校訂の責を負ったが、彼が不案内な兵書は歩兵校尉の任宏によって分担、校訂され、数術は太史令の尹咸によって分担、校訂され、方技は侍医の李柱国によって分担、校訂されたのであった。

さらに篇巻に多寡があるということもある。経書と諸子は性質が異なり、当然分けなくてはならない。後世、『春秋』から史書が派生し、『詩経』から詩賦が派生したが、『七略』は史書を春秋類の後に附す一方で、詩賦は独立した一略を成している。源流が同じでも処理が異なる原因は篇巻の多寡の差にある。史家の書は『世本』以降わずかに九家四百十一篇しかなく、一略を形成するには足りず、詩賦は屈原の賦以降、百六家千三百十八篇にも達し、単独で一略としない訳にはいかなかったのである。

『七略』の特長は三点ある。第一に、当時のあらゆる学術を包括していることで、先秦学術の概況を知るには本書を措いてほかに道はない。だから王鳴盛は金榜の話を引用して、「『漢書』藝文志に通暁しなければ、天下の書物を読むことはできない。藝文志は学問の眼目であり、著述の糸口である。」(『十七史商榷』巻二二「漢書藝文志考証」条)と述べるのである。第二に、比較的厳密な分類体系を有していることで、分類を通じて学術の変遷を映し出し、共時的には学術間の異同を見出し、通時的には学術の発展を見出すことができる。これはまさに中国古典目録学の「学術を辨章し源流を考鏡する」という特徴をはっきり示すとともに、後世に模範を立てることとなった。第三に、『七略』の分類はいずれも義(書籍の内容)を基準としており、体(書籍編纂の形態)と義という二つの基準を併用していないということである。後世の目録は屢々この点が統一されていない。例えば『四庫全書総目』集部の「楚辞類」「詞曲類」「詩文評類」は義によって分類したものであるが、「総集類」「別集類」は体によって分類したものである。体と義が同一階層で併用されるのは論理的ではない。一方、『七略』は、ほぼ義に従って分類されていて矛盾がない。

魏晋期の目録学における最大の特徴は、『七略』、『漢書』藝文志の六分法を四分法に改めたことである。目録は文献の内容と形式を集中的に反映させるものであるから、文献という要素が変化すれば、目録の分類にも必然的に相応の変化が生じるのである。漢魏晋以来、文学創作は日々増加し、史学も盛んに発展する一方で、諸子書、兵書は相対的に減少した。図書の整理は多く秘書郎、秘書監、著作佐郎などによって管掌されたが、彼らは数術、方技といった分野には必ずしも精通せず、重視もしていなかった。〔二〕四部分類法はそうした潮流に応じて生まれ、また後世に深遠な影響を与えたのであった。梁の阮孝緒「七録序」では魏晋期に四部分類が出現したことを概括的に次のようにまとめている。

魏晋の世、書籍はいよいよ広範になり、すべて秘書省、中閣、外閣の三閣に蔵された。魏の秘書郎の鄭黙が古籍を刪定すると、当時の論者は朱紫の別がはっきりしたと評価した。晋の領秘書監荀勗が魏の『中経簿』によりながら新たに撰した目録（『中経新簿』）は、十数巻に分かれてはいたが、全体は四部をもって分類された。八王の乱、永嘉の乱によって蔵書はあらかた散佚し、東晋が江左に開朝した頃には、十に一も残っておらず、後に収集されたものも大変乱れていた。著作佐郎の李充になってようやく整理が加えられた。荀勗『中経新簿』の四部分類に従って、その乙類と丙類を入れ替え、分類名称はなくし、すべて甲乙をもって配した。以後、世はそれに倣うこととなった。（『広弘明集』巻三）

鄭黙が魏の『中経簿』を編纂した情況について、王隠『晋書』は「鄭黙、字は思元、秘書郎となり、古籍を刪定し、浅薄なものを除き、魏の『中経簿』を著した。」（『初学記』巻一二所引）と述べている。また『晋書』鄭黙伝は、中書令の虞松の言葉を引き、『中経簿』を称賛して「今後は朱紫が分別されるであろう」と述べている。孔子が「紫が朱を奪うのを憎む」（『論語』陽貨篇）と述べたように、「朱紫の別」という言葉を用いて、『中経簿』が、性質が近いようで実際は異なる書籍同士をしっかり区別したことを喩えており、鄭黙が分類にあたって多大な工夫を凝らしたことが見て取れる。

魏の『中経簿』はすでに散佚しているが、荀勗の晋『中経新簿』に直接的な影響を与えた。『隋書』経籍志には次のようにある。

魏が漢に代わると、散佚した書籍を採集し、秘書省、中閣、外閣の三閣に蔵した。魏の秘書郎鄭黙が始めに『中経簿』を作り、続いて秘書監の荀勗が『中経簿』によって新たに『中経新簿』を著して、四部に分類し、群書を総括した。第一を甲部といい、六藝と小学などの書物が記録され、第二は乙部といい、古諸子家、近世子家、兵書、兵家、術数家（の下位分類）があり、第三は丙部で、史記、旧事、皇覧簿、雑事を設け、第四は丁部で、詩賦、図賛、汲冢書を収める。四部の合計は二万九千九百四十五巻である。

（『隋書』巻三二）

晋『中経新簿』の四部分類の構成について、余嘉錫は的を射た分析を行っている。

荀勗の甲部は、『七略』、『漢書』藝文志の六藝、後世の経部にあたる。思うに、歴代、経学だけは著述が極めて豊富で途絶えず、旧書が亡んでも、新著がまた著され、この類だけは古今を通じて大きな変化はない。乙部は、『漢書』藝文志の諸子、兵書、数術をあわせて一部としたもので（四部にはどこにも方技がない。術数にまとめられたのであろう）、後世の子部のもととなった。漢代における諸子十家を見ると、儒家、道家、陰陽家の三家にだけ西漢末の著作があり（儒家には劉向、揚雄の著作があり、道家、陰陽家には（自注に）「近世の著作、作者不明」とするものがある）、その他縦横家、雑家などの著作はみな武帝期までに止まっており、農家は成帝期まで、小説家は宣帝期に止まっている。〔三〕名家、墨家の二家は六国時代の著述があるだけで、前漢には諸子の学がすでに失われつつあったことが窺える。漢から晋までに、王莽、董卓の乱が相次いで起こり、伝存するものが少なかったのであろう。『中経簿』が著録する古諸子家が計何巻であったか今は考える術がない。『七録』子兵録の陰陽部、農部は各々ただ一種のみにとどまり（ここでいう一種とは一家のことで、『漢書』藝文志三十八種の種とは異なる）、墨部は四種、縦横部は二種のみである。儒部、道部、雑部の三部が最も多く、恐らく大半は晋以降の新しい著作であろう。〔四〕こうしたことから推測すれば、晋代の子部の著書は、幾許もなかったに違いない。このことは『漢書』藝文志における諸子、兵書、数術、方技の四略の著書が一つの部にまとめられていったことと符合しよう。

『中経新簿』の類例については、古諸子家と近世子家を区別した点が最も理に適っている。思うに、漢代以降、名家と法家のみ伝承が途絶えたのではなく、ほかの諸子も多く師法を失い、もはや周秦の頃のようでなかった。後代の著述を無理に九流に押し込め分属させるのは、呂氏が（妾腹によって）秦の宗室を簒奪し、牛氏が（密通によって）晋の司馬氏を継ぐようなもので、名前だけ問えば正しいようであるが、内実まで考えれば誤りである。張之洞『書目答問』は、周秦諸子を一類とし、それを特別な見識と誇っていたが、今になればその淵源が荀勗に出ていたとわかる。ただ、兵書のほかに兵家があることについては、何を理由に分けたのかわからない。『漢書』藝文志が著録したものを（『七略』の旧称を用いて）兵書とし、近世のものを兵家とでもしたのだろうか。呼称の立て方が落ち着かないのが荀勗の缺点である。

（『目録学発微』目録類例之沿革）

丙部の史書は、もとは『春秋』に附されていた。それを析出して単独の部としたのは『中経新簿』の大きな成果である。漢魏以降、史体（史書の諸体裁）は日々振興し、史書は日々増加し、紀伝体、編年体のほか、旧事即ち故事や雑事（ほぼ雑史に同じ）など、巻帙も多く、自然、独立した大類として立てなければならなくなったため、史部が成立したのである。『皇覧』〔五〕は類書の祖であるが、当時はまだ性質が定まっておらず、従って目録編纂の際にも単独で類とする術もなく、史部に附された。丁部は詩賦、図賛、汲冢書を含み、『漢書』藝文志の詩賦略、つまり後世の集部に相当する。汲冢書を集部に入れたことについて多くの学者が妥当としないが、余嘉錫は次のように解説している。

汲冢から得た書物については、『晋書』束晳伝が書目を詳しく記しており、その中には四部の書がすべて含まれている。〔六〕『中経新簿』はそれらを各部類に入れずに、すべて丁部に附した。これについて、王鳴盛は不可解とし、趙翼は失当とするが、〔七〕私は理解できないことはなく、不適当とも思わない。思うに、当時、役所が汲冢の竹書を回収し、武帝は秘書に担当させ、今文で抄写したが、もとの簡策もきっと秘府に蔵していたに違いない。〔八〕それらはすべて科斗文字で、〔九〕ほかの書物と異なるため、諸書と一緒にはできず、原書を抄写した本と同じ場所に置いて校讎の便を図ったのであろう。こうして自然と一類となったため、四部の末に附したのである。後世の蔵書目録が宋、元の刊本を別立てにして著録したのと同じであり、現在の図書館に善本室があるようなものである。

（『目録学発微』目録類例之沿革）

ここで、荀勗の編んだ『中経新簿』が甲乙丙丁によって四部を分けた意味について説明しよう。古代の人々は干支を発明し、十干と十二支を組み合わせ、年月日を記した。そのため、甲乙丙丁は時に数字と同じような性質を持ち、（数字の）代替としてよく用いられた。多くの事物に固有の名称がなかったり、固有の名称を与えたくなかったり、本来の名称がなくなっている場合、屢々、甲乙丙丁を用いて代替する。荀勗が晋の『中経新簿』を甲乙丙丁の四部に分けて構成したのは、新たな書籍分類の構想がまだ熟しておらず、一時に経史子集の四字によって各部類の内容を概括できなかったことを物語っている。

まとめるなら、荀勗とその『中経新簿』の主な成果は、図書の分類体系の変革を推し進め、『七略』完成以降の三百年間を比較的正確に反映し、文化学術の盛衰に伴う書籍の性質および量的な変化の情況に沿って、四部分類法の道を開いたことである。特に突出した成果は二点で、第一は史部を経部から析出し、専門性が最も顕著な部類を形成したことである。これは、その後の目録の分類に深遠な影響を及ぼした。王倹『七志』では史書を経書とあわせて「経典志」を設けたものの、史部が独立する趨勢は変わらなかった。第二は当時減少していた兵書、兵家、数術（恐らく方技を含む）をあわせて子部としたことである。このような処理は、後世の目録における子部の繁雑化に先例を開くことにもなった。

李充の『元帝四部書目』が後世に与えた最も大きな影響は、阮孝緒が述べる通り、「荀勗の旧簿の四部分類に従いつつ、その乙と丙の書物を入れ換えた。」（「七録序」）ことである。『文選』の注に引く臧栄緒『晋書』には次のようにある。「李充、字は弘度、著作郎となった。当時は典籍が混乱していたため、李充が整理して重複を削り、種類毎に四部に分類したところ、非常に筋道が通っていたため、秘閣は永制とし、五経を甲部、史書を乙部、諸子を丙部、詩賦を丁部とした」[1]。これ以後、甲乙丙丁の四部の内容は、経史子集に確定し、現在まで用いられるようになったのである。

四部分類法は、誕生以後、多くの官修図書目録に広く採用されたが、学者には新しい分類法を模索する者も若干はいた。『七志』、『七録』は六朝期におけるそうした方面の代表的著作である。『隋書』経籍志の序は、王倹『七志』が生まれた経緯とその内容を簡潔に紹介している。

宋の元嘉八（四三一）年、秘書監の謝霊運は『四部目録』を作り、計六万四千五百八十二巻を録した。元徽元（四七三）年には、秘書丞の王倹がまた『目録』を作り、計一万五千七百四巻を録した。王倹はさらに別に『七志』を撰し、第一は「経典志」と称し、六藝、小学、史書、雑伝を記載し、第二「諸子志」には古今の諸子を、第三「文翰志」には詩賦を、第四「軍書志」には兵書を、第五「陰陽志」には、陰陽、図讖、緯書を、第六「術藝志」には方技を、第七「図譜志」には、地域（地理書）、図書（地図・帳簿の類）を、各々記載した。さらに道・仏の書を附属させ計九類とした。著述の意図については述べず、ただ毎書に著者の伝を立てるのみで、また九類の序を作って巻のはじめに置いた。文章は浅薄、鄙俗で、模範にはならなかった。

『七志』中の前六志は、『漢書』藝文志、つまり『七略』の分類法を復活させており、保守的である。その顕著な例は依然史書を「経典志」に収めていることで、当時の実情を無視したものである。ただ新たに加えられた図譜志と附録には注目すべき価値がある。

第一に、図譜を単独の一類としたのには、創造的な構想と実践が含まれている。この処置は宋代の目録学家鄭樵の称賛を受けた。鄭樵は次のように述べている。

昔の学者が学問を進める上で肝要としたのは、図を左に、書を右に置き、象を図に求め、理を書に求めるということであり、それにより学問は進めやすく、功も遂げやすかった。図を手に取って置けば（割り符の）左契のように（ぴたりと一致して）確実であった。しかし後世の学者は図を手元から離して書に向き合うばかりで、文辞を尊び論説を務めとした。そのため学問は進め難く、功は遂げづらくなったのである。平生胸中に千章万巻を抱き、それを現実の行いに用いようとしても、茫々としてどこに向かうべきかわからないのだ。……漢初、典籍は未整理であったが、劉氏が創意により群書を総括して七つの略に分類した。ただ、書のみを収録して図は収めず、後の諸目録もそれに従うこととなった。……後世は、劉氏、班固を大いに尊んだため、図は消滅し書は日増しに盛んになった。ただ、任宏だけは兵書類を整理して四種に分類し、書五十三家のほかに図四十三巻を『七略』中に著録しており、ほかと異なっている。劉宋から南斉の間、群書は次第を失ったため、王倹は『七志』を編纂し、六志には書を、一志にはもっぱら図譜を収め、「図譜志」とした。思いがけなくも末学にこのような仕事があったものだ。（『通志』図譜略「索象篇」）

もっとも鄭樵の発言はさらに二点に分けて考えられる。図が有するある種の学術に対する重要性について強調しているのは疑いなく正しい。しかし、第一に、あらゆる書がすべて図を必要とし図が配されるわけではない。第二に、図と書は往々にして分割できないものであり、使用の便のためには、別々に著録すべきではないということもあろう。そのため、王倹、鄭樵の図譜と書を分離し、単独で一つの大類を立てるという主張は、決して後世の目録学家の受け継ぐところとならなかったのである。

次に、『七志』には三つの附録があり、「七録序」に「このほかにも『七略』および両漢書の藝文志[2]、『中経簿』に缺けている書籍を並べ、また同時に方外の書である仏教、道教の経典をそれぞれ一録とする。」とある。漢代以降の諸家の目録には、当時の見聞の限界により未収録のものがあったし、さらに、後世、新たに発見された古籍が漏れてしまうのは必然的である。広く書籍を捜求収集して前代の目録を補うことで、一層全面的に特定分野の文献理解が可能になる。これは当然極めて良いことである。事実上、後世の闕書目録（待訪書目）の先駆であり、また後の諸史書藝文志の補訂作業にも啓発を与えた。道教、仏教の経典目録を附録したことも特徴的である。この目録以前、道教、仏教の経典にはそれぞれ単独の目録はあったが、世俗一般の書籍と宗教書をあわせて編纂し一録としたのは、王倹がはじめて試行したものである。

『七志』以後の創造性を有する目録に梁・阮孝緒『七録』がある。『七録』は散佚したが、唐・釈道宣『広弘明集』巻三に序が収録されており（「古今書最」を附す）、その類目は以下の如くである。

経典録内篇一
易部　尚書部　詩部　礼部　楽部　春秋部　論語部　孝経部　小学部
記伝録内篇二
国史部　注暦部　旧事部　職官部　儀典部　法制部　偽史部　雑伝部　鬼神部　土地部　譜状部　簿録部
子兵録内篇三

儒部　道部　陰陽部　法部　名部　墨部　縦横部　雑部　農部　小説部　兵部

文集録内篇四

楚辞部　別集部　総集部　雑文部

術伎録内篇五

天文部　緯讖部　暦算部　五行部　卜筮部　雑占部　形法部　医経部　経方部　雑藝部

仏法録外篇一

戒律部　禅定部　知恵部　疑似部　論記部

仙道録外篇二

経戒部　服餌部　房中部　符図部

『七録』が内篇を五部に分類したのは、主に『梁天監四年文徳正御四部及術数書目録』によっている。ちなみにその作者は劉孝標と祖暅である。〔一〇〕「七録序」には次のようにある。

南斉末の兵火は秘閣にまで及び、梁初は缺損が大変多かった。そこで秘書監の任昉に命じて書籍を収集、分類させ、文徳殿にも別に群書を蔵し、学士の劉孝標らに重ねて校訂させ、数術書を別に分けてさらに一部とし、奉朝請の祖暅にその目録を撰述させた。

外篇の仏法、仙道の二録は、王倹『七志』の仏教、道教の経典に関する二つの附録によっている。『七録』の分類上、突出した特色は、実際にもとづいていること、つまり当時の学術の発展、書籍の数量といった実情から出発しているということである。例えば阮孝緒が仏法録（仏典）と仙道録（道書）を外篇としたのは、『七志』が道・仏を附録したのによっている。しかし、『七志』が甲・乙、即ち経・史の二部をあわせて経典志とし、劉歆『七略』の旧に復したのに対して、『七録』はそれに追随しなかったばかりか、「記伝録」を十二類に細分しており、『七録』では史書の部帙が最も多いという実態を一層明らかにしている。(3) こうした実際にもとづく精神は目録の分類に対しても明らかに積極的作用を及ぼしたのであった。

阮孝緒は目録の分類理論にも貢献を果たした。「七録序」は目録の分類理論を研究した早期における極めて重要な文献である。第一に、分類は学術発展と文献保存という実際の状況にもとづいて進めるべきであることを強調している。

劉歆、王倹はともに史書を『春秋』に附属させている。劉歆の時代は史書が極めて少なく、『春秋』に附すという処理は範例となり得た。しかし今や諸家の記伝は経典に倍し、王倹の経典志の方法に従うのは煩雑である。『七略』において詩賦が六藝の『詩経』に附属しないのは詩賦の書がすでに多かったために独立させ一略を設けたのであろう。今その例によって（四庫全書本には続いて「衆史を分出して」の句がある）記伝録を配して内篇第二とする。

……兵書はすでに少なく独立した一録とするには不十分であるから、諸子の末に附し、あわせて「子兵」と呼ぶこととし、「子兵録」内篇第三を配す。

釈迦の教えは中土を覆い、講説、諷誦、玩味され、儒書と並ぶほどであった。王倹は（附録として）採録したが、独立した志の範疇には入れなかった。理に従って事を求めるに、こうした処理は落ち着かないため、仏法録を並べて外篇第一とする。

また、分類は文献の内容に意を払い、検索、利用に便利であるべきことを強調している。

　王倹が『七志』に立てた図譜志は劉歆『七略』にはなかった。『七略』数術略中の暦譜は今の譜とは異なるものである。(一一) 思うに、図画の篇は各々の対象に従って分類すべきであるから、（図画の）題目に従って各録に附した。譜は注記（記事・記録）の類で、史書と相互に参照すべきであるから記伝録の末尾に載せた。

阮孝緒の図譜の分類に対する認識は、王倹が単独に図譜志を立てたのに比して正確である。

「七録序」はさらに各大類の名称は明瞭に理解できるものでなければならず、また科学的にその大類の内容を概括し得るものでなければならないことにも注意している。「今撰した『七録』は、王倹と劉歆の著作を斟酌した。王倹は六藝の称では経書の名目を標榜するには足りないとして経典と改めた。今それに従い、経典録を配し内篇第一とする」。また次のようにも述べる。(一二)「王倹は詩賦の称ではほかの文体を包括できないため文翰に改めたが、近頃の文詞は総じて集と称し、文翰を改めて文集とすれば名称として最も明瞭であるから、文集録を配して内篇第四とする」。こうした議論や方法は『隋書』経籍志が経史子集をもって四部の名称としたことに対しても影響を与えたのであった。

　現存する目録のうち、四部によって分類し、比較的古く、影響が深遠なものとしては、『隋書』経籍志を推すべきである。『隋書』経籍志の序は『七略』から『七録』に至る分類の発展を総括している。『隋書』経籍志の確立した四分法は、まさに前人の経験を吸収し、発展させた結果である。その序に次のようにある。

今、現存する書籍を考察し、四部によって分類した。総計一万四千四百六十六部、八万九千六百六十六巻。旧録が収載していても、内容が卑俗で教化に益のないものはすべて除いた。また旧録が漏らしたものでも、表現、内容に採るべきもの、広く益するものがあればすべて収録した。遠くは司馬遷『史記』、班固『漢書』、近くは王倹『七志』、阮孝緒『七録』を鑑みて、その遺風、体裁を汲み、浮薄、低俗を除き、分類上、隔たるものは切り離し、近いものはまとめ、文章は簡潔に、内容は筋道立てた。計五十五篇、各条目に配列し、経籍志としてまとめた。

『隋書』経籍志は、その大類の区分が『漢書』藝文志の分合によって成立したものであることを明確に述べている。経部の序には「班固は六藝を九種としたが、緯書も経書解釈として十種とするものもある。」とある。また、史部の序には「班固は史書を『春秋』に附載したが、ここではそのための部類を開設することとし、計十三種〔四庫全書本は三十種に作る〕を別に部立てして史部とする。」とある。子部の序には「『漢書』には、諸子略、兵書略、数術略、方技略があったが、ここではまとめて十四種とし、子部と称す。」とある。集部の序では、「班固の詩賦略は全五種であった。ここではそれを継承、伸展し、三種にまとめ集部と称す。」とある。これらはいずれも『隋書』経籍志が『漢書』藝文志と相承関係にあったことを証明するとともに、『隋書』経籍志が『漢書』藝文志の基礎の上に大きな発展を遂げたことをも説明している。

『七略』『漢書』藝文志の六分法から四分法への変化の鍵は、経部から史部を分離させたこと、また、兵書、数術、方技の類をまとめて子部に入れたことにある。この二つの方面において、前人達は皆『隋書』経籍志のため道を切り開く作業をしたのであった。例えば荀勗の晋『中経新簿』の丙部は、史記、旧事、皇覧簿、雑事の書籍を含み、乙部は、古諸子家、近世諸子、兵書、兵家、術数の書籍を収めた。また、阮孝緒『七録』は、記伝録にもっぱら史書を収め、子兵録で諸子と兵書とを一つにあわせた。

『隋書』経籍志が四部に分類し経史子集を以て甲乙丙丁に代えたのは魏晋期の目録の啓示によることはほぼ疑いえない。また下位分類については『七録』によるところが多く、姚振宗は次のように指摘する。

> 晋宋以来、四部の書目が増え、唐初にそれらを総括し四十篇に定めて経籍志と名付けた。『七録』の叙目（各類の配列と名称）と比較すると、ただ史部の正史、古史、雑史、起居注の四類のみは阮孝緒の旧例を用いていないが、ほかは篇目をあわせたり、順序を換えたりはしているものの、ほぼ『七録』の旧例に同じい。〔一三〕
>
> （『隋書経籍志考証』叙本志体製）

許世瑛はこれについてさらに一歩進んだ分析を行っている。

目録を論じる者は誰もが『隋書』経籍志を四部分類目録の創業の祖とし、多くはその濫觴を荀勗、李充の目録と見なしている。『隋書』経籍志が四部に分類したのは、確かに荀勗、李充以降、南朝の秘閣書目を撰した諸家の啓示を受けたものと見なすことも可能だが、それはあくまでも表面上のことに過ぎない。内実を考究すれば、『隋書』経籍志の四十種は、もともと『七録』の四十六部（仏法録・仙道録の九部は除く）と大差ないのだ。その異同を比較すると、『隋書』経籍志ではわずかに緯讖類が経部に入り、記伝録を改めて史部とし、鬼神を削って雑史を増やし、注暦を古史と起居注に二分し、子兵と術伎の二録をあわせて子部とし、雑藝を削り、卜筮、雑占、形法をまとめて五行に入れ、医経と経方をあわせて医方とし、道経、仏経の目録を志の外に除けた、という程度である。

（『中国目録学史』四部分類法之確立「隋書経籍志与七録之関係」）

説明しておく必要があるのは、『隋書』経籍志は四部のほかに道経、仏経の二録を附すものの、各々の種について部数、巻数を示し、四部の最後に附すのみで、書名は列挙せず、実際の作用もないため、『隋書』経籍志は実質上やはり四部分類である、ということである。〔一四〕

以上が我が国古代における目録分類の第一段階のおおよその状況であり、余嘉錫は『漢書』藝文志から『隋書』経籍志に至る分類の変化を次のようにまとめている。

まとめれば、『七略』が変化して四部となったのは、史書が増加したため『春秋』から分離させ、諸子、兵書、数術が次第に減少したため併せて一部としたに過ぎず、そこから数術・方技を取り出せば五部となり、さらに仏教、道教を増やせば七部となり、逆に、数術・方技を戻せば六部に、仏教、道教を諸子にあわせれば四部になるのであって、分合の原因はすべて諸子一部にある。目録の類例は相互に祖述しあい、各々に沿革があるもので、不揃いで枝分かれしているようでいて、実は筋道が通っている。（『目録学発微』目録類例之沿革）

『隋書』経籍志以後、四部分類は古典目録における分類の主流となった。しかし、四部分類によって、道教、仏教を含むすべての書籍をいかに総括するか、また、古代になく、新たに出現した書籍をいかに分類し、四部の体系に位置づけるか、なお解決を要する問題が存したのである。

第二節　四部分類法の形成以後における内部調整

四部分類法は、形成以降、中国古代における目録分類の主流となった。史志では、『旧唐書』経籍志、『新唐書』藝文志、『宋史』藝文志、『明史』藝文志が、国家図書目録では、『崇文総目』、『四庫全書総目』が、また、私家目録では、晁公武『郡斎読書志』、尤袤『遂初堂書目』、陳振孫『直斎書録解題』、馬端臨『文献通考』経籍考など、現存する著名な目録はいずれも四部分類法を採用している。

古典目録において四部分類法が終始支配的であったのには主に二つの理由がある。まず四部が『七略』の六分法に代わったのは学術の発展変化の必然的結果であったということである。章学誠は次のように述べる。

『七略』から四部への変化は、書体が篆書、隷書から行書、楷書へ変化したようなもので、その趨勢は止まり得なかったのである。史書は日々増加し、すべてを『春秋』の一家に隷属させられなくなった。これが、四部分類が『七略』の分類法に戻れない理由の一である。また名家や墨家などの諸子は、後世、その支流を持たなかった。これが、四部分類が『七略』に戻れない理由の二である。さらに文集の類が盛んになり、百家九流の名目に収まらなくなった。四部分類が『七略』に戻れない理由の三である。鈔輯体の書籍は、叢書でも類書でもない。四部分類が『七略』に戻れない理由の四である。詩文に標点を加えた類の書籍は、別集のようで別集でなく、総集のようで総集でない。四部分類が『七略』に戻れない理由の五である。過去になく現在ある書籍と過去にあり現在ない書籍では、その趨勢は天と地の如くかけ離れており、どうして『七略』が完成した分類法によって近時の文章を分類できようか。〔一五〕

（『校讎通義』巻一「宗劉」）

次に、四部分類法は魏晋期の国家図書目録から清代『四庫全書総目』編集に至るまで久しく行われたため、人々にとって扱いやすいものとなったということである。余嘉錫は次のように述べている。

部類の分合は事宜に従って定まる。書籍の多寡や性質が変化すれば部類も変化する。『七略』（の六分類）が四部となったのも趨勢によるものであった。四部分類が行われ長時間経つと人々は重宝するようになった。その間、李淑、鄭樵の輩が紛々と改作し四部を再分したが、一家の言に過ぎず、一般に用いられることはなかった。経史子集の名はついに現在に至るまで踏襲され廃れることはなかったのである。

（『目録学発微』目録類例之沿革）

古代目録学に通じている人からすれば、四部分類法は編目しやすく、検索にも便利である。経史子集の四部において、経部は歴代、前代を踏襲して変化が少ないし、史部は専門性が強く、集部が詩文集を収めるのも明瞭で、その他はすべて子部に帰属するのであり、さらに二次類目、三次類目（下位分類）を以て輔けとすれば、分類上の疎略を免れ、自ずと優れた性質を有することにもなる。そのため解放後に編纂された『中国叢書綜録』〔一六〕でも、子目（叢書に収載される個々の書名）は依然として四部配列を用いているし、『中国古籍善本書目』〔一七〕も、叢書以外は四部によって分類している。これらの目録は四部分類に従って配列し、さらに書名および作者索引も加えており、分類はもちろん、書名、作者からも検索でき、いずれも非常に便利である。

四部分類法の形成以降も、学術の発展および文献の存佚の実情により即すため、その内容には不断に微調整が加えられた。その最も主要な項目を以下に挙げていこう。

まず、仏教、道教の著作は次第に比較的合理的に反映されていった。『隋書』経籍志は道・仏の書をいかに著録するかという問題を解決しなかった。これに対し、『旧唐書』経籍志・乙部（史録）・雑伝類では仙霊二十六家、高僧十家を著録し、丙部（子録）・道家類では道釈諸説四十七家を収録している。また『新唐書』藝文志・丙部（子録）・道家類は、「神仙三十五家、五十部、三百四十一巻。姓名を失ったもの十三家、『道蔵音義』以下、著録しないもの六十二家、二百六十五巻」、また、「釈氏二十五家、四十部、三百九十五巻。姓名を失ったもの一家、玄琬以下、著録しないもの七十四家、九百四十一巻」（『新唐書』巻五九）を収録している。両「唐志」の処理の特長は、道・仏の書をあわせて子部ないし史部に入れ、名実相適った四部を完成させたことであり、一方、缺点は道・仏の書に独立した地位を与えなかったため、その学術的特色を鮮明に反映できなかったことである。そのため『四庫全書総目』釈家類の序には次のように述べる。「梁・阮孝緒は『七録』を編んで（道・仏）二氏の書を別に書末に収録した。『隋書』経籍志はその例を襲って目録の末尾に附し、ただ部数と巻数を記し、書名は附さなかった。『旧唐書』は古には釈家（の分類）がなかったことにより、そのまま仏書を道家にあわせてしまい、名実が大層乖離することとなった。[一八]」（『四庫全書総目』巻一四五）

道・仏の著述をあわせて子部に入れ、かつ独立した類目としたのは、北宋の国家図書目録の『崇文総目』である。[一九]『崇文総目』は経史子集の名を掲げてはいないが、やはり経史子集の四部によって配列している。その六十六巻中、十二巻は道書類と釈書類であり、ともに独立した類をなしており、もはや両「唐志」におけるような従属的地位にはない。特に道書は数多く著録するだけでなく分類も細かい。そのため鄭樵は大変道理があると賞賛している。

『崇文総目』は多くの人の手になった。その内、（道書と雑史の）二類は極めて筋道立っており、古人の及ばなかったところであり、また、後世においても改められなかった。道書の一類は九節で、九節が互いに連繫し、雑糅としていない。[二〇]（『通志』校讎略「崇文明於両類論」）

この後、『郡斎読書志』、『直斎書録解題』、『文献通考』経籍考は皆『崇文総目』に倣い、道・仏の著述専門の一類を子部に設けた。また『遂初堂書目』、『明史』藝文志、『四庫全書総目』はいずれも釈家の一類を子部に設け、道書は道家に附した。道書が道家に附されたのは、明らかに道家の哲学と道教、神仙家などが次第に融合していった結果である。例えば『四庫全書総目』道家類の序には次のようにある。

後世、神異怪奇は多く道家に附会され、道家もまた自らその奇異を誇った。例えば『神仙伝』、『道教霊験記』がそれである。その根本をまとめれば、清静によって自らを保つことを主眼とし、堅忍によって事を全うし、柔を以て剛を制し、退を以て進とする。こうして申不害、韓非の流派は刑名の学となり、『陰符経』は兵家に通じた。その後、長生説が神仙家とあわさって一つとなり、服薬、導引の術が加わり、房中術の一家で神仙に近いものも入り込み、『鴻宝』が現れて錬鍛術が入り、張魯が教えを立てると符籙が加わり、北魏の寇謙之らが祈禱や呪文の書を著すと、それもまた加わった。世に伝わるものの多くは後世に加わった書で、道家本来の本旨からは外れるものである。その教えは自ずと分類できず今は区分しない。（『四庫全書総目』巻一四六）

次に、ある類目の学術上の地位が変化し、分類も相応に調整を加えないわけにいかなかった。例えば、『孟子』とその注釈について、北宋以前の目録である、『漢書』藝文志、『隋書』経籍志、両「唐志」、『崇文総目』などはいずれも子部の儒家に収録していた。しかし、朱熹が『大学』『中庸』『論語』『孟子』を『四書』に定めてから『孟子』の地位は上がり、『孟子』とその注釈書は目録においても子部から経部へと上がることとなった。宋の尤袤『遂初堂書目』は『孟子』を「論語類」に附し、宋の陳振孫『直斎書録解題』ではきっぱり『論語』と『孟子』をあわせて「語孟類」としている。この点について、陳氏はその類目の序で次のように説明している。

以前の目録では、『孟子』は儒家に配されていたが、趙岐は以前から『論語』に倣ったものと考えていた。〔二一〕孔子は（道統を）孟軻に伝えたが、孟軻は没して後世に伝えられなかったと韓文公が述べて以来、世の学者はみな「孔孟」と併称するようになった。〔二二〕孟子の書はそもそも荀子、揚雄以降の者と一緒に語られるべきではない。現在、国家が科挙制度を設けて士人を登用するにあたり、『論語』と『孟子』はともに経とされ、また、程氏らの諸学者による二書の訓解は常に表裏の関係にあるためここではあわせて一類とした。

（『直斎書録解題』巻三）

元代も孟子を尊んだ。延祐元（一三一四）年に科挙が復活すると、再び『孟子』を科目に入れたので、馬端臨『文献通考』経籍考は、『直斎書録解題』の例に従って『論語』と『孟子』をあわせて一類とした。明代には『四書』の地位がさらに高くなった。『四庫全書総目』の『四書大全』の提要には次のようにある。

明の永楽十三（一四一五）年、翰林学士胡広らの奉敕撰。成祖が序文を作り天下に頒布した。二百年餘りにわたり、尊ばれて進士を挙げるための規範、定制となった。この書は……はじめ『五経大全』とともに頒布されたが、当時の規定では、四書の義を重んじ、五経は軽視されたので、研究されるのは四書ばかり、校勘されるのも四書ばかりという有様であった。後になって四書の経義を解説した書物が霞のかかった海のごとく沢山刊行されたが、どれも本書を濫觴としている。思うに、漢代から宋代に至るまでの経学は、ここに至ってすっかり変化してしまった。

（『四庫全書総目』巻三六）

『明史』藝文志は一歩進んで古代の目録における「論語類」もしくは「語孟類」を改めて「四書類」を掲げた。この改変は『四庫全書総目』の受け継ぐところともなった。その類序には次のようにある。

『論語』と『孟子』は、昔は別々に帙をなし、『大学』と『中庸』は、『礼記』中の二篇であった。『四書』として一括りにされたのは宋の淳熙年間（一一七四～一一八九）のこと、詔令の第一に掲げられたのは元の延祐年間（一三一四～一三二〇）に科挙が再施行された時からで、そもそも昔は四書の名はなかった。……元・丘葵『周礼補亡』序には「聖朝においては六経によって進士を挙げている。」とあり、当時、四書をもって一経としていたのは確かである。（およそ物事は）前代に始まったことが後代に引き継がれ、久しくして定着するものであり、一つの説に拘泥してばかりはいられない。今『明史』藝文志の例に従って別に四書類を立てるのは、いわゆる道理に従って儀礼を立てるというものである。……元明以来の解釈はすべて四書から分かれ出たものにすぎない。『明史』があわせて四書に入れたのは、当時の実際に従ったのであろうから、今また無理にその書名を分けるようなことはしない。（『四庫全書総目』巻三五）

讖緯の学の盛衰も目録の分類上に反映されている。『隋書』経籍志は『七録』の術伎録における讖緯書を改めて経部に隷属させたが、姚名達はそれに対し、「聖人の書でもないのに、どうして一つの部に混入させたのだろうか。」（『中国目録学史』分類篇「五代史志之経籍志」）と疑問を呈している。実際、『隋書』経籍志の類序でも讖緯の書と経書との密接な関係を紹介している。すなわち「新の王莽が符命を好み、光武帝が河図、讖緯書によって国を興した頃から盛んに世に行われるようになった。後漢では東平王劉蒼に詔を下し、五経の解釈を改め、すべて讖緯書の記載に従うよう命じた。こうして俗儒は時勢になびき、愈々讖緯の学に努めたため、讖緯書の篇巻、題目も増加、拡大した。五経を説く者はみな讖緯書に従って説を立てた。」（『隋書』巻三二）。その後、『旧唐書』経籍志、『新唐書』藝文志、『直斎書録解題』、『文献通考』経籍考はいずれもその例に従って経部に讖緯書を置くようになった。『直斎書録解題』讖緯類の序は讖緯の学の盛衰について次のように言及している。

　讖緯の説は前漢の哀帝、平帝、王莽の際に起こり、王莽はそれによって簒奪の志を遂げ、公孫述もそれに倣い、さらに光武帝までが旧物を復活させ、『赤伏符』にたのみ、大いに讖緯の説を尊び、甘んじて王莽や公孫述の輩と智を同じくしたのであった。こうして佞臣や見識の低い者たちもそうした風潮になびくようになった。賈逵は讖緯によって左氏の学問を論じ、曹褒も讖緯によって後漢の礼制度を定め「大予楽」を作った。[二三] 大儒では、鄭玄などはもっぱら讖緯の説によって経書を語ったし、何休は言うまでもない。後漢の二百年間、ただ桓譚と張衡だけが努めて讖緯を批判したが挽回はできなかった。魏晋では天命を改め天子の位を継承する際、すべて符命に附会させたが、その源は実のところこのような後漢の学風に出るものなのである。隋唐以来、そうした学問は次第に衰微していった。『新唐書』藝文志を調べると、まだ九部八十四巻を存していたが、現在はすべて散佚してしまい、ただ『易』の緯書のみがわずかに伝わるに過ぎない。[二四] 孔穎達が『正義』を著し、時々先儒の学説を引用する際、讖緯の説は除き去り、嘘や出鱈目をなくそうとしたのだろう。いわゆる「七緯」と称されるものは完全に伝わっているが、それも学者の言及するところではなく、ましてや残缺となると、偽物の中にまた偽物があるといったところだろうか。しばらくこれらを存して目録の網羅に備えることとする。（『直斎書録解題』巻三）

讖緯書の衰退に伴い、その他の目録、例えば『宋史』藝文志、『明史』藝文志、『四庫全書総目』も道理上、当然その項目を廃することとなった。

また、部門や類目に分属させにくい著作はまとめて雑家に入れられた。これには大体三つの場合がある。第一に、名家や法家のように残っている著作がわずかで、もはや一類を成しがたいという場合、第二に、著作の性質が特殊で類に帰属させられないという場合、第三に、新興の学問は著作が少なく、類を成すのに充分でないという場合である。雑家は図書分類において特に複雑な内容を有し、また多くの変化を経て次第に形成されたものでもある。『漢書』藝文志・諸子略・雑家の序には次のようにある。

雑家は議官（政治の得失を議論する官職）から出たものであろう。儒家、墨家の学を兼ね、名家、法家の説をあわせ、国を治める要諦がここにあることを知り（顔師古注に「治国の要諦が雑家の説にもあるに違いないということ」とある）、王者の治は百家の道を貫いていることを示すものである（顔師古注に「王者の治は百家の道を貫通、総合しているということ」とある）。これがその長所である。しかし、勝手な者がこの学を行えば、とりとめなく、よるべきところがなくなる。

以上が、雑家が当初有していた意義である。顧実『漢書藝文志講疏』は、雑家の学は秦に興ったと考えている。顧実はこういう。「秦には元来儒者はおらず、他国の士人が秦に集まり、彼らによって皇帝の業が形作られ、雑家の学が大いに盛んになったのである。『由余』『尉繚』『尸子』『呂覧』が前後して盛行したのは一時の奇観ではあった」[二五]。『呂氏春秋』について汪中は次のように述べている。

周官が職掌を失うと諸子の学が興った。(諸子は)それぞれが一学術を選択し、その道に通暁した。各々の主張には根拠があり、発言には道理があったが、互いを比べると、仁と義にしろ、敬と和にしろ、水と火が相反する程の隔たりがあった。最後に『呂氏春秋』が現れ、諸子の説を総合した。(『述学』補遺)

だから、「雑家は、百家の従い収まる学問であり、統治に対する関心が最も強い。恐らく秦国の学問だろう。」(『閑堂文藪』雑家名実辨証)ともいうのだ。これが雑家の本来の姿なのである。

『隋書』[二六]経籍志と『漢書』藝文志の雑家の序文を比較すれば両者の論点が一致していることがわかるだろう。しかし、『隋書』経籍志の雑家に収録される図書を検討すれば名称は同じでも両者の内実の異なることに気付くに違いない。『隋書』経籍志は雑家と号してはいるが実際には暗々裏に四類に分かれており内容を大きく拡げているのである。姚振宗は次のように指摘する。即ち、『尉繚子』五巻から『金楼子』十巻までは「諸子の属で一類を成す。[二七]『四庫全書総目』に所謂雑学の属にあたる。」、また、『博物志』十巻から『論集』八十六巻までは「雑家で一つの体裁に定められないものが一類を成す。その中はまたおおよその区別があり、類に従って並んでいる。[二八]そのため沈約、盧辯らの名は前後して二度見えている。『四庫全書総目』の所謂雑考、雑説、雑品、雑纂の属は皆ここにある。」、また、『皇覧』百二十巻から『書抄』百七十四巻は「類事（類書）の属であり、『旧唐書』経籍志で初めて一類を成すものである。〔二九〕」、また、『釈氏譜』十五巻から『玄門宝海』百二十巻までは「いずれも釈家の属で、両『唐志』では道家の後に附している。〔三〇〕」（『隋書経籍志考証』巻三〇）。この内、雑考、雑説、雑品、雑纂の属、類事の属、釈家の属はいずれも『漢書』藝文志の雑家にはないものであり、諸子としての雑家の意義が漢代以降失われたことがわかる。『隋書』経籍志は、雑家を分類しにくい書籍を収めるための淵藪とし始めたのであった。（雑家という）名称は同じでも内実は異なり、これは雑家における第一の大きな変化であった。

『旧唐書』経籍志の雑家が著録する内容を『隋書』経籍志と比較すると、子部に特に類事（類書）の一家を立てたこと、釈家の諸雑著を出して道家の後に附したことを除けば、旧来の規則に従っている。ただ、『旧唐書』経籍志の序には「雑家類には様々な説を兼ねあわせ叙述するものを著録する。」とあり、こうして雑家は新しい範疇において名実相伴うこととなった。これがその第二の大きな変化である。これ以後、『新唐書』藝文志、『崇文総目』、『通志』藝文略、『郡斎読書志』、『直斎書録解題』、『国史経籍志』などは、いずれもこの定義に照らして処理している。

明朝に至ると、雑家はさらに発展し、諸子をまとめ、取り込んでいった。〔三一〕祁承爜『澹生堂書目』の諸子類は、すでに墨家、法家、名家、縦横家、雑家の五家を包含し、黄虞稷は『千頃堂書目』を編纂して、子部十三類の其二を雑家とし、〔三二〕次のように注している。「前代の藝文志は名家、法家と諸家を並べ、後代もそれに従っているが、寥寥として幾許もなく頭数を揃えているにすぎない。そこで今それらを削除し、まとめて雑家と名付ける」。この方法は『明史』藝文志にも採用されることとなった。

『四庫全書総目』もまた雑家を設け、その序に次のように述べている。

> 周末、百家が争鳴し、説を立て書を著し、各々流品をなしたことは『漢書』藝文志につぶさに列せられている。ある学は流伝が絶えて祖述者がなく、ある学は評判が悪く受け入れられなかった。こうして事情は各々異なり、一概に〔四庫全書本には「後人（は）」とある〕著録できなくなった。後人〔四庫全書本には「後人」の二字がない〕は旧法を守株して、墨家にはわずかに『墨子』『晏子』の二書のみ、名家は『公孫竜子』『尹文子』『人物志』の三書、縦横家は『鬼谷子』一書が残るのみなのに、それぞれ別立ての一支派としている。これは流派に拘泥する誤りである。黄虞稷『千頃堂書目』では、数が少なく類をなせないものをあわせて雑家にいれている。雑という語は意味が広く含まぬところがない。班固の所謂「儒墨をあわせ名法を兼ねる」である。変じて宜しきを得ており、例としてよいので、今、その説に従う。説を立てるものは「雑学」、辨証するものは「雑考」、議論と叙述を兼ねるものは「雑説」、広く事理を考究し瑣事を羅列するものは「雑品」、旧文を蒐輯分類して衆道を兼ねるものは「雑纂」、諸書を合刻して一つの体裁として名付けられないものは「雑編」とし、計六類とする〔三三〕。（『四庫全書総目』巻一一七）

ここでいう雑学とは、過去の目録における雑家および衰退して伝わる書物が極めて少なくなった諸子で、また、雑考以下の四家は、『隋書』経籍志からすでに著録されていたものの、『四庫全書総目』に至ってようやく目録分類における地位が明確になったものである。雑編は叢書で、『澹生堂書目』は子部の中に単独の一類として配し、張之洞『書目答問』は単独の一部とした。こうして雑家が諸子を包括するようになった。これが雑家における第三の大きな変化である。つまり、諸子の中の雑家から次第に変化し、単独には分類しにくい多くの著作を収める雑類へとなっていったのである。

最後に、特に触れておかなければならないのは、四部分類の形成以後、その内部に現れた若干の新しい類目についてである。『四庫全書総目』の凡例は、「文章の流別は、歴代新しさを増すものであり、古来、一家をなせば当然一類を立てるべきである。」（『四庫全書総目』巻首）と明確に説明している。例えば史評類は『郡斎読書志』において創設され、その『史通』の提要には「以前は史部に史抄類があり、集部に文史類があった。現代は抄録するだけの学問は流行らず、論説が多くなっている。そこで文史類から歴史を論じたものを取り出して史評として史部に附し、史抄類は廃することとした。」（『郡斎読書志』巻七）とある。また、『文献通考』は史評と史抄をあわせて一類（史評史鈔）としている。『四庫全書総目』においても史評は単独に一類として立てられている。[三四]

また類書は、『隋書』経籍志では子部の雑家類に入れられていた。唐代、類書が発展を遂げると、『旧唐書』は子部に類事の一類を新たに設け、二十二部、全七千八十四巻の書を収め、『新唐書』は類事を改めて類書とし、「二十四部、七千二百八十八巻、姓名を失ったもの三家（四庫全書本は二に作る）、王義方以下著録しないもの三十二（四庫全書本は一に作る）家、一千三百三十八巻」（『新唐書』巻五九）を収録した。以降、各目録はこうした体例に従って改めることはなかった。[三五]『四庫全書総目』子部・類書類の序は次のように述べている。

類事の書は四部を兼ねるが、経でも、史でも、子でも、集でもなく、四部の中には帰属すべき部類がない。『皇覧』は魏文帝に始まったが、晋・荀勗『中経（新）簿』がどの部に分類したか今は考える術がない。『隋書』経籍志が子部に収録するのにはもとづくところがあったはずで、歴代、継承され、改められることはなかった。明・胡応麟は『筆叢』を著して初めてこの問題を論じ集部に入れるべきとした。〔三六〕しかしそれは道理を考えず、徒に改めて掻き乱すだけの議論で、やはり従来の規則に従う方がよい。（『四庫全書総目』巻一三五）

このほか、『四庫全書総目』は集部の文史類を詩文評類に改めており、清代の文藝理論に関する著作の範疇や機能に対する認識が一層明晰になったのを反映している。〔三七〕その類序には次のようにある。

文章は両漢より盛んな時はなく、渾々曠々と水が湧き出るように文章が生まれ、作品は自然と体をなし、格律に拘る必要はなかった。建安（一九六～二二〇）、黄初（二二〇～二二六）には、文章の体裁も次第に備わり、文学論が出現した。『典論』はその肇始である。一書にまとめられ今に伝わるのは、劉勰、鍾嶸以降のものである。劉勰（『文心雕竜』）は文体の源流を究め、文章の巧拙を批評した。鍾嶸（『詩品』）は作者の品等を定め、その師承を遡った。両書は例として別格である。皎然『詩式』は作詩法、格律について述べている。孟棨『本事詩』は故事を広く採集している。劉攽『中山詩話』、欧陽脩『六一詩話』などの体裁は説部を兼ねている。後世の論著も以上の五例を出ない。宋明両代にあっては、議論を好み、著書が盛んであった。宋人は深い解釈を求めて穿った説が多く、明人は高尚な談義を喜んで空虚で驕った論が多かった。とはいえ糟粕を除き、精英を採れば、旧聞を考証し、新意を触発できる。『隋書』経籍志はこの種の書物を総集に附し、「唐志」以下の目録は、集部の最後に並べ、別に一門を立てている。詩文の瑕瑜を討論し、真偽を甄別し、広く考察を加えるのもまた文章を裨益することがあろう。

(『四庫全書総目』巻一九五)

朱自清もまた次のように指摘している。

詩文評の系統的著作には、『詩品』と『文心雕竜』があり、ともに梁代に著されたものである。ずっと総集類の末に附せられていたが、宋代に至って、ようやく別に文史類を立ててこれらの著作を収録することとなった。この文史類は後に変化して詩文評類になった。著録は書物の学術的位置を示し、書物が一類をなすということは学術的に独立した地位があるということで、各種の文学自体がどのように発展してきたのか、また一般の承認をどのように獲得したのかを反映している。

(『朱自清古典文学論文集』詩言志辨序)

また雑曲歌詞は、封建社会では長い間軽視されてきたため、一般にはどれも大雅の堂に上っていなかったが、迅速な発展により、目録によっては一定の地位を獲得した。例えば『遂初堂書目』の集部には楽曲類があり、『直斎書録解題』、『文献通考』経籍考の集部には歌詞類がある。さらに『四庫全書総目』の集部には詞曲類があり、その序には、封建社会における正統観念の詞曲に対する見方を実によく説明している。

詞と曲の二体は、文章と技藝の間にあって、品階は低く、作者は尊ばれず、ただ才知の士のみが美しい修辞という点から尊ぶばかりであった。しかし、詩三百篇が変じて古詩となり、古詩が変じて近体詩となり、近体詩が変じて詞となり、詞が変じて曲となったものを、時代が重なり降るにつれて、そうした事実が知られなくなっただけなのであり、その源流を求めれば、実は楽府の餘風、風人（采詩官、また、詩人）の末裔なのである。文学の世界における附庸（諸侯の属国）のような存在ではあり、全く退けて道化扱いすべきではない。今、古来の例を斟酌して末篇に附した。

（『四庫全書総目』巻一九八）

学術の日進月歩の発展によって、（あくまでも四部を維持しようとする目録もあったが）最終的には四部の殻を破らないわけにはいかなかった。例えば張之洞『書目答問』五巻は経史子集の四部のほかに、新たに叢書一部を設けている。これ以前では、明の祁承爜の『澹生堂書目』がすでに子部の中に叢書の一類を創設しており、その「庚申整書略例」には次のように述べている。

叢書という類目は古にはなく、多くの書物を集めた編著は近頃陸続と現れた。広く採集して一家の言をなしているわけでもないし、項目に分類して考察、閲覧の助けとするわけでもなく、経書と史書を兼ね、古今の諸子の言を採り、さらに詩文集もあわせている。後世に刻された『百川学海』『漢魏叢書』『古今逸史』『百家名書』『稗海』『秘笈』の類は、決して類家類にまとめて収録することもできないので、叢書類を増やすのが（益の）第四例である。

（『澹生堂書目』巻首）

『書目答問』はさらに一歩進めて叢書を経史子集と並んだ単独の一部とし、次のように説明している。

「叢書が学ぶ者にとって最も便利な点は、一叢書中に群籍を備えられることであり、残編を蒐集し佚文を保存する功績は殊に大きい。古書を多く読むには叢書を購入しないわけにはいかない。叢書は経史子集すべてを包摂しており、四部に従属させるのは困難なため、別に類を立てることとする。」(『書目答問補正』巻五)。姚名達は『書目答問』の分類を次のように評価している。

『書目答問』の分類史上における価値は創造にではなく、『四庫全書総目』に対し敢えて誰もなさなかった修正を加えた点にある。張之洞の権威によって『書目答問』は流行し、ちょうど東西の翻訳書が急増し四部分類法では収容できないことに苦心していた時期であったため、新しい書物の目録を編纂する者はついに新規蒔き直しのきっかけを得、もはや『四庫全書総目』には依拠しなくなった。張氏は『四庫全書総目』を打倒しようなどとは意識しなかっただろうが、『四庫全書総目』の敗退はこの時からその兆候を示し始めていたのである。

(『中国目録学史』分類篇「対於隋志部類之修正与補充」)

そのほか、四部という従来の壁を基本的に守りつつも、分類上、新たな突破口を開いたものに、『江蘇省立国学図書館図書総目』がある。本書は経史子集の四部以外に、地志、図、叢書の大部類を新設した。その特徴は、新しい書物を従来の類目に帰属させ、帰属させるべき類目のないものについては、新しい類目を立てて収めるというものである。子部を例にとれば、伝統的な子部の類目のほかに、工家類、商業類、交通類、耶教類、回教類、東方各教類、哲学類、社会科学類、自然科学類などの二次類目を新たに加えている。全く新たな三次類目を設けることはさらに多く、例えば、自然科学類には、総論、物理、化学、生物学、礦物学、地学などの属を設けている。従来の四部分類の伝統を維持する上で、この書目は大変な努力をしているが、それはまた社会の発展、科学の進歩に従って四部分類法が新たな分類法に取って代わられるのが必然的な趨勢であることを予見していたのである。

第三節　四部分類の規則を守らない分類法

乾隆帝は、「今に至るまで、四庫の書目は、経史子集を綱領とし、書物を収集、順序立て、分類して収蔵してきた。実に古今不易の法である。」（『四庫全書総目』巻首載乾隆三十八年二月十一日上諭）と述べた。しかし実際は決してそうではなかった。『隋書』経籍志以降、四部分類は最も尊重されたとはいえ、公私の目録において時には四部の規範を守らない分類法が出現した。主要なものを紹介しよう。

宋・晁公武『郡斎読書志』は『邯鄲図書志』十巻を著録し、その提要に「右は本朝の李淑、字は献臣の撰。……家蔵する図書五十七類を記載し、経史子集、計一千八百三十六部、二万三千百八十六巻を収め、それ以外に、藝術志、道書志、書志、画志をあわせて八目にしている（四庫全書本は大いに異なる）〔三八〕。」（『郡斎読書志』巻九）とある。『邯鄲図書志』は伝存しないが、比較的早く四部分類法を大胆に突破していたことが、明らかに見て取れる。

南宋の初年、鄭樵は『通志』を編纂した。その「藝文略」は、古今、公私において編纂された図書目録が収める書目を一編にまとめている。その分類表を次に載せる。

経類第一

易　古易　石経　章句　伝　注　集注　義疏　論説　類例　譜　考正　数図　音　讖緯　擬易

書　古文経　石経　章句　伝　注　集注　義疏　問難　義訓　小学　逸篇　図　音　続書　讖緯　逸書

詩　石経　故訓　伝　注　義疏　問辨　統説　譜　名物　図　音　緯学

春秋　経　五家伝注　三伝義疏　伝論　序　条例　図　文辞　地里　世譜　卦繇　音　讖緯

春秋外伝国語　注解　章句　非駁　音

孝経　古文　注解　義疏　音　広義　讖緯

論語　古論語　正経　注解　章句　義疏　論難　辨正　名氏　音釈　讖緯　続語

爾雅　注解　図　義　音　広雅　雑爾雅　釈言　釈名　方言

経解　経解　謚法

礼類第二

周官　伝注　義疏　論難　義類　音　図

儀礼　石経　注　疏　音

喪服　伝注　集注　義疏　記要　問難　儀注　譜　図　五服図儀

礼記　大戴　小戴　義疏　書鈔　評論　名数　音義　中庸　讖緯

月令　古月令　続月令　時令　歳時

会礼　論鈔　問難　三礼　礼図

儀注　礼儀　吉礼　賓礼　軍礼　嘉礼　封禅　汾陰　諸祀儀注　陵廟制　家礼祭儀　東宮儀注　后儀　王国州県儀注　会

朝儀　耕籍儀　車服　国璽　書儀

楽類第三

楽　楽書　歌辞　題解　曲簿　声調　鐘磬　管弦　舞　鼓吹　琴　讖緯

小学類第四

小学　小学　文字　音韻　音釈　古文　法書　蕃書　神書

史類第五

正史　史記　漢　後漢　三国　晋　宋　斉　梁　陳　後魏　北斉　後周　隋　唐　通史

編年　古魏史　両漢　魏　呉　晋　宋　斉　梁　陳　後魏　北斉　隋　唐　五代　運暦　紀録

覇史　上　下

雑史　古雑史　両漢　魏　晋　南北朝　隋　唐　五代　宋朝

起居注　起居注　実録　会要

故事

職官　上　下

刑法　律　令　格　式　敕　総類　古制　専条　貢挙　断獄　法守

伝記　耆旧　高隠　孝友　忠烈　名士　交游　列伝　家伝　列女　科第　名号　冥異　祥異

地里　地里　都城宮苑　郡邑　図経　方物　川瀆　名山洞府　朝聘　行役　蛮夷

譜系　帝系　皇族　総譜　韻譜　郡譜　家譜

食貨　貨宝　器用　豢養　種藝　茶　酒

目録　総目　家蔵総目　文章目　経史目

諸子類第六

儒術

道家　老子　荘子　諸子　陰符経　黄庭経　参同契　目録　伝記　論　書　経　科儀　符籙　吐納　胎息　内視

道引　辟穀　内丹　外丹　金石薬　服餌　房中　修養

釈家　伝記　塔寺　論議　詮述　章鈔　儀律　目録　音義　頌讃　語録

法家

名家

墨家

縦横家

雑家

農家

小説

兵家　兵書　軍律　営陣　兵陰陽　辺策

天文類第七

天文　天象　天文総占　竺国天文　五星占　雑星占　日月占　風雲気候占　宝気

歴数　正歴　歴術　七曜歴　雑星歴　刻漏

算術　算術　竺国算法

五行類第八

五行　易占　易軌革　筮占　亀卜　射覆　占夢　雑占　風角　鳥情　逆刺　遁甲　太一　九宮　六壬　式経　陰陽　元辰　三命　行年　相法　相笏　相印　相字　堪餘　易図　婚嫁　産乳　登壇　宅経　葬書

藝術類第九

藝術　藝術　射　騎　画録　画図　投壺　奕碁　博塞　象経　摴蒱　弾碁　打馬　双陸　打毬　彩選　葉子格　雑戯格

医方類第十

医方　脈経　明堂針灸　本草　本草音　本草図　本草用薬　採薬　炮炙　方書　単方　胡方　寒食散　病源　五蔵　傷寒　脚気　嶺南方　雑病　瘡腫　眼薬　口歯　婦人　小児　食経　香薫　粉沢

類書類第十一

類書　上　下

文類第十二

文　楚辞　別集　総集　詩総集　賦　賛頌　箴銘　碑碣　制誥　表章　啓事　四六　軍書　案判　刀筆　俳諧　奏議　論　策　書　文史　詩評

また鄭樵は『通志』藝文略の分類体系を総括的に紹介して次のような指摘をしている。

書物を明らかにするには類例を明らかにすることである。ああ、類例が明らかでないため、書物が綱紀を失ってしまうのには由来があるのだ。私はそこで古今の現存する、あるいは亡佚した書物をまとめて分類する。

全十二類、経類第一、礼類第二、楽類第三、小学類第四、史類第五、諸子類第六、星数（案ずるに、『藝文略』は実際には天文に作る）第七、五行類第八、藝術類第九、医方類第十、類書類第十一、文類第十二である。経の一類は九家に分け、九家に八十八種の書がある。八十八種を九家にまとめたといってよい。礼の一類は七家に分けられ、七家には五十四種ある。五十四種を七家にまとめたといってよい。楽の一類はそれで一家とし、十一種ある。小学の一類はそれで一家、八種。史の一類は十三家、九十種である。各朝の書物は、朝代毎に分け、朝代毎の書物ではないものは種類毎にまとめた。諸子の一類は十一家に分けられ、そのうち八家は（一家一種で）八種である。道家、釈家、兵家の三家はやや多く、四十種である。星数（天文）の一類は三家、十五種。五行の一類は三十家に分け、三十三種である。〔三九〕藝術の一類はそれで一家とし、十七種である。医方の一類はそれで一家とし、二十六種である。類書の一類はそれで一家とし、上下二種に分ける。文類の一類は二家に分け、二十二種である。〔四〇〕別集の一家は十九種、ほか二十一家は二十一種のみである。

計十二類、百家、四百二十二種、朱紫が分かれるよう性質の異なるものを截然と区別した。四百二十二種を分散すれば、百家の学問を究めることができ、百家の学問をまとめれば、十二類の帰する所が明らかになる。

（『通志』校讎略「編次必謹類例論」）

『通志』校讎略はもっぱら分類理論を検討し、藝文略はその理論を応用したものである。そこでまず鄭樵の分類理論を検討し、次いで彼がいかにその理論を藝文略に運用したかについて述べよう。

鄭樵はまず我が国の古典目録学の基本的理論を宣明し、科学的な分類を通じて、「学術を辨章し源流を考鏡する」ことができると考えた。彼は次のように述べている。

類例がはっきりすれば、学術は自ずと明らかになり、その先後、本末が詳しく備わることになる。図譜を観察すれば図譜の始まりを知ることができるし、名数を観察すれば名数が継承された跡を知ることができる。讖緯の学は、東漢の洛陽で盛んになった。音韻の書は、江左の南朝に伝えられた。伝注は漢魏に起こった。義疏は隋唐に完成した。書物を見れば、その学術の源流を知ることができる。旧時に書物がなかったのに今その学が存在するならば、新出の学問であり、古の道ではないということになる。

（『通志』校讎略「編次必謹類例論」）

鄭樵は、さらに編次には必ず類例に配慮しなければならないと主張する。というのは、厳密な分類には学術を明らかにし、書物を残し伝えるという二つの大きな効用があるからで、それゆえ、類例は必ず異なる分類階層によりながら、性質の異なる学術を区分することで、それぞれに専門性を持たせ、その保存と流伝に便ならしめなければならないのである。

学術がまとまっていないと、書物を著してもはっきりせず、書物の内容がはっきりしないと、類例をなそうにも分けられない。専門の書物があるということは、専門の学術があるということで、専門の学術があるということは、代々受け継がれてきた学術があるということである。人々が学術を守り、学術が書物を守り、書物が類例を守るのである。人に存没があっても学術は絶えず、世に変化があっても書物は滅びない。しかし、現存する書物を過去に存在した書物と比べてみると、百滅んで一存するといった状況である。どうしてそうなるのだろうか。士卒が死んでしまうのは、部隊編制の原則がはっきりしないため、同様に、書籍が散佚するのは、類例の原則がはっきりしないためである。巫医の学は、類例がはっきり分かれれば百家九流が各々条理を保ち、滅びようにも滅びようがない。書物の存佚を経ながらも途絶えていないし、仏・道の書も、変化を経たけれども常に存している。漢代の易書は大変多かったが、今には伝わらず、ただト筮の易のみが伝わっている。法家の書物も多かったが、今には伝わらず、仏・道の書ばかりが伝わっている。こうした異端の学が書物の流伝を保ち得ているのは、学術にまとまりがあるためなのである。

（『通志』校讎略「編次必謹類例論」）

こうして鄭樵は任宏が校勘、著録した兵書を特に称賛し、「『七略』はただ兵家の一略だけが任宏の校勘したもので、権謀、形勢、陰陽、技巧の四種に分類し、さらに図四十三巻もあり、書物と参照するようになっている。その類例を見るだけで軍事を知ることができるのだから、書物を見ればなおさらである。」（『通志』校讎略「編書不明分類論」）と考えている。一方で、『旧唐書』経籍志が、道家、道書、釈氏をあわせて一類とした処置を批判している。

古の分類には道家があり（それとは別に）道書があった。道家とは老荘である。また法家があり（それとは別に）刑法があった。法家とは申（不害）韓（非）である。道家が先んじ法家がそれに続いたのであって、刑法、道書は、各々別の流れから出たものである。[四一] 刑法は律令、道書は

（方士による）法術である。どうして法術と老荘が流れを同じくし、律令と申韓が一つに括れようか。分けなければならない。『旧唐書』経籍志は道家、道書、釈氏の三類をあわせて一類とし道家と名付けているが、それでよいのだろうか。（『通志』校讎略「編次不明論」）

次に、鄭樵が藝文略でどのように自身の分類理論を実践したのかを見ていこう。まず、大類の設置においては『七略』と四部の形式をうち破っている。鄭樵は「『七略』の分類は簡粗であり、四庫の分類は荒唐（四庫全書本は「繁博」に作る）である。」（『通志』校讎略「編次必謹類例論」）と考え、「藝文志」を十二の大類に分け、依然、経類を第一に置きつつも、礼、楽、小学をそれぞれ独立した一類として立て、経類と並列させることで、経部の伝統的枠組みをうち破ろうという自身の意向を反映させた。また、諸子類を残しつつも、天文、五行、藝術、医方および類書を独立させ、それぞれ一類として立て、諸子と並列させることで、厳密に学術に応じて類を立てようとした自身の意図を反映させている。各類の収録範囲についても鄭樵は検討しており、例えば類書については次のように述べている。

歳時はもとより一家の書であるが、『歳時広記』百二十巻などは、『崇文総目』では歳時に置かずに、類書に並べているのは、どういうことだろうか（四二）。類書とは、諸類を総輯していて（目録において）分類できない書物である。分類できる書物であれば、類書ではなく別の類に入れるべきである。天文に関する類書であれば、天文類に置くべきであるし、職官に関する類書であれば、職官類に置くべきである。類書だからといってすべて類書類に入れなくてはならないことがあろうか。（『通志』校讎略「編次之訛論」）

類目の区分、著録の範囲はともに学術を基準にすべきであり、書籍の体裁にもとづくべきではないと考えていたのである。

次に、鄭樵は二次分類、三次分類といった下位分類の設置を重視し、混同しやすい学科については、分類から区別できるよう努めている。彼はいう。「編年の一家には時代の先後があり、文集の一家には作品をまとめたもの、文人や文体毎に分かれたものがある。日月星辰（天体による占い）は風雲気候（気象による占い）と同一の種として天文の学に入れることができようか。また、三命、元辰はどうして九宮、太一と同一の種として五行の書に入れることができようか。[四三]」（『通志』校讎略「編次必謹類例論」）。そこで彼は編年の一家を、古魏史、両漢などの十五種に分類し、天文の一家を、雑星占、日月占などの八種に分類し、また、五行の一類は、元辰、三命などの三十種に分類した。彼はさらに次のようにも指摘している。「古今に編まれた書で、分類できないものは五つ、一に伝記、二に雑家、三に小説、四に雑史、五に故事である。この五類の書は混乱しやすい。また文史と詩話も混乱しやすい。」（『通志』校讎略「編次之訛論」）。そこで鄭樵は、史類に、雑史、故事、伝記の三家を設け、諸子類に雑家と小説の二家を設け、また文類に文史と詩評の二種を設けたのである。その上、彼は雑史と伝記の二家をさらにいくつかの種に分けた[四四]。このような周到で綿密な分類によれば、明らかに図書の処理をより合理的になし得る。

『通志』藝文略は矛盾や誤謬も免れないが、確かに章学誠が次に述べる通りである。

鄭樵は千年の後に生まれ、志を奮って劉向・劉歆の討究、論議の趣旨を理会した。そこで歴代の著録を取りあげるにあたり、魚魯豕亥の誤りといった細かい事柄は省略し、もっぱら分類・配列によって各専門間の関係と学術の変遷を明らかにし、その得失の所以を考究することこそが校讎であるとしたのである。思うに漢代に石渠閣、天禄閣が建てられて（蔵書、校書の制度が行われるようになって）以降、それまでの学者が窺い知れなかったことである。（『校讎通義』巻一「叙」）

鄭樵が分類の理論と実践において獲得した創造的成果は充分に肯定されるべきものである。清代に至ると、章学誠は『文史通義』『校讎通義』を著し、さらに『史籍考』などの大部の目録を撰し、その成果と貢献は鄭樵を上回ったが、鄭樵は章学誠のために先路を開いたのであった。

南宋の端平年間（一二三四～一二三六）、「莆田の鄭寅（字は子敬）は、蔵書を七録に分けて、経、史、子、藝、方技、文、類とした。」（『直斎書録解題』巻八『鄭氏書目』解題）という。この分類は、家蔵書には限りがあったために『通志』藝文略の十二類をあわせて成ったものかもしれない。礼、楽、小学の三類はまとめて経類に入れ、天文、医方の二類はあわせて方技類に収めている。そして、藝術、方技、類書の三類は子に入れず、経、史、子、集（文）の四部と並列させているのには、自ずと合理的な要素を持っている。[四五]『鄭氏書目』は久しく失われており詳しく論ずることはできない。

政府刊行の官書目録で、四部分類という規範を守らなかった代表には明代の『文淵閣書目』を挙げるべきであろう。この目録は楊士奇らにより、文淵閣の蔵書にもとづき英宗の正統六（一四四一）年に編まれた。その特色と長所、短所を姚名達は次のように概括的に指摘している。

その分類法は粗雑ではあるが、四部分類という規範に拘泥せず、実に明一代の風気を開いている。冒頭を「国朝」とし、明帝の御製、勅撰、政書、実録などの項目を著録する。こうした例がひとたび開かれると、陸深（江東蔵書目）、沈節甫（玩易楼蔵書目録）、葉盛（菉竹堂書目）[四六]、焦竑（国史経籍志）、孫能伝（内閣書目）がそっくり倣うようになり、明代の諸目録の共通の特色にもなった。次に、「易」、「書」、「詩」、「春秋」、「周礼」、「儀礼」、「礼記」、「礼書」、「楽書」、「諸経総類」、「四書」、「性理」、「経済」とし、まとめて経部と称さなかったのは、長所の一である。礼書、楽書はいずれも後世の著述であるから、それらをみだりに礼経に収めず、むやみに楽経に充てなかったのは、長所の二である。特に、性理、経済の二類を設けたのは、長所の三である。ただし、諸経総類は、収めるべき分類のない経書も含まれており、諸経「総」類が雑を兼ねてしまい、混沌に失している。次に、「史」、「史附」、「史雑」とするのは、漫然として境界がはっきりしない。また、「子書」、「子雑」、「雑附」とするのも同様である。続いて、「文集」、「詩詞」とし、散文を剔出して韻文と対立させたのは見識とすべきで、ほかの図書目録がただ総集と別集に分けるのに比して随分精確になっている。次いで、「類書」は子に附属させず、「韻書」は経に附属させず、「姓氏」、「法帖」、「画譜」（諸譜附）、「政書」、「刑書」、「兵法」、「算法」、「陰陽」、「医書」、「農圃」、「道書」、「仏書」もそれぞれ独立させているのは、また大いに理に適っている。殊に政書と刑書の門を分け、画譜と法帖の類を分けたのは、ほかの目録の及ばぬところである。また地方志が非常に多かったという事情から特に「古今志」（雑志附）、「旧志」、「新志」の三類を設けている。すべての類目を総じて眺めるにもともと深い意図があったという訳ではない。これを四部分類と比べてみると、すでに述べたように偶々長じているところはあっても、欠点も多く、目をつぶることはできない。しかしながら、明一代にあって、高儒（百川書志）、朱睦㮮（万巻堂書目）、胡応麟（二酉蔵書山房書目）、焦竑（国史経籍志）、徐𤊹（紅雨楼書目）、祁承㸁（澹生堂書目）の六家が四部の名称を踏襲しつつも大幅に類目を増やしているほか、私家の蔵書目録の多くがこの『文淵閣書目』を援用し護符として、思うままに新たな部類を作り、もはや四部分類という規範を墨守することはなくなった。〔四七〕これは分類史における一大解放であり、敵陣たる従来の旧習を突き破った功績は『文淵閣書目』に帰せざるを得ないのである。

（『中国目録学史』分類篇「隋志以後闖出四部牢籠之十幾種分類法」）

清代の孫星衍の撰した『孫氏祠堂書目』は、『四庫全書総目』が編纂されてから間もなく現れ、真っ先に権威的な四部分類をうち破り、新たに十二分類法を採用した。その分類表を次に掲げよう。

経学第一　易　書　詩　礼　楽　春秋　孝経　論語　爾雅　孟子　経義
小学第二　字書　音学
諸子第三　儒家　道家　法家　名家　墨家　縦横家　雑家　農家　兵家
天文第四　天部　算法　五行術数
地理第五　総編　分編
医律第六　医学　律学
史学第七　正史　編年　紀事　雑史　伝記　故事　史論　史鈔
金石第八

類書第九　事類　姓類　書目
詩賦第十　総集　別集　詞　詩文評
書画第十一
説部第十二

孫星衍は『孫氏祠堂書目』序で類目を立てた理由と収録範囲を逐一説明している。二例を挙げよう。

小学第二、最初に字書を置き、次に声韻の書に及んだ。〔四八〕六義に明らかでなければ、経を説いても通暁できず、望文生義を犯してしまうこともある。文字は、隷書、楷書と次第に変化し、その数は日々増加するものである。漢魏の字書を集め、後代にまで及んで字書の変遷を究めた。声韻反切の学問は六朝の古に興ったとはいえ、さらにその由来を尋ねれば、読若、旧音から起こっており、〔四九〕また後世の字書も古字書を引用していて校証に役立つだろうから、ここにあわせて並べるのが適当であろう。

地理第五、最初に統志を置き、次に分志を配す。前者は天下を総記するもの、後者は各地方について記すものである。『尚書』禹貢の古文説および周代の地勢に関する言説は、歴代の地理志や『水経注』『括地志』の諸書に残されている。また、宋元の地方史は多く古説の経書・史書に関する考証・注釈を引用しており、依拠するところが得られるので、そうした旧説も保存すべきである。地名は変わりやすく、古今で名を異にするので、現代の地理志もともに載せ、広く考察の助けとする。

（『孫氏祠堂書目』巻首）

『孫氏祠堂書目』が説部を大分類の一つにしているのは理を尽くしているとはいえないが、明清における小説創作の繁栄ぶりと孫氏の蔵書の実情を反映している。（書籍の）分類、配属には失当が相当あり、類目を見ても詳細とはいえないが、確かに姚名達が次のように述べる通りではある。

小学を経学の外に出し、天文を諸子から外し、地理と史学を二分し、無理に四部を各類目の上に戴くようなことはせず、数種の類目を新設して性質の独立した書物を収めたことはすべて明代の諸目録の遺風より得たものである。誤って医と律を一つにし、専門毎に類を分けるという道理を大いに失してはいるものの、『四庫全書総目』の権威に屈せず、大胆に異を唱えた、その勇敢さは讃えるべきであり、別派の殿軍の名に恥じないものである。

（『中国目録学史』分類篇「隋志以後闖出四部牢籠之十幾種分類法」）

まとめるならば、四部分類法は、『隋書』経籍志が採用して以後、系統立ち、類目も多いことから、官書目録、史志、私家目録に広く受け入れられ、我が国古代の目録分類法の主流となった。そして学術の発展、変化に伴い、相応の内部調整が図られ、さらに鄭樵、孫星衍らは各自編纂した目録において果断にも四部分類の古い枠組みをうち破った。その努力は古代の目録編纂事業において広く受け入れられはしなかったが、経史子集による分類が決して千古不易の方法でないことを示した。実際、近代に至ると四部分類はさらに進んだ分類法に取って代わられることとなるのである。

原注

（1）『文選』巻四六「王文憲集序」李善注引。余嘉錫『目録学発微』目録類例之沿革はこの文を引き、「五経為甲部」以下は李善の語ではないかと疑っている。この説は従うべきである。

（2）「両漢藝文志」とは、班固『漢書』藝文志と袁山松『後漢書』藝文志を指す。後者はすでに散逸した。

（3）阮孝緒自身の統計によると、「記伝録」には史書一千二十種、一万四千八百八十七巻を収めており、『七録』の中で最も多い。

訳注

〔一〕経書はすべて周代の王官に由来し、周が衰えて後、官学が民間に流れ、私門に著述が生まれたとする説は、章学誠が「六経皆先王之政典也。」（『文史通義』易教上）、「『易』掌太卜、『書』蔵外史、『礼』在宗伯、『楽』隷司楽、『詩』領於太師、『春秋』存乎国史。」（『校讎通義』原道）、「至於官師既分、処士横議、諸子紛紛、著書立説、而文字始有私家之言。」（『文史通義』経解上）などと述べるところである。

〔二〕「秘書監」は宮中の図書を掌る「秘書」の長官、「秘書郎」はその属官。「著作佐郎」は、国史の編纂を掌った「著作郎」の下に置かれた。いずれも編纂、校書や蔵書に関わる職官である。

〔三〕『漢書』藝文志・諸子略・儒家には「劉向所序六十七篇（新序・説苑・世説・列女伝・頌図也）」、「揚雄所序三十八篇（太玄十九・法言十三・楽四・箴二）」とある。また、道家には「道家言二篇（近世、不知作者）」と、陰陽家には「衛侯官十二篇（近世、不知作者）」と、縦横家には「侍詔金馬聊蒼三篇（趙人、武帝時）」と、雑家には「臣説三篇（武帝時所作賦）」と、農家には「氾勝之十八篇（成帝時為議郎）」と、小説家には「臣寿周紀七篇（項国圉人、宣帝時）」とある。

〔四〕『七録』子兵録における諸子の著録状況は、儒部が六十六種七十五帙六百四十巻、道部が六十九種七十六帙四百三十一巻、陰陽部が一種一帙一巻、法部が十三種十五帙百十八巻、名部が九種九帙二十三巻、墨部が四種四帙十九巻、縦横部が二種二帙五巻、雑部が五十七種二百九十七帙二千三百三十八巻、農部が一種一帙三巻、小説部が十種十二帙六十三巻、兵部が五十八種六十一帙二百四十五巻である。

〔五〕『皇覧』は魏文帝曹丕勅撰の類書。『魏志』文帝紀に「帝好文学、以著述為務、自所勒成垂百篇、又使諸儒撰集経伝、随類相従、凡千餘篇、号曰皇覧。」と見える。『隋書』経籍志では子部雑家に収録され、「一百二十巻、繆襲等撰、梁六百八十巻」とある。但し「皇覧簿」が本当に『皇覧』であったかは不明である。

〔六〕『晋書』巻五一「束皙伝」に次のように見える。

初、太康二年、汲郡人不準盗発魏襄王墓、或言安釐王冢、得竹書数十車。其『紀年』十三篇、記夏以来至周幽王為犬戎所滅、以事接之、三家分、仍述魏事至安釐王之二十年。蓋魏国之史書、大略与春秋皆多相応。其中経伝大異、則云夏年多殷、益干啓位、啓殺之、太甲殺伊尹、文丁殺季歴、自周受命、至穆王百年、非穆王寿百歳也、幽王既亡、有共伯和者攝行天子事、非二相共和也。其『易経』二篇、与周易上下経同。『易繇陰陽卦』二篇、与周易略同、繇辞則異。『卦下易経』一篇、似説卦而異。『公孫段』二篇、公孫段与邵陟論易。『国語』三篇、言楚晋事。『名』三篇、似礼記、又似爾雅、論語。『師春』一篇、書左伝諸卜筮、師春似是造書者姓名也。『瑣語』十一篇、諸国卜夢妖怪相書也。『梁丘蔵』一篇、先叙魏之世数、次言丘蔵金玉事。『繳書』二篇、論弋射法。『生封』一篇、帝王所封。『大暦』二篇、鄒子談天類也。『穆天子伝』五篇、言周穆王游行四海、見帝台、西王母。『図詩』一篇、画賛之属也。又『雑書』十九篇、周食田法、周書、論楚事、周穆王美人盛姫死事。大凡七十五篇、七篇簡書折壊、不識名題。

〔七〕王鳴盛は「子不当先史、詩賦等下忽有汲冢、亦不可解。」(『十七史商榷』巻六七「経史子集四部」)と

いう。また、趙翼は「其中編次、子先于史、汲冢又雑詞賦内、位置倶未免失当。」（『陔餘叢考』巻二二「経史子集」）と述べる。

〔八〕『晋書』束皙伝に「武帝以其書付秘書校綴次第、尋考指帰、而以今文写之。皙在著作、得観竹書、随疑分釈、皆有義証。」と見える。

〔九〕古代の文字の一種。点角の頭が太く尻が細く、オタマジャクシに似ているためいう。蝌蚪書。

〔一〇〕「古今書最」に「梁天監四年文徳正御四部及術数書目録、合二千九百六十八帙、二万三千一百六巻」とあり、「隋志」史部・簿録類には「梁文徳殿四部目録四巻、劉孝標撰」として収められている。

〔一一〕『七略』（『漢書』藝文志）の数術略・暦譜に著録される『黄帝五家暦』から『杜忠算術』に至る十八種六百六巻の書は、暦と、天運、算術に関する譜（記録）であった。一方、『隋書』経籍志の総序には、王倹『七志』図譜志では地理書と地図、帳簿の類を著録したとある。阮孝緒『七録』では系譜などが置かれていたと思われる。

〔一二〕『四庫全書総目提要』集部・別集類の序では、個人の作品集としての「集」の起源について「集始於東漢、荀況諸集、後人追題也。其自製名者、則始於張融玉海。其区分部帙、則江淹有前集、有後集。梁武帝有詩賦集、有文集、有別集。梁元帝有集、有小集。謝朓有集、有逸集。与王筠之一官一集。沈約之正集百巻、又別選集備三十巻者、其体例均始於斉梁。蓋集之盛、自是始也。」と述べている。

〔一三〕『隋書』経籍志における四部の四十類目は次の通り。

経部　易 書 詩 礼 楽 春秋 孝経 論語 讖緯 小学（十類）
史部　正史 古史 雑史 覇史 起居注 旧事 職官 儀注 刑法 雑伝 地理 譜系 簿録（十三類）
子部　儒家 道家 法家 名家 墨家 縦横家 雑家 農家 小説家 兵家 天文 暦数 五行 医方（十四類）
集部　楚辞 別集 総集（三類）

このほか、四部以外に道経と仏経があり、道経には経戒、餌服、符籙、房中の四種が、また仏経には経、律、論の三種が置かれている。

〔一四〕『隋書』経籍志において、道経、仏経は、集部の後に附載されている。書名は列記せず、道経冒頭に、「経戒三百一部、九百八巻。餌服四十六部、一百六十七巻。房中十三部、三十八巻。符籙十七部、一百三巻。右三百七十七部、一千二百一十六巻。」と分類項目と総数が示され、道教の歴史や関連書籍の変遷を叙述する。仏経も同じく冒頭に、「大乗経六百一十七部、二千七十六巻。小乗経四百八十七部、八百五十二巻。雑経三百八十部、七百一十六巻。雑疑経一百七十二部、三百三十六巻。大乗律五十二部、九十一巻。小乗律八十部、四百七十二巻。雑律二十七部、四十六巻。大乗論三十五部、一百四十一巻。小乗論四十一部、五百六十七巻。雑論五十一部、四百三十七巻。記二十部、四百六十四巻。右一千九百五十部、六千一百九十八巻。」と分類項目と総数が示され、仏教の歴史や関連書籍の変遷に関する文が続く。道仏経を集部の末尾に附した理由については、仏経の末尾に「道、仏者、方外之教、聖人之遠致也。……故中庸之教、是所罕言、然亦不可誣也。故録其大綱、附于四部之末。」と記されている。

〔一五〕「鈔輯体」は、書物の要点を摘録しまとめる形式をいう。諸書を原書のままあつめる叢書とも、事項・内容によって分類して収める類書とも異なる。

〔一六〕上海図書館編、新華書店上海発行所、一九五九年初版。また、補正編、続編も出版されている。

〔一七〕中国古籍善本書目編輯委員会編、上海古籍出版社、一九八六年初版。

〔一八〕『旧唐書』経籍志・子部・道家類には、「文子十二巻」から「崇正論六巻」に至るまで道仏に関する書物が著録され、「右道家一百二十五部、老子六十一家、荘子十七家、道釈諸説四十七家、凡九百六十巻。」と記されている。

〔一九〕『崇文総目』には、易、書、詩、礼、楽、春秋、孝経、論語、小学（以上が経部にあたる）、正史、編年、実録、雑史、偽史、職官、儀注、刑法、地理、氏族、歳時、伝記、目録（以上が史部にあたる）、儒家、道家、法家、名家、墨家、縦横家、雑家、農家、小説、兵家、類書、算術、藝術、医書、卜筮、天文占書、暦数、五行、道書、釈書（以上が子部にあたる）、総集、別集、文史類（以上が集部にあたる）の各類が置かれている。

〔二〇〕『崇文総目』道書類の九節は、第一節が太上黄庭内景玉経から評刊誤論に至る五十五部、第二節が真誥から嶽瀆福地図に至る五十部、第三節が霊宝内観経から調気養生録に至る五十九部、第四節が神気養形論から老子心鑒に至る七十九部、第五節が陰符大丹経から張果進服丹砂訣に至る五十八部、第六節が焼煉秘訣から龍虎還丹通元要訣に至る五十四部、第七節が青霞子宝蔵論から九室指元篇に至る五十六部、第八節が天蓬神咒から金柯四時色気元機歌に至る四十九部、第九節が翊聖保徳真君伝から混元図に至る六十部である。一方、鄭樵『通志』藝文略五に立てられる道家は、老子、荘子、諸子、陰符経、黄庭経、参同契、目録、伝、記、論、書、経、科儀、符籙、吐納、胎息、内視、道引、辟穀、内丹、外丹、金石薬、服餌、房中、修養の二十五種からなる。両書の分類は完全に一致するわけではないが、『崇文総目』の第一節は藝文略・道家の「黄庭経」「科儀」に、第二節は「書」「修養」に、第三節は「内視」「道引」に、第四節は「吐納」「胎息」に、第五節は「陰符経」「参同契」に、第六節は「内丹」「外丹」に、第七節は「外丹」「金石薬」に、第八節は「符籙」に、第九節は「伝」にほぼあたる。

〔二一〕後漢・趙岐は「孟子題辞」で、孟子を「命世亜聖の大才」とし、『孟子』という書物については、「孔子が衛から魯に戻って、ようやく古楽は正され、雅・頌も本来の姿に復したという。こうして孔子は詩経を刪定し、書経を校定し、周易に十翼を続け、春秋を作ったのだ。孟子も斉・梁を辞してから、堯・舜の道を祖述して本書（『孟子』）を著したのであり、それは大いなる賢者が聖人になぞらえて作ったものである。孔門の高弟である七十子は孔夫子の言をまとめて論語を作った。論語は五経の楔《くさび》であり、六藝の要である。孟子の書はその論語に範をとって作られたものである。」と述べている。

〔一二二〕　唐・韓愈は、「原道」（『韓昌黎集』巻一一）において道統（上古以来の聖賢の系統）を唱え、「堯は道を舜に伝え、舜は禹に伝え、禹は湯に伝え、湯は文王・武王・周公に伝え、文王・武王・周公は孔子に伝え、孔子は孟軻に伝えたが、孟軻が没すると道は伝承を失った。荀卿や揚雄は道を択ぶに精ではなく、道を語るに詳らかではない。」と述べた。

〔一二三〕　「大予楽」は太予楽令のこと。太常の属官として伎楽を掌る。『後漢書』曹褒伝には「帝問『制礼楽云何』。充対曰『「河図括地象」曰「有漢世礼楽文雅出」。「尚書琁機鈐」曰「有帝漢出、徳治作楽、名予。」』。帝善之、下詔曰『今且改太楽官曰太予楽』。」とあり、（陳振孫は曹褒とするが）曹褒の父、曹充が『河図括地象』『尚書琁機鈐』という緯書によって明帝に提案したと記されている。

〔一二四〕　『隋書』経籍志・讖緯は「十三部、合九十二巻。通計亡書、合三十二部、共二百三十二巻」とする。『新唐書』藝文志・讖緯類は、宋均注の易緯九巻、詩緯十巻、礼緯三巻、楽緯三巻、春秋緯三十八巻、論語緯十巻、孝経緯五巻、また、鄭玄注の書緯三巻、詩緯三巻を著録し、「讖緯類二家、九部、八十四巻」とする。一方、『直斎書録解題』経部・讖緯類には、易緯七巻、易稽覧図三巻、易通卦験二巻、易乾鑿度二巻、乾坤鑿度二巻を著録するのみである。

〔一二五〕　いずれも『漢書』藝文志・雑家に収載され、秦に関係のある人物の著述であることがわかる。『由余』は、「由余三篇（戎人、秦穆公聘以為大夫）」とある。また、『史記』秦始皇本紀に由余の事跡が見えている。『尉繚』は、「尉繚子二十九篇（六国時）」とある。顔師古注所引劉向『別録』によれば、尉繚は商鞅の学を治めたという。兵書略、兵形成に著録される尉繚三十一篇とは別の書。『尸子』は、「尸子二十篇（名佼、魯人、秦相商君師之、鞅死、佼逃入蜀）」とある。『呂覧』は、「呂氏春秋二十六篇（秦相呂不韋輯智略士作）」とある。

〔二六〕『隋書』藝文志・子部・雑（家）の序には、「雑家は儒墨の道を兼ね備え、諸学派の意に広く通じ、それによって王者の教化がすべてを覆うことを示すものである。古代にあっては記録を掌る官員が前言往行、禍福存亡の道を代々書きとどめた。そうしてみると雑家は史官の職に由来するものということになろう。放埒な者が手を染めれば根本を追求しなくなり、才能はないが知識はあり、内容は間違いだが範囲は手広く、そのために錯雑放漫となり基準規範がなくなってしまう。」とある。

〔二七〕諸子の属とされるものには、『尉繚子』のほか、『尸子』、『呂氏春秋』、『淮南子』、『論衡』、『風俗通義』、『抱朴子外篇』などが含まれている。

〔二八〕雑家で一つの体裁に定められないとされるものには、『博物志』、『広志』、『古今注』、『鴻宝』、『玉燭宝典』、『子鈔』などが含まれる。

〔二九〕類事の属とされる『皇覧』以下を順に挙げると、『帝王集要』、『類苑』、『華林遍略』、『要録』、『寿光書苑』、『科録』、『書図泉海』、『聖寿堂御覧』、『長洲玉鏡』が含まれる。

〔三〇〕釈家の属とされる『釈氏譜』以下を挙げると、『内典博要』、『浄住子』、『因果記』、『歴代三宝記』、『真言要集』、『義記』、『感応伝』、『衆僧伝』、『高僧伝』、『皇帝菩薩清浄大捨記』、『宝台四法蔵目録』を含む。

〔三一〕『澹生堂書目』の子部は、儒家類（儒家）、諸子類（墨家・法家・名家・縦横家・雑家）、小説家類（説彙・説叢・佳話・雑筆・間適・清玩・記異・戯劇）、農家類（民務・時序・雑事・樹藝・牧養）、道家類（老子・荘子・諸子・諸経・金丹・彙書・詮述・修攝・養生・記伝・餘集）、釈家類（大乗経・小乗経・宋元続入経・東土著述・律儀・経典疏注・大小乗論・宗旨・語録・止観・警策・詮述・提唱・浄土・因果・記伝・禅餘・文集）、兵家類（将略・兵政）、天文家類（占候・暦法）、五行家（占卜・陰陽・星命・堪輿）、医家類（経論・脈法・治法・方書・本草・傷寒・婦人・小児・外科）、藝術家類（書・画・

琴・棊・数・射・雑伎）、類家類（会輯・纂略・叢筆）、叢書類（国朝史・経史子雑・子彙・説彙・雑集・彙集）の十三類からなる。

〔三二〕『千頃堂書目』の子部は、儒家、雑家、農家、小説家、兵家、天文、暦数、五行、医家、藝術、類書、釈家、道家の十三類からなる。

〔三三〕『四庫提要』雑家類は、雑学、雑考、雑説、雑品、雑纂、雑編の六つの子目（属）を立てている。「雑学」には『淮南子』など二十二種を収める。子目（属）の序は、周が衰え、名家、縦横家、墨家などの諸子が興ったがみな儒家の根本を失っているとし、「其伝者寥寥無幾、不足自名一家、今均以雑学目之。」とする。「雑考」には『容斎随筆』『日知録』など五十七種を収める。子目の序には、「其説大抵兼論経史子集、不可限以一類、是真出於議官之雑家也（班固謂雑家者流出於議官）。今彙而編之、命曰雑考。」とある。「雑説」には『老学庵筆記』など八十八種を収める。子目の序に「案、雑説之源、出於『論衡』。……大抵随意録載、不限巻帙之多寡、不分次第之先後、興之所至、即可成編。故自宋以来、作者至夥、今総彙之為一類。」とある。「雑品」には『長物志』など十一種を収め、序に「其雑陳衆品者、自『洞天清録』以下、纘類聚於此門。蓋既為古所未有之書、不得不立古所未有之例矣。」と述べる。「雑纂」には『説郛』など十一種を収め、「以上諸書、皆採摭衆説以成編者。以其源不一、故悉列之雑家。『呂覧』『淮南子』『韓詩外伝』『説苑』『新序』亦皆綴合群言、然不得其所出矣、故不入此類焉。」とする。「雑編」は『儼山外集』、『少室山房筆叢正集続集』、『鈍吟雑録』の三種を収める。「雑編」を立てた理由については「左圭『百川学海』出、始兼裒諸家雑記、至明而巻帙益繁。『明史藝文志』無類可帰、附之類書、究非其宜。当入之雑家、於義為允。今雖離析其書、各著於録。而附存其目、以不没蒐輯之功者、悉別為一門、謂之雑編。其一人之書合為総帙而不可名以一類者、既無所附麗、亦列之此門。」とある。

〔三四〕『宋史』藝文志がはじめて史鈔類を立てて以降、『文献通考』経籍考に史評史鈔が、『遂初堂書目』に史学類、『郡斎読書志』に史評類がそれぞれ設けられ、『明史』藝文志、四庫全書には「宋志」同様の史鈔類が立てられた。四庫提要は、史鈔類の序で、孔子による書経の整理に史鈔類の淵源を求め、「宋志」以前にも『隋書』経籍志・史部・雑史類に、『史要』十巻、『三史略』二十巻などが著録されていることを指摘し、また、一書を対象とした葛洪『漢書鈔』三十巻、張緬『晋書鈔』三十巻、衆史を対象とした阮孝緒『正史削繁』九十四巻があったと述べている。

〔三五〕両「唐志」以降の四部分類を採る『崇文総目』、『郡斎読書志』、『遂初堂書目』、『直斎書録解題』、『文献通考』経籍考、「宋志」、「明志」はいずれも子部の下位分類に類書類や類家類を設けて類書を収めている。また、『通志』藝文略も十二の大類の一つとして類書類を設けている。

〔三六〕『少室山房筆叢』巻二二「華陽博議」に「類書集也、而称子又経史錯焉（類書は集部に置くべきであるのに、子部としたり、経部、史部だとするのは間違いである）。」とある。

〔三七〕文藝理論書ないし批評書の扱いについて、『四庫提要』集部・史文評類序にも述べられているように、「隋志」では集部・総集類の末に附されているが、ただ、その序文に「今次其前後、并解釈評論、総於此篇。」とあるようにすでに通常の総集とは区別する認識があったことが窺える。最も早く専門の類目として設けられたのは『崇文総目』の文史類である。以後、四部分類を採る目録としては、「新唐志」、『遂初堂書目』、『直斎書録解題』、『文献通考』経籍考、「宋志」、「明志」がいずれも『崇文総目』と同じく文史類を立て、また、『通志』藝文略では、十二の大類の一つである文類の中に文史種と詩評種を設け、前者に理論書を、後者に批評書を収めている。四庫全書の詩文評は、『通志』の文史と詩評の二つを改めて一つにして生まれた分類名であると思われる。なお、宋代以降、このジャンルに対する分類意識が明確になることについて、倉石武四郎『目録学』では、「恐らく宋に入って詩話の如き著作が多く出でようとする空気に呼応したものと考えられる。」と指摘されている。

〔三八〕四庫全書本『郡斎読書志』は、袁本と全く同文で、「邯鄲図書十志十巻」と著録し、「右皇朝李淑、献臣撰。載其家所蔵図書五十七類釐為十志。」とする。

〔三九〕『通志』藝文略では五行類の書物を「易占」から「葬書」に至る三十の類目に分けて著録し、末尾に「凡五行三十種、一千一十四部、三千二百三十九巻」と見えるので、実際には一家三十種として処理していたようである。

〔四〇〕ここで文類を「二家二十二種」としているのはよくわからない。鄭樵が「別集」を一家として処理しようとしていたことは、本文引用部分から看取でき、また、「藝文略」では別集にあたる個々の書物を著録した後に、「凡別集二十種、一千六百五十三部、二万四百二十九巻、二百三十篇」と述べていることからも窺える（なお、二十種の具体は、楚、漢、後漢、魏、蜀、呉、晋、宋、斉、梁、後魏、北斉、後周、陳、隋、唐、五代、偽朝、宋、別集詩である）。また、別集以外の書物について、「餘二十一家二十一種書而已」とし、「藝文略」でも類目毎、書物を著録した後に、それぞれ「凡楚辞一種、九部、五十五巻」、「凡総集一種、七十二部、四千八百六十二巻」、「凡詩総集一種、一百五十四部、一千八百五巻」、「凡賦一種、八十二部八百一十六巻」、「凡賛頌一種、九部四十一巻」、「凡箴銘一種、七部六十一巻」、「凡碑碣一種、十七部四百三十五巻」、「凡制誥一種、一百五部一千三百三十七巻」、「凡表章一種、六十六部八百六十六巻」、「凡啓事一種、十二部九十二巻」、「凡四六一種、十五部六十四巻」、「凡軍書一種、十部一百四十二巻」、「凡案判一種、二十部七十九巻」、「凡刀筆一種、十一部十四巻」、「凡俳諧一種、五部十六巻」、「凡奏議一種、三十二部四百四十六巻」、「凡論一種、十七部二百八十六巻」、「凡策一種、十四部九十八巻」、「凡書一種、十一部一百二十二巻」、「凡文史一種、二十三部四十九巻」「凡詩評一種、四十四部一百四十六巻」と述べていることからすれば、別集を含め、それぞれの類目を一家として数えているようであるが（それに従えば文類は二十二家四十一種となる）、そのように「家」を捉えるのは、ほかの大類において用いられている「家」の概念にそぐわないようにも思われる。文類に限らず、校讎略の記述と藝文略の実際との間にはこの種の齟齬が間々見受けられる。

〔四一〕　道家と法家に親和性が認められていたことは、例えば『史記』において、老子、荘子と申不害、韓非が「老子韓非列伝」にまとめられていることなどから窺える。「申子之学本於黄老而主刑名」、「韓非者…喜刑名法術之学、而其帰本於黄老」とし、太史公曰にも「皆原於道徳之意、而老子深遠矣。」とある。また、『韓非子』には、『老子』を解釈した「解老」、歴史的な事柄などを『老子』を引き合いにして解釈した「喩老」の二篇がある。一方、『漢書』藝文志・数術類の細目に「刑法」があり、『相人二十四巻』『相宝剣刀二十巻』など、吉凶を相る書が記されており、諸子略の法家とは系統が異なっている。道書に関しては『漢書』藝文志に方技略が立てられており、医術、神仙に関わる書がまとめられており、諸子略の道家とは系統を異にするものとして扱われている。

〔四二〕　『歳時広記』は唐の徐鍇撰。なお、『崇文総目』には史部中に「歳時類」が設けられている。

〔四三〕　「三命」「元辰」「九宮」「太一」はいずれも『通志』藝文略・五行部に置かれる細目（種）である。「元辰」「三命」の順で「五行三」に記されており、前者は『孝経元辰決九巻』から『渋河禄命三巻』に至る十七書、後者は『玉鈴三命秘術一巻』から『天陣三垣秘訣一巻』に至る百一の書名を載せる。一方、「五行二」には「太一」「九宮」の順で示されており、前者は『太一飛鳥歴一巻』から『黄帝奄心図一巻』に至る百四十八、後者は『黄帝九宮経一巻』から『九宮雑書一巻』に至る十八書が記されている。

〔四四〕　『通志』藝文略「史類第五」における「雑史」の下位分類は、古雑史（十八部）、両漢（八部）、魏晋（四部）、南北朝（十部）、隋（九部）、唐（七十一部）、五代（二十二部）、宋朝（三十六部）、の八種である。また、「伝記」の下位分類は、耆旧（五十四部）、高隠（十六部）、孝友（二十二部）、忠烈（十三部）、名士（二十四部）、交遊（七部）、列伝（三十六部）、家伝（二十八部）、列女（三十五部）、科第

（二十三部）、名号（九部）、冥異（八十部）、祥異（二十六部）、の十三種である。

〔四五〕同様の指摘はすでに姚名達『中国目録学史』に見える。なお、鄭寅は鄭樵の族孫である。

〔四六〕葉氏『菉竹堂書目』に関する見解に誤りがあることは姚名達『中国目録学史』（商務印書館、一九五七年重刊）の王重民による後記に指摘がある。

〔四七〕例えば、『隋書』経籍志の四十類を承けた『宋史』藝文志の分類は次の四十四類である。

経部　易　書　詩　礼　楽　春秋　孝経　論語　経解　小学（十類）

史部　正史　編年　別史　史鈔　故事　職官　伝記　儀注　刑法　目録　譜牒　地理　覇史（十三類）

子部　儒家　道家　法家　名家　墨家　縦横家　農家　雑家　小説　暦算　五行　蓍亀　天文　兵書　雑藝術　類事　医書（十七類）

集部　楚辞　別集　総集　文史（四類）

名称と順序の変更以外では、経部に緯書が消え経解が加わり、史部が雑史、起居注を廃して別史、史鈔類を立て、子部の（道家に神仙と釈氏が附されたほか）蓍亀、雑藝術、類書が増え、集部に文史が加わっている程度である。一方、例えば、高儒『百川書志』の分類は次の通り。

経部　易　書　詩　礼　春秋　大学　中庸　論語　孟子　孝経　総経　儀注　小学　道学　楽　蒙求（十六類）

史部　正史　編年　起居注　雑史　史鈔　故事　御記　史評　伝記　職官　地理　法令　時令　目録　姓譜　史詠　譜牒　文史　野史　外史　小史（二十一類）

子部　儒家　道家　法家　名家　墨家　縦横家　雑家　兵家　小説家　徳行家　崇正家　政教家　隠家　格物家　翰墨家　農家　医家　衛生　房中　占筮　暦数家　五行家　陰陽　占夢　形法　神仙　仏家　雑藝　子鈔　類書（三十類）

集部　秦漢六朝文　唐文　宋文　元文　聖朝文集　国朝文集　漢魏六朝詩　唐詩　宋詩　元詩　聖朝詩集　国

朝詩集 詔制 啓劄 対偶 歌詩 詞曲 文史 総集 別集 紀蹟 雑集（二十二類）

〔四八〕『孫氏祠堂書目』外篇、巻一末尾には、まず『方言』や『説文解字』といった字書、四十三種が、次いで、『洪武正韻』、『韻会小補』、『古今韻略』、『古韻標準』、『声韻考』、『声類表』、『詩声類』、『六書音韻表』、『漢学諧声』、『説文声類』と音学に関わる十種が著録されている。

〔四九〕漢字音を示す方法として反切が用いられる以前は、読若や直音が用いられていた。読若は「A読若B」と、Aの音を近似音Bで示す方法である。直音法は「A音B」と、Aの音を同音Bで示すもの。これらは『経典釈文』などに多用されているが同音字がない場合や、あっても僻字の場合、漢字音を示すのが難しいという缺点があり、やがて反切法が使用されるようになった。反切法とは、「A、BC反（切）」と表して、BがAの声母を、CがAの韻母と声調を示すものである。現存する最も古い反切の例は、『漢書』顔師古注所引の後漢末・服虔（『漢書』項羽伝「服虔曰、惴音、章瑞反」）、および応劭（『漢書』五行志「応劭曰、迋音、君狂」）である。また、「旧音」は、『説文解字』が形声文字について「A、従B、C声」として、親字Aの字音を諧声符Cで示す（意符はBで示す）ことをいうようである（『説文解字』に反切が附されるのは徐鉉および徐鍇により、五代以降のことである）。『孫氏祠堂書目』の字書に清・畢沅『説文解字旧音一巻』が著録されている。

第五章　総合目録

汪辟疆先生の『目録学研究』の統計によると、漢魏から明末まで、官書目録は六十種、私家目録は七十七種、史家目録は十四種、計百五十一種を数える。孫殿起『販書偶記』正続編には、清代以降の目録書百五十五種が記されている。汪、孫二氏の統計ですでに三百六十種類あり、実際の数字は当然これを遥かに超えるであろう。例えば彭国棟『重修清史藝文志』目録類には清代の目録四百種が記されている。

膨大な数量と広範な内容を持つ目録を、どのように科学的に分類するかということは、重要かつ複雑な問題である。多くの人がこの問題に対して詳細に検討を加えている。例えば清代の湯紀尚は目録書を三種に分類し、「目録の書は中塁（劉向は中塁校尉という官にあった）[一]に始まり、その流派は三つある。朝廷の官簿、私家の解題、史家の著録である。」（『槃薖文乙集』巻下「周鄭堂別伝」）という。これは、目録の編者および編目の対象の相違によって分類したものである。

余嘉錫[二]は、構成の繁簡によって、目録を三種に分けた。彼は「目録には三種類ある。第一は、部類毎に小序があり、毎書に解題があるもの。第二は、小序はあるが解題のないもの。第三は、小序、解題ともになく、ただ書名のみが記されているもの。古人が目録学を論じる際、この三分類については、それぞれ主張があるものの、編目の主旨について（目録が）必ず学術の源流・沿革を明らかにするに足ることを求めるという点では異論はない。」（『目録学発微』目録学之意義及其功用）という。

汪辟疆先生は用途を基準として目録を四種類に分類した。先生は「目録家の目録があり、史家の目録があり、蔵書家の目録があり、読書家の目録がある。目録の用途が異なるので、その境界概念もそれぞれに異なる。」（『目録学研究』目録与目録学）と考えている。

このほか、姚名達はいくつかの異なる角度から、目録の分類方法を八種類に帰納している〔三〕（『中国目録学史』叙論篇「目録之種類与目録学之範囲」）。

編纂の目的および収録の範囲にもとづき、また従来の研究者の意見を参照して、本書では、我が国の古籍を反映する目録を、総合目録、学科目録、特種目録の三つに大別することとしたい〔四〕。総合目録とはある時期、ある地域、ある類型の、あらゆる書籍を対象として編纂した目録である。総合目録によって、ある時期、ある地域、ある類型の書籍の全貌を知ることができる。その収録範囲は多くの専門分野の書籍を包括し、様々な読者に多方面の利益をもたらし得る。総合目録には主に、国家蔵書目録、史志、叢書目録、地方文献目録、私人蔵書目録、聯合目録がある。この内、国家蔵書目録、私人蔵書目録、聯合目録はすべて蔵書目録である。蔵書目録でも、ある種の特蔵目録は、学科目録あるいは特種目録の範疇に帰属させることでさらに合理的になる。前者は、例えば瞿宣穎『方志考稿』（甲集）のようなもので、これは天津の任振采の蔵書によって成ったもので、作者の序には、「今ここに収録したものは、任氏の天春園の蔵書のみに限っている。」（同書、巻首）とある。（学科目録の）史学書目録に収めるのがよいだろう。後者は、例えば『天禄琳琅書目』のようなもので、これは清代の秘府善本書目録で、その凡例には、「宋、元、明の版本は各朝代の順に従い、朝代毎にそれぞれ経、史、子、集の順に記す。金代の版本は一種類にとどまるが（金の大定年間刊本『貞観政要』であろう）〔五〕、神獣吉光の一片の羽毛のように貴重で書林の重みを増すものである。明代の影宋抄本は剞劂氏（刻工）による旧本そのものではないが、整斉かつ精確で、古人が書法を論じる際、晋代の書蹟を臨摹した唐代の法帖を貴んだのと同様にすべて収録する。」（『天禄琳琅書目』巻首）という。これは（特種目録の）版本目録に帰属させるのがよい。

学科目録はある専門分野の書籍に限って著録するもので、専門の枠によって著録範囲を定めることができ、経学、史学、諸子学、文学などの方面にはいずれも様々な専門分野の目録がある。特種目録は特定の需要のために編纂されたもので、学科目録がもっぱら特定の専門分野の著作のみを集めた目録であるのに対し、特定の目的のため、異なる分野の文献目録を一つに組織できる。特種目録の内容は多岐にわたるが、主要なものに、推薦書目録、禁書目録、販書目録、引用書目録、版本目録、個人著作目録、目録の目録などがある。

第一節　国家蔵書目録

国家蔵書目録は、官修目録ともいい、すなわち官簿、政府が中心となって国家の蔵書を整理、編纂した目録である。我が国においては、前漢以来、ほぼすべての王朝で政府主導の下、大規模な図書整理事業が行われた。整理が終了すると蔵書の記録をとる、これが国家蔵書目録である。汪辟疆先生の『目録学研究』には「漢唐以来目録統表」〔六〕が附されており、その「官書目録表」には、漢魏から明末に至る官書目録計三十二家を挙げている。主要な目録に以下のものがある。

漢『別録』二十巻、前漢・劉向著、佚（『別録』〔七〕は八篇のみが現存するが、ここで佚とするのは現存するものがあまりに少ないからであろう。）
漢『七略』七巻、前漢・劉歆著、残
魏『中経簿』十四巻、魏・鄭黙著、佚
晋『元帝四部書目』、東晋・李充著、佚
宋『元嘉八年四部目録』、宋・謝霊運著、佚
宋『元徽元年四部書目録』四巻、宋・王倹著、佚
斉『永明元年四部目録』、斉・王亮、謝朏著、佚
梁『文徳殿四部目録』四巻、梁・劉孝標著、佚
隋『開皇四年四部目録』四巻、隋・牛弘著、佚
唐『群書四部録』二百巻、唐・元行冲、殷践猷等著、佚
唐『古今書録』四十四巻、唐・毋煚著、佚
宋『崇文総目』六十六巻、宋・王尭臣著、残
宋『中興館閣書目』三十巻、宋・陳騤著、佚

宋『中興館閣続書目』三十巻、宋・張攀著、佚
明『永楽大典目録』六十巻、明・解縉等著、佚
明『文淵閣書目』十四巻、明・楊士奇著、存

以下にあげる二種も国家蔵書目録である。

清『四庫全書総目』二百巻、清・紀昀等著、存
清『天禄琳琅書目』正続編三十巻、勅撰、存

このうち、『四庫全書総目』は、この種の目録において最も傑出した代表的著述である。中国古代の国家蔵書目録の基本的特徴は、著録される図書が全面的かつ豊富であり、国家蔵書の水準を示しているということで、このことは当然、宮廷図書館の置かれている立場によって決定づけられたものである。先に挙げた国家蔵書目録の収録図書は多くが一万巻以上になっている。『四庫全書総目』を例とするなら、中華書局影印組が一九六四年十二月に著した出版説明に次のようにある。

『総目』が著録する書籍は、我々が今回整理した綿密な統計によれば、『四庫全書』に存書として収められたものが三千四百六十一種、七万九千三百九巻、提要のみを収める存目の書が、六千七百九十三種、九万三千五百五十一巻ある。これらの書籍は、乾隆以前の中国古代の重要な著作を基本的に網羅している（特に元代以前の書籍についてはより完備している）。

『四庫全書総目』は古代の様々な著作を理解する際に、当然多くの便宜を提供してくれる。また、歴代の国家蔵書目録は、客観的にも当時の文化事業の発展状況を反映している。晋の『元帝四部書目』の著録数が、わずか三千十四巻であるのは、西晋末期の戦乱が文化事業にもたらした損害がいか大きかったかを示している〔八〕。また、唐の『群書四部録』は、図書八万二千三百八十四巻を著録している。これはまた、開元という華やかな時代に文化事業が非常に繁栄していたことを物語っている〔九〕。

中国古代の国家蔵書目録のもう一つの特徴は、そのほとんどが四部分類法を用いていることであり、このことは、魏晋以後の国家蔵書が四部によって配架されていたのに一致する〔一〇〕。魏晋のいくつかの国家蔵書目録にはすでに四部分類法が採用されており、その内、東晋初期に李充が編纂した『元帝四部書目』の影響が非常に大きい。李充が初めて四部分類法を用いて当時の国家蔵書を分類し目録を編纂したことによって、国家蔵書目録は四部分類法を用いるという伝統の基礎が決定づけられたのであった。

国家蔵書目録が四部分類法を用いたことは、個人の蔵書目録編纂にも大きな影響を与えた。特に『四庫全書総目』が刊行されて以降、多くの蔵書家は目録編纂の際、基本的に『四庫全書総目』の分類表に照らして作業を進めた。例えば、一八〇八年、范氏の子孫が阮元の指導の下で編纂した『天一閣書目』および一八二〇年から一八二六年の間に張金吾が編纂した『愛日精盧蔵書志』は、ともに基本的に『四庫全書総目』の体系によって分類されている。さらに後の瞿氏『鉄琴銅剣楼蔵書目録』、陸氏『皕宋楼蔵書志』、丁氏『善本書室蔵書志』は、一層盲従しており、分類、配列に際して、『四庫全書総目』に一つも違わないようにしている。

中国古代の国家蔵書目録は著録に関しても詳細であり、いくつかの重要な国家蔵書目録、例えば『別録』、『崇文総目』、『四庫全書総目』などにはみな提要が附されている。『四庫全書総目』の凡例には「四部の冒頭に各々総序を置いて各部の源流（淵源・沿革）と正変（正統・変則）を総述し、綱領を示した。四十三類の冒頭にも各々小序を置いて各類の分合、改変について詳述し、各条目を甄別した。もし意を尽くさず、例として不十分なものがあれば、子目（属）の末尾、あるいは当該条に案語を附して、伝統を継承したり変革したりした理由について明らかにする。」とある。『四庫全書総目』の編者達はさらに前人の経験を総括し、提要の書き方についても規範化するにいたった。その凡例にいう。

劉向は秘籍を校勘、整理し、書物毎に奏上した。曾鞏は官本を刊定し、またそれぞれに序文を作った。[11] しかし、曾鞏は屡々何かに託けて自身の考えを述べ、往々にして冗長であり、書物の伝播、流伝については粗略である。王堯臣『崇文総目』、晁公武『郡斎読書志』、陳振孫『書録解題』は（書物の）概略をわずかに載せるだけで詳しくはない。馬端臨『経籍考』は様々な言説を集めて該博だが、関連文献をそのまま羅列するだけで、一貫性も総合性もない。今ここに列挙する書物について各々提要を作成した。その一篇ずつは著録した諸書の各論であり、また、全篇をあわせれば総目となる。書物毎に、まず作者の出身地と官職、閲歴を記し、「時世を論じ人物を語る」（『孟子』万章下）。次いで、書物の得失を考察し、諸方の評価を検討し、文字の増減、篇帙の分合に至るまですべて詳しく考訂し、巨細漏らさず記す。また、人格や学術の評価、朝代の礼制・法規など、諸制度の典範となり得るか、鑑戒とすべきかという点からも、褒貶を明らかにし、はっきりと評価を下さぬものはない。

『四庫全書総目』のような提要は、読書、治学に極めて有用である。そのため、提要には多くの缺点や誤りがありながら、学者達に重視され続けてきた。張之洞は「『四庫全書総目提要』を一読すれば、学問の入り口をほぼ知ることができる。」（『輶軒語』語学「論読書宜有門径」）といい、余嘉錫も『四庫全書総目』に説き及んで、「漢唐の目録書はことごとく滅んだが、『四庫全書総目提要』は未曾有のものであり、読書の案内とするに足り、もし学ぶ者がこれを捨て去れば、どのように学問を進めていいかわからなくなるだろう。」（『四庫提要辨証』巻首「四庫提要辨証序録」）と述べている。

『提要』は当代の碩学の手になるもので、学術的価値は非常に高いが、検討の餘地の残る部分もある。そこで多くの学者が提要に訂誤・補足を施しており、中でも突出した成果を上げたものが二つある。一つは胡玉縉編『四庫全書総目提要補正』六十巻、補遺一巻、未収書目補正二巻である。この書は清代から近代までの学者が『提要』を校訂した文章を輯録したもので非常に詳細で完備している。また作者は屢々案語という形式によって自身の見解を示しており、これが書物の内容をさらに充実したものとしている。訂補を加えた書籍は全部で二千三百種餘りである。もう一つは、余嘉錫が編纂した『四庫提要辨証』二十四巻である。この書は極めて厳格に『四庫全書総目』の提要各篇の誤りを考証するとともに、論述される多くの書籍について、内容、版本から作者の生涯に至るまで、詳細で確実な研究をしている。初めに原文を置き、次に辨証を加えており、これらの対照を通して是非が自ずと明らかになり、その体例も学者に便宜を供するものとなっている。ただ残念なことに、辨証はわずかに四百九十一条しかない。両書にはそれぞれ特色があり、『総目』を読む際、必ず参考にすべきものである。両書から一例ずつあげよう。

明会典一百八十巻

…その後、嘉靖八（一五二九）年に、ふたたび閣臣に命じて『会典』五十三巻を続修させ、万暦四（一五七六）年にもまた『会典』二百二十八巻を続修させた。現在、それらは目にすることはできず、その存佚状況についても知ることができない。

案ずるに、丁氏『蔵書志』に、明・内府刊本の『大明会典』二百二十八巻が著録されており、それがすなわち万暦本である。嘉靖年間には校正編輯されたものの、実際には刊刻・頒布されなかった。万暦本は、弘治（一四八八～一五〇五）・正徳（一五〇六～一五二一）・嘉靖（一五二二～一五六六）・万暦（一五七三～一六二〇）四朝の詔諭を掲載する一方、弘治・正徳・万暦の皇帝御製の序は掲載し、嘉靖の序文のみないことから、『提要』が嘉靖年間にも刊本が存在したと考えるのは誤りであることがわかる。

（『四庫全書総目提要補正』巻二四）

子略四巻目録一巻〔一二〕　宋・高似孫

解題のあるものは、『陰符経』〔一三〕、『握奇経』〔一四〕……計三十八種で、そのうち『説苑』『新序』をあわせて一篇とし、また『八陣図』は『握奇経』に附してあるので、実際は全部で三十六篇である。『陰符経』と『握奇経』のみ、その原書を解題の前に載せ、ほかはみな載せていない。これは恐らく後代の人が削ったもので、完本でないのかもしれない。

嘉錫案ずるに、高氏の書は子部目録であって、もとより各書全文を収録するはずなく、『陰符経』、『握奇経』の両書は偶々分量が多くなかったため、例外的に収載しただけのことである。もし三十八種の原書をつぶさに載せれば、書籍だけで数百巻の叢書となり、もはや目録ではなくなってしまう。高氏が編纂した書にはこのほか『史略』六巻があり、長い間失われていたが、光緒帝の時、黎庶昌が日本で入手し『古逸叢書』に入れた〔一五〕。その体例は『子略』とほぼ同じく、原本ももとからこうであったと知れ、『提要』が後人による删節本と疑ったのは誤りである。

（『四庫提要辨証』巻九）

『四庫全書総目』のような国家蔵書目録は、当然、封建統治階級の利益の維持・擁護に努めるが、そうした糟粕を取り除けば、依然、我々の読書・治学・著述に極めて有効な参考資料となる。同時に、この種の書目はその他の書目編纂の際に基準を提供してくれる。

建国後、我が国が出版した国家書目には、中国版本図書館が編纂した〔一六〕『全国新書目』、『全国総書目』の二種があり、前者は月刊、後者は逐年で、編輯、刊行される。これらは国家蔵書目録であると同時〔一七〕に国家出版目録でもある。著録項目には、書名・作者・出版地・出版社・出版年月・ページ数・開本・定価などを含む。版本についても中国版本図書館が所蔵する資料によって必要な説明を行っている。『全国新書目』はまた図書の内容に関する提要を載せている。今一例を挙げよう。

後山居士文集（線装本、六冊）（宋）陳師道撰

上海古籍出版社……一九八二・五　六開　一般線装本四十五元　函装七十元

〔陳師道（一〇五三〜一一〇二）、後山居士と号し、北宋後期の重要な作家、江西詩派の代表人物の一人。後山の詩文集の刻本で現存しているものでは宋の蜀刻大字本『後山居士文集』が最も古い。全書あわせて二十巻、その内、詩は六巻、文は十四巻。本書は北京図書館蔵の宋刻本によって影印された。〕

（『全国新書目』一九八三年第一期）

『全国新書目』の主な役割は、国家出版事業の成果を迅速に反映、報道し、それによって、全面的に我が国の文化・科学の発展の現状理解、対外文化交流に役立てることである。また、図書館が新出の図書を把握・宣伝・利用するためのツールでもあり、原資料を捜集し、図書情報を把握するための重要なソースの一つとなる。『全国総書目』の主な役割は、毎年、全国各地の出版社が公的に出版・発行した図書の基本状況を記録・反映し、出版・発行部門のテーマ選択、出版計画の調整、在庫検査、販売促進の参考に供すること、また、図書館の図書補充、編目、分類作業上の参考に供することである。情報量の増大に従って、『全国新書目』と『全国総書目』が科学研究に発揮する作用はますます大きくなるであろう。

古代の国家蔵書は現代の国立図書館の蔵書にほぼ擬することができるが、しかし歴史的な原因から、また、各々の国立図書館の蔵書には、さらに独自の特色が備わっているという事情もあって、たとえ北京図書館であっても、中国古代の国家図書館のように、国家蔵書の実際の水準を正しく代表しているとはいいがたい。我々はこのことを理解しておかなければならない。

第二節　史　志

我が国の古代史家は、歴史の諸相を全面的に反映しようと努めたため、史書に文化、学術に関する部門が設けられることとなった。『史記』八書や、『漢書』十志はこの種の記録である。班固は『漢書』を著す際、劉歆の『七略』に手を入れて藝文志としたが〔一八〕、これが史書に目録が収載され、目録の一種に史志という形式が存在するようになった最初の例であり、後世に受け継がれて衰えることはなかった。史志は発展を通じて三類に分かれた。

第一類は、正史に初めから収められている「藝文志」や「経籍志」であり、全部で七種類ある。

『漢書』藝文志一巻
『隋書』経籍志(1)四巻
『旧唐書』経籍志二巻
『新唐書』藝文志四巻
『宋史』藝文志八巻
『明史』藝文志四巻
『清史稿』藝文志四巻

『漢書』藝文志が著録する書籍は「六略三十八種、五百九十六家、一万三千二百六十九巻」（巻三〇）

あり、『七略』にもとづいて著されたもので、『七略』は亡佚してしまったが、『漢書』藝文志を通じてその大略を窺うことができ、また、戦国から前漢までの学術思想と文化典籍の状況を理解することができる。そのため、学者の『漢書』藝文志に対する評価は極めて高い。例えば、清の杭世駿は「今に伝わる蘭台（班固は蘭台令史の官にあった）の『漢書』藝文志は劉向・劉歆によったもので、秦の焚書の以降のことは、この書によらなければ明らかにできない。」（『道古堂集』巻六「黄氏書録序」）といい、姚振宗も「今、周秦の学術の淵源、古代の典籍の綱紀を追求しようとすれば、藝文志をおいてほかによるべきものはない。」（『漢書藝文志条理』叙例）と述べている。

『隋書』経籍志は我が国に現存する第二の史志目録で、もとは「五代史志」に属していた。[2] 清の姚振宗はその作者に言及し、「おおよそのところ、この経籍志は、当初、李延寿・敬播によって編集され、書籍を網羅的に収集した点に功があった。それが魏徴によって删訂され、餘計なものが取り除かれ（目録としての）実があがった。旧本は魏徴らの撰であると題しており、この記述は信頼できる。〔一九〕」（『隋書経籍志考証』叙録「叙本志撰人」）と述べている。『隋書』経籍志は、梁・陳・北斉・北周・隋五代の官撰・私撰の書目に載る典籍、「総計一万四千四百六十六部、八万九千六百六十六巻」を著録する（『隋書』巻三二）。亡佚した書物は割注形式で分類に従って附載している。だから『隋書』経籍志は、隋一代の蔵書を記載するとともに六朝期の図書の変動状況も反映しているわけである。『隋書』経籍志はまた『漢書』藝文志の特長を継承して、目録全体の総序と各類の序を設け、書名の下にはそれぞれに注を附しており、唐代以前の学術の源流と文献の概況を考察することができる。

『旧唐書』経籍志は、後唐の劉昫らが唐の毋煚らの『古今書録』によって編成したものであり、その序に「煚らの『四部目』（群書四部録）と『釈道目』（開元内外経録）にはともに小序があり、撰者の姓名が記されているが、分量が非常に多いため、今、ならびに略し、ただ巻数、部数のみを記して、我が朝の文物の大なることを示すことにする。」と述べ、「後出の書物で、『開元四部書目』（群書四部録）の収録範囲外のものは、もとの部立てに混在させないようにし、今、知り得たところによって（その書籍についての記事を）撰者たちの伝に附すことにした。諸公の文集も本伝に記載のあるものはすべてここには著録しない。」（『旧唐書』巻四六）という。『旧唐書』経籍志の収録書籍は、『古今書録』によったために開元までであり、開元以後の著作は一切収録せず、唐代の典籍の状況を完全には反映していないので、宋の欧陽脩らは『新唐書』藝文志を編集して、増訂を加えた。その突出した成果は、開元の書目に著録されていた五万三千九百十五巻を唐の学者が著した書物二万八千四百六十九巻と一つにあわせて整理を加え、合計三千二百七十七部、五万二千九十四巻の図書を著録したことである。新たに加えられた唐人の著作は千三百九十部、二万七千百二十七巻であった。こうして、ほぼ全面的に唐代の蔵書と著作の状況を反映している。

宋代は、本朝の歴史、つまり国史の編纂に力を注いだだけでなく、どの国史にも、藝文志、つまり国史藝文志があった。このことが当代の史志目録を作成する先例となった。宋朝の国史藝文志は元代にはまだ四部残っていた。

呂夷簡等撰『三朝国史藝文志』（太祖・太宗・真宗）
王珪等撰『両朝国史藝文志』（仁宗・英宗）

李寿等撰『四朝国史藝文志』（神宗・哲宗・徽宗・欽宗）
撰人不載『中興国史藝文志』（高宗・孝宗・光宗・寧宗）

この四部は現存しないが、前の三部が著録した巻数については、『宋史』藝文志の序に見える。

あまねく考えるに、始太祖・太宗・真宗の三朝については、三千三百二十七部、三万九千百四十二巻あった。続く仁・英の両朝では、一千四百七十二部、八千四百四十六巻であった。続く神・哲・徽・欽の四朝では、一千九百六部、二万六千二百八十九巻であった。三朝が著録しているものは、両朝では重ねて著録せず、前三朝に未収のものだけが著録されている。四朝の両朝に対する扱いも同じである。当時の書目を合計すると六千七百五部、七万三千八百七十七巻である。

（『宋史』巻二〇二）

南宋の『中興国史藝文志』の体例について、趙士煒は次のように述べている。「この国史藝文志では、類毎に小序を、書毎に解題をつけており、こうした点が歴代の史志とは異なっている。」（『宋国史藝文志』輯本序）。以上四部の国史藝文志は、『玉海』[二〇]、『文献通考』に引かれ、『郡斎読書志』、『直斎書録解題』に著録されており、特に『宋史』藝文志に採られていることから、書物自体は散佚しているが、大体の様相はほぼ見当がつくのである。

元・脱脱の主編による『宋史』藝文志八巻は、主に、この四部の国史藝文志によっており、『新唐書』藝文志が『旧唐書』経籍志を補足した方法をとり、史館に所蔵されていた寧宗の嘉定年間（一二〇八〜一二二四）以後の新しい書物を補い集めて成ったものである。その序にいう。

宋の旧史は、太宗から寧宗に到る四書が作られた。藝文の記録は、前後で記載される内容や存佚増減に異同がある。今、重複するものを削り、あわせて一志とし、史書に未著録の寧宗以後の書を加え、前志の体例にならって経史子集の四部に分けて列記する。計九千八百十九部、十一万九千九百七十二巻。

（『宋史』巻二〇二）

『宋史』藝文志は実際に宋代の蔵書情況および宋代の著述を記載した史志の総目である。しかし、咸淳（一二六五〜一二七四）以後に新しく出版された書籍については、やはり多くの缺略があって、汪辟疆先生は「諸史に載る藝文志では『宋志』が最も杜撰で重複も多い。」（『目録学研究』「論唐宋元明四朝之目録」注二五）と評している。そのため後代増補作業が行われた。

明の焦竑は『国史経籍志』六巻を著した。『明史』文苑伝に「（万暦）二十二（一五九四）年、大学士陳于陛が国史編纂を建議し、焦竑に主宰させようとした。焦竑は遜譲辞退したが、まず経籍志を編んだ。その他は撰述しなかったため史館も終には罷免することとした。」（『明史』巻二八八）。王鴻緒の編んだ『明史』藝文志は『国史経籍志』に依拠しなかったばかりか、その序で次のように『国史経籍志』を批判している。「明の万暦年間に修撰の焦竑が国史纂輯を修めることになり、『経籍志』を編んで詳細・該博と豪語した。しかし、延閣・広内の蔵書は遍く目にすることができず、前代の古籍は何によって記載したのか。区々として遺文を拾い上げ、『隋志』を受け継ごうとしたものの、偽書を連ねて徒に誤りを増やした。」（『明史』巻九六）。『四庫全書総目』の提要に至っては「旧目を無闇矢鱈に書き写すばかりで、考察・検証するところなく、存佚を論ぜず、みだりに多く載せるばかりである。古来の目録で最もよるに足らない。」（巻八七）と酷評している。『国史経籍志』の長所は分類によく注意している点、巻末に「糾繆」一巻を附し、前人の分類上の誤りを反駁・訂正した点にある。

清の順治五（一六四八）年、傅維鱗は『明史』編纂の便を図って、『文淵閣書目』により、殿・閣・皇史宬の収蔵書を採り上げ、『明書経籍志』三巻を私撰した。計四千六百七十部を著録し、仏教・道教に関する書は載せていない。この目録の収載範囲は、明の正統年間（一四三六～一四四九）までで、宋・元の旧本は多く載せるが、明人の新しい著述はほとんど収めない。つまり『明書経籍志』と題しながら実際は明代とほとんど関わりないのである。清の康熙年間に黄虞稷が明史館に入るとやはり『明史藝文志』稿を撰した。この稿本は後に抄本によって伝わり刊印された黄氏による『千頃堂書目』と基本的に同じ内容である。今の『明史』藝文志は、康熙末年、王鴻緒が明史館総纂の任にあった時に黄虞稷の志稿によりつつ、前朝の著作を削除して完成させたものである。その序に次のようにある。「明末、宮中の秘書は亡失し、前代の書物についてよるべき記述がなくなってしまった。ただ明代二百七十年における各家の著述を対象とすれば一代の藝文志とするに十分である。そこで士大夫の家蔵目録を利用し、少しく整理・編次を行った。すべて巻数について考証の術なく、真偽の定めがたいものは、しばらく疑わしきは闕くことにして詳述しない。」（『明史』巻九六）。盧文弨「題明史藝文志稿」にも「この志稿は温陵の黄氏虞稷、字は兪邰の編纂になるということで、今、頒布され、通行する『明史』藝文志と比べると、部立てに省略や異同が多く、『明史』藝文志は（志稿の）記述のはっきりしないもの、巻数のないものはすべて削っている。黄虞稷の志稿の小注で『明史』藝文志に取り入れられたものもほとんどない。」（『抱経堂文集』巻七）とある。[二一]『明史』藝文志の缺点は、黄虞稷の志稿に載る一万二千以上の著述のうち四千六百三十三部しか残さず、撰者の略歴を記した原注の保存にも注意を払っていないことにある。一方、特色は史志が当代のみの著述を収録する例を開いたことである。倪燦撰「明史藝文志序」も明確にこの点を指摘している。「従来の史志はいずれも古今の書を収録し、中秘書の蔵書によって一代に現存するものを明らかにしていた。今、『文淵閣書目』は、頼りにならず、かつ、わずかに元末に及ぶのみで明一代三百年にわたる著述を缺いており、十分な記録とはいえない。[二二]そこで、特に先例を改めて前代の著述は削除し一朝の著述だけを記録した。」（『明史藝文志・補編・附編』「明史藝文志」巻首）。

『明史』藝文志に倣って一朝の著述を記録したものに『清史稿』藝文志がある。その序には「本志の著録は『明史』に則って清一代に限る。」とある。しかし清人の集めた古佚書はこの例によらない。そのため序には「前朝の書物は載せないこととする。ただ清代に輯佚したものはこの限りでない。輯佚の功績は高く、著述に勝るとも劣らないため、附載することとした。」（『清史稿』藝文志「巻首」）ともある。

『清史稿』藝文志の作者は、朱師轍「清史稿紀志表撰人詳考表」に載るところによると、「呉士鑑（長編九本）、章鈺（分類）、朱師轍（改編整理）」（『清史述聞』巻二）[二三]の三人であり、三段階を経て成ったことがわかる。まず、呉士鑑がその書目を収集して長編を作製し、続いて章鈺がその長編を基礎として分類・配列を決定し、最後に朱師轍が整理を加えて定稿としたのである。

『清史稿』藝文志は全部で九千六百三十三種、十三万八千七十八巻を著録しており、網羅収集の功がある。ただ、分類、著録には少なからぬ問題があり、最も明らかな缺陥は脱漏が甚だしいことで、重要な著作の多くが収録されていない。「例えば、康有為の著作は一冊もとられておらず、王闓運、繆荃孫の著作もわずかに一部しか採られていない。」（范希曾「評清史稿藝文志」）。

第二類は、正史の原書にはもともとなく、後代の人が補ったもの、また、原書はあるが、後人がさらに補って編んだ「藝文志」あるいは「経籍志」である。主要なものを摘録しよう。

『漢書』藝文志を増補したものには一家ある。

清・姚振宗『漢書藝文志拾補』六巻

作者は『史記』『漢書』などの文献を基礎に、後代に発見された汲冢竹書、もともと蘭台、石室、民間に所蔵されていた讖緯書、および詩賦などを資料としながら、『風俗通義』『広韻』『元和姓纂』『古今姓氏辨証』などの諸書をひろくあたって『漢書』藝文志の遺漏を補った。計二百八十五家、三百十七部を補っている。

『後漢書』に藝文志を補った主要なものは六家ある。

銭大昭『補続漢書藝文志』二巻

侯康『補後漢書藝文志』四巻

陶憲曾『補侯康後漢書藝文志補』

顧櫰三『補後漢書藝文志』十巻

姚振宗『後漢書藝文志』四巻
曾樸『補後漢書藝文志』一巻

『三国志』に藝文志を補った主要なものは三家ある。

侯康『補三国藝文志』四巻
陶憲曾『補侯康三国藝文志補』
姚振宗『三国藝文志』四巻

このうち、姚振宗の補った二種は、どちらも著録する書物が千種を越え、幅広く収集されており、考証も精密で、その成果は同類の他書に遥かに抜きんでている。

『晋書』に藝文志を補った主要なものは五家ある。

秦栄光『補晋書藝文志』四巻
丁国鈞・丁辰『補晋書藝文志』四巻（補遺・附録・刊誤各一巻）
文廷式『補晋書藝文志』六巻
呉士鑑『補晋書経籍志』四巻
黄逢元『補晋書藝文志』四巻

これら五書には、それぞれ長所がある。秦栄光『補晋書藝文志』は、隋唐の「経籍志」並びに史伝、類書に見える晋人の著作によって、一千七百四十七部を集め、書物毎に、巻数、作者の姓名と閲歴を記しており、作者に対する考証が充実している。丁国鈞・丁辰『補晋書藝文志』は、黜偽・存疑の二種を新たに項目として立て、一千七百五十四部の書を収めている。「隋志」「唐志」から集めたものが全体の六、七割、ほかの書から集めたものが三、四割を占めており、すべて資料の出処を明記し、さらに考察を加え、四部分類によって配列し、釈・道二家は巻末に附している。文廷式『補晋書藝文志』も「隋志」「唐志」および類書から晋人の著述を集めて編纂し、二千二百九十六部の書を収める。呉士鑑『補晋書経籍志』のみ、経籍志と称し、二千百二十六種の書を収める。多く「隋志」、「唐志」、『経典釈文』、『晋書』および『通志』などから晋人の著述に関わる書物を集めている。黄逢元『補晋書藝文志』は、『晋書』の本紀・列伝、各家の目録から採集し、さらに金石遺文、類鈔にまで及んでおり、合計四十家、千二百八十八部、一万一千九百九十三巻について、『漢書』藝文志に倣って、各類に小序を附し、書名の下にも簡単な注を記している。

南北史の藝文志を補った主要なものは三家ある。

聶崇岐『補宋書藝文志』一巻
陳述『補南斉書藝文志』一巻
徐崇『補南北史藝文志』三巻

このうち徐崇『補南北史藝文志』は『隋書』経籍志および『南史』『北史』の本紀と列伝に載るものにより、『宋書』『南斉書』『梁書』『陳書』『魏書』『北斉書』『周書』などを参照し、その異同を考証、補足している。四部分類により、一千二百三十八部の書を収め、うち八百六部は「隋志」未収のもので、著録された南北朝時代の著述は相当網羅されている。

『隋書』経籍志を増補した主要なものは一家ある。

張鵬一『隋書経籍志補』二巻

これは、『魏書』『南斉書』『北斉書』『周書』『隋書』『北史』の列伝および『旧唐書』経籍志・律暦志などから、「隋志」に収載しないもの、経説九十二部、史録六十部、子類五十五部、専集七十二家、雑文三十篇を集めている。「隋志」の体例によって、分類、補足している。

『五代史』の藝文志を補った主要なものは二家ある。

顧櫰三『補五代史藝文志』一巻

宋祖駿『補五代史藝文志』一巻

このほか、唐圭璋『南唐藝文志』もこの時期に属するものである。

『宋史』藝文志を補った主要なものは一家ある。

黄虞稷・倪燦・盧文弨『宋史藝文志補』一巻

この書は、六百七十八家、一万二千七百四十二家を著録する。しかし、宋人の著録については収集が不完全で、旧志の遺漏や誤りについても訂正していない。

遼・金・元の三史の藝文志を補った主要なものは十家ある。

繆荃孫『遼史藝文志』一巻
王仁俊『遼史藝文志補証』一巻
黄仁恒『補遼史藝文志』一巻
厲鶚『補遼史経籍志』一巻
龔顕曾『金史藝文志補録』
孫徳謙『金史藝文略』六巻
銭大昕『補元史藝文志』四巻
張錦雲『元史藝文志補』
黄虞稷・倪燦・盧文弨『補遼金元藝文志』一巻
金門詔『補三史藝文志』一巻

このほか、王仁俊『西夏藝文志』も、この時期に属するものである。

以上の各志は、『西夏藝文志』以外はいずれも商務印書館が一九五八年に出版した『遼金元藝文志』に収められた。『遼金元藝文志』は三朝の典籍計一万八千二百五十餘を収める。ただその内の半分ほどの書名・作者は、重複している。本書は三朝における文献の歴史状況を基本的に反映している。

『明史』藝文志を増補した主要なものは三家ある。

傅維鱗『明書経籍志』三巻
尤侗『明史藝文志』五巻
金門詔『明史経籍志』一巻

このほか、清の宋定国・謝星纏による『国史経籍志補』は、焦竑『国史経籍志』を補うものである。

『清史稿』藝文志を増補した主要なものは二家ある。

武作成『清史稿藝文志補編』
彭国棟『重修清史藝文志』

前者は四部の書物一万四百三十八種、九万三千七百七十二巻を補ったものである。重複して著録されている書籍を除くと、収録された書目の種類と数量は『清史稿』藝文志とおよそひとしい。後者は全国の公私の書目を参考にしたもので、収録された書物は『清志』原稿のほぼ倍にまで増えている。〔二四〕

第三類は（正史ではない）ほかの史籍中の目録であり、主要なものに七家ある。

宋・鄭樵『通志』藝文略　八巻
清・嵇璜等『続通志』藝文略　八巻
清・嵇璜等『清朝通志』藝文略　八巻　＊皇朝通志ともいう
元・馬端臨『文献通考』経籍考　七十六巻
清・乾隆十二年敕編『続文献通考』経籍考　五十八巻

清・乾隆十二年敕編『清朝文献通考』経籍考　二十八巻　＊皇朝文献通考ともいう
清・劉錦藻『清朝続文献通考』経籍考　二十六巻　＊皇朝続文献通考ともいう

『通志』藝文略については第四章第三節において、『文献通考』経籍考については第二章第三節において、それぞれすでに紹介した。姚名達は両書を比較して次のように述べている。

馬端臨は宋末元初に『文献通考』を著し、その中に「経籍考」七十六巻を設けた。それはおおむね晁公武・陳振孫の二人の書目により、宋代の中興館閣の蔵書も著録する。二家の解題をことごとく収載するだけでなく、『漢書』藝文志、『隋書』経籍志、『新唐書』藝文志、および宋の三朝・両朝・四朝・中興の各「国史藝文志」、『崇文総目』、『通志』藝文略、各史書の列伝、各書の序跋および文集、語録の関連する文章を引用する。書物毎に解題があり、毎類に小序が附されている。各種学術の淵源、各書の概要は、いずれもこの一篇を読めば諸説が備わっている。多く引用文によって文章を構成し、特に新しい見解が示されているわけではないが、文献を考証する際には大きな力を発揮してくれる。鄭樵「藝文略」が書名しか並べていないの比較すると遥かに有益である。
（『中国目録学史』史志篇「通志与文献通考」）

続編の二通志と三通考はどれも前編に遠く及ばない。姚名達はこれらについても言及している。『続文献通考』、『皇朝文献通考』、『続通志』、『皇朝通志』は、ほぼ『四庫提要』を襲ったものであり、異なるところは、ただ馬端臨と鄭樵の体例によっていることくらいである。『通考』は、清初の何人かの学者による古籍に関する論考を少しく採り上げてはいるが、『通志』はただ書名を記すのみで提要を削っている。その分類も、馬端臨や鄭樵、『四庫提要』の体例によったりよらなかったりで一定せず、注目に値しない。「続」、「清（皇朝）」の別は、一方は、馬端臨・鄭樵を継いで明末までのもの、もう一方は、乾隆以前の清人の著述を記したものという違いがあるだけである。（『中国目録学史』史志篇「四庫全書総目提要及三通考・二通志・清史稿」）

このうち劉錦藻『皇朝続文献通考』経籍考は私家の著述から集めたもので、一定の参考価値があるが、姚名達は「意に任せて取捨選択し、完備していない。」（同右引用書）とも述べている。

史志にも明らかな特徴がある。国家蔵書目録は一般的に政府が当代の人間を組織して編纂するものであり、比較的全面的、精確に当時の国家の蔵書情況を反映することができる。しかし史志は大抵後代の史官が過去の国家蔵書目録や諸文献史料によって編纂するものであり、厳密な蔵書目録というわけではない。その著録には大体二種類の情況がある。一つは本朝と前代の著作をあわせて記すものであり、『漢書』藝文志、『隋書』経籍志、『旧唐書』経籍志、『新唐書』藝文志がそれにあたる。もう一つは本朝の著作のみを記すもので、『明史』藝文志、『清史稿』藝文志がそれにあたる。後人が補足した史志に至っては、主に各種の文献資料によって編成され、歴代の国家蔵書とは全く関係がない。

もう一つは、史志には「学術を辨章し源流を考鏡する」という優れた伝統があることである。これはすでに『漢書』藝文志と『隋書』経籍志の構成に見ることができる。両志はまず学術の流派によって分類し、続いて、全体の序一篇を著して大綱とし、大分類（略・部）と小分類（種）の末尾にもそれぞれ序を置いて、源流を述べ、得失を明らかにしている。さらに、各書には、具体的情況を鑑みて注を附し、書物、作者に対する理解をより一層深められるよう努めている。鄭樵『通志』藝文略と馬端臨『文献通考』経籍考は「学術を辨章し源流を考鏡する」という点でも各々成果をあげている。鄭樵は、「類例がはっきりすれば、学術も自ずと明らかになる。」(『通志』校讎略「編次必謹類例論」)と考えていたため、「藝文略」では主に分類を通して学術の異同と源流を明示している。時折、繁簡様々な注が附されることもあるが、そこに重点が置かれているわけではない。馬端臨『経籍考』は、各家の提要、序跋および全関連資料を一つに輯録しているもので、読者に極めて大きな便宜を提供している。そのために以後作られた多くの補志もこの方法に倣っている。

研究者は、複数の史志を総集するという面でも多くの仕事をしている。日本の学者は、文政八年、すなわち道光五(一八二五)年に、『漢書』藝文志、『隋書』経籍志、『旧唐書』経籍志、『新唐書』藝文志、『宋史』藝文志、および明・黄虞稷、清・倪燦『補宋史藝文志』、清・盧文弨等『補遼金元藝文志』、清・金門詔『補三史藝文志』、清・銭大昕『補元史藝文志』、清・張廷玉『明史』藝文志を一書にまとめ、これら十種の経籍志と藝文志が八つの王朝にまたがっていることから『八史経籍志』と称した。我が国では清の光緒年間の張寿栄による翻刻本がある。一九三〇年代には、葉聖陶先生主幹の開明書店『二十五史補編』が出版された。二十五史を研究した学者によって補われた志・表および考証の大多数を一書にまとめたもので、歴代の経籍志・藝文志を増補したものも含まれており、極めて便利で参考になる。一九五五年からは商務印書館の十史藝文経籍志の編輯、刊行も始まり、『漢書藝文志』『隋書経籍志』『唐書経籍藝文合志』『宋史藝文志・補・附編』『遼金元藝文志』『明史藝文志・

補編』『清史稿藝文志及補編』を含むすべてが一九八二年までに公刊された。特に両「唐志」は、対照可能なように上下二段に組まれ、非常に便利である。

史志は国家の蔵書と完全に一致するわけではないが、およそ各王朝の文化、学術の盛衰を窺うことができる。もともと経籍志や藝文志のなかった史書に対して後人が逐一補足し、また、すでにあるものについても増訂しており、そのことがまさしく史志が極めて有用なものであることを示している。

第三節　叢書目録

叢書とは、ある一定の原則（例えば、特定の作者、専門分野、時代、地域など）により、同類の形式（例えば、同じ版式、装丁など）を用いて、複数の著作をまとめて刊行したシリーズ物の書物である。戦国時代には早くも一定の原則によって複数の書物が一つにまとめられている。例えば、儒家は、詩、書、易、礼、楽、春秋を六藝あるいは六経と総称した。これらはいずれも孔子の編纂を経たものとして儒家の教材となった。単純にこの一点から六藝あるいは六経は我が国の最も早い叢書といえよう。

『漢書』藝文志・諸子略・儒家において、班固は、『七略』を補って、『劉向所序』六十篇を著録し、「（六十篇の内訳は）『新序』『説苑』『世説』『列女伝・頌・図』である。」と注し、また、『揚雄所序』三十八篇を載せ、「（三十八篇の内訳は）『太玄』十九、『法言』十三、『楽』四、『箴』二である。」と注している。劉向と揚雄の思想は儒家に属すが、その著したものは、汪辟疆先生が述べる通り、「『新序』

『説苑』は史部・古史類にあたり、『列女伝』は史部・伝記類に、『世説』は子部・小説類に各々あたるが、それらをまとめて『劉向所序』としている。『太玄』は子部・術数類に、『法言』は子部・儒家類に各々あたり、『楽』は経部に入らない楽類、つまり子部・藝術類に入るべきものであり、『箴』は集部・別集中の一文体にあたるが、これらをまとめて『揚雄所序』としている。」（『目録学研究』叢書之源流類別及其編索引法）。劉向・劉歆父子の分類の原則から明らかに外れているが、こうした処理は意図的でないにせよ個人の著述を叢書としてまとめる先駆けとなっている。以上より、叢書の萌芽の比較的早かったことがわかる。

しかし一定の原則と統一された形式・形態によって複数の書物を一つにまとめ、特定の名称を与えるようになるのは比較的遅くなってからのことである。現在、調査し得る範囲で最も早い叢書は南宋・寧宗の嘉泰年間（一二〇一～一二〇四）に兪鼎孫が刊行した『儒学警悟』である。この叢書は現存し、『石林燕語辨』、『演繁露』、『嬾真子』、『考古編』、『捫蝨新語』上下集、『蛍雪集説』など、七種四十一巻を収録し、八百年ほどの歴史を有する叢書である。南宋の咸淳九（一二七三）年には、左圭が『百川学海』を刊行した。この叢書は十集に分かれており、唐宋以来の短編・小品を多く収めている。明人には『続百川学海』『再続百川学海』『三続百川学海』『広百川学海』があり、その影響の大きかったことがわかる。

『儒学警悟』『百川学海』の刊行は、叢書が宋代末に存在していたことを示すものであるが、「叢書」という言葉自体はそれより早く出現していた。唐・陸亀蒙の文集は『笠沢叢書』と名付けられた。『郡斎読書志』には「笠沢は松江の地名である。陸亀蒙の自序には『乾符六（八七九）年春、笠沢に病気で臥せった。たまたま体調が良いと机にむかい書物を記した。詩・賦・銘・記など、折に触れて雑詠したもので、分類も順序もなく、雑然としたままとめたので叢書と名付けた。』とある。」（巻一八）という。『笠沢叢書』には叢書という名がついているが、実際は一文集であり、今日の所謂叢書ではない。名実ともに備えた叢書は明の万暦年間に程栄が編んだ『漢魏叢書』で、漢魏の種々の著作を集めて刊行したものである。『漢魏叢書』以降、名実相適った叢書が陸続と現れた。

明代は叢書が盛んに編まれ発展した時期である。四部を包括した総合的な叢書、例えば、『漢魏叢書』『唐宋叢書』『格致叢書』『宝顔堂秘笈』などが相次いで刊行された。同時に、『子彙』『二十子』『古今逸史』『五朝小説』といった専門的叢書も次々と現れた[二五]。特定地域を対象とした最初の叢書、『塩邑志林』は天啓年間（一六二一～一六二七）に刊行された。『儼山外集』や『孫文恭公遺書』などの個人の著述をまとめた叢書まで加えれば明代に編まれた叢書には様々なスタイルが備わったといえる。

清代中期になると、叢書の編集、刊行の風潮はさらに盛んになり、種類が増えたのみならず、内容も精密になった。正・続『皇清経解』[二六]は当時の経典整理の成果をまとめたものである。また、『玉函山房輯佚書』『漢学堂叢書』などの編集、刊行は輯佚作業の高潮を物語っている。『史学叢書』『荊駝逸史』などの上梓は史籍の考訂作業が前代を遥かに凌駕したという事実を反映している。さらに『麓山精舎叢書』『浙江図書館叢書』の流布は、地理志や国内外の交通がすでに新しい学術研究の課題となっていたことを説明している。明末以来、顧炎武、王夫之など著名な学者が輩出し、著述は広範にわたったため、『亭林全集』『船山遺書』など五百餘家の独撰叢書が印行され[二七]、叢書の内容は一層豊富になった。ほかにも多くの古籍が翻刻され叢書の形式によって流布している。中でも版本に注力したものに、『士礼居叢書』『古逸叢書』などがあり、仿刻は精細優美で宋元の旧本にも見劣りしない。校勘に擢心したものには、『抱経堂叢書』『経訓堂叢書』『岱南閣叢書』などがあり、考証・分析は詳細明確で、古書の誤りを多く訂正している。叢書はこのような段階まで発展し、各種の重要な学術的著作はほぼ叢書に収められた。こうして学術研究に従事する者が叢書から容易に必要な資料を選び出せるようになると、用途はますます広がり、叢書目録に対する需要も日増しに切迫することとなった(3)。

叢書刊刻の風潮が盛んになると叢書目録編纂の機運も高まった。嘉慶四（一七九九）年、顧修が編んだ『彙刻書目』は最初の叢書目録である。この目録は叢書二百六十一種を手当たり次第に摘録したもので体例は厳格でない。光緒二（一八七六）年、傅雲竜続編・胡俊章補遺『続彙刻書目』が完成し、ようやく四部分類によって叢書五百種が収録されるにいたった。その後、朱記栄、朱学勤、楊守敬、李之鼎、劉声木、孫殿起らはいずれも四部分類の配列方法を採用して叢書目録を編纂した。一九一八年、李之鼎が編んだ『増訂叢書挙要』は千六百五種の叢書を収める。一九二八年、沈乾一は『叢書書目彙編』を編み、二千八十六種の叢書を収め、四部分類による配列を改め、叢書名の画数順に配列し、以前より検索しやすくなった〔二八〕。これらはいずれも子目（叢書に収載される各書）を叢書毎に列挙し、各叢書が収録する書籍と種類や数がわかるだけで、書名、著者名から、叢書が収める書籍を検索することは難しかった。一九三一年前後、浙江図書館の金歩瀛が編んだ『叢書子目索引』は四百種の叢書を収め、一九三五年、金陵大学図書館の曹祖彬が編んだ『叢書子目備検著者之部』は、三百六十一種の叢書を収める。前者は書名がわかれば、それが浙江省図書館の所蔵する四百種の叢書に収録されているかを調べられる。後者は作者名がわかれば、著書が金陵大学図書館の所蔵する三百六十一種の叢書に収録されているかが調べられる。両者はともに各図書館が所蔵する叢書にもとづいて編まれたものであり、それ以前の叢書目録より検索が容易になってはいるが収録書籍数は多くない。一九三六年、清華大学図書館の施廷鏞が編んだ『叢書子目書名索引』は千二百七十五種の叢書を収録し数量の上で大きく前進した。同年、楊家駱は『叢書大辞典』を編み、すべてを網羅せんとの気概で、六千種の書物を収め、叢書名・各書名・著者名を軸とし、相互参照が可能なよう関係箇所に注をつけ、四角号碼検字法により様々な方面から必要な資料を見つけられるようになっている。しかし存佚の区別がなく、各項目の注釈は簡略で、書物の収蔵先も反映されておらず、実物の捜索には非常に不便である。

　体裁が完備し、利用しやすい叢書目録としては、やはり上海図書館編『中国叢書綜録』〔二九〕を推さなくてはならない。本書は三冊からなり、全部で全国四十一カ所の大規模図書館が現蔵する二千七百九十七種類の叢書を収めている。第一冊は「総目分類目録」で、「全国主要図書館収蔵状況表」がついている。第二冊は「子目分類目録」、第三冊は「子目書名索引」「子目著者索引」となっている。本書の優れた点は非常に多くある。大要を挙げれば、第一に、蒐集が行き届いており、可能な限り我が国の叢書の全貌を反映していることである。第二に、検索に便利なように、総目・分類・書名・作者など、どの角度からも検索可能で、一度の検索で探したいものがすぐ見つけ出せることである。第三に、叢書の収蔵状況が反映されており、研究者が目録によって書籍を探し、最寄りの機関で借出・閲覧が可能となったことである。もちろん、本書にも未収録のものや記載の誤りといった欠点はあるが、しかし、優れた点がなお多くを占める。目録学史上、空前の巨帙であり、『中国叢書綜録』が上梓されるや、それ以前の叢書目録は歴史的使命を終えることとなった。

張之洞は「叢書が学ぶ者にとって最も便利な点は、一叢書中に群籍を備えられることであり、残編を蒐集し佚文を保存する功績は殊に大きい。」（『書目答問』巻五）と述べている。叢書目録はその長所を十二分に発揮させ得るものである。

第四節　地方文献目録

地方文献目録とは、ある一地域に関係する書籍を対象として編まれた目録で、地方志に掲載される目録も含まれる。地方文献という言葉には普通二つの意味がある。一つは内容がある地域に関係する著作ということであり、もう一つは出身がその地域であるか、あるいは長期にわたってその地域に住んでいる作者の著作ということである。劉知幾『史通』[三〇]書志篇には「近時、宋孝王『関東風俗伝』に「墳籍志」がある。著録されるのはすべて鄴に住む学者や校訂者であり、列挙されている書名は、当時の作者のものだけである。」と述べている。宋孝王は北斉から北周に入った人物であるから、早くも北朝期にある地域の人士の著作を専門に著録した目録があったことがわかる。

『千頃堂書目』の記載によると、明・万暦年間に祁承㸁は『両浙著作考』四十六巻を撰し、明末には曹学佺が『蜀中著作記』十二巻を著した。前者は黄裳が家蔵し、澹生堂の藍格（青色の罫線）の写本で計十四冊ある。後者は零本四巻が残っている（『図書館学季刊』第三巻一・二・三期、第四巻一期）[三一]。地方文献目録の模範ともいうべき名著は清・孫詒譲『温州経籍志』[三二]である。体例は全く朱彝尊『経義考』に倣っており、書籍ごと注に、存・佚・闕・未見を明記し、序跋およびその他関係資料を収録して、その出処を注に明記し、さらに相当量の按語を附している。本書は温州の文献調査に不可欠なだけでなく、著録の方法も模範とするに十分値するものである。本書は「計三十三巻、外編二巻、辨誤一巻を附し、著録する書籍は千三百餘り」（『温州経籍志』叙例）である。今、二例を挙げてその一斑を窺うことにしよう。

姜氏準東嘉書目考『慎江文徴』三十八

佚

自序にいう……告朔の儀式が廃れても犠牲の羊を供え続けたという故事は、孔夫子が、羊を供することで礼の精神に立ち返ろうとしたものであろう。たとえ制度・文物に缺損が生じても書目によって徴することができる。後の学問を志す士人は、目録によって書物を求め、書物によって道理を求め、遥か遠くまで渉猟して愈々精魂に接するものだが、一方（科挙受験のため）風吹く軒端、夜の机辺で天を仰いだり俯いたりして感嘆するばかりの者にその深さはわからない。であれば、犠牲の羊は礼の存するところ、書目は道の寄するところ、とはいえまいか。旧志の、分類せずただ書名を並べるだけのものは、経史子集に分けて四部にまとめ直し、ある場合は原序を載せ、ある場合は体例を録し、また成書の顚末を考察し、内容を評価し、各目録の下に記した。考察の手立てのないものは缺いたままにしておき、出鱈目を記すことはしない。ああ、聖人の道を理解する者がいれば文武の盛世は滅びず、文献が十分であれば夏殷の制度も明らかにできる。本書は、古の作者が後世に伝えようとしたものを自ずから審らかにせんとするものであり、彼らの志に背くことのないことを願う。『慎江文徴』三八。
（『温州経籍志』巻一三「目録類」）

姜準『東嘉書目考』は散佚したが、序文が収録されており、体例を窺い知ることができる。もう一例をあげよう。

周氏家偉水中雁字詩『羅陽詩始』一　乾隆『温州府志』二十では詩下に集字があり「水中雁字詩集」に作る。

未見

乾隆『温州府志』二十に、「周家偉は生前、著作が多かったが、戦禍のため散佚し、今はわずか『水中雁字詩集』だけが通行している。」とある。『羅陽詩始』一に、「周主政は郷試に挙げられ、その後五年で明朝は滅んだ。著作には『水中雁字詩』三十首がある。その調べは哀しく憂いに満ち、亡国の尽きぬ思いが込められているようだ。」とある。

案ずるに、周家偉主事については、雍正年間の『泰順県志』官業伝に伝記がある。
（『温州経籍志』巻三〇「別集類」）

この叙録から、『水中雁字詩』の分量、内容および作者の伝記がどこに見えるのかがわかる。現代のものでは、辺境の地方文献目録の成果が突出している。例えば、建国以前の王文萱編『西北問題図書目録』、丁実存・陳世傑編『新疆書目』、呉玉年編『西蔵図籍録』、薩士牙編『台湾史料書目』などは、いずれも価値のあるものである。また、金陵大学中国文化研究所が一九三七年に出版した李小縁編『雲南書目』〔三三〕は、質の高い大型の総合的地方文献目録である。その特徴を簡単に紹介しよう。

第一の特色は目的が明確なことである。李氏は『西人論華書目』の序で「古人は、己を知り敵を知れば百戦百勝であると言った。帝国主義は過去に我が国の破壊を企て、私は切歯扼腕の思いでいたが、それを詳細に語ることはできなかった。この目録が完成したなら、関係書籍は逐一収録され、その根源を窺い、内情を曝し、より深い探求が可能となるだろう。」(『文教資料簡報』一九八二年三・四期合刊)と述べている。国家の命運に対する関心が辺境地域資料の蒐集へと注意を向けたのである。また、三十年代の雲南は英仏帝国主義の激烈な争奪と侵略の対象となっており、そのことが、彼が最初に『雲南書目』を編輯した直接の原因となっているのである。

第二の特色は、収録されている資料が総括的なことである。『雲南書目』は、漢代から二十世紀の三十年代に至る雲南省に関係する資料、約三千種を収録している。収録範囲は十分広範で、文献の種類から見れば、通史・断代史・地方志・叢書・伝記のほか、年譜・筆記・通信文・講演録・考察報告・政治文書・奏議・機関文書・会議記録にまで及んでいる。刊行物には、公報・学校刊行物・会報・新聞などが含まれる。特殊な資料としては地図・図譜および碑文の拓本が含まれる。このほか、さらに大量の外国語で書かれた資料が収録されており、そのうち、英文資料が約三百六十種、仏文資料が三百種近くあり、その他、日本語、ドイツ語、オランダ語、イタリア語などの資料も収録されている。

第三の特色は、体例が実用的ということである。利用の便のため、『雲南書目』は、大類・小類・

子目の三つの階層で構成されている。分類による配列を主とし、分類と主題とが適宜合致するように配慮されている。〔三四〕各書名はまた具体的状況にもとづき、それぞれ地区・年代あるいは主題によって配列されており、各種の配列方法の長所を十分に発揮させている。文献資料の著録項目も整っており、重要文献には提要も書かれ、子目・版本・校勘記と書評も列挙されており、文献の章節、著者の生涯、序の著者なども時に著録・考証されている。『雲南書目』は同類の書目が遂げた成果を一定程度代表しているのである。

建国後、地方文献目録には新たな特色が二つ現れた。その一つは主題を特定した目録が編纂されたことで、例えば、浙江図書館編印『浙江礦蔵資料目録』や、広東省中山図書館編印『海外華僑革命資料』などである。もう一つは聯合目録が編纂されたことである。例えば、東北地方文献聯合目録編輯組編『東北地方文献聯合目録』である。その第一輯は東北地方文献の報刊聯合目録であり、第二輯は東北地方文献の図書聯合目録であり、第三輯は東北抗日連合軍と東北抗日武装闘争史料の索引である。

地方志の藝文志には二種類ある。一つは体例が正史の藝文志と全く同じもの、つまり地方文献目録である。もう一つは藝文志と呼ぶものの、書籍目録ではなく、ある地域に関する詩文のアンソロジーである。

地方志に含まれる藝文志の淵源は非常に古い。例えば、南宋嘉定七（一二一四）年、高似孫撰『剡録』巻五に「書」と「文」がある。ここでいう書は、実際には、戴逵・阮裕・王羲之・謝玄・孫綽・許詢・支遁・秦系・呉筠・霊澈・鄭言・謝霊運・顧歓・葛仙翁十四人の著作および阮・王・謝氏の家譜の目録であり、合計四十二種を著録し巻数も記されている。また文は、謝安・戴逵らの剡（今の浙江省嵊県）の地にまつわる単篇の文章を転載したもので、地方志が文献を著録する風を切り開いた。明清の地方志は詩文を収載するものが多く、目録を編むものは少なかったが、『剡録』に倣って両者を兼ね収めるものもあった。例えば、『呉興備志』が経籍・遺書を分載し、康熙『嘉興府志』が経籍・書籍を分載し、康熙『銭塘県志』が経籍・藝文を分載するのは、いずれもその例にあたる。[三五] 李濂鏜撰「方志藝文志彙目」（『図書館学季刊』七巻二号）が書目部分をまとめており検索に便利である。

地方志の構成要素である藝文志はもとより地方文献目録であるが、地方志自体も地方文献であり、地方志の目録もまた地方文献目録と見なせる。かつそれは範囲の極めて大きな地方文献目録である。

地方志とはつまり地域史であり、『禹貢』と『山海経』に遡ることができる。[三六]『隋書』経籍志・史部・地理類序には「晋代、摯虞は『禹貢』『周礼』に依拠して『畿服経』を著した。各州・郡・県の行政区分、二十八宿に対応する領域と領土の境界、産業、国都、山岳・丘陵・河川、郷・亭の末端組織、町の通りや村里の田畑、人民・風俗、前代の賢人、旧時の交友など、餘すところなく記録され、計百七十巻あったが今は亡んで残っていない。」とある。「隋志」のいうように、『畿服経』は部立てが広範で分量も多く、後代の地方志撰述の気風をすでに開いていた。その他、東晋の常璩が撰した『華陽国志』十二巻も摯虞の書と同類のものである。

隋代には国家によって組織・編纂された全国規模の地方志文献が現れた。『隋書』経籍志・史部・地理類序には「隋の大業（六〇五～六一七）年間、広く全国の諸郡に詔を出し、各地の風俗、物産、地勢図を目録にして尚書に奉らせた。こうして隋代には『諸郡物産土俗記』百三十一巻、『区宇図志』百二十九巻、『諸州図経集』百巻が完成した。」とある。これ以後、唐代では李吉甫が『元和郡県志』

を編修し、宋代では楽史が『太平寰宇記』を編修し、元・明・清の三朝はそれぞれ『一統志』を編修した。こうした書物の出現は、地理書の体例を次第に規範化させただけでなく、地方毎の地方志編纂、地方志目録の編製を促したのであった。

地方志は早くから蔵書家の重視するところとなり、明・嘉靖年間の晁瑮『宝文堂書目』巻下にはすでに地方志二百五十八部が著録されているし、また、万暦年間の祁承㸁『澹生堂書目』史部・図志類には計五百三十五部の地方志が著録されており、ともに地方志目録の先駆けとなっている。

瞿宣穎『方志考稿』は天津の任鳳苞の個人蔵書にもとづき編纂され、提要を附した地方志目録である。瞿氏の自序はその体例について「ほぼ毎書にわたって、まず書名を厳密に確定し、続いて纂修の年月と纂修者の姓名を載せ、さらに旧志の沿革、類目を述べて体例を明らかにし、最後にその得失を評する。各書に載せられている特殊な史料には最も注意を払った。読者が本書を開けば、その書の源流の発するところ、また、その内容の及ぶところを直ちに了解できるようになっている。」(『方志考稿』甲集「巻首」)と語っている。『方志考稿』(甲集)は以前の直隷・奉天・吉林・黒竜江・山東・河南・山西・江蘇など八省の地方志について考察、著録したものである。

朱士嘉編著『中国地方志綜録』は地方志目録学において突出した成果を上げている。その凡例には次のようにある。

本篇は国内外の公立図書館および個人所蔵の中国地方志目録にもとづいて編成した。著録した地方志は五千八百三十二種、九万三千二百三十七巻で、現存するものに限定した。宋の熙寧年間

（一〇六八〜一〇七七）から民国二十二（一九三三）年まで、八百年餘りにわたって、二十八行省、チベット、モンゴルの二地を概括する。『四庫全書』及び各叢書に散見するものもあわせて収録し、遺漏のないよう努めた。

（『中国地方志綜録』巻首）

顧頡剛は本書に序を記し公平な評価を下している。

朱君は……五年間、博捜網羅に力を尽くし、国内外の現存する地方志五千餘を得て、この『綜録』を作り、大要を示した。思うに、直接的には目録学者のために新たなる一例を創造し、間接的には史学、地学の研究者のために一本の大道を開いたものであり、まことに盛事となすべきことである。

（『中国地方志綜録』巻首）

本書が一九三五年に出版された後、一九五八年に『中国地方志綜録』の増訂本がでて、所収の現存する地方志は七千部強に増えた。一九七八年九月、中国天文史料普査（全面調査）整編組が朱先生の指導のもとで編纂出版した『中国地方志聯合目録』は、計百九十の図書館・博物館・文史館・擋案館などに所蔵され現存する地方志、八千二百餘種を著録している。この目録は一九八五年に中華書局から出版された。

張国淦編著『中国古方志考』は元代以前の地方志を全面的に総括した。その叙例に次のようにある。

『中国古方志考』は、古代地方志の総合目録であり、体例はほぼ朱彝尊『経義考』に倣った。およそ地方志に属する書物は存佚を問わずすべて収録した。資料の性質に鑑み、ただ旧文を輯録し（文章は）省略はしても改変はせず、分析、論断も多く前人により、編者自身の見解を示す場合は按語に記した。

本書の著録範囲は、秦漢から元代までである。冒頭には、総志、つまり全国規模の地方志を列ねた。次いで省毎に分けて配列したが、省県の区画はすべて一九五六年を基準とした。各省の最初には、通志の類、つまり省全体を対象とする地方志をおき、その後に府県志の類をおいた。……

伝存しない書物にはすべて標目の下に「佚」字を注す。現存するものは版本を明記したが、ただ編者の管見の範囲においてである。標目の後には、編者の時代、姓名、略歴を列挙した。編者名がない場合には、記されている地名、佚文の記す事実、依拠している書物の年代などによって、おおよその成書時期を推定した。原書の序跋と目録は、佚書の場合、考察すべきものがあればすべて著録し、現存する場合、内容に関する記事や編纂時の故事を選んで節録し、また、著名な地方志については詳細に記した。

（『中国古方志考』巻首）

洪煥椿氏の『浙江地方志考録』は一地域の地方志を全面的にまとめた力作である。前言を引用する。

この『浙江地方志考録』は、主に全浙江省のあらゆる地方志を対象とし、全省にわたる通志から非常に細かい専門的な地方志に至るまで、現存亡佚、既刊未刊を問わず、全面的考察を加えたものである。書名・巻数・編纂者・編纂年代と流伝の状況を分類して記載する以外に、必要な提要解説と校訂作業もおこなった。現存する地方志については、いずれも注で、比較的重要な収蔵先をいくつか明らかにしておいた。学術研究に携わる者が浙江の地方志を利用して科学的研究を進めようとする際、この参考書があれば、浙江の地方志編纂の源流と存佚状況を基本的に把握することができるだろう。（『浙江地方志考録』巻首）(4)

このほか、上海師範学院図書館編の『上海方志資料考録』もこの方面の比較的よい参考資料である。地方文献目録は、地方の学術文化の発展状況を反映しており、地方文献の捜集、整理、さらにはその体系の確立にも便宜を提供する。そこから重要人物の未発掘資料や重要視されていない人物の価値ある著作が発見される可能性があるだろう。地方文献目録は学術研究に従事する者には非常に重要な工具書である。

第五節　私人蔵書目録

我が国の歴史上、個人の蔵書の起源は極めて早い。『荘子』天下篇にはすでに「恵施の学問は多方面にわたり、蔵書は車五台分あった。」とある。漢代初めには個人による探書、蔵書の気風が盛んであった。例えば「河間献王（劉）徳は……学を修め、古を好み、事実にもとづき真実を求めた（実事求是）。民間から善本を得ると必ず丁寧に抄写し、写本の方を戻して原本は留め置き、金帛を賜って善本を蔵する者を募った。そのため全土から学問に携わる者が千里の道を遠しとせず来訪し、先祖の旧籍を蔵する者も多く献王に奏上した。こうして献王の入手した書物は非常に豊富で漢の朝廷と並んだ。」（『漢書』巻五三「河間献王伝」）とある。前漢末、劉向父子達の校書の際も個人の蔵書を大量に利用したことが今に伝わる『別録』の残篇から証明できる。

最も早く個人の蔵書目録を編修した人物としては任昉〔三七〕を挙げるべきであろう。『梁書』には「斉の永元（四九九～五〇一）以来、秘閣の四部は書物が乱れてしまった。任昉は自ら校訂を行い、これによって篇目が定まった。……任昉は目にしない古籍はなく、家は貧しかったが、集めた書物は一万巻以上、おおむね異本が多かった。任昉が没すると、高祖は学士の賀縦に、沈約とともにその書目を調査させ、朝廷にないものは任昉の家に取りに行かせた。」（『梁書』巻一四「任昉伝」）とある。また阮孝緒「七録序」には「およそ宋斉以降、王公高官の屋敷で、いやしくも古籍を蒐集、収蔵できる者であれば、きっとその名簿を十全なものにしようとする。」（『広弘明集』巻三）とある。ここにいう「名簿」とは目録をさしており、ここから南朝の蔵書家が多く蔵書目録を持っていたことがわかる。

木版印刷の発明以後、書籍の入手が容易になると、個人が書物を蒐集所蔵する風潮が日々盛んになり、個人の蔵書目録も次第に多くなった。汪辟彊『目録学研究』に附属する「漢唐以来目録統表・私家目録表」に詳細な統計がある。そのうち、次にあげる唐代の三家はいずれも散佚している。

呉兢『西斎書目』一巻
蔣彧『新集書目』一巻
杜信『東斎集藉』二十巻

宋代の現存する三家は次の通り。

晁公武『郡斎読書志』二十巻（袁本は四巻である）
陳振孫『直斎書録解題』二十二巻
尤袤『遂初堂書目』一巻

「昭徳先生郡斎読書志序」によると、晁公武が井度から贈られた書物五十篋に、旧蔵書を加え、重複を除いた二万四千五百餘巻によって『郡斎読書志』を作ったことがわかる。本書は、経・史・子・集の四部に分かれ、各部に序一篇がある。四部はさらに四十五類に分けられ、多くの類に類序があるが、明確に類序として記されているわけではなく、大体ある類の冒頭の一書の提要に含まれている。『郡斎読書志』は各書の下にいずれも提要があって、作者の略歴が述べられていたり、書物の要旨が論じられていたり、学術の淵源が明らかにされているが、その特徴は、考訂に重点が置かれていることである。今、二篇を記して例とする。『陶潜集』十巻の提要は次のようである。

右、晋の陶淵明、（字は）元亮、一名は潜（〔王〕先謙案ずるに、袁本は「右晋陶潜淵明也」に作る）、潯陽の人。蕭統「陶淵明伝」は「淵明、字は元亮」とし、『晋書』には「潜、字は元亮」とあり、『宋書』には「潜、字は淵明、あるいは字は深明、名は元亮」という。思うに集（案ずるに『文献通考』は「集」の後ろに「中」字がある）に収録する「孟嘉伝」「祭妹文」で、ともに淵明と自称しており、これに従うべきであろう。晋・安帝の末に起家して州の祭酒となった。桓元（玄）が帝位を簒奪すると、淵明は自ら職を辞して帰り、州は主簿として召そうとしたが就任せず、耕作して自給自足の生活をした。劉裕が挙兵し、桓元（玄）を誅殺して鎮軍将軍となると淵明はその幕僚となった。ほどなく、劉裕が改めて建武将軍となると、淵明はその野心を見て取り、彭沢の県令の職を求めたが（やがてそれも）辞職した。陶潜は若い頃から高尚な趣を有し、読書を好んだがくだくだしい解釈は求めなかった。「五柳先生伝」を書いて自らに喩え、世間は靖節先生と呼んだ。今の別集には異本が数種ある。七巻本は梁・蕭統の編で、序、伝、顔延之の誄を巻首に載せている。十巻本は北斉・陽休之の編で、「五孝伝」、「聖賢群輔録」、序、伝、誄を三巻に分け、これに詩を加えたもので篇次がやや異なっている。按ずるに、『隋書』経籍志には、「潜集九巻」とし、自注に「梁に五巻、録一巻があった」と述べ、『唐書』藝文志は「潜集五巻」とするが、今本はいずれも二志の記載と異なり、ただ呉氏（競）『西斎書目』のみ「潜集十巻」とする。恐らく陽休之の本であろう。陽休之の本は宋庠の家から出た江左の名家の旧書といい、篇次は最も筋が通っているが、ただ、「四八目」のあとに、「八儒」「三墨」の二条があるのは後人がみだりに加えたもののようである。

（『郡斎読書志』巻一七）

また『王勃集』提要にいう。

右は唐の王勃、（字は）子安、王通の孫である。麟徳（六六四〜六六五年）の初め、劉祥道がその才能を薦めた折、対策文が優等であったため、朝散郎を授かった。沛王李賢が署に招き沛の修撰としたところ、王勃は戯れに諸王にむけて「闘鶏の檄」を作り（先謙按ずるに袁本には「作」字がある）、高宗は怒って王勃の出仕を斥けた。父が交趾県の令となり、見舞いに行く途中、海で溺れて死んだ。王勃は文を綴る際、最初から熟考せず、まず墨を数升磨り、酒を飲むと布団をかぶって寝てしまい、目が覚めるとたちまち筆をとって作品を仕上げ、一字も変えることがなかった。当時の人々はこれを「腹藁」といった。劉元済の序がある。

（『郡斎読書志』巻一七）

『郡斎読書志』の四川で最初に出された原刻本は四巻であり、おおよそ一一五七年に杜鵬挙によって校正版刻されている。後に姚応績が重編した二十巻本があるが、四川で上梓されたか否か調べる術はない。一二四九年、黎安朝が宜春の郡斎で四巻本を翻刻した。これが今いうところの「袁本」である。黎安朝が趙希弁に校正版刻を命じると、趙希弁は家蔵書によって、『郡斎読書志』未収録書を「附志」一巻（実は上下二巻に分かれている）にまとめ、合刻して五巻とした。また、この年には、游鈞が姚氏の編んだ二十巻本を信安の郡斎で版刻しており、これが今いうところの「衢本」である。翌年（一二五〇）、衢本が袁州に伝わり、黎安朝はさらに趙希弁に命じて（袁本になく）衢本に多く収められている四百三十五種、八千二百四十五巻を、「後志」二巻として編み、五巻の後に附して版刻した。一八八四年、王先謙は袁本を以て衢本と校合し、その異同を明らかにし、やはり衢本によって二十巻本とし、あわせて趙希弁「附志」を後ろに附した。現在、通行するのは、王先謙の校刻本と四部叢刊三編に影印された宋袁州刻本である。

趙希弁の「附志」は計四百八十六種の図書を著録した。多くは当時通行していた刻本であり、『郡斎読書志』印行後百年ほどの間に新たに出た書籍をよく補充している。『郡斎読書志』と「附志」で計千九百三十七部を著録し、すべてに提要を附しており、宋代と宋代以前の各種古籍を理解するための拠り所を提供している。とりわけ、その大部分は、すでに全部、あるいは部分的に散佚し、今は

『郡斎読書志』によってしか知れないものがある。陳振孫は『郡斎読書志』について「この書が発明したものは観るに足る。」（『直斎書録解題』巻八）と評しているが、この見解は確かに間違っていない。

陳振孫は書籍蒐集に努め、例えば、『九経字様』[三八]の解題で「南城の長官として出向く際、参謁の道中に古書を手に売る者がおり、本書を得た。なんと旧監本であった。五代の開運丙午（九四六）の年の版刻で、かくして家蔵書ではこれが最も古い本となった。」（『直斎書録解題』巻三）という。続いて興化軍の通判になると蔵書はさらに多くなった。周密は「近頃は、ただ直斎、陳氏の蔵書が最も多い。恐らく莆に出仕していた際に夾漈の鄭氏・方氏・林氏・呉氏の旧書を入手、収蔵し、五万一千百八十餘巻に至ったのだろう。」（『斉東野語』巻一二「書籍之厄」条）という。『直斎書録解題』は蔵書によって編まれたもので、原書は五十六巻、図書三千九十六種を著録していた。残念なことに流伝が広くなく、原刊本は失われてしまった。乾隆年間の『四庫全書』纂輯時にようやく『永楽大典』[三九]の中から取り出され、校訂を経て二十二巻となった。

輯本『直斎書録解題』は全部で五十三類あり、経・史・子・集の名はないが、やはり四部の順で配列されている。わずかに残された類序は九篇であるが、学術の変化を反映し、時代につれて分類が次第に精密化したことも示しており、本書では、すでにその語孟類の序を引用したが、また、例えば、詩集類の序には、「すべて、ほかの文がなく詩だけのもの、また詩以外の文があっても詩集のみが独行しているものを（別集類とは）別立ての一類とした。」（『直斎書録解題』巻一九）という。その収録範囲が非常に明確になっていることがわかる。

『直斎書録解題』の論評には時に卓見がある。例えば、『史記』解題には「ひそかに思うに、著書、立言において、旧規を祖述するのは容易く、先例を切り拓くのは難しい。六藝の後、それを成し遂げた人物が四人いた。事実によって表現に彩あるものは左氏である。虚構によって道理に達したのは荘子である。屈原は国風・雅・頌を変じて離騒を作り、司馬遷は編年体を改めて紀伝体を創始した。いずれも先例がなく、後にそれ自体が体例となったものである。豪傑崛起の士でなくして誰がなしえようか。」（『直斎書録解題』巻四「正史類」）とある。「知言の選（本質をとらえた言葉の粋）」（『文心雕竜』総術）といえよう。

書物の内容や版本の紹介以外に、著者は学術の淵源や文学の変化にも十分注意を払っている。例えば、いくつかの解題では唐代の律詩の問題について言及している。『杜必簡集』の解題には「唐初の沈佺期、宋之問以来、律詩が盛んに作られはじめたが、依然、平仄を外しても禁忌とは見なさなかった。杜審言の詩は多くないが、詩中の韻律は極めて厳格で失粘は一つもない。杜甫の家にこれが伝わったのである。」（『直斎書録解題』巻一九）とある。『韋蘇州集』の解題には「詩律は、沈、宋以降、日々華麗さを益し、一言一句に彫琢を加え、音の軽重を整えるようになった。ただし、韻律にかない対句が華麗で精密になると、閑雅な趣向や平淡な気風はなくなった。ただ韋応物の詩だけが建安以降を自在に疾駆し、その風格を備えていた、云々。」（『直斎書録解題』巻一九）とある。

『四庫全書総目提要』は、『直斎書録解題』の参照価値について、「古書の今に伝わらないものは、この書によって概略を知ることができる。今に伝わるものは、この書によって真偽を辨じ異同を質すことができる。考証の拠り所としても廃することのできないものである。」と述べている（『四庫全書総目』巻八五）。

注意すべきは、政治上の偏見によって、陳振孫は程朱一派を過大評価し、王安石を過小評価していることである。例えば、『熙寧日録』の解題には「丞相王安石の撰。本朝の禍乱は本書から芽生えたもので、陳瓘の所謂『私史を尊び宗廟を抑圧する』ものである。〔四〇〕その頑固で強情な物言いは、天子のお考えを惑わし、他者の意見を押さえつけるに十分であった。死に瀕した際、この日録を火にくべようとしたのだから、心に慚愧と後悔がなかったといえようか。結局、燃やされることなく、害毒が垂れ残され今に至るまでその影響力は強い。悲しいことである。」(『直斎書録解題』巻七)と述べている。尤袤『遂初堂書目』は版本を記載した初めての目録であり、それについては第七章第五節「版本目録」で述べるが、現存する三部の宋代の私人蔵書目録を見ると、その質はすでに当時の官修目録を凌駕していることがわかり、私人蔵書目録が相当成熟した段階に入っていたことを示している。

明人は宋元より遥かに書物を入手しやすく、明代の私人蔵書目録は勢いよく発展することとなった。現存する主要なものは十三家ある。

朱勤美『西亭中尉万巻堂書目』十六巻
葉盛『菉竹堂書目』六巻
李廷相『李蒲汀家蔵書目』二巻
陳第『世善堂蔵書目』二巻
晁瑮『宝文堂分類書目』三巻
高儒『百川書志』二十巻

李如一『得月楼書目』一巻
祁承㸁『澹生堂書目』八巻
祁承㸁『澹生堂明人集部書目』八巻
徐𤊹『紅雨楼書目』七巻
銭謙益『絳雲楼書目』四巻
趙琦美『脈望館書目』
黄虞稷『千頃堂書目』三十二巻

今、三家を例として挙げる。高儒『百川書志』は一五四〇年に成り、その序では自身の図書に対する姿勢を次のようにいう。「一心に書を探し求めること、あるいは士大夫に譲り受け、あるいは市肆で購うという具合であった。数年の内に、書物は牀に積み重なり棚を埋め、経籍は蔵書室を満たし、検索に困難を来すようになった。暇な折に書物を整理して、数多積まれた蔵書を秩序立てた。しかしまたいつまでも配架の基準がないために蔵書が混乱し本志を失うことを恐れ、六年間思案を重ね、三度の改訂を経て本書を編んだ。古の目録の分類に変更を加え、大きくは四部に分け、それを九十三部門に細分し、二十巻にまとめた。」(『百川書志』巻首)。本書の完成後、黄虞稷『千頃堂書目』、王士禎『居易録』は、いずれもこの書を引用しており、当時すでに士大夫が重視していたことがわかる。

『百川書志』が著録する書物には、大部分に簡明な提要がつけられている。提要には書名を解釈するものがある。例えば『郁離子』の提要には「鬱離とは何か。易によれば離は火であり、文明の象徴である。これを踏まえると、その文は鬱鬱然として盛世の文明の治をなすということで、『鬱離子』というのである。」（『百川書志』巻七）とある。書物の内容を紹介するものもある。例えば『使琉球録』の提要には「皇朝給事中の陳侃、行人の高澄が琉球に使いして記録したもので、まず（派遣に際しての）制諭・祭文・賚物（賜り物）を記載し、次いで、行程・山川・風俗・人物の実態を日々誌し、生活習慣・日常・飲食といった細部についても実際に見聞きした事柄をつぶさに記録している。諸書の琉球語を考証し巻末に附す。」（『百川書志』巻四）という。学術を評論したものもある。例えば『初唐詩』の提要には「初唐詩は（謝霊運「登池上楼」に詠われる）池辺に生じた春の草のよう、まだ開かぬ花のようで、含蓄は深甚、生気が沸々と湧き出ている。大暦以後はこうした表現が刈り取られ整えられてしまった。」（『百川書志』巻一九）とある。

『百川書志』の際立った特徴の一つは、正統文学と見なされていなかった文学作品を数多く著録していることである。例えば、巻五の史部・伝記類には李公佐「謝小娥伝」、蔣防「霍小玉伝」などの短篇小説を著録し、巻六の野史類には『三国志通俗演義』、『忠義水滸伝』の長篇小説二篇を収録している。外史類には戯曲を多数著録し、例えば「玉簫女両世姻縁雑劇」、「関雲長義勇辞金伝奇」などがある。小史類には明代の短篇小説集を多く著録する。『双偶集』の提要では「以上の六種はいずれも『鶯鶯伝』にもとづいて作られており、言葉は煙花のような華やかさを帯び、気風は脂粉のような艶めかしさを含んでいる。壁に穴をあけて約束したり、礼を越えて身を損なったりという行為は、厳粛な人物の取るものではないが、これはこれで一つの体をなしており、眠気を覚ますくらいの材料にはなりえるものである。」（『百川書志』巻六）と明言している。このほか、巻八の小説家類にも『剪灯奇録』などの短編小説集が著録されている。巻一八の集部の詞曲類にはもっぱら元・明の詞曲が著録されている。元・明の著作を多く記録していることは『百川書志』の特長である。例えば集部には三巻にわたって詩集を著録するが、そのうちの二巻は明人の著作であり、明代の詩歌創作状況を考察するにあたって非常に意義のあるものである。

『百川書志』の缺点は、分類に正確さを欠き、著録の順序も錯乱していることである。先にあげた文学作品が多く史部や子部に収められていることが、そのことを端的に物語っている。

『紅雨楼書目』の作者徐𤊹は、明代、閩中の著名な詩人であり、文学作品の蒐集に特に意を注いだ。彼は「蔵書屋銘」で「詩詞の別集、総集はすべて兼ね、楽府、稗官（小説）もみな備わっている。蔵書は汗牛充棟ではないが、考証は亥豕を見分けるほど精度が高い。」（『紅雨楼書目』巻首）と述べている。例えば巻三の子部・小説類には小説、筆記五百七十六種を収め、伝記類には元明雑劇と伝奇百四十種を収める。特に貴重なのは巻四の集部「明詩選姓氏」に、計三百十五名の明代の詩人を収録していることで、そのうちの二百七十人には簡潔な略歴が附されており、明代文学研究における貴重な資料となっている。潘景鄭は「分類こそ一途に四部によっているが、所収する書籍の多くは明代の文藝である。世間で見られないものが、ざっと数百十種あり、『千頃堂書目』の豊富さには及ばないが、相互に参照することで互いの缺点の十に一つを補うことができるだろう。また所収される刻本はいずれも天啓（一六二一～一六二七）、崇禎（一六二八～一六四四）年間以前のもので、今日からすれば、天水（宋）・蒙古（元）の本同様に珍しいのではなかろうか。」[四一]（『紅雨楼書目』巻末「叙録」）という。『紅雨楼書目』は経史子集の四部に従って分類しているが、細目の設定においては蔵書の実際の状況が考慮され多少の変更がなされている。例えば巻二の史部では「本朝世史彙」の一類が専門に立てられ、明代に関連する史書八十五種を収録している。同巻にはまた「総志」「分省」の二目が立てられ、明代の地方志約三百五十種を収載している。また「宋集」では表を用いており、閲覧に大変便利である。[四二]これらはみな私人蔵書目録が実際を重んじ、実用を強調していたという特徴を反映している。汪辟疆先生が仰るとおり、「明一代にあっては個人の目録が非常に多いが最も規範があり則るべきものは『千頃堂書目』がその筆頭である。」(『目録学研究』論唐宋元明四朝之目録)。張鈞衡はこの書のために跋文を作り、黄虞稷の生涯と書目分類を紹介して次のように述べている。

虞稷、字は兪邰、先祖は泉州の人。父は居中、字は明立、官職は南京の国子監丞、南京の戸部街に住み、著書に『千頃斎集』がある。若い頃から読書を好み、老いてなおますます熱心で、千頃斎には蔵書が一万巻餘りもあった。兪邰は博学大雅でよく古典を学び、時に南京の陥落に直面すると、国家の貴重な蔵書や、由緒ある家の蔵書を探し求め自らの蔵書に加えた。この目録が収録するのはすべて明一代の著述である。経部は十一部門あり、易・書・詩・三礼・春秋・孝経・論語・孟子・経解・四書・小学である。史部は十八部門あり、国史・正史・通史・編年・別史・覇史・史学・史鈔・地理・職官・典故・時令・食貨・儀注・政刑・伝記・譜系・簿録である。子部は十二部門あり、儒家・雑家・小説家・兵家・天文家・暦数家・五行家・医家・藝術家・類書・釈家・道家である。集部は八部門あり、別集・制誥・表奏・騒賦・詞曲・制挙・総集・文史である。……各類目の末尾に宋・金・元の著述を附す。

(『千頃堂書目』巻末)

『千頃堂書目』の特長は、体例が厳格で、著録が豊富な点にある。例えば『四庫全書総目』は「別集は、登科の年によって配列しており、それができない場合は、各代の末尾に載せている。『唐書』『宋史』の二志の雑糅さに比べると、非常に明晰で、体例は最善といえる。」とし、また、「焦竑『国史経籍志』は出鱈目で参照するに足りないし、傅維鱗『明書経籍志』、尤侗『明史藝文志稿』は最も無駄多くして要領を得ないから、明代の著述を考える場合、やはり本書によるのがよい。欽定『明史』藝文志が多く本書を採録するのもそのためである。その雑駁さを除き、該博さを取ればよい。」(『四庫全書総目』巻八五)と述べている。著録の対象をすべて明一代の著述とし、あわせて宋・金・元人の著作を附随させているのは独創といえるだろう。

清代には個人蔵書の気風がさらに盛んになり、私人蔵書目録も増加した。現存する著名なものは以下の十五家である。

銭曾『述古堂書目』四巻
銭曾『也是園蔵書目』十巻
銭曾『読書敏求記』四巻
毛扆『汲古閣珍蔵秘本書目』一巻
徐乾学『伝是楼書目』八巻
呉寿暘『拝経楼蔵書題跋記』六巻
黄丕烈『士礼居蔵書題跋記』六巻、『続編』五巻

黄丕烈『蕘圃蔵書題識』十巻、『続録』四巻
孫星衍『孫氏祠堂書目』内編四巻、外編三巻
汪憲『振綺堂書目』六巻
瞿鏞『鉄琴銅剣楼蔵書目録』二十四巻
楊紹和『海源閣蔵書目』一巻
陸心源『皕宋楼蔵書志』百二十巻、続志四巻
丁丙『善本書室蔵書志』四十巻、附録一巻

現代の著名な蔵書家も多く目録を編んでいる。五家を例としてあげる。

葉徳輝『郋園読書志』十六巻
鄧邦述『群碧楼善本書録』六巻
傅増湘『双鑑楼善本書目』四巻
張元済『海監張氏渉園蔵書目録』四巻
潘宗周『宝礼堂宋本書録』四巻

清代以降の個人蔵書の顕著な傾向は、版本の鑑定に注意が向けられ、善本の蒐集を重視するということで、この時期の著名な私人蔵書目録の多くは版本目録、主として善本目録である。第七章第五節で版本目録について紹介するので、ここでは詳しく触れない。

私人蔵書目録にも注目に値する珍しい特色がある。まず、多くの私人蔵書目録は著録が非常に詳細で、多く提要を附しており、これが学術研究に大変役立つということである。私人蔵書目録の書跋、題識には、おおむね、その本の序跋・鈐印・牌記・行款・字体・紙墨・避諱字が詳細に記載され、流伝の経過の叙述にも注意が向けられており、こうしたことはほかの種類の目録では極めて稀にしか見られない。次に、私人蔵書目録は、国家蔵書目録や史志ほど完備し豊富ではないが、蔵書家が往々にして正統的観点による束縛を突破することから、蔵書に異本が多く、国家蔵書目録や史志の缺を屡々補うことができるということである。こうした特徴が、私人蔵書目録の各種目録における独自の地位を決定づけている。

私人蔵書目録は、一般的に蔵書家自身によって編まれるが、他人の手になる場合もある。有名な天一閣の蔵書目録には范氏自身が編んだもの（『天一閣蔵書目録』）以外に黄宗羲が編纂したものもあり、その「天一閣蔵書記」には「范司馬（欽）没後も蔵書の管理は大変厳重であった。癸丑の年（一六七三）、私が甬上に至ると、范友仲は戒めを破って、楼閣に登らせ、全蔵書を開放してくれた。私はあまり通行していないものを取り上げ、抄写して目録を作った。」（『天一閣書目』巻首）とある。この後も清の嘉慶・道光年間（十九世紀前期）に劉喜海が十二巻本の『天一閣書目』を編んでいる。こちらは「劉喜海が浙江省で官にあった際、天一閣楼に登って書物を閲覧、編修したもの」（「浙江蔵書文献」、『文瀾学報』第二巻第三・四期所載）だという。以上がその例である。

第六節　聯合目録

聯合目録とは、複数の図書館の蔵書目録をあわせて編成した統一目録である。

聯合目録は近代図書館が勃興して以降の産物であり、古代にはなかった。建国前に編まれた聯合目録は約十種ある。北平図書館（今の北京図書館）がこの方面で多くの努力をしており、例えば一九三一年に出版した『北平各図書館入蔵欧洲文字書籍聯合目録』は全部で北平市の二十九機関が所蔵する図書三万二千五百十六種、雑誌五千六百九十四種を収録している。建国前の、最も優れ、最も影響の大きい聯合目録には朱士嘉編著『中国地方志綜録』を推すべきだが、これについてはすでに本章第四節で紹介した。

統計によると、建国から一九五七年まで、全国で計二十五種の聯合目録が出版された（『目録学概論』第七章第一節「聯合目録概述」）。一九五八年から一九六七年までには様々な聯合目録が三百餘種出版されている（彭鵬「我国聯合目録工作進展情況和有待解決的問題」〈『北図通訊』一九七八年第二期〉）。文革の間は聯合目録に関する作業は全く停滞してしまった。近年、科学研究や生産の需要が高まるにつれ、全国の多くの地区でにわかに聯合目録の編纂作業が回復してきた。建国後に出版された聯合目録は計四百種ほどである。

聯合目録が大量に現れたことは、社会主義制度の優越性、共産党と政府が一貫して聯合目録の編纂作業を重視してきたことを反映している。一九五一年三月、西南人民図書館（今の重慶市図書館）は西南軍政委員会文教部の指示によって、建国後初めての聯合目録『西南各図書館室蔵化学工業書刊目録』を編集出版した。同年上海新聞図書館（今は上海図書館に編入されている）が、また『上海各図書館蔵報調査録　附新聞学図書目録』を編集出版しており、上海市の五十六の図書館が所蔵する一八六八年から一九五〇年までの国内外の新聞六百餘種を収録している。

一九五六年七月、文化部は全国図書館工作会議を開催した。席上、文化部社会事業管理局は「図書館の方針と任務を明確にし、『科学への進軍』に大々的に協力するため奮闘する」という報告書を作り、「今、最も切実に求められているのは、各種主題別の聯合目録である。特定の主題を持つ聯合目録の編集・制作は、関連する各図書館の連携を必要とし、地区もしくは全国の範囲で一図書館が責任を持ち、各館が補充するという方法によって推し進めるべきである。」と提起している（『図書館工作』一九五六年第四期原載）。

同年十二月には、高等教育部も高等学校図書館工作会議を招集した。当時の高等教育部副部長の黄松齢は総括の中で、全国の高等学校図書館に「各図書館間の交流、相互貸借、作業分担、提携などの方法を展開し、聯合目録を編集制作する」よう求めている。同時に「全国に二百強ある高等学校で、各専門図書館間の相互貸借が可能となれば、特に海外の書籍、刊行物や重要で高価な図書を学校毎に購入するのは不経済であるから、相互貸借、分担協力という方法を採用すれば、潜在力を発揮し、少ない費用でより多くのことを進められる。この方法を一層拡大するため、各省市はまず聯合目録を作り、さらに歩を進めて全国的な聯合目録を作ろう。」（『高等学校図書館工作会議専刊』原載）という意見を提起している。

一九五八年十月には北京で全国聯合目録工作会議が開催された。一九八〇年三月にも北京で同会議が招集され、「全国聯合目録指導体系構築のための初歩的計画」、「全国聯合目録工作協調委員会組織規定」および「一九八〇年から一九八五年までの全国聯合目録の選題計画（草案）」が協議され、同意を得ている。

指導者・組織・計画を備えて聯合目録の編纂作業を展開させたことが、建国後の聯合目録が迅速に発展した関鍵となっている。

聯合目録が重視される理由は、それ自体が具えている優越性と切り離すことができない。全国図書聯合目録編輯組「我国における聯合目録事業の発展」という一文は、五つの側面からその効用をまとめている。

（一）全国の書物刊行物の分布状況を示し、多くの読者と研究者の参照・利用に便宜を図る。
（二）各図書館間の、相互貸借、複製作業の便宜を図り、全国の蔵書の利用頻度を向上させる。
（三）各図書館の間で図書購入作業を協調し、購入著書の不必要な重複を回避させる。特に、国外の図書購入において国家のために外貨を節約することができる。
（四）聯合目録の編集制作作業において、各館の協力関係をさらに強化させ、各館の連携の進展を後押しし、交流を通して作業方法を改善させる。
（五）図書目録事業の現代化と計画化を促進させ、共産党と政府の指導の下で、各図書館の力を結集して分担作業を行い、国家総書目事業のために有意義な基礎を創出する。

（『図書館』一九六四年第三期）

古籍の研究と整理に関係しつつ、また、かなり実用的な聯合目録としては以下のものがある。

『図書館学書籍聯合目録』　李鍾履編

『中国古農書聯合目録』　北京図書館編

『中国叢書綜録』　上海図書館編

『中医図書聯合目録』　中医研究院・北京図書館編

『中国地方志聯合目録』　中国天文史料普査整編組編

『一八三三―一九四九全国中文期刊聯合目録』　全国図書聯合目録編輯組編

刊行が予定されている『中国古籍善本書目』もまた一種の聯合目録である。

聯合目録は、実際には一種の蔵書目録でもあり、書物の有無を調査できるばかりでなく、どこで借りられるのかも調査できるので、非常に有用である。例えば『一八三三―一九四九全国中文期刊聯合目録』には全部で国内にある五十の省、市レベル以上の図書館が所蔵する、建国前に出版された中国語の雑誌二万種近くを収録している。その編例には次のようにある。

著録は基本的に次の十二項目を包括する。（1）雑誌の名称、（2）刊行の周期、（3）編集者、（4）出版地、（5）出版者、（6）創刊巻期、（7）廃刊巻期、（8）創刊日、（9）廃刊日、（10）注釈、（11）総蔵、（12）館蔵。ただ、出版に際して紙幅の節約のため各項目の性質に従って以下の五つの大項目にまとめた。（1）雑誌の名称と刊期、（2）編集者と出版地、（3）創刊と廃刊、（4）注釈、（5）館蔵。

二万種に近い定期刊行物について、このような著録項目を逐一精確に反映させるには、当然大量の考訂作業が必要となる。そのため、こうした目録の出版は、建国前の定期刊行物の検索に多大な便宜を提供し、科学研究に対して非常に大きな参考価値を有するものとなる。

原注

（1）『漢書』『隋書』の両志に著録するのはともに唐より前の古籍で、古代文化の学術を研究する上で極めて重要であるが、その中の多くの事柄は注釈なしには理解が難しい。そのため、多くの学者が注を作っている。今その重要なものを以下に記す。『漢書』藝文志に関するものとしては、宋の王応麟『漢書藝文志考証』十巻、清の姚振宗『漢書藝文志条理』八巻、姚明煇『漢書藝文志注釈』七巻、顧実『漢書藝文志講疏』、陳国慶『漢書藝文志注釈彙編』、孫徳謙『漢書藝文志挙例』、張舜徽『漢書藝文志釈例』がある。『隋書』経籍志に関するものとしては、清の章宗源『隋書経籍志考証』十三巻、清の姚振宗『隋書経籍志考証』五十二巻がある。

（2）『史通』古今正史篇に「初唐の太宗は梁・陳および斉・周・隋代の史書が整理されてなかったので、学士に命じてそれぞれ分担して編纂させた。……書が整理され、……十志になった。……その編は隋書に編入されたけれども、実際は別行しており、俗に『五代史志』とよばれた。」とある。

（3）『中国叢書綜録』「前言」参照。

（4）一九八四年にはまた浙江人民出版社から作者の『浙江方志考』が出版された。『浙江方志考』は『浙江地方志考録』に、訂正・増補を加え新たに書き改めたものであり、参考になる。

訳注

〔一〕 中塁校尉は、前漢・武帝の置いた八校尉の一。『漢書』百官公卿表上と顔師古注によれば、北軍の塁門の内および西域のことを掌る。劉向が中塁校尉に任ぜられた記事は『漢書』楚元王伝に見える。劉向の校書事業を継いだ劉歆も中塁校尉となっており、高似孫『子略』では劉中塁父子と呼んでいる。

〔二〕 余嘉錫（一八八四〜一九五五）は、中国近代の文献学者。著書に、『四庫提要辨証』『目録学発微』『世説新語箋疏』『古書通例』『余嘉錫文史論集』などがある。

〔三〕 姚名達『中国目録学史』叙論篇「目録之種類與目録学之範囲」における分類法（とそれにもとづく目録の類型）は、次の通り。第一に、条目の大小によって、群書の書名を列挙する「書目」と一書の篇名を列挙する「篇目」に分類する。第二に、所蔵の有無によって、「蔵書目録」と「非蔵書目録」に分類する。第三に、蔵書目録を、さらに蔵書の「公蔵」「私蔵」「独立」「非独立」「古今」「中外」などによって分類する。第四に、非蔵書目録を、目録の対象とする「時代」「地方」「学術」「人格」「数量」「実質」などによって分類する。第五に、目録の形態によって、「帳簿式」と「カード式」に分類する。第六に、配列方法によって、「辞典式」「類書式」「年表式」「百科全書式」「序跋式」に分類する。第七に、標題によって、「著者目録」「書名目録」「分類目録」「主題目録」に分類する。第八に、体裁によって、「純書目（書名・著者名・巻数などのみを記載し、解題のないもの）」、「純解題（書目の後に解題のあるもの、書籍中に題跋のあるもの）」、「書目と解題を兼ねるもの」に分類する。

〔四〕 目録の分類・類型に関連して、姚名達『中国目録学史』は、史志篇、宗教目録篇、専科目録篇、特種目録篇の各篇を設けている。また、来新夏『古典目録学浅説』は、国家図書目録、史志目録、私家目録の三種に大別し、私家目録をさらに総合目録（蔵書目録・地方目録・叢書目録・初学目録）と専門目録（専科目録・専書目録）に分類している。本書における学科目録は、姚名達および来新夏の専科目録にほぼあたる。特種目録は、姚名達の用語を承けたものであろう。

〔五〕『天禄琳琅書目』巻三「金版史部」に大定己丑（一一六九年）八月の唐公弼序を冠する『貞観政要』一函六冊が著録される。

〔六〕二十世紀国学叢書所収の汪辟疆『目録学研究』（華東師範大学出版社、二〇〇〇年）に附される「漢唐以来目録統表」（漢魏—明末）表一「官書目録」には、六十種の目録が挙げられている。

〔七〕『別録』の現存する八篇とは、伝存する書物に附されて残った書録のこと。姚振宗「七略別録佚文叙」（『快閣師石山房叢書』所収）に、「『別録』中叙奏全文僅存『戦国策』（剡川姚氏宋刊本）、『晏子』（宋本）、『孫卿子』（宋本）、『管子』（明刊本）、『列子』（宋刻本）、『韓非子』（宋本、但し劉向の名は記さず）、『鄧析子』（明刊本）及劉秀『上山海経表』（元刊本）、凡八篇。」とあるのに従ったものであろう。このほか、『別録』の遺文は、厳可均『全漢文』、馬国翰『玉函山房輯佚書』にも収載されており、前者には、「戦国策書録」、「管子書録」、「晏子書録」、「孫卿子書録」、「韓非子書録」、「列子書録」、「鄧析書録」、「関尹子書録」、「子華子書録」、「説苑書録」の計十篇が見えている。なお、内藤湖南「支那目録学」は、『戦国策』、『晏子』、『荀子』（孫卿子）、『管子』の書録のみを確かなものとする。

〔八〕『元帝四部書目』の収録書籍については、阮孝緒「七録序」附載の「古今書最」に「晋元帝書目四部三百五袠三千一十四巻」とあり、『隋書』経籍志「総序」にも「恵懐之乱、京華蕩覆、渠閣文籍、靡有孑遺。東晋之初、漸更鳩聚。著作郎李充、以勗旧簿校之、其見存者、但有三千一十四巻。」とある。李充が比較したという荀勗の旧簿（晋中経簿）の収録巻数は、「古今書最」に二万九百四十五巻、「隋志」総序に二万九千九百四十五巻とあり、異同があるが、いずれにしても南遷にともなう書籍の亡佚のひどさを窺うことはできる。『隋書』巻四九「牛弘伝」には、開皇年間に牛弘が献書の路を開かんことを請うた上表文に書の五厄を挙げ「魏文代漢、更集経典、皆蔵在秘書・内外三閣、遣秘書郎鄭黙删定旧文。時之論者、美其朱紫有別。晋氏承之、文籍尤広。晋秘書監荀勗定魏内経、更著新簿。雖古文旧簡、猶云有缺、新章後録、鳩集已多、足得恢弘正道、訓範当世。属劉・石憑陵、京華覆滅、朝章国典、従而失墜。此則書之四厄也。」として、西晋末の混乱がその一つに数えられている。

〔九〕 本書が『群書四部録』の収録巻数を八万二千三百八十四巻とするのは、『新唐書』藝文志の序に「蔵書之盛、莫盛於開元、其著録者、五萬三千九百一十五巻、而唐之学者自為之書者又二万八千四百六十九巻。嗚呼、可謂盛矣。」とあるのによったものであろう。

〔一〇〕 この時期の宮廷における蔵書の配架法については、すでに見た『隋書』経籍志の記述（六〇頁）や『新唐書』藝文志に「両都各聚書四部、以甲・乙・丙・丁為次、列経・史・子・集四庫。其本有正有副、軸帯帙籤皆異色以別之。」とある程度で詳細については知り得ないが、『七略』以来の国家蔵書目録の編纂目的や性質から考えるに、その分類法と配架法とは一致していたに違いない。一方、四部分類以外の分類法を採用した書目には、宋・王倹『七志』、梁・阮孝緒『七録』がある。『七録』は、処士であった阮孝緒が宋斉以来の王公縉紳の蔵書を調査したもので配架を意識する必要のある蔵書目録ではない。また、王倹は『七志』とともに『元徽四部目録』も作っていることから、倉石武四郎『目録学』は、「七志は個人の蔵書であり、四部は公家の蔵書であったかも知れない。」と述べている。

〔一一〕 曾鞏（一〇一九〜一〇八三）は、字は子固、建昌軍南豊県（江西省）の人。編校史館書籍・館閣校勘・集賢校理兼判官告院を歴任し、『新序』『説苑』『列女伝』『梁書』『陳書』『南斉書』『唐令』『礼閣新儀』『李白詩集』などの校定にあたった。劉向が校書終了毎に書録を著したのに倣って「目録序」を記したという。姚鼐は「古文辞類纂序目」で「目録之序、子固独優已。」とし、章学誠は「删定曾南豊南斉書目録序」で「古人序論史事、無若曾氏此篇之得要領者。」とするなど高く評価されている。四庫提要の批判は例えば「南斉書目録序」に「古之所謂良史者、其明必足以周万事之理、其道必足以適天下之用、其智必足以通難知之意、其文必足以発難顕之情、然後其任可得而称也。」とあるのを指すのであろう。

〔一二〕『子略』では、まず冒頭の目録一巻に、「漢志」、「隋志」、「唐志」、庾仲容『子鈔』、馬総『意林』、鄭樵『通志』藝文略に著録される諸子を抜き出し、その書名・巻数・撰者などが列挙され、続く四巻で、そのうちの三十八家が取り上げられ、高似孫の題識が記されている。

〔一三〕『陰符経』は、『周易参同契』とともに内丹道を代表する道教の経典で、唐末から五代以降に流行した。『四庫提要』子部・道家類は、『陰符経巻』一巻を著録し、旧本には「黄帝撰、太公・范蠡・鬼谷子・張良・諸葛亮・李筌六家註」と題してあるが、実際には李筌の手になる仮託の書であろうとしている。

〔一四〕『握奇経』は「漢志」「隋志」「唐志」のいずれも著録せず、「宋志」に初めて見える。『四庫全書簡明目録』子部・兵家類は、唐・独狐及「八陣図記」の記述によった仮託としつつも、内容に条理があること、流伝が四、五百年に及ぶこと、兵を談ずる者が祖としてきたことを理由に著録するとしている。

〔一五〕『古逸叢書』は、黎庶昌（一八三七〜九七）が、楊守敬と共に日本の善本を覆刻した叢書の名。光緒十（一八八四）年刊。本叢書には、影宋本史略六巻ほか、影宋蜀大字本爾雅三巻や、影旧抄本巻子本日本国見在書目一巻など、計二十六種の書籍がまとめられている。

〔一六〕中国版本図書館は、新中国成立後の国内出版物の収集・保存を目的とし、蔵書は非公開、集められたデータをもとに『全国新書目』と『全国総書目』を出版している。中国版本図書館の淵源は、一九五〇年創設の中央人民政府出版総署図書館にまで遡り、その後、数度の名称および所属機関の変更を経て、一九八三年に中国版本図書館と改称された。『全国新書目』は、『全国総書目』編輯部によって編輯・出版されている。建国直後、『毎週新書目』としてスタートし、その後、一九五三年には、『毎月新書目』

に、一九五五年五月からは、文化部版本図書館編印となり、名称も『全国新書目』と改められた。一九六六年七月に編集作業が中断され、一九七三年復刊した。『全国総書目』は、一九四九―一九五四年版と一九五五年版が新華書店総店から出版され、翌一九五六年度版から文化部出版事業管理局版本図書館による編集となった。一九六六年に編集作業が中断され、一九七一年に再開された。

〔一七〕「開本」とは、印刷用紙（全紙）の裁断の方法による図書の大きさ、何頁掛けかということ。全紙から十六頁をとるのが十六開本。判型。

〔一八〕班固の『漢書』藝文志の序に、「会向卒、哀帝復使向子侍中奉車都尉歆卒父業。歆於是総群書而奏其七略。……今删其要、以備篇籍。」とある。

〔一九〕姚振宗の所謂「旧本」とは、北宋の天聖二（一〇二四）年に版行された刊本を指す。天聖二年刊本は、書物自体はすでに逸したがその跋文が伝わり、そこでは、『隋書』十志のうちの経籍志は「侍中鄭国公魏徴撰」と題されていたことが述べられている。ただ、『隋書』経籍志を魏徴一人の手になるとする見方や、あるいは姚氏のように複数の手によりながらも最終的に魏徴がまとめたとする見方に対しては異論もあり、例えば、興膳宏氏は『隋書』十志の元となった『五代史志』の完成以前に魏徴が逝去していることを理由に、姚氏の指摘について疑問を呈している（『隋書経籍志詳攷』解説）。

〔二〇〕『玉海』は、南宋・王応麟（一二二三～一二九六）による全二百巻からなる類書の名。また「辞学指南」四巻、「詩攷」や「漢藝文志考証」を収めた別附十三種六十一巻を含む。天文、律歴、地理など二十一の部立てからなり、博学宏詞科に応じるための参考書的な役割も果たしていた。佚書に関する記述や宋代に現存した書物に関する記述も多く、資料的価値をあわせもつ。

〔二一〕『明史』藝文志と黄虞稷「明史藝文志稿」にもとづく『千頃堂書目』を比較すると、例えば、易類では『明史』藝文志が冒頭に朱升『周易旁注前図二巻・周易旁注十巻』を置くのに対し、『千頃堂書目』

はその前に『周易伝義大全二十四巻義例一巻』と『周易直指十巻』の二冊を挙げている。また『欧陽貞周易問辯三十巻』は両書ともに著録するが、『千頃堂書目』に載る「分宜人。洪武初以易魁江西省試。官考城主簿。一名易疑。」という補注は、『明史』藝文志では省略されている。

〔二二〕『文淵閣書目』は明一代の蔵書目録であるが、実用を主眼とし、千字文によって整理番号を附し、書名と冊数を記録するのみで、撰者や巻数は記されていなかった。

〔二三〕「長編」とは、歴史書などの編纂に先立って捜集した諸資料を整理、編年したものをいう。例えば司馬光が『資治通鑑』を編むに先立ち「長編」を作ったことについては、南宋・李燾「進続資治通鑑長編原表」(『続資治通鑑長編』)に「臣竊、聞司馬光之作資治通鑑也、先使其寮採摭異聞、以年月日為叢目、叢目既成、乃修長編。」と記されている。後に資料を集めてまとめた草稿も意味するようになった。

〔二四〕彭国棟の序文に「清史稿藝文志疏漏殊多。茲参考全国公私書目、増列約一倍。」と見える。また、同じく序文の記すところによれば、本書には一万八千五十九部、十六万七千五十巻の書目が著録されている。本書も『清史稿』藝文志の分類をほぼ踏襲しながら増補しており、類目上異なるのは経部の下位分類の「経総義類」を「群経総義類」に改めている程度である。

〔二五〕『子彙』は、周子義らが万暦年間に刊行した諸子専門の叢書。『鬻子』『晏子春秋』『孔叢子』など、二十四種の諸子を収める。『二十子』は、呉勉学が編んだ諸子専門叢書で万暦年間の刊行。『老子』『関尹子』『文子』など、二十の諸子を収める。『古今逸史』は、呉琯が刊行した史書専門叢書。合志、分志、逸記、世家、列伝に分けて五十五種を収める。劉熙『釈名』、張揖『広雅』、あるいは蔡邕『独断』、班固『白虎通徳論』など、収録範囲は伝統的な史部より広い。『五朝小説』は、編者不詳の小説専門叢書で、魏晋小説、唐人百家小説、宋人百家小説、皇明百家小説からなり、主に魏晋唐宋明の五王朝の小説を集める。収録される個々の小説は版によって異なる。

〔二六〕　『皇清経解』は、清・阮元（一七六四〜一八四九）の編による経書研究書集成で千四百巻からなる。『学海堂経解』ともいう（学海堂は阮元が広州に建てた学舎の名）。道光九（一八二九）年刊。後に労崇光によって続刻八種十二巻が加えられた。顧炎武『左伝杜解補正』から厳杰補編『経義叢鈔』に至るまで時系列順に配列されている。この体裁は清代における経典研究の歴史を概観するのには便利であるが、項目別にどのような書物が含まれているのかを検索するのには不便である。その缺点を補うものとして「皇清経解編目」があり、これは易経・書経・詩経・周礼・儀礼・大戴礼記・礼記・春秋・左伝・公羊伝・穀梁伝・論語・孝経・爾雅・孟子・群籍分部目というように内容別に整理されている。続編千四百三十巻は、清・王先謙（一八四二〜一九一七）によるもので、二百九種の経学研究書を収める。光緒十四（一八八八）年刊。本書は顧炎武『九経誤字』から林頤山『経述』に至るまで時系列順に配列されており、『皇清経解』の缺を補う叢書となっている。

〔二七〕　独撰叢書とは、特定の人物の著述をまとめたものをいう。また、目録における叢書の扱いと下位分類については、祁承㸁『澹生堂蔵書目』が子類十三に叢書類を置いて国朝史・経史子雑・子彙・説彙・雑集・彙集の下位区分を設け、張之洞『書目答問』は四部から叢書を独立させ、古今人著述合刻叢書と国朝一人自著叢書とを設けている。『中国叢書綜録』第一冊「総目分類目録」では、雑纂・輯佚・郡邑・氏族・独撰の五類からなる彙編と、経・史・子・集の四類からなる類編とに分けている。

〔二八〕　沈乾一『叢書書目彙編』（上海医学書局印行、民国十七年）は、諸家の叢書目録を網羅し、その遺漏を広く補入してなった。検索の便のため（分類ではなく）叢書名の筆画順に配列したこと、子目を略した索引を冒頭に配したこと、複数の名称を持つ叢書にも対応したこと（春在堂叢書は一名第一楼叢書兪と言い、また蔭甫所著書ともいう。皇清経解は学海堂経解ともいう）などが特徴である。

〔二九〕　二〇〇七年、上海古籍出版社から、「叢書編撰者索引」の加えられたものが出版されている。版式も

A5版になっている。また、関連図書として、『叢書綜録補正』(江蘇広陵古籍出版社、一九八四年)、『叢書綜録続編』(北京図書館出版社、二〇〇三年)が出版されている。

〔三〇〕『史通』二十巻(内篇十巻、外篇十巻)は、唐・劉知幾(六六一~七二一)、字は子玄の、四十九篇からなる史論書で、中宗の景龍四(七一〇)年に成る。歴代史書の比較を通して史書の体例・義法について多方面から、駢文体で論じている。冒頭には劉知幾の序録があり、『史通』を執筆した経緯、『白虎通』を意識したという書名の由来が記されている。内篇は、六家から自叙にいたる三十六篇、および篇名だけが残る体統・紕繆・弛張からなり、正史に備わった本紀や列伝などの部立てについて考察し、史書の記述に関する見解が示されている。外篇は史官建置から忤時にいたる十三篇からなり、史官の制度や、正史の変遷、史書に関する雑記など、内篇を補足するような内容となっている。また、本書は明代以降、広く読まれるようになり、明・李維禎らの『史通評釈』や清・浦起竜『史通通釈』などが著された。書志篇(巻三)は、制度史・分野史である書志を対象としているが、その中で劉知幾は、例えば天文志であれば、日月星辰のように不変のものは国史に載せるべきでなく、彗星や日食など、その対象とする朝代に特有の出来事のみに限って記録すべきであると主張している。藝文志についても、前志にすでに著録されているものが後志にも重複して記載されることを煩わしいと批判し、(本来、書志に藝文志は立てる必要のないものであるが、どうしてもというのであれば)従来の体裁を変え、当代の著述のみを記載すればよいと述べている。実際、当代の著述のみを記載する目録としては、時代は下るが『明史』藝文志を挙げることができる。

〔三一〕『千頃堂書目』巻一〇「簿録類」に、祁承㸁『両浙著作考』四十六巻と曹学佺『蜀中著作記』十巻が著録されている(本書に後者を十二巻とするのはおそらく誤りであろう)。

黄裳「跋祁承㸁『両浙古今著作考』稿本」(『中国文化』第七期、一九九二年)および「関於祁承㸁——

読『澹生堂文集』」（『黄裳書話』、北京出版社、一九九六年）によれば、黄裳の架蔵は、『両浙古今著作考』と題する稿本十五冊で、竹紙藍格、白口、単欄、十行二十字、版心下に「澹生堂抄本」の五字が見えるという。書前には万暦戊午「敬詢両浙名賢著作檄」および「輯浙中著作考槩」が置かれ、杭州府（五巻）、嘉興府（三巻）附諸志考、湖州府（三巻）附諸志考、寧波府（未分巻）、金華府（不分巻、現存部分は六朝から元まで）、衢州府（五巻）、厳州府（一巻）、温州府（不分巻）附諸志考、台州府（不分巻）、処州府（不分巻）、および道家（二巻）、浙中名医（不分巻）の各著述考に合計千二百十二の書籍が収録され、第十六、十七の二冊（名僧著述考）を缺くとのことである。なおまた、『澹生堂文集』には「浙中輯著作考、雖古人之遺書、十不存其一二、而使後人尚識其著作之名目、猶有存羊之意也。合十一郡大約有八十餘巻。」との記述が見えるという。

『図書館学季刊』所掲の『蜀中著作記』は、第三巻一・二期合巻（一九二九年六月）に巻一経部が、第三巻三期（一九二九年九月）に巻二・三史部と巻四子部が、第四巻一期（一九三〇年三月）に巻五内典と巻六地理志部の計六巻が分載されている（本書が四巻というのは『図書館学季刊』第三巻三期までに所載されたものを数えたものであろう）。『蜀中著作記』はその完本が四庫全書所収『蜀中広記』百八巻に収載されている（巻九一～巻一〇〇まで）。四庫全書所収『蜀中広記』（両淮馬裕家蔵本）は、著作記第一が経部、第二・三が史部、第四が子部、第五が内典、第六が地理志、第七～九が集部、第十が集部宦遊于蜀中所輯刻者となっており、『千頃堂書目』に挙げる巻数と一致している。四庫全書所収の『蜀中著作考』を『図書館学季刊』所収のものと比べると、四庫全書所収『蜀中著作考』巻五「内典」に見えている『宋板蔵経』の一条が『図書館学季刊』所収の方には見えないこと以外に相違点はないようである（なお本書の『蜀中著作考』に対する記述は、姚名達『中国目録学史』に見える「伝者当推於明末曹学佺之『蜀中著作記』。学佺嘗官四川按察記、故熟於四川文献。其書凡十二巻見千頃堂書目残本四巻見於

『図書館学季刊』第三巻」とあるのによったものであろう）。
〔三二〕孫詒譲（一八四八～一九〇八）は清末の学者で、字は仲容、浙江省瑞安の人。『周礼正義』『墨子間詁』などがある。
〔三三〕李小縁編輯、雲南省社会科学院文献研究室校補『雲南書目』（雲南人民出版社、一九八八年）
〔三四〕『雲南書目』は次の十四の大類に分けて文献を著録している。総録、歴史、地理、地質、礦産、動物、植物、社会、文化・教育・衛生、経済、交通、民族、軍務、辺務。また、大類の下に設けられた小類としては、例えば、地理の下には、輿地沿革之属、地図、游記、省際関係、山川総論、雑載、水利、気候、物産の九の小類が設けられており、本文に指摘されるように分類の主題が明確で、実用性が高い。
〔三五〕『呉興備志』では巻二二「経籍徴」が本書の所謂目録に該当し、当地にまつわる著書、文人の著述を巻数とともに時代順に著録している。康熙六十年刊『嘉興府志』では、巻一六「書籍」が著述目録にあたり、晋代より当代に至るまでの著作を時代ごとに著録し、文献名と著者名を記す。康熙五十七年刊『銭塘県志』では、巻三二「経籍」が著述目録にあたり、六朝梁代より当代に至るまでの著作が時代ごとに著録されている。著録項目は、文献名、巻数、著者名で、間々簡潔な案語を附す。
〔三六〕摯虞（？～三一一）、字は仲治、京兆長安の人。『隋書経籍志詳攷』（四四四頁）は「『晋書』五一の本伝では、『畿服経』には全く触れておらず、本序に記すところ以外は不明である。」と述べている。
〔三七〕任昉（四六〇～五〇八）は、梁の文人。字は彦昇、楽安博昌（山東省）の人。「隋志」には、史部に『雑伝』『地記』『地理書抄』が、また集部に『梁太常卿任昉集』『梁有文章始』がある。
〔三八〕『九経字様』は、唐の唐元度による、石経の字体を確定したもの。開成石経のあとに連なっていた。『西安碑林全集』（広東経済社、一九九九年）などで見られる。
〔三九〕『永楽大典』は、明の永楽帝の頃、先に成った『文献大成』を編集し直して完成した中国最大の類書。

姚広孝、解縉らが命を奉じて監修し、永楽六（一四〇八）年の成書までに二千百六十九人が参与した。全二万二千八百八十七巻、一万一千九十五冊。明代に編まれた韻書、『洪武正韻』の字の順序に従い、その字に関係する記事を分類配列した。別に凡例と目録六十巻があった。佚。七八千部の書物を収め、後にここから多くの輯本が編纂された。清末の動乱で焼失や略奪にあい、大部分が失われた。現存する『永楽大典』を集めたものが、中華書局から影印出版されている。

〔四〇〕　陳瓘のことばは、『宋史』巻三四三「陸佃伝」に見える。

〔四一〕　天水とは宋朝のこと。趙姓が天水の郡望であるからとも、『宣和遺事』に見える宋の徽宗、欽宗が金に天水郡公、天水郡侯に封ぜられたという逸話に因むものともいう。例えば、丁丙『善本書室蔵書志』に附せられた羅椠「甘泉書蔵記」に「丁竹舟、松生二先生、築精舎於甘泉之北、稡四部書之為宋元旧刻者宝蔵…今二先生重逢太平、捜羅垂三十年、凡経史鉅帙、校刊於天水之朝、付鋟於蒙古之代、為前人秘蔵書目所載者、大半購以鉅価…」とある。

〔四二〕　『紅雨楼書目』史部の類目は、正史、旁史、本朝世史彙、人物伝・聖賢、歴代、各省、名賢、姓氏、族譜、年譜、科目、家訓、方輿、総志、分省、辺海、外夷、各省雑志、各省題詠の十九類。

第六章　学科目録

学科目録は特定の専門分野の書籍をまとめた目録である。紀元前二世紀、我が国には早くも記録上確認しうる最古の学科目録である『兵録』が出現した。(一)『漢書』藝文志・兵書略の序には次のようにある。「漢が起こると、張良・韓信が兵法を整理し、計百八十二家の要点を取りまとめ、三十五家に定めた。呂后の一族は権力を握るとそれらを盗み出した。武帝の時、軍政の官にあった楊僕が遺文・逸文を捜集し、『兵録』にまとめて奉ったが、まだ完全とはいえなかった。」(『漢書』巻三〇)。学科目録の出現は、人々の専門的要求に応えたものであるが、科学研究の発展にともなって、次第に発展することになった。以下、経史子集の各分野について、主要なものに論述を加えていく。

第一節　経学書目録

経書は古代、常に大変尊重され、経学も一貫して最も重要な位置にあったため、経学書目録の出現は比較的早かった。汪辟疆先生は「後漢末、鄭玄は『三礼目録』一巻を作り、三礼の篇目のみを対象として提要をなした。（目録という）書名こそ劉向にもとづくものの、内容はもっぱら礼経を解釈したものである。」〔二〕（『目録学研究』唐以前之目録）と述べている。この経書の篇目についての提要は経学書目録の萌芽と見なすべきものであり、『宋史』藝文志に著録される欧陽伸『経書目録』こそ、本当の意味での経学書専門の目録である。〔三〕明嘉靖年間、朱睦㮮撰『経序録』は、諸家の経書に関する著述を取り上げ、各書の篇首に置かれた序をまとめて一書としたもので、これも特色ある経学書目録である。〔四〕

　経学書目録の代表としては、清初・朱彝尊の『経義考』を推すべきであろう。朱彝尊は康熙年間に隠棲してから、馬端臨『文献通考』経籍考の体例に倣い、さらに発展させ、二十年に及ぶ努力を経て、『経義存亡考』三百巻を撰し、存・佚の二例を列した。後にまた闕・未見の二例を増し、乾隆二十（一七五五）年の刊行時に書名を『経義考』と定めた。『四庫全書総目』は、その体例を次のように述べる。

> 毎書、冒頭に撰者の姓氏・書名・巻数を記し、巻数に異同のあるものには、どの本には何巻に作ると注記する。続いて、存・佚・闕・未見を記す。次に、原書の序跋、諸儒の論説および著者の爵位と本籍地を記す。朱彝尊の考察・訂正があれば案語を最後に附している。……前後二千年間すべてにわたって経書伝授の源流を委細考察できるようにしており、詳細にして周到というべきであろう。
>
> （『四庫全書総目』巻八五）

今、一例を載せよう。

魏氏伯陽『周易参同契』

「唐志」二巻　『崇文総目』一巻　『通考』三巻　存

『三洞珠嚢』‥魏伯陽は『参同契』を撰著し、『周易』の爻象をもって仙薬の調合を論じた。儒者は仙薬の事を知らないため、多く陰陽の理論によって本書を注解し、ひどく本旨を逸している。

（引用者案・原文では以下に『中興書目』、彭暁の序、晁公武、朱子、范成大、黄震、劉辰翁、兪琰、胡一桂、陸深、羅欽順などの論述が輯録されているが今は省略する。）

按ずるに、『参同契』は道家の言にもとづくもので、経義に列すべきでないが、朱子が本書に注しており、かつ『易』に対して無害であるといっているのでここに附載した。〔五〕本書についての諸家の注解は非常に多いので概略のみにしてあとは記さないことにする。

（『経義考』巻九）

『経義考』の缺点は原資料を引用する際に、削除・訂正を加えることで、このような方法は多少文義を通りやすくはするが、原典の本来の面目が失われてしまうため、孫詒譲は「馬端臨、朱彝尊の両考は、およそ旧文を収録するのに、典拠を詳らかにせず、削除改竄して、原書と異なっている。」（『温州経籍志』叙例）と批判している。その他、『経義考』の存・佚・闕・未見の判断は、見聞に限りがあるため、往々にして事実と符合せず、そのため翁方綱は『経義考補正』十二巻を撰して訂正を加えている。

続いて注目に値するのは、近代の学者、呂思勉の『経子解題』で、群経と諸子を紹介する一般向けの読み物である。この書は、分量は多くないが、内容はすばらしく、読めば一般的知識を増やすことができる。呂氏は、経学の方面において、やや今文家を重視しているが、概していえばやはり大変客観的である〔六〕。例えば、筆者は『論語』について次のように紹介している〔七〕。

『論語』には、魯論・斉論および古論の別がある。魯論の篇次は今本と同じである。斉論には（魯論と共通する二十篇のほか）さらに「問王」「知道」の二篇がある。（共通する）二十篇の章句についても魯論よりやや多い。古論は孔子旧宅の壁中から出てきたものといわれており、「堯曰篇」後半の「子張問…」以下を分けて別の一篇とするため、「子張篇」が二つある。篇目の順序も斉・魯論とは異なっている。張禹は夏侯建から魯論の学を受けたが、また庸生と王吉からも斉論を授かった。それぞれの善いところを選択し、『張侯論』と号したが、これによって斉論・魯論の別は乱れた。鄭玄は魯論の篇章にもとづいて、斉論・古論の注を参考にしながら注をつけたため、斉論・魯論・古論の三者の別はなくなった。魏・何晏は諸家の説を集めて自身の見解をあわせ記し『集解』をなし、大いに世に行われて、現行『十三経注疏』に採用された。梁代、皇侃が疏（『論語義疏』）を作ったが、宋・邢昺の疏は皇疏に依拠しつつ、その枝葉を削って文義の解釈を附したものである。梁代の疏は後代亡佚したが清代に日本で得られた〔八〕。古論には孔安国の注があったといい、今『集解』の引くところに見えるが、恐らくこれも王粛の偽作であろう。後、この注も亡んでしまった。清代、歙県の鮑氏がこの書を日本で手に入れたとして重刻したが、やはり六朝以来の偽物である。〔九〕『論語』という書物はすべて孔子とその門弟の言行を記したものであり、その説は非常に平易で信ずべきものである。この書は雑記であって特段の筋立てはない。『正義』は篇ごとにその主旨と章立てについて述べているがその必要は全くない。清代の学者で新しい疏を作ったものに劉宝楠『論語正義』がある。

（『経子解題』「論語・孟子・孝経・爾雅」）

一つの経書に特化して著録した目録には清・全祖望『読易別録』、近代の蔣復璁『易経集目』『四書集目』『論語集目』『孟子集目』『孝経集目』などがある。特に取り上げる価値のあるものは鄭振鐸が編集した「関於詩経研究的重要書籍介紹」である。〔一〇〕全篇は四類に分かれている。第一類は『詩経』の注釈および見解に関するもの、第二類は音韻、名物の研究および異文校勘に関するもの、第三類は輯佚に関するもの、第四類は附録である。この書目には長所が二つある。第一は収録される書物はすべて作者が実際に目にしたものであり、一般的にも入手可能であるということ。第二は各書に提要を附し、各類末尾に序を置き総括していることで、内容が類似する複数の書物の後にも「学術を辨章し源流を考鏡する」文章を置いている。例えば、『毛詩指説』一巻の提要には「唐・成伯璵撰。『通志堂経解』本。本書は非常に重要である。蘇轍は詩序のはじめの一文を子夏が創作し、後に毛萇が続けたと考えたが、その説は伯璵の書にすでに端緒が見えている。〔一一〕」という。また十一種の音韻研究書の後には次のように記している。

『詩経』の音韻研究は字義の訓詁と同時に始まった。初めはただ今音で古音を読むのみであったが、後に今音を臨時に読み替えて無理に古音にあわせるようになり、陳第・顧炎武らが現れてようやく古音の本質を発見し古今の音韻体系の違いを理解した。〔一二〕この発見は『詩経』研究には勿論、文字学上も極めて価値あるものである。その後、孔広森・夏炘らの継続的研究を経て成果は一層精密になった。

（『中国文学研究』上冊）

小学は言語・文字に関する学問である。小学の書は『七略』からすでに経書の附属と見なされているから我々も経学書の後に附して述べることにしよう。

朱彝尊『経義考』は小学書も収めているが、ただ『爾雅』を詳述するのみで『説文』以下のものには及んでいない。朱彝尊とほぼ同時代の謝啓昆は『小学考』を著して、言語・文字学の書籍を朱氏の書の体例に倣って著録し、その成果は非常に大きなものであった。その序にいう。

秀水の朱氏撰『経義考』は経学に対する貢献は非常に大きいが、ただ『爾雅』に限って詳述するのみで、その他はどれも闕如としている。我が師、翁学士覃谿先生は『補正』を作り、さらに小学の一門を広くしたいと、ある時、私に対して仰った。……乾隆乙卯（一七九五年）、浙江の按察使の任にあった時、文瀾閣中の秘本を見る機会を得てから諸書を採輯しはじめ『小学考』を作った。その後、山西布政使から浙江に移任し、餘暇を利用して、さらに以前の仕事を整理して五十巻とした。巻首には謹んで勅撰の書物を著録し、次いで訓詁、すなわち『経義考』の「爾雅類」に続いて「方言」「通俗文」の属にまで拡大した。次に文字、すなわち「史篇」「説文」の属である。次に声韻、すなわち「声類」「韻集」の属である。次に音義、すなわち経書、史書、百家の書を解釈、音注した書物である。訓詁・文字・声韻は体であり、音義は用である。体と用がともに具わってこそ小学は完全なものとなる。

（『小学考』巻首）

『小学考』にはもともと総目がなかったが、後に羅福頤が編んだ『小学考目録』一巻、王振声が補録した『小学考目録』二巻がでて検索が可能となった。今、『小学考』の一例を挙げる。

郭氏璞『爾雅注』「隋志」五巻　「旧唐志」一巻、「釈文序録」、「宋志」三巻

『晋書』列伝によれば、郭璞、字は景純、河東聞喜の人。経術を好み博学で優れた才能があったが、吃音であった。古文奇字を好み、陰陽暦法に長じていた。尚書郎記室参軍に終わり、弘農太守を追贈された。『爾雅』に注釈をつけ、また別に音義、図譜を作った。

郭璞の自序には「そもそも『爾雅』は、訓詁の旨趣に通じ、『詩経』の詩人達が興したうたを叙し、時代のかけ離れたことばをまとめ、中身は同じで呼称の異なるものを明らかにするものである。実に九流を結ぶ渡し場、六藝を知る関鍵であって、博学広覧の徒の（知識の）深淵、文章家の（参照すべき）花苑である。知識を増やし途惑うことなく、多く鳥獣草木の名を知ろうとすれば、『爾雅』に及ぶものはない。」とある。……陸徳明「釈文序録」には「先儒は『爾雅』について多くの憶説をなし、自分の知らないことには口を出さないでおくといった（孔子の）道に背いたが、ただ郭景純だけは博学強識でことごとく古今を詳らかにし、『爾雅注』を作って世間で珍重された。」とある。

（引用者注：以下に任昉『述異記』、祝穆『方輿勝覧』、郭子章『郡県解詁』、銭曾『読書敏求記』、『四庫全書提要』などの関連文献を輯録するが、今は省略する。）

按ずるに、『経義考補正』は丁杰の言を引いて次のようにいう、「『晋書』郭璞伝には蜀に行ったという記載はないが、王象之『輿地碑記目』の嘉定府に関する記事に郭璞「移水記」が見え、また蘇轍の詩でも彼の地で『爾雅』に注したと指摘されている。考えるに、「移水記」の中には「嘉州」の二字が見えているが、嘉州の名は実は後周から使われたのであって、郭璞の文にあらわれるはずがない。さらに考えるに、嘉州は漢代には犍為郡であり、種々の書物が爾雅台といっているものは、恐らく犍為舎人の遺跡であって、郭璞とは関係ないだろう。

(『小学考』巻三)

黎経誥撰『許学考』二十六巻は、収録書数二百四十部餘り、清人の『説文』研究のおおよそが備わっている。書名・巻数のほか、版本を注記し、作者の伝記を記し、序文を輯録する。一例を挙げる。

『説文解字校録』三十巻　蘇州局刻本

清・鈕樹玉纂。樹玉、字は匪石、一に字は非石、江蘇呉県の人。湖庭山に住んだ。幼くして親を失い、家は貧しく、商人に身を潜めた。広く諸書を究め、朗読して飽くことなく、道すがら旅の宿にも常に本を小脇に抱えていた。三十の歳に銭竹汀(大昕)、江艮庭(声)両先生に謁する機会を得、また時に顧千里、段玉裁、瞿鏡濤らと切磋琢磨し、見聞する度に書きつけては日記・雑文をものした。特に小学に精通し尊敬された。著書に『説文新附考』『説文段注訂』があり、皇象本『急就章』を校訂した。詩文も清高で秀でており、また当代の畸人であった。『校録』は、当初『考異』と名付けられた。呉人の潘氏祖蔭がその家にあったものを捜し出し、近時、覆刻したものである。（引用者按：以下、鈕樹玉の自序と例言を輯録するが今は省略する。）

（『許学考』巻二）

学術研究が日々深まるにつれて専科目録の主題も次第に専門的になる。例えば胡元玉に『雅学考』があり、〔一三〕崔驥に『方言考』があり、これらは『爾雅』『方言』に特化した目録である。

近年、廖序東が編んだ『語言学閲読書目』は八項目に分けられている。一、言語と言語学。二、漢語と方言。三、漢語語音。四、漢語文字。五、漢語語彙。六、漢語文法。七、漢語修辞・詩詞格律。八、字典・詞典である。この目録は古今の言語学に関する主要著作をほぼ網羅している。また、南京師範大学中文系が一九八二年に編集出版した『中文系学生閲読書目提要』の言語学の部分には、さらに一歩進めて言語学の著作の内容と特徴を紹介している。今、一例を挙げる。

『広雅疏証』（清）王念孫著　商務印書館　一九三六

『広雅』は『爾雅』に続く書であり、二十巻十九類に分かれ、一八一五〇字を収める。魏・張揖の著。『爾雅』と重複する語があるのは、たまたま手落ちがあってのことである。〔一四〕王念孫はこの書に注釈を加え、毎日三字ずつ、十年掛けて完成した。原書を校定し、全収録字のうち、訛誤五百八十、脱字四百九十、衍字三十九、配列の誤り百二十三、本文が誤って音注に混入したもの十九、音注が誤って本文に混入した字五十七を正した。その疏証は精密かつ該博で、次のような特長がある。一、よく古音によって古義を求めている。例えば「降は、大である」とは、降と洪とが古音では同音だったことによる。二、よく語源を探求している。例えば、「夸、

訏、芋」は、ともに「于」を構成要素とし、そこから共通の音が得られ意味にも共通性がある。〔一五〕
三、よく『広雅』を引用して古書や旧注を訂正している。『疏証』は清代の訓詁学における模範的著作である。

このような提要は簡潔明解で、初学者に対する入門書としての役割を一定程度果たしうる。

曹先擢・陳秉才も『八千種中文辞書類編提要』を編纂し、収録した各種の辞書毎に条目を立てた。その条目には、書名、巻数・冊数、著者・訳者、出版地、出版者、出版年月、版数、版本などが著録されており、本の内容や検索方法などについての要を得た紹介もある。中には提要を附していないものもある。本書は、伝統的な辞書と近現代の辞書の二項目に分かれている。前者には、字書・韻書・訓詁書・専科および百科辞典・類書・その他といった類目があり、後者には字典・語文辞典・哲学社会科学専科辞典および百科辞典、自然科学専科辞典、百科全書などの類目がある。

このほか、中国科学院語言研究所編『中国語言学論文索引』は、事実上、中国語言学論文の索引式目録となっている。この書は、甲・乙の二編に分かれている。甲編は、一九四九年以前に発表された言語学に関する論文五千餘篇が収録されており、乙編の増訂本は、一九五〇年から一九八〇年に発表された言語学に関する文章一万二千餘篇を収めており、検索もたいへん便利である。その他、上海辞書学会・辞書研究編集部はまた辞書だけについて『中国辞書学論文索引（一九一一―一九八九）』を編集した。収録する編目は、おおよそ三千九百項目である。その「編者の語」には次のようにいう。

本書の収録範囲は、二十世紀初めから一九八九年末までである。著録項目は、篇名・作者・出典である。全体は、辞書学通論、語文辞典、専科辞典、総合性辞典、百科全書、その他の工具書、辞書史、辞書配列と検索方法などの八つの部分に分かれ、さらに細分類の設けられたものあり、細目内は収録論文の発表期日順に配列されている。関連しあう文献、連載および討論的性格のある文献などはひとところに集めて検索の便宜を図り、書末には辞書学の専著の紹介も附す。

第二節　史学書目録

現存する最も早い史学書目録は宋・高似孫の『史略』六巻である。巻一は『史記』と『史記』に関係する書物を著録する。巻二は『漢書』から『五代史』までの断代史書を著録する。巻三は『東観漢記』、実録、起居注、会要、玉牒の類を著録する。巻四は史典、史表、史略、史鈔、史評、史賛、史草、史例、史目、通史、通鑑の類を著録する。巻五は覇史、雑史、『七略』中古書、東漢以来書考、歴代史官目、劉勰論史を著録する。巻六は『山海経』、『世本』、『三蒼』、『漢官』、『水経』、『竹書』を著録する。[一六] 作者は序において「散佚したものを網羅し、見聞したところをまとめ、精華奇物を渉猟し、その一部を掲げて、旧来通り劉向の『七略』（引者案ずるに、『別録』とすべきであろう）の方法によって、それぞれの書物をまとめ、その要旨を批評した。」（『史略』巻首）と述べている。しかしながら実際には、『別録』『七略』に遠く及ばない。姚名達は次のように指摘している。「その体例は雑然とし、書目のようなところ、提要のようなところ、名文を丸写ししたもの、故事をそのまま引き写したものなどがあるが、それでもおおよその体裁は目録に近く、純粋に歴代の史籍のみを対象とし、史籍に関する書目を一箇所に集めて学者の研究に備えたのはすこぶる功績があった。」(『中国目録学史』専科目録篇「歴史目録」)。その論は公平で妥当である。

さらに重要な史学書目録は章学誠『史籍考』である。乾隆五十二(一七八七)年、章学誠は河南巡撫畢沅の助力を得て開封で人を集めて本書を撰修した。その後、作業はたびたび中断され、嘉慶三(一七九八)年、章学誠はようやく浙江巡撫謝啓昆の援助を得て、杭州で作業を再開したが、翌年、謝啓昆が広西巡撫に転任すると事業はまたもや停頓してしまった。さらに四十六年が過ぎた道光二十五~六(一八四五~六)年、南河河道総督兼漕運総督の潘錫恩が袁浦に使節として駐在すると、多くの学者を招集して『史籍考』を増訂し、ついに定稿作業を完成させた。道光二十八(一八四八)年、潘錫恩は職を辞し郷里の涇県に戻ると、『史籍考』の増訂稿の清書写本と畢、謝の原稿本をすべて家中に蔵した。この書物は七十年の間に相次いで、章学誠、畢沅、洪亮吉、凌廷堪、武億、謝啓昆、銭大昭、陳鱣、胡虔、袁鈞、張彦聞、潘錫恩、許瀚、劉毓崧、包慎言、呂基賢など十名を越える学者の手を経てついに完成したのであるが、不幸なことに咸豊六(一八五六)年火災で焼かれてしまった。これは非常に惜しむべきことである。(1)

『史籍考』は不幸にも焼かれてしまったが、章氏が撰した「論修史籍考要略」「史籍考釈例」「史籍考総目」はなお存している。そこから、『史籍考』が制書・紀伝・編年・史学・稗史・星暦・譜牒・地理・故事・目録・伝記・小説など十二部に分かれていたこと、その下はさらに五十五目に分かれており、分類は非常に精密で、論述も発明するところの多かったということがわかる。〔一七〕例えば、「論修史籍考要略」第三条「翦裁宜法(摘録には原則あるべし)」には次のようにある。

史部の書物は経部に倍するが、巻帙の多寡のおおよそを計ってみると、(『史籍考』は)朱彝尊『経籍考』とそれほど変わらない。一書の内容をまとめるには、その中核となる数語を取り出し、全体を概括できれば十分なのである。参考とすべき篇目は当然すべて載せるべきだし、序論・題跋の文辞が軽薄で書物の内容とかけ離れているものは、あらかた削り、序跋の年月・職官・氏名のみを記して参考に供すべきである。案語も簡明を旨として細々と敷衍しない。文は虚飾なく書は有用たることを願ってのことである。

このようにして資料を輯録することの効果を収めつつ、さらに篇幅を抑えたのである。

第五条の「嫌名宜辨(紛らわしい名称は辨別すべし)」には次のようにいう。

『史記』の名は後世に起こったもので、当時は『司馬遷書』[2]と呼ばれるにとどまっていた。[一八]『漢書』に、東京にちなんでみだりに「前漢」と付け加えるのも、もとより俗称である。[一九]五代の書は、薛氏は『五代史』と称するが、欧陽氏は『新五代史記』と称している。[二〇]『漢記』の上に「東観」を付け足すのも劉・賈の叙録するところとは異なっている。[3]曹魏には自らによる『魏書』があるが、[4]陳寿の分けた子目(『三国志』の魏書)とは別物である。[二一]古人の書には一書が名を異にし、異書が名を同じくする場合が多くある。そこで『史籍考』ではすべて標題の下に書名の異同を注記し検索の便を図る。さらに諸書の名称は『佩文韻府』の例に倣って、韻に従って書名一覧を編み、検索・対照できるようにした。編次の際に遺漏や重複の恐れがないようにと考えてのことである。

古書中の同書異名・同名異書という現象に注意を払い、同時に目録にもそれを反映できるよう求めたのは、それ以前の目録がいずれも疎かにしていたところである。作者は進んだ検索方法を採用することを主張しているが、このようにすれば当然、作業の質と効率を向上させることができる。

その他、「経部宜通（経部は広く通ずべし）」「子部宜択（子部は選ぶべし）」「集部宜裁（集部は裁つべし）」などの条において、経部・子部・集部の書と史部の書との密接な関係を見出し、史部の境界を突破して、歴史と関係する典籍をひろく採集することで史料の淵源を拡大したのは、極めて高い見識である。

さらに第十二条の「板刻宜詳（板刻は詳細に記述すべし）」には次のようにいう。

> 朱氏『経義考』には後ろの方に刊板の一条があるが、刊本の沿革を記すのみで、惜しいことに最善は尽くされず、刊本の異同を載せていない〔二二〕。金石刻画については、欧（陽脩）・趙（明誠）・洪（遵）・薛（尚功）以来、詳述されてきた〔二三〕。版本は流伝も広く誤りも多い。底本はどれか、校訂者は誰か、何氏の旧蔵か、何年の刻か、款識はどうか、誰の題跋があるか、誰が序引を作っているか、板木の所在、誤刻の有無、何度印刷されたのか、諸版にどのような異同があるのか、など、残念ながら、これまで『金石録』の例に倣って版本のために専著をなした者はいなかった。もしこのようなものがあれば、その目録によって書物を求めて、迷うところはなくなる。後学を益するという点では『金石録』を凌駕するに違いない。餘力が及べば、朱氏『経義考』の遺漏を補うべきであり、『史籍考』も（『金石録』を）例として倣うべきである。

版本目録の記述は往々にして厳格に統一されておらず、章学誠は規範化の必要を述べているのである。

第十五条「採摭宜詳（採集は詳細にすべし）」には次のようにいう。

現存する書物は、叙目、凡例を抄録し、亡逸した書物は（それに関する）群書中の記載や見聞の及ぶところを捜集、摘録するが、道理としてはまず長編を作るべきである。序跋・評論の類は抄録にあたって、その詳細さを厭わない。長編ができていれば、編集の段階に進んだ際、繁を削り簡に就き、考訂がしやすくなる。朱氏の『経義考』の例に倣って、存・軼・闕・未見の四つに区分し、拠り所を示す。

（『章氏遺書』巻一三）

目録編纂でも、史書修撰でも、著述の前に、まず長編を作製するのは実に適切で確実な方法である。わずかにこの数例だけでも、『史籍考』は非常に大きな意義を有する巨帙であったことが窺え、不幸にも焼かれてしまったのは、学術上における補塡しがたい損失であった。

このほかに断代の史書を考察、記録した目録があるが、最も有名なのは現代の学者謝国楨が編著した『晩明史籍考』と『清開国史料考』である。両書は姉妹編であり、前者は一九六四年に増訂本が出ている。両書の考証は詳細確実で、大まかな体例は朱彝尊『経義考』、謝啓昆『小学考』、孫詒譲『温州経籍志』などに則っており、また、（綜述体によって）関連史料と作者の案語を融合して一文を成しているのは、『四庫全書総目提要』同様であり、文字は簡潔でよく吟味してあり、非常に便利である。一例を挙げよう。

盧司馬殉忠実録一巻　明季史料叢書本

原題：同里許悳志雪城父著、胞弟盧象観幼哲父訂

按ずるに、明の崇禎戊寅（一六三八）の年、清の太宗皇太極はモンゴルを併合した後、長駆して内地深く侵攻した。その報せが届くと都周辺は大いに動揺した。盧大司馬象昇墨経は戎敵に立ち向かい、抗戦、殉死した。嶷志はその幕僚であり、事変を目睹して胸中に義憤が充ち、その事績を輯録した。まず枢督相左機縁、次に戎車日記、盧公遺事、草稿、祭文と続く。祭文には次のようにある。「公は前人の失敗を坐視するに忍びず、奮って我が身を顧みず、春秋の意を明らかにしようと降伏の誓いをやぶった。社稷のために死に、社稷のために生きたのである」。象観は南都で武装蜂起し、屈服せず節義のために死した。道義心に厚い士である。

（『増訂晩明史籍考』巻一四）

さらに仔細に及ぶものに専書目録があり、例えば賀次君が著した『史記書録』がそれである。作者の自序には次のようにある。

『史記』が現在に伝わる種々の状況について系統的に叙述し、『史記』の研究者に『史記』版本の存佚状況の大体、また各種版本の主な異同を知らしめるため、抄本、刻本六十数種を収集し、時代順に配列、各本の行款幅式と現存する巻数を詳細に記載する外に、諸本間の関係や淵源も尋ね求め、さらに各テキストの字句についても比較・検討を行った。ここからすべての版本には多少なりとも違いがあり、長短があることがわかり、また古本とされる宋・元・明本であっても必ずしもすべて精好とは限らないことがわかる。本書の主な目的は版本の資料を提供し読者の参考

に供することにある。（『史記書録』巻首）

本書は版本の比較に着目しているが、著録するのはすべて現存し自ら目睹したものであり、『史記』研究に対して明らかに相当の実用的価値がある。一例を挙げよう。

史記集解索隠 一百三十巻

明正徳十六（一五二一）年書戸劉洪刊本

今現存するものは北京図書館の所蔵で、巻首は残缺し、司馬貞「史記索隠序」一篇は後人の補抄[二四]したものである。目録があり、目録の後に「正徳十六年劉洪刊」とあり、大題は第一行、小題は第二行、第三行は空行、第四行から正文である。毎半葉十行、一行二十字。注は双行で一行二十字。白口。四周双辺。版心には「史記巻之一」と題し、魚尾の下には「五帝本紀」の四字を題す。また魚尾の下にはその巻における葉数が記されている。『集解』『索隠』の注は完全であるが、翻刻が精確でないため、魚を魯とする類の間違いが多い。このテキストは底本に言及しないが、正徳十三年の建寧郡守張文麟刊本があり、呉節の南監本の旧に従ったもので、司馬貞が補った『三皇本紀』を『五帝本紀』の前に冠し、上下両篇に分けている。劉洪による本書も同様で、その行款幅式はことごとく建寧官刊本に一致しており、ともに索隠があることからも、この本が建寧本にもとづいて翻刻されたことは疑いないだろう[二五]。建寧本はもう入手しにくいが、こちらはまだ容易に見られ、まことに喜ばしい。……当時は同時代の文章を喜ぶ風潮が盛んであり、板刻された『史記』も、多く評論を重視していたが、劉洪のみがよく建寧本を採用して翻刻し、評語や中身のない言辞を載せなかったのは、書賈にも少しは見識のある者がいたのである。（『史記書録』一三四頁）

史学書目録において陳乃乾『共読楼所蔵年譜目』は年譜を対象とする最初の専科目録である。建国後の李士濤編『中国歴代名人年譜目録』、杭州大学図書館資料組編『中国歴代人物年譜集目』はともに増すところがあり、楊殿珣編『中国歴代年譜総録』はより詳細である。〔二六〕その編例に次のようにある。

年譜は個人についての編年体の伝記である。本総録が著録するのは、年譜と名付けられたもの以外にも、年譜の体例によって編製されたものは、編年・年紀・述略・繫年などの題名は問わず、すべて取り入れた。著述を編年形式でまとめたものは年譜とは異なるが、研究者の参考に供することができるから、やはりあわせて著録した。

著録した年譜は編者自らが目を通したものを主とし、部分的に友人が代わって校閲したものもある。（諸資料に）著録されているのを見ただけで原本未見のものは、待訪年譜簡目に編入した。収録した年譜は三〇一五種、譜主は一八二九人、参考書籍と文章二七七条を附す。

その著録項目は譜主名・生卒年・譜名・作者の時代および作者名・版本で、時折案語を附して簡単な考証を加えている。一例を挙げよう。

孔丘　周霊王二十一年生　敬王四十一年卒（前五五一～前四七九）

孔子編年五巻

宋・胡仔編　清嘉慶年金紫家祠刊本　清同治年刊本　朝鮮晋州硯川道統祠刊本

［按］旧本は宋胡舜陟撰と題するが、書頭に置かれた紹興八（一一三八）年舜陟の序に、静江より罷めて帰り、息子の仔に命じてまとめさせたとあり、舜陟自らの作ではない。〔二七〕

謝巍編纂『中国歴代人物年譜考録』は後出のため、内容の豊富さや実用性において、さらに一歩前進した。今、その凡例の何条かを挙げて一斑を窺うことにしよう。

一、本書に収録するのは、一九八三年以前に全国の主要な図書館と文物保護機関に収蔵された中国歴代人物の年譜を主とし、あわせて海外および私人所蔵の年譜も収録する。同時に歴代の文献に著録されている年譜についても書名を存し、参考、現地調査に備えた。

二、すべて年譜と体例を同じくする書物については、年表・年略・歳略・時事略・編年・紀年・繋年など、年譜と称せずとも、あわせて収録した。年譜の別体、例えば、詩譜（詩によって事を記したもの）・図譜（絵で事を記したもの）も収録した。それぞれの年譜に対する評論、譜主の生卒年や事跡を考証した文章については、その編目を著録し、備考欄に入れて参考に供した。

八、本書所収の年譜は、その版本が、単行・合刊・合編、また類書や叢書所収のもの、詩文集の附録、方志・家譜・筆記などの雑著に収載されたもの、定期刊行物に掲載されたもの、および稿本・抄本・油印本・縮微本などに拘わらず、逐一収録し、あわせて版本の特徴も記した。

九、すべて本書の筆者が目にした年譜は、当該年譜の版本の欄の後に「見存」と記した。各方面の知人・友人が知らせてくれたもの、現今の書目に著録され（筆者自身は）未見のもの、あるいは以前実際に目にしても収蔵者を記録し忘れたものは「待訪」と記した。書籍に著録され存佚不明のものは「著録」と記し、同時に依拠した書物を注記した。古人の記載に見えるもので、調査の結果、佚亡が明らかになったものは「佚失」と記した。書目に著録されているもので誤って収載されていると思しきもの、あるいは偽書や体裁が年譜といいがたいものについては「存疑」と記して、しばらく置いておき、疑いが質されるのを待つことにした。

このほか、本書に収録される年譜で、稀にしか見られない善本・孤本、あるいは稿本、抄本などはいずれも収蔵者を明記し、調査・捜索の便を図っている。年譜中に眉批・校語・手跋など、訂補があれば版本欄に記載し、譜主の肖像・遺影および参考となる写真・図版などは、備考欄に著録している。

断代の年譜目録は来新夏『近三百年人物年譜知見録』を代表とすることができる。その長所は提要があることで、一人に複数の年譜があるものはすべて篇を分けて録し、綱要も明晰である。著録内容は、譜名・撰者・刊本・著録状況・譜主の略歴・史料・年譜の編纂状況・所蔵者など八項目である。

『(宝応)劉楚楨先生年譜』　劉文典編

『輔仁学誌』第四巻第一期

李士濤『中国歴代名人年譜目録』著録

杭州大学図書館『中国歴代人物年譜集目』著録

譜主の劉宝楠は、字は楚楨、小字は賚十、別号は念楼、江蘇宝応の人。清・乾隆五十六(一七九一)年生まれ、咸豊五(一八五五)年卒。年六十五歳。道光二十年(五十歳)の進士。直隷文安・

固安・元氏・三河などの県知事を歴任する。

譜主は清代の著名な経学家であり、とりわけ『論語』に詳しく、著書に『論語正義』がある。

この年譜は譜主の曾孫筋の編んだもので、逐年で綱要を列叙し、字画を下げて史料を引用附載して事の詳細を明らかにしている。時々編者の案語を附して異同を訂正、補足する。引用した史料の出典をすべて注記し参照に大変便利である。交遊・家事および著述などを記し、時に譜主に関係する議論が附される。内容は極めて詳細豊富で、譜主の学術業績研究に参考となる。（北京図書館蔵）

（『近三百年人物年譜知見録』巻二）

建国後、史学の要籍を紹介する書物がいくつか出版された。例えば王樹民『史部要籍解題』、李宗鄴『中国歴史要籍介紹』、柴徳賡『史籍挙要』などがあり、中でも張舜徽主編『中国史学名著題解』は重要である。この書は、古史、編年、紀伝、紀事本末、実録、制度史、学術史、伝記、地理・方志、雑史、史評・史論、史考、金石・甲骨考証、歴史研究法、筆記、類書・叢書、文編、書目、表譜、索引・辞典など二十類に分け、約二百部の史学名著を紹介している。本書は史籍の分類について、「学術の辨章、源流の考鏡」という角度から出発し、辨証的に問題を処理することを強調している。例えば、鄭樵『通志』は紀伝体・通史類に分類するが、その後に続修された『清通志』は、紀伝部分はなくなり制度のみを論じていることから、制度史類に分類している。こうして読者が分類に従って書物を探せるようにするとともに、すべての書物の内容を明らかにしている。解題の作成過程において、作者は最新の研究成果をあたう限り取り入れ、繁を削り簡に就き、明断さを追及しており、当然本書は青年読者にとって相当全面的かつ有用である。

索引としての性格を持ち、検索に容易で、利用に便利な史学書目録には中国社会科学院歴史研究所資料室編『七十六年史学書目』（一九〇〇—一九七五年）がある。これは中国人が著述、翻訳した古代史に関する著作九千種を収集している。中国科学院歴史研究所第一・第二所と北京大学歴史系による合編『中国史学論文索引』および中国社会科学院歴史研究所編『中国史学論文索引』第二編は一九〇〇年から一九四九年までの国内で発表された史学論文がほぼ揃っている。

中国社会科学院歴史研究所明史研究室は明史のみを対象とする『中国近八十年明史論著目録』を編纂した。編者による「説明」では次のようにいう。

本書は一九〇〇年から一九七八年まで国内で発表された明代史に関する論文・著作の目録（最近三十年の台湾・香港で発表された明代史に関する論文および著作目録と我が国の学者が外国の中国語刊行物に発表した論文目録を含む）で、約一万条、論文約九千四百篇、著作約六百部を収録した。

この目録は分類が細かく、全部で十二の類目に分かれている。類目の下に項目を設け、項目の下に子目を設けている。各子目で（論文を）多く含むものには、子目の下にさらに細目を設けている。

このほか復旦大学歴史系資料室が編纂したものに『中国近代史論著目録』（一九四九—一九七九年）がある。編者による「説明」に次のようにある。

本目録は三つの部分に分かれる。第一は、定期刊行物論文資料索引で、定期刊行物に公表された中国近代史に関する論文の篇目一万篇餘りを収録する。第二は、論文集篇目分類索引で、論文集中の中国近代史に関する文章をもとに編成したもので、論文集八十餘種を引用し、その中には著名な学者の個人専集、例えば『范文瀾歴史論文選集』などがあるほか、特定の主題別論文集、総合的な論文集、例えば『辛亥革命五十周年記念論文集』や『中国近代史論文集』などがあり、上述の定期刊行物論文資料索引と相互に補完、参照して使用できる。第三は、書目であり、中国近代史の書籍千二百種餘りを収録する。

さらに最近出版された断代史学論文索引には、張伝璽・胡志宏・陳柯雲・劉華祝編『戦国秦漢史論文索引』と中国社会科学院歴史研究所清史研究室・中国人民大学清史研究所合編『清史論文索引』がある。

これらの目録は資料の選択において、内容・性質に拘わらずすべてを網羅するという原則を採用しており、そのためにいずれも比較的豊富で完備している。

第三節　諸子学書目録

宋・高似孫は『史略』のほかに『子略』四巻を撰した。『子略』はまず書名を記し、次に諸家の評論を輯め、作者の高似孫も間々自身の見解を附し、計三十七家を著録する。諸子目録の始まりとしてよいであろう。今一例を挙げる。

王充『論衡』

『論衡』は、後漢の治中（州郡の文書を掌った官職）王充の論著である。八十五篇、二十餘万言。内容はみな天譴について述べ、人事を列叙し、物類を分析し、古今を語るもので、ほぼ董仲舒の『玉杯』『春秋繁露』のようである。叙述は詳細であるが、詳細なればこそ、道理を網羅、精査し尽くせず、表現は厳密でも概括的でもなく、蕪雑といってよいだろう。袁山松『後漢書』に「王充は『論衡』を作ったが、中央にはそれを伝える者がなかった。蔡邕は呉に入って初めてこれを目にして話の種本とした。」とある。（『子略』巻四）

晩清の王仁俊『周秦諸子序録』は子書を収集、網羅して比較的完備している。胡韞玉にも『周秦諸子書目』一巻がある。陳鐘凡は「諸子書目」を編み、周秦から元明に至る各代の諸子の書目百四十四家を集め、非常に詳細に調査した。この書は、著作毎、まず書名と巻数を、次いで各種の版本をならべ、考訂もしており、著作の時代順に配列されている。

晏子七巻

『漢書』藝文志・儒家には「晏子八篇」と著録する。『隋書』経籍志、『旧唐書』経籍志、『新唐書』藝文志には「晏子春秋七巻」とある。陳振孫は「巻数が異なっているので、果たして本書（『直斎書録解題』に著録する十二巻本）かどうか定かではない。」という。姚際恒は「後人が晏嬰の事績を集めて本書を作った。」という。孫星衍は「後人が篇を巻とし、さらに『雑』上下二篇を一篇としたので七巻となり、（これが）『七略』および『隋書』経籍志、『旧唐書』経籍志、『新唐書』藝文志に見えるのである。宋では十四巻に分かっており、（こちらは）『崇文総目』に見えている。〔二八〕まさに劉向が校定した本であり、偽書ではない。」とする。

孫星衍校本は『経訓堂叢書』に所収。呉鼒刊、顧広圻・王念孫校本。孫星衍『音義』二巻、『経訓堂叢書』本、孫校本の後に附刊。蘇輿『集釈』七巻、湖南思賢書局本。黄以周『校勘記』二巻、浙刻孫本の後に附刻。

参校、盧文弨『群書拾補』、王念孫『晏子雑志』、兪樾『晏子平議』、黄以周『校勘記』、孫詒譲『札迻』。

ある分野の子書に特化して編まれたものとしては張偉仁主編『中国法制史書目』を代表とすることができるであろう。本書は我が国の伝統的な法学の著作を大きく五つに分類している。

一、規範。歴代（先秦から清末まで）の各種の規範とその注釈を収録する。例えば、戸籍・婚姻、農地・金銭貸借、刑法、行政、経済、軍事、教育等々の法令・典章、および郷党・隣組・宗教・家族等々を規定する習俗・規則。

二、制度。歴代の立法・司法および関連して運用される行政・軍事・経済・社会・教育等々の制度に関する記述を収録する。

三、理論。歴代の各種規範・制度の理論と解釈を収録する。

四、実務。歴代の各種規範・制度の実際上の施行および運用の記録を収録する。

五、総合。内容が上記の諸類の二つ以上に渉る各種の書籍を収録する。

（『中国法制史書目』巻首「分類的標準与方法」）

著録項目は、書名、作者、冊数・巻数、最も早い版本、作者の経歴、主な内容、各図書館の書籍整理番号、そのほか版本など大体八項目に分かれている。一例を挙げよう。

漢律考

程樹徳著

〔初版〕四冊、七巻。書前には民国七（一九一八）年の著者の序および方枢の序、ほかに八（一九一九）年の王式通の序がある。同年京師方枢刊印。

〔著者〕著者は民国の人。

〔内容〕本書は尚書・礼記・周礼・漢書・史記・漢書儀・東漢会要・晋書刑法志・唐六典・唐律疏義・北堂書鈔・大学衍義補・寄簃文存・太平御覧・塩鉄論・東観漢記・賈誼新書・玉海・藝文類聚など多くの書物の中から、すでに亡佚した漢律を採集、考証したものである。内容は律名考・刑名考・律文考・律雑考・律沿革考・春秋決獄考・律家考など七目に分かれている。

〔書号〕央××（普六〇頁）[5]

さらに特定の子部書をまとめた書目に、王重民『老子考』がある。本書はもっぱら『老子』一書についてその版本を考察したもので、附録として、存目、通論札記略目、日本老子著述略目、老子訳書略目、老子伝記略目、『道徳経』碑幢略目を収載する。「凡例」には「本書の体例は、おおむね朱彛尊

『経義考』、謝啓昆『小学考』に倣ったが、ただ伝存するものについてのみ、どのような刻本、叢書本があるのかを記した。」、「書物毎、まず存佚、刻本を記し、次に自序、他者の手になる代序、題跋記・読書記、案語を記す。代序・題跋記・読書記などはほぼ時代順に配す。」とある。一例を挙げよう。

司馬光『道徳論述要』二巻

存。道蔵本。得上。刊本。

【晁公武『郡斎読書志』】温公『道徳論述要』二巻。右皇朝司馬光撰。道と徳とは一体で、どちらか片方のみを取り上げるわけにはいかないものであるから、『道経』『徳経』の名を廃し『道徳論』とした〔謂道徳連体、不可偏挙、故廃『道経』、『徳経』之名、而曰『道徳論』〕。墓誌にその目を載せている〔二九〕。「無、名天地之始（無とは天地の始めに名付けたもの）、有、名万物之母（有とは万物の母に名付けたもの）。常無、欲以観其妙（常無であれば道の妙を観る）、常有、欲以観其徼（常有であればその末端を観る）」と、「無」「有」の下で句点を打っており、先儒とは異なる。

【陳振孫『直斎書録解題』】『老子道徳論述要』二巻、司馬光撰。太史公は「老子は書を著して道徳の意を述べた」と言っている。後人は篇首の文をもって名付け、上篇を「道」とし、下篇を「徳」とした。そもそも道と徳とは一体で、どちらか片方のみを取り上げるわけにはいかないものであるから、本来の名称に従うべきである。温公の説は以上のようである。「経」といわずに、「論」というのも、公の新しい考えである。〔太史公曰、「老子著書、言道徳之意。」後人以其篇首之文、名上篇曰道、下篇曰徳。夫道徳連体、不可偏挙、合従本名。温公之説如此。其不曰経而曰論、

亦公新意也。〕

按ずるに、陸心源『儀顧堂続跋』（巻一一『元槧道徳経集解跋』）に「採られている司馬温公・王荊公・葉石林・程文簡などの説は今伝わらず、本書に概略が残るばかりである。」とあり、陸氏は司馬温公の書はすでに伝わらないといっている。按ずるに、白雲霽『道蔵目録詳注』に「『道徳真経論』巻一の四、司馬氏某簡略」とあり、『得』字号を調べると、原書にも『司馬氏註』と題し、名は明らかでない。ただ次行に四格下げて「太史公は『老子は上下篇の書を著して、道徳の意を述べた』と言っている。後人は篇首の文に因んで名付け、上篇を「道」とし、下篇を「徳」とした。そもそも道と徳とは一体のもので、どちらか片方のみを取り上げるわけにはいかないから、あわせて本来の名称に従う。」とあり、まさに陳氏『直斎書録解題』の引用と同じである。さらに『文献通考』が引用する晁氏『郡斎読書志』には「道徳連体、不可偏挙」〔三〇〕の上に（陳氏『直斎書録解題』と同じく）『太史公曰』以下（「夫」字まで）の三十一字もある。つまり、晁氏・陳氏の目にしたのは、まさに本書にほかならず、陸氏が伝わらないとしたのは誤りである。（『老子考』巻四）

兵書は『七略』では兵書略に属し、『七録』では子兵録に、『隋書』経籍志以降では子部に属した。最も多くの兵書を収載する目録には許保林編『中国兵書知見録』を推さねばならない。本書の収録範囲は一九一一年以前の兵書および一九一一年前後の兵書に関する研究・注釈・校勘・翻訳・解説・影印・翻刻などで、計兵書三三八〇部、二三五〇三巻（九五九部については巻数不明につき計算に入れていない）、そのうち現存する兵書二三〇八部、一八五六七巻（七三一部は巻数不明につき計算に入れていない）、存目の兵書一〇七二部、四九三六巻（二二八部は巻数不明につき計算に入れていない）を著録する。収蔵先が確定できるものはすべて明記し、不明の場合は（著録の際参照した）資料の出処を明記している。収蔵機関には対照番号を用い、書末には「蔵書機関対照番号表」を附している。今一例を挙げる。

督師紀略十二巻

（明）茅元儀撰

明末刻本（〇一〇一）

注、清初抄本作十六巻、章炳麟の跋あり。

書末の「蔵書単位代号表」を調べると「〇一〇一」が北京図書館の対照番号であるとわかる。また技術・藝術も四部分類では子部に属す。（三二）この分野の専門書目についても略述しよう。中国古代医学の専門書目は相当発達してきた。宋紹興年間（一一三一～一一六二年）の『秘書省四庫闕書目』にはすでに『医経目録』『大宋本草目』の二書が載っている。現存する最も早い医学書目は明代の医師殷仲春編『医蔵目録』である。全書は二十函すなわち二十類に分かれており、類毎に小序を冠し、その後ろに書目が並べられている。

機在函

機在は、眼科数十種を集めて治療の便を図ったものである。人の機（かなめ）は目にあるのだろうか。人の胸中の正不正ですら眼の澄み具合でわかるのだから、病の徴候が少しも現れないことがあろうか。眼病は五輪・八廓・表裏・寒熱に分かれる。世の中は一方を得ることで全治させようとするが、そうした方法は人を誤らせるものである。釈迦は「金の屑は貴重だが、眼に入ればゴミとなる」といっている。

　機在函目

鴻飛集七十二問田日華

簡易便覧眼目方四巻彭用光

……

日本人丹波元胤編著の『医籍考』〔三二〕も中国古代医書に関する優れた目録である。丹波元胤の弟元堅が仁孝天皇天保二（一八三一）年に撰した「医籍考序」は『医籍考』の体例を次のように説いている。

　朱錫鬯『経義考』の体例に倣い、書物毎、まず書名を掲げ、続いて、巻第、存・佚・未見の別、諸家の序跋と撰者の履歴、さらに評語を示し、筋道に沿って本末を明らかにし、誤りを訂正する。義例は詳密、引用は精確、計八十巻を九類に分かつ。こうして先人の礎石の上に燦然と輝く巨塔を建てた。

（『医籍考』巻首）

今また一例を挙げる。

　素問逸篇

一巻
存
施沛然の跋にいう、ある日ひとり坐して静かに軒下に身を寄せていると、道士が現れ私を顧みてどんな書物を読んでいるかと尋ねた。『素問』と答えると疑問をつぶさに明らかにした。さらに逸篇二篇を取り出して手渡し「これは長生の秘訣、神霊の方術である。」と言い、礼を言う端から去ってしまった。後を追ったが跡形もなく、ようやくこの世の者でないことがわかった。
按ずるに、この書物に載るところは支離滅裂で道理に合わず、実に取るに足らない。恐らく施沛による偽託で、見識ある者に笑いを提供しただけのものであろう。沛の事跡は未詳。『四庫全書総目』史部・職官類存目によれば、沛に『南京都察院志』四十巻があり、「沛はこれを修撰した時、南京国子監生であった。」という。（『医籍考』巻二）

やや後に清・曹禾編著『医学読書志』二巻、附志一巻、咸豊元（一八五一）年の刊本があり、収録する医書は著者の時代によって配列されており（帝王のものは前にある）、歴代王朝の勅撰書七十一部、三千八百四十四巻、歴代名医書四百十六部、三千八百七十三巻をまとめている。収録されている著者は百人餘り、提要が書かれているのは九十九部である。この方面において成果が卓越しているものとしては丁福保を推さねばなるまい。一九一八年、彼は『歴代医学書目提要』を編纂し、後にまた周雲青とともに『四部総録医薬編』を編んだ。建国後、中医研究院と北京図書館合編の『中医図書聯合目録』が一九六一年九月に北京図書館出版から出版された。その前言に次のようにある。

この目録には計五十九の図書館が参加し、省・直轄市・自治区・省轄市の公共図書館および医薬研究機関・高等医薬大学・中国科学院・北京大学の図書館を含む。このほかさらに二名の蔵書家（孟河丁氏思補山房は上海にあり、湯渓範氏棲芬室は北京にある）の秘蔵が収集されている。この書目は計七千六百六十一種を収めており、我が国の医薬文献の基本的状況を相当程度反映している。また聯合目録であるため利用にも非常に便利である。

農学書目の分野では、金陵大学図書館の毛雝が既存の七十三種の目録から中国古代農業に関する書名・篇名を抜き出し、『中国農書目録彙編』を編纂した。書目・篇目三千条餘りを収め、計二十一類に分類し、表形式を用いて、書名および篇名、巻数または冊数、著者、出典、附注などの項目に分けて著録する。同館の陳祖槼らは同時に『農業論文索引』（一八五八―一九三一）を編纂した。中文雑誌三百十二種、叢刊八種、我が国で出版されている欧文雑誌と叢刊三十六種を広く捜集し、農業に関する論文、中文三万篇以上、欧文六千篇以上を収め、主題法を採用して索引を編んでいる。一篇の文章が複数の主題に及ぶものはいずれにも載せ、ある主題が別の主題に関連する場合は双方に注記している。本書は計九百頁あり、現代の分野別の論文索引の中でも詳細で確実なものである。その数年後、朱耀炳らは『農業論文索引続編』（一九三二―一九三四）を編み、中文一万三千八百篇、欧文千六十篇餘りを得た。建国後、王毓瑚は『中国農学書録』〔三三〕を編著した。凡例には「本書の任務は新しい基準によって中国伝統農学著作総目を作り出すことである。」、「書物毎、作者・成書年代および主な内容について簡単な紹介をし、必要と見なした場合、若干の考訂を行った。成書年代が確実に指摘できるものは、みな西暦で注を加えた。一書に複数の版本があるものは可能な限り列挙した。」、「本書は著録にあたり、みな成書年代順に配列し分類はしなかった。この缺点を補うため分類索引を別に書末に附すほか、書名および著者索引を作り、検索の便を図った。」とある。分類索引には存佚を明記し、大変便利である。近年、犂播編『中国農学遺産文献綜録』は現存する各種文献七千五百篇以上を収録し、凡例には「文献の古今を問わず、図書目録か定期刊行物論文索引かも問わず、すべて一律に分類に従って配列した。」、「図書目録は書名・編著者・出版機関・出版年月を著録し、可能な限り頁数を記した。古籍の線装稿本・抄本と刊本については版本のほか、巻数を著録する。」、「定期刊行物論文索引は、篇名・著者・刊行物名・年月刊期を著録し、あわせて掲載頁数も極力著録した。」とある。このため本書は非常に実用的である。農書にも分野によっては専門の目録がある。例えば、万国鼎『中国蚕業書籍考』、『茶書総目提要』、沙玉清『中国水利旧籍書目』、茅乃文『中国河渠書提要』などである。

古代の科学技術の文献を記録した目録は数学方面が発達している。清の康熙年間、梅文鼎は自身の著した暦学書六十二種、算学書二十六種を取りあげて『勿菴歴算書目』を編み、同時に提要を撰した。

古算器考一巻　已刻

今は筆算があり〔原注：今の籌算はやはり筆で書くことをいう〕、そのまま算盤を古くからあるものと見なして、古くは籌策（算木）を用い、そこから「籌を手にする（商売する）」ということばがあることを忘れてしまっている。算盤の使用は恐らく元末明初に始まったものである。システムは簡単かつ精妙で、天下がこぞって習い用いたため、古法（籌算）を忘れてしまったのだ。そこで古算器について考察した。

近代には劉鐸編『著水斎古今算学書録』七巻、附録一巻がある。丁福保にも『算学書目提要』三巻があり、同時に周雲青と『四部総録算法編』を合編している。裘冲曼が一九二六年発表した『中国算学書目彙編』は、収書約一千種、明清二代に伝わっていた本に限り、通行の洋装本は含んでいない。建国後には李儼撰『近代中算著述記』がある。この書は各蔵書家、各図書館所蔵の算書から、県志・書目・文集・碑伝・論文の所引に及ぶまで参考し、人名の筆画数によって配列し、六百人餘りの手になる書目を収めている。

古代の藝術方面にも、取り上げるに値する目録がいくつかある。一九二八年、袁同礼は『中国音楽書挙要』を発表した。一九三二年、杜境は『知見音楽書草目』(6)を発表した。よく目にし実用的なものに中央音楽学院中国音楽研究所編『中国古代音楽書目』がある。この書目が収録しているのは一八四〇年以前の我が国の音楽書籍であり、現存し実見可能なもの以外にも、未見のものや散佚した書物まで含み、計約千四百種である。編者の説明では「現存し実見可能なものの著録事項は、書名・作者・成書あるいは出版年代・版本および所蔵場所・検索番号の五項目である。……版本の後に所蔵場所を示していないものはすべて本研究所の蔵書である。『顕』と明記するものは本研究所の顕微影片(マイクロフィルム)であり、『V』字の記号があるものは本研究所の善本書である。」と述べている。例えば次のごとくである。

楽典三十六巻

（1）明刊本　明黄佐撰　一五四四自序　12－5/41　V1.2/HZ
（2）康熙壬戌（一六八二）重刊本　1.2/HZ

美術の方面では余紹宋『書画書録解題』が空前の作である。史伝・作法・論述・品藻・題賛・雑識・叢輯・偽託・散佚など十類に分けて各分類をさらにいくつかの小類に分けている。序例にはこうある。「本書は必ず実見した書物をまず収め、未見の書物でどの分類に属すか定かでないものは別に一篇にまとめて十類の後に附し、続補を待つことにした。」、「一書が複数の分類にまたがる場合、相互参照の方法を採用し、より重要な方へ入れ、別の分類には最後に一格下げてその旨を記した」。書名・巻数・版本・作者を著録する以外に、全書籍に解題を附して内容の紹介と簡単な評論を加え、最も関係の深い序・跋を節録する。散佚書と未見のものは、どこに見えるか、どこに引用されているかを明記している。全文を見ていないものはいずれも疑義を考証し佚文を引用している。今、一例を録する。

玉台書史
不分巻　『昭代叢書』本　賜硯堂本　『述古叢鈔』本　『翠琅玕館叢書』本
清厲鶚撰　鶚、字は太鴻、号は樊榭、銭塘の人。挙人。乾隆時に鴻博に挙げられるが不遇。
本書は歴代婦女の能書家を一編にまとめたもので、各々に伝を備え、書蹟のあるものはそこに附し、あわせて題跋を録し、各々出処を注記して一字も来歴のないものはない。内容は、宮闈・女仙・名媛・姫侍・名伎・霊異・雑録の七門に分かれている。宮闈は四十九名、女仙は七名に尼一名を附し、名媛は百四名、姫侍は十二名、名伎は三十三名、霊異は二名、雑録は三名を著録し、大変よく備わっている。ただ前後には序跋がなく、不分巻であり、未定稿かもしれず、あるいは太鴻には編著しようとしていたところがあり、本書はその長編であったのかもしれない。

（『書画書録解題』巻二）

この書は末尾に著書時代一覧表を附し、著者・年略・書名・成書年代・類別の五類に分かれている。書末には著者索引もあり、その体例は精密・詳細といってよい。

伝統的分類によれば、仏教と道教の書籍目録についてもここで述べるべきだが、我々はこの方面についての知識が乏しく、「知らざるを知らずとなす」（『論語』為政篇）の古い教えに従って、しばらく欠くこととする。それでもこの類の書物を読むための手がかりを尋ねるとすれば、陳垣の『中国仏教史籍概論』〔三四〕を読んでみてはどうだろうか。その「中国仏教史籍概論縁起」には次のようにある。

中国仏教史籍の範囲はほぼ『閲蔵知津』に依拠し、我が国で撰述された目録・伝記・護経・纂集・音義などの各類について、撰著の時代順に書物毎その名称・略名・異名・巻数の異同・版本の源流・撰者の略歴および内容や体裁を挙げた。どれも史学と関連するところがある。初学者がこれを学べば、単に新たな整った知識を得るだけにとどまらないだろう。

ここから、この書物は事実上、質の高い中国仏教史籍の導読書目となっていることがわかる。陳国符著『道蔵源流考』は目録書ではないが、その中の「歴代道書目」「引用伝記提要」などは目録の性質を備えている。「引用伝記提要」冒頭の条項を例にしよう。

晋・葛洪『神仙伝』十巻は、葛洪『抱朴子』自叙篇に見える。また『隋書』経籍志・雑伝類、『旧唐書』経籍志・史録・雑伝、『新唐書』藝文志・子録・神仙類、「太平御覧経史図書綱目」、晁公武『郡斎読書志』伝記類にも見える。『道蔵闕経目録』巻上に著録されている。『通志』藝文略・諸子類・道家には「列仙伝十巻　晋葛洪撰」とあるが恐らく誤りであろう。今の通行本もまた十巻であるが、完全なものではない〔三五〕。佚文が『三洞珠嚢』『仙苑編珠』に見える。

本書はほかの部分も豊富な資料によって道蔵の源流を紹介しており、道教文献の理解、閲読に、おのずと参考となる価値を有している。

第四節　文学書目録

『七略』から詩賦略を設けて文学作品を専門に著録することが始まった。曹魏以後、個人の文集が大量に出現し、そのような現象は必然的に目録に反映されることとなった。『漢書』藝文志が収載したのは詩賦のみで、後に陸続と出現した文学様式を包括できなくなったため、南朝劉宋の王倹『七志』は『漢書』藝文志の詩賦略から文翰志に改めて新たな時代の文学に関わる文献の特色を反映させ、梁・阮孝緒『七録』はさらに明確に文集録と名付けた。「七録序」にはこうある。「王倹は詩賦の称ではほかの文体を包括できないため文翰に改めたが、近頃の文詞は総じて集と呼ぶようである。文翰を改めて文集とすれば名称として最も明瞭であるから、文集録を配して内篇第四とする。」（『広弘明集』巻三）。

『隋書』経籍志は端的に文学書の類目を集部とし、以降、それが踏襲され改まることはなかった。
総合目録以外に断代の集部目録も利用できる。明・張溥『漢魏六朝百三名家集』はすべての別集（個人文集）に題辞を載せて作者の平生と作品を評述しており書目提要の性質を有する。殷孟倫はその題辞を別裁し、注釈を加えて単独の一書とした。『漢魏六朝百三家集題辞注』は文学書目録ではないがそれに近いものがある。
万曼『唐集叙録』は比較的優れた文学目録であり、その出版説明には次のようにある。

『唐集叙録』は伝存する唐人の詩集、文集、詩文総集、計百八家を著録する。作者はそれら唐人別集を時代順に並べ、著者・書名・巻数・成書年代・編集者・刊刻者・収蔵者などの各項について詳細に紹介した。その中には、各集の版本の流れ、編次の体例、およびその書の唐・宋・元・明・清各朝から近代に至るまでの流伝、演変（存・佚・闕・未見）などの状況に対する考察が多く、……唐代文学史、目録版本学を研究し、文学古籍の整理に従事する読者にとっては資料に富み利用に便利な参考書である。

一例を挙げよう。
張祜詩
『新唐書』藝文志には「張祜詩一巻」とあり、注に「字は承吉、処士、大中年間に卒す」とある。『郡斎読書志』も同様で、『直斎書録解題』のみが「張祜集十巻」に作る。

海昌呉寿暘虞臣『拝経楼蔵書題跋記』五に旧抄本『張承吉集』を著録する。記に「首題に『張処士詩集』とあり、計六巻、序目はない。按ずるに晁氏『郡斎読書志』は一巻に作る。」とある。『北京図書館善本書目』に「『唐張処士詩集』六巻。唐張祜撰。明末葉奕抄本。呉寿暘跋。二冊」とあるのは、この書であろう。

銭塘の丁丙『善本書室蔵書志』二五には「唐張処士詩五巻。明正徳依宋刊本。劉蓉峯蔵書」と著録される。丁氏は「宋臨安棚北陳氏書肆刊唐人小集は、おおむね半葉十行、行十八字である。本書は明正徳年間の刻本で、行款がことごとく同じであり〔三六〕、書棚本から出たものに違いない。また『彭城伯子』『空翠閣蔵書印』の印記があり〔三七〕、宝とすべきである。」という。

張舜徽『清人文集別録』も断代の集部目録の力作である。作者は自序で次のように述べている。

清人の文集は夥しい。私の陋見で寓目できたのはわずかに千百家餘りであった。……各書を読み終える毎に作者の行蹟を検討、書物の要旨を記し、その論証の得失を追求し、学識の精深を験核して、各書に叙録一篇を作った。無謀にも校讎流別の義に附して、一代の学術の盛衰を推し量ろうとしたのである。しかし三十年来、群籍の中に漂い、作業に専心できず、時に進み、時に中断し、論述は行きわたり難かった。また、人の意を満足させない書もあり、言うに足らないものとして、そのままにして論じなかったこともあった。こうして選定した原稿は、わずかに六百七十餘篇である。近頃、暇な折にやや手を加え、ひとまず六百家を記録し、まとめて一書とし、『清人文集別録』と名付けた。いまだ清一代の文集のすべてを概括するには十分ではないが、三百年間の儒林文苑の観るべきものは、ほぼ備わっているであろう。どの篇も（原文通りの引用ではなく）要約したものであるが依拠したところは一々出典を明示しており、読者が確認するのに非常に便利である。例えば、以下の如くである。

孟亭居士文稿五巻嘉慶七年刻本

桐城馮浩撰。浩、字は養吾、号は孟亭、乾隆十三年の進士。翰林院に入り、国史館纂修となった。『文献通考』の続修事業に与かり、帝系と封建の二門の編纂を担当した。その後、江南で郷試をつかさどり、御史へと昇進した。病を理由に帰郷するとふたたび出仕することなく、常州・竜城・浙東西・崇文・蕺山・鴛湖などの書院で講習を主宰した。馮浩は経を治めるにあたって軽々しく旧説を排斥せず……詩の解釈も多く詩序の説を引申し、つぶさに詩人の本旨を会得している（巻四に詩経解二十一条あり）。……生涯古人の詩文を治めることを喜びとし、李商隠に対しては最も力を尽くし、撰したところの『玉谿生詩詳注』、『樊南文詳注』は、論者もその博識・精確さに感服した。自らは次のように述べている。「文集を調べ、史書を参照し、憚ることなく資料をすべてあげて注解した。詩集の方が完成すると、文集の方は竹が刃を迎え割れていくように事が進み、障害のために滞ることは少なかった。そこで平生の行跡を整理して年譜を改訂し、一つとして迷い混乱することのないようにした。」（巻一『玉谿生詩詳注』自序）。その精力をもっぱら注解に費やしたため、経史樸学に関する見識は比較的浅薄である。この文集は子の馮集梧が編纂、刊行したものである。最初の四巻は雑文で、末巻は賦、巻首に阮元、秦瀛による二つの序がある。

（『清人文集別録』巻七）

もっぱら一家の文集のために編まれたものとしては、周采泉の著した『杜集書録』を代表とすることができる。その凡例には次のようにある。

本書は、清・朱彝尊『経義考』と謝啓昆『小学考』の体例に倣って、歴代の杜詩に関する著作を集めて系統立った目録としたものであり、杜詩の研究者と愛好者の使用に供する参考書籍である。本書の内編は伝存書籍の書録・解題を主とし、外編は存目と参考資料を主とする。各々いくつかの類に分け、分類毎の編纂主旨は各類の冒頭で説明する。

書物ごとに大体次のような項目を含む。

［著録］当該書の出処の記載と存佚状況の説明。

［版本］当該書の版刻状況に対する全面的な紹介。宋元刻本で度々覆刻されたものは各刻本の収蔵・題識を当該刻本の下に記し検索の便とした。一書が翻刻を経て大々的な校正が加わり、本来の面目を失ったものは別の一書として処理をした。稀覯の版本についてはすべて所蔵機関を明記し訪書の便とした。

［序跋］当該書の原序、序跋、提要（『四庫全書総目』に著録されているものは、すべて存書、存目の別を注記した）を詳細に載せ、あわせて各家の考訂・評語を引用する。原文に誤字・脱字のあるものは、［ ］の記号を用い、編者の注を加えて説明する。

［編者按］全書にわたる評価。補充説明が必要なものは「又按」によって示す。ある具体的な問

題に対する編者の討論は、関連する項目中の案語に加えることとし、ここには置かない。
作者がこの書物の編纂に非常に多くの努力をしていることは明らかである。〔三八〕

このほか詩歌・小説・戯曲の各分野にも専門の目録がある。重要なものをいくつか紹介しよう。

詩歌の方面では、『詩経』に関するものはすでに経学書目録の項で触れた。『楚辞』に関するものには姜亮夫編著『楚辞書目五種』がある。本書は「五つの部分、すなわち『楚辞』に関する五種類の研究図書目録から構成される。(一)『楚辞書目提要』、(二)『楚辞図譜提要』、(三)『紹騒隅録』、(四)『楚辞札記目録』、(五)『楚辞論文目録』である。」(『楚辞書目五種』序)。作者は『楚辞』研究の専門家であり、提要では資料を輯録する以外に自身の見解を提示している。欠点は個人の能力の限界から著録に行き届かない部分があることで、今日からすると捜集された資料はなお完全ではない。〔三九〕このほか、一九五七年上海人民図書館が編集、刊行した『楚辞概説与読物要目』は、書名の下に繁簡両様の提要が附せられ参考価値が高い。一例をあげよう。

楚辞新注八巻　清・屈復撰　清・乾隆三(一七三八)年居易堂刊本　『楚辞新集註』ともいう。

屈氏は前代の旧注に対して常に新意をもって疏解し、臆断する箇所はあるものの、よく従来の見解を打破している。最後に「楚懐襄二王在位事蹟考」を附す。

一九八四年湖北人民出版社が出版した『楚辞要籍解題』は洪湛侯によって主編された。この書の解題部分では、歴代の、特に価値が高く、影響も大きい、楚辞に関する専著六十二種を選び、作者の平生、成書の過程、基本的な内容と評価および版刻、館蔵の状況などを逐一紹介する。書後に附された「楚辞専著目録」には歴代の『楚辞』研究の専著二百三十五種を収録し、書名・巻数・作者・館蔵などの項目を注記する。この書は楚辞研究に対して高い実用的価値を有している。

楽府詩に関するものには王運熙『楽府詩論叢』に附録された「漢魏六朝楽府詩研究書目提要」がある。この書目は楽府詩に関係する書籍を次の四種類に分けて紹介している。（一）正史と政書の楽志類、（二）歌辞の編集・選録・注釈、（三）楽府研究の専著、（四）部分的に楽府について論述する著作。提要は比較的詳細で多くは書評にも相当する。唐詩に関するものには陳伯海・朱易安編『唐詩書録』がある。この書の凡例には次のようにある。

本書は、歴代の唐詩に関係する総集・合集・別集・評論および資料の目録を収載し、唐代から一九八五年まで、書名・巻数・朝代・編纂者および版本を逐一表記した。稀覯の善本および前人の批校・題跋のあるものは所蔵機関を明記した。

本書の正文に所収したものは現存する著作に限った。各種の史籍・目録・詩話に見えていて今すでに伝わらないもの、存佚を明らかにしがたいものは、すべて正文の後の附録に収めた。

本書は各書目の後に備考欄を設け、歴代の典籍と重要書目に記載される関連資料を適宜摘録し、読者に調査考察の便宜を提供した。

書末に「備考引用書目」「唐詩書録書名索引」を附している。陝西師範大学中文系資料室編印『唐詩研究専著論文索引』も調査、検索に役立つ。

この索引が輯録するのは一九四九年から一九八一年までの唐詩研究の専著と全国定期刊行物に掲載された論文である。中国古代における各時期の詩歌の創作と評論について知りたければ竜沐勲「中国韻文史簡要書目」が参考になる。もともと作者の『中国韻文史』に載せられていたが、出版が比較的早かったため、この数十年に出版された書籍は収録の対象になっていない。

小説の書目には孫楷第『中国通俗小説書目』がある。その凡例には次のようにある。

「本書の収録は口語体の古小説を主とする。散佚・未見・見存の書、計八百種餘り。……魯迅先生『中国小説史略』に録する通俗小説は宋から清末までであり、今その例に従った。」

「本編は書名の後にその書に関係する筆記瑣聞も摘録するが、ただ重要な部分、他書に未収録のものに限り、繁雑な文章や考証の類は一切採らない。」

「本編は見存する各書の題記は極力簡要にし、多く引用しない。……前人が苦心して著し不幸にも散佚した書は、概略でも残さなければ前人に背くことになる。また小説に心を留める者の考察の手立てをなくし、旧聞がそのために消えてしまえば、来者に背くことにもなる。そこで佚書については詳細に記した。」

「本書は佚書と未見のものを除き、すべて版本を明記し、旧本善本は行款図相にも言及した。」、「孤本珍本は、すべて収蔵地・収蔵者を記し、善本ではあるが稀覯書ではないもの、善本ではないが冷僻の書に近いものは間々収蔵機関を注した。」、「同書異名の場合、各名称をすべて残し、原書より一格下げて記した。」

「存疑目を附録とし、散佚・未見のため、体裁・内容のわからないものは、ここに入れることとした。」

書末には、「書名索引」「著者姓名及別号索引」を附す。江蘇省社会科学院明清小説研究中心・文学研究所編『中国通俗小説総目提要』は、前人の基礎の上にさらに発展を遂げた。この提要は、唐代から清末の通俗白話小説を主として、計千百六十四部を収める。その中にはこれまでの著録に見えていない珍本、孤本が少なからずある。著録項目は、書名・作者・版本・内容提要と回目の五つからなる。書末には「同書異名通検」、「筆者・音序索引」と「作者姓名及別号索引」を附す。

文言小説を著録するものに袁行霈・侯忠義編『中国文言小説書目』がある。その凡例に次のようにある。

およそ古代の文言で書かれた小説で、正史の藝文志・経籍志、官撰目録、主たる私人目録、主要な地方藝文志に見えるものを、存佚を問わず極力捜集網羅して合計二千種餘りとなった。収録する各書は、時代毎に配列し、まず書名・巻数・存佚を、次に時代・撰者を述べ、著録状況・版本については、必要と思われる考証解説を附した。本書によって中国文言小説の全貌、歴代の著述・著録・版刻・流伝のあらましが知れるよう期待する。ある書物の存佚・巻数・時代・撰人・版本などについても、つぶさに知りうる。中国文学、中国史、目録学、文献学およびその他社会科学の研究者の参考に供することもできる。

この書目は五編に分かれる。第一編は先秦・漢・魏晋・南北朝・隋、第二編は唐・五代、第三編は宋・遼金元、第四編は明、第五編は清である。

小説の方面にはさらに専書目録がある。例えば馬蹄疾編『水滸書録』は、上編、下編、外編に分かれ、上編は『水滸伝』の各種版本を著録し、下編は『水滸伝』研究の専著・専集と定期刊行物に発表された論文を著録し、外編は水滸物語に関する各種文藝作品を著録する。また、胡文彬編著『金瓶梅書録』の内容はおおよそ版本類（抄本・詞話本・綉像批評本・第一奇書本・訳本に分かれる）、続書類（続書訳本を含む）、評論類（専著・彙編・辞書・文学史・解説・論文に分かれる）、文献類、書目類、改編類、絵図類に分かれる。『紅楼夢』に関する専書目録は比較的多い。まず一粟編著『紅楼夢書録』がある。その例言には「『紅楼夢』が世に出てから一九五四年十月以前までの関連著作九百種を集め、斟酌し提要や摘録を加えた。」とある。次に胡文彬編『紅楼夢叙録』は前言に「著録する資料は『紅楼夢』が世に出てから、一九七八年十二月までのものである。定期刊行物に載った文章の目録は『紅楼夢書録』を継いで一九五四年から始めた。」と述べる。さらに上海師範学院図書館が一九八二年に編纂、印行した『「紅楼夢」研究資料目録索引』（一九七六・十—一九八二・八）があり、その序言には「本館が編纂したこの『「紅楼夢」研究資料目録索引』は、一粟編『紅楼夢書録』と胡文彬『紅楼夢叙録』を引き継ぐものである。」と述べている。この三者は合計で紅学の専著八百余種、文章四千篇近くを収録している。

戯劇に関する専科目録の成果は突出している。元代の戯曲作家鍾嗣成は『録鬼簿』二巻を編著し、百五十二名の元代の戯曲作家の平生の事跡および四百餘種の戯曲作品の目録を著した。本書は我が国の古典戯曲と金元文学を研究した極めて貴重な資料である。明・永楽年間（西暦十五世紀初頭）、山東の人、賈仲明は鍾氏の原著を読み、関漢卿らにはまだ弔辞がなかったため、前曲に従って八十二名の作家について弔曲を補撰した。続いて、無名氏（一説によると賈仲明であるという）が鍾氏の作を継いで、さらに元代後期から明初までの戯曲作家および作品目録を作り、『録鬼簿続編』とした。その後、王国維は一九〇六年に『曲録』六巻を編み、著録は完備し、考証は精密であった。さらにその基礎の上に一九一二年『宋元戯曲史』の名著を完成させた。このほか、董康が自身の『檀板陽秋』、黄文暘の『曲海』および前人の『楽府考略』をもとに編纂してなった『曲海総目提要』四十六巻も極めて価値がある。本書の提要は、作者について考察し、筋立てを述べ、また案語を加えており、すこぶる有益である。いま一例を挙げよう。

鬧門神　雑劇

近人の作。（案語：この劇は明・茅維撰である。維は、字は孝若、号は僧曇、浙江帰安の人。創作した雑劇に、双合歓、鬧門神、蘇園翁、秦庭築、金門戟、酔新年など六種があり今すべて伝わっている）。除夜に護符を張り替える際、新しい門神が来ているのに、古い門神が帰ろうとせず、互いに言い争って醜態の限りを尽くし、宅神・和合神・竈君・鍾馗・五路財神などが仲裁する話。その意は、役人の交替の際、新任官が到着しているのに旧任官が去ろうとせず、言い争いが収まらない様子を風刺したものである。明・沈周「門神」詩に「新郎に恩怨を訴えてはいけない、新年は明日からで今夜はまだ今年なのだから」とあるのもひそかにこの意を寓している。『両生天』はこの折を取り込んで「一文銭」劇に補入し、盧至家の門神のこととし、さらに奇想を増している。

（『曲海総目提要』巻一三）

後に北嬰はさらに『曲海総目提要補編』を編纂した。後出の荘一払『古典戯曲存目彙考』はより完備している。本書は戯文三百二十餘種、雑劇千八百三十餘種、伝奇二千五百九十餘種、計四千七百五十餘種を収める。作者に対する紹介と版本に関する記載は比較的詳細で、例えば、次のようである。

関漢卿　号は已斎叟、大都（今の北京市）の人。金から元に入り、ほぼ元・定宗の初年前後に在世した。

金末の解元で、太医院尹を務め、金が滅ぶと再び出仕しなかった。作った雑劇は六十餘種、『太和正音譜』はその詞を「瓊筵の酔客」と評し、雑劇の始めと推して前列に立てたため、世の称するところとなった。作品数の多さも元代第一である。作風は全く独創的で、壮麗優美な表現を発明し、言辞は人情の委曲を尽くし、一字一字に本領を示している。趙万里は『析津志』名宦伝に漢卿の史料を発見した。伝には「関一斎、字は漢卿、燕の人。生まれつき群を抜きんで、博学で文章に優れ、能辯で機知に富み、寛容かつ風雅、一時の冠となった。」とある。按ずるに、一斎の「一」字は「乙」字の簡筆であろう。これによれば、「已斎」はあるいは「乙斎」の誤りかもしれない。呉暁鈴に「関漢卿雑劇全目」があり、『関漢卿戯曲集』に附刊されており、叙述が詳細で参考になる。

感天動地竇娥寃

『録鬼簿』著録。『新続古名家雑劇』本、脈望館校『古名家雑劇』本、『元曲選』本。『酹江集』本は題目を「湯風冒雪没頭鬼」とする。簡名「竇娥寃」。『太和正音譜』、『元曲選』はともに簡名に従っている。由来の故事は『漢書』于定国伝と『捜神記』に載る東海の孝婦の事蹟で、それに脚色を加えたものである。[四〇] あらすじは、寡婦の竇娥が冤罪を被り、刑に処されると血が逆さに流れて白絹を染め、六月に霜が降り、後にその父親が廉訪使となると、竇娥の霊魂が無罪を訴え、以前の審理を再調査して竇娥の無罪が判明する、というもの。明・袁于令による伝奇『金鎖記』はすべてこれにもとづいている。本作は元曲悲劇の最高傑作である。フランス語、日本語の訳本があり、海外にも伝わっている。（『古典戯曲存目彙考』巻四）

戯曲における断代の専門目録には、傅惜華編『元代雑劇全目』、『明代雑劇全目』、『明代伝奇全目』、『清代雑劇全目』がある。それぞれ元代雑劇七百三十七種、明代雑劇五百二十三種、明代伝奇九百五十種、清代雑劇約千三百種を収録する。これらは、著録の際、作品毎に、題名・版本・存佚・現在の収蔵機関・作家の小伝などを列挙し、「引用書籍解題」「作家名号索引」および「劇目索引」などを附している。また、阿英編『晩清戯曲録』はすこぶる特色がある。その例言には次のようにある。

晩清の政治社会を反映した諸戯曲はほぼ石印本・鉛印本であり、蔵書家は版本を重視したため多く収録しなかった。本書の意図は闕を補う点にあり、収録は主に石印本・鉛印本を主とし、必要に応じて刻本・未刊稿にも言及した。

本書が収録する戯曲は、晩清に出版されたものに限り、やや民国初めのものに及んだ。その後に刊行されたものは、晩清の政治社会と関係があっても収録しない。

本書は、最初に伝奇・雑劇を置き、次に劇文、続いて話劇の順とした。当時の戯劇の傾向はこれでほぼ窺うことができる。

……本書の収録は、本文を得たものに限り、名称しか知らないものは著録しなかった。

民間文学の資料にも調査・参考に資する目録がある。清代には早くもこの種の目録が出現した。傅惜華は百本堂抄本『子弟書目録』を蔵しており、次のように紹介している〔四一〕。

百本堂の主人は、姓は張、名や号は不詳である。清代、北京で各種戯劇―崑曲・高腔・皮黄・梆子・影戯―や各種曲藝―子弟書・大鼓・八角鼓・時調小曲・蓮花落―などの歌詞冊子を専門に鈔写する職人であった。北京の隆福寺護国寺東西両廟会が開かれるたびに長期にわたって露店を設け歌詞本を販売するという、特殊な書籍販売の営業を行っていた。彼は清代乾隆年間から民国初年まで代々伝えられてきた生業を自ら「百本張」と称した。この目録は彼が販売した子弟書の総目で……著録される子弟書は、合計二百九十三種である。我々が今日見聞きする子弟書の総数は約四百餘種、その重要な代表的作品はあらかたこの目録に収録されている。この目録の体例は、まず様々な種類の子弟書の題名を列挙し、時に別名を注する。題名の下にごく簡単な解説を附すことがあり、例えば「出塔」には「青児が主人を助ける」と注す。つまりその内容が、青児が白娘子を救う雷峰塔の物語を脚色したものであることを説明しているのである。また、「永福寺」

の注には「李瓶児は墓参りに出かけて春梅に出会う。『遺梅』の後、『池館』の前の話。」とある。時には簡単なあらすじの下にさらに「笑」「苦」などの字を標すことがある。例えば「劉高手探病」には「笑」字を標し、この曲の筋立てが滑稽な笑話であることを説明している。「斬竇娥」には「苦」字が標され、この曲が悲劇的で痛ましい筋立てであることを説明している。どの題目にも、あらすじの末尾には、原本の回数と売値が書かれている。例えば「孟子見梁恵王」には、売値「四佰」とある。つまり当時の四文銭である。この『子弟書目録』は、確かに現在の曲藝研究の方面において最も重要で貴重な資料である。

（『子弟書総目』引用書解題「百本張『子弟書目録』」）

劉復・李家瑞らの合編『中国俗曲総目稿附補遺』は、一九三二年中央歴史語言研究所が出版したものである。この目録は、河北・江蘇・広東・四川・福建・山東・河南・雲南・湖北・安徽・江西など十一の省の各種曲藝、約六千種を著録する。そのうち河北省は四千百九種、江蘇省は七百十八種、広東省は五百二十五種である。体例はまず曲名と調名を記し、次に流伝地区・印刷版本・原本の葉数、最後にその曲の歌詞の最初の二行を節録する。

子弟書は民間曲藝の一種であり、鼓詞の流れを汲む。こうした曲藝は唐代の変文と宋元以来の弾詞から発展した。子弟書を専門に収録するものに傅惜華編『子弟書総目』があり、公私における所蔵により子弟書四百餘種、約千数百部を著録、すべてに出典を明示し、最初に引用書の解題を置いている。我が国における民間歌謡の資料の手がかりを知りたければ、中国民間文藝研究会資料室編「中国歌謡資料参考書目」を調べればよい。この書目は作家出版社より一九五九年に出版された『中国歌謡資料』に附されており、『中国歌謡資料』の引用書籍を収録し、著録項目は書名・編者・出版年および出版社である。

譚正璧・譚尋編の『弾詞叙録』はこれまでで最も質の高い弾詞目録であり、作者が目にした作品二百種を収め、すべてに叙録を著し、物語のあらましを紹介し、あわせて作者・版本・成書年代・物語の由来・モチーフを同じくするその他の文学作品などにも及んでいる。

ある地方の曲藝作品を収録する目録としては傅惜華編『北京伝統曲藝総録』を例とすることができる。この『総録』は元・明・清から建国前までの北京地区で流行した各種伝統曲藝作品を目録にしたものであり、主に八角鼓・石派書・鼓詞小段・蓮花落・時調小曲などがある。本総録は各種曲本の版本源流・収蔵場所を詳説するとともに曲毎の内容、題材の由来について簡単に紹介している。また書末に曲名索引を附す。

老彭が編纂した『民間文学書目彙要』は後出のため内容が豊富広範である。全書は、上中下の三編と附編との四つの部分から構成される。上編は国内外の民間文学の総論の書目、中編は国内外の様々なスタイルの民間文学の論著と作品の書目、下編は建国の前後に出版された出版書目録であり、附編には民俗学などの隣接する学科の書目が収められている。

文藝理論の資料調査には、南京大学中文系文藝理論教研室編『中国歴代文学理論批評重要専著篇目索引』を利用するのがよい。項目は歴史の発展段階に従って、先秦両漢・魏晋南北朝・隋唐五代・遼金元・明清・晩清の六つの部分に分かれている。推薦書目録の性質を有し、著録と配列に特色がある。

例えば、「○」記号を用いてその項目が重要であることを示し、また「＊」記号を用いてその文章が郭紹虞編『中国歴代文論選』に収録されていることを示している。入手しやすい版本を前の方に著録し、探書の便宜を図っている。編者はさらにある文章と関連する資料の出処を列記しており、読者の参照の便としている。項目の配列はほぼ時代の前後によっているが、論点が近い作品、相反する作品は一つにまとめて読者の学習の便としている。本書の最後には「『歴代詩話』『歴代詩話続編』和『清詩話』目録」、「『詞話叢編』目録」、「『中国古典戯曲論著集成』総目」が附されている。呉文治主編『中国古代文学理論名著題解』も参考価値が高い。本書は百四十六部の文論・詩話・詞話・戯曲理論・小説理論の名著の作者・版本・内容について紹介・評論を行っている。喬默主編『中国二十世紀文学研究論著提要』も大部の特色ある文藝理論書録である。その凡例には次のようにある。

> 本書は資料的性格を有する専門参考書であり、二十世紀（一九〇〇～一九九二年）における中国の学者（一九四九年以前に大陸におり、その後離れた者も含む）による中国文学・外国文学・文藝理論・民間文学と少数民族文学の研究論著千二百種を収録し、簡明な提要を附して各種文学研究の二十世紀における発展の基本的な足跡、重要な成果、総体の水準を反映させようとつとめた。
> 収録する論著の提要は基本的に以下の内容を含む。一、論著の題目・作者の姓名・出版機関と出版年月・字数・葉数。二、論著の基本的情報（全書の構成、学術的背景など）、要旨、重要な学術的立場、また作者の研究方法と特色も適宜紹介する。なお基本的にそれらに対する評価はしない。

ある特定分野の文学形式に関する理論的著作を対象とするものとしては、傅暁航・張秀蓮主編『中国近代戯曲論著総目』を例とする。この書目は一八四〇年から一九九四年の間に著された戯曲に関する専著の書目四百七十四種を著録し、詳細な章節あるいは項目を附す。専門の、あるいは戯曲に関する定期刊行物合計三百六十二種、五千九百四十餘編の文章の篇目を収録し、詳細な分類索引を附す。戯曲史、戯曲文学、戯曲改良（革）、国劇運動と現状の研究、戯劇理論、演技演出、戯曲音楽、舞台美術、俳優養成所と人材育成、劇場と劇場の変遷、戯曲の常識、その他などの類目がある。

専門に文藝理論に関する著作をまとめたものは、陳玉堂『中国文学史書目提要』を例とすることができる。本書は清末から建国前までの各種文学史の専著三百餘種を著録する。その「編写略例」には次のようにある。

本書目の収録範囲は中国文学史、史論、史評の著作を主とし、その他の中国文学史と関連する著作も検討の上収録した。本書目は通史、断代史と分類史の三部分からなる。分類史には韻文・美文・詩・賦・曲・散文・駢文・小説・民間文学・戯劇・音楽・民族文学・抗戦文学・婦女文学および宗教文学などを含む。

各項目はふたつの部分に分かれ、「一つは原著の版本と成書の状況を簡潔に紹介し、評述を加える。もう一つは原著の章節を詳録し、重要な箇所については内容の要点を摘録する。その他簡単な注釈を加え、読者が各書の基本的様相を了解できるように」している。

ある特定の文藝理論の著作に関する資料について編まれた目録としては、牟世金・曾曉明編『「文心雕竜」研究論著索引（一九〇七―一九八五）』を例とすることができる。この索引は八十年近くにわたる『文心雕竜』の論文・注釈・序跋と専著千三百条を著録する。定期刊行物以外にも、様々な論文集や専著中の関係論文もあわせて収録している。書末には「台湾及香港研究論著目録」と「日本研究論著目録」を附す。

最後に、補足として古典文学に関する論文の索引式目録を紹介しよう。主なものに『文学論文索引』があり、陳璧如・張陳卿・李維垿が編纂し、一九〇五年から一九二九年における中国の雑誌新聞百六十二種を収める。『文学論文索引続編』は、劉修業が編纂し、一九二八年から一九三三年における中国の雑誌新聞百九十三種を収める。『文学論文索引三編』は、劉修業が編纂し、一九三三年から一九三五年十二月までの中国の雑誌新聞二百二十餘種を収める。以上の三種の索引は、通行本はどれも台湾学生書局一九七〇年三月の版である。『中国古典文学研究論文索引』（一九〇五―一九七九）は北京師範学院中文系が一九八一年九月に編印したものである。『中国古典文学研究論文索引』増訂本（一九四九―一九六六年六月）は、河北北京師範学院中文系資料室・中国社会科学院文学研究所図書資料室編で、中華書局一九八二年五月第一版、『中国古代文学資料目録索引』（一九四九―一九七九年）は、遼寧大学中文系古代文学研究生集体編である。この索引は論文目録のほか、さらに建国後に出版された様々な版の古典文学作品と研究専著も収録している。

原注

（1）『乾坤正気集』巻末に載せる潘駿文「校印乾坤正気集跋」を参照。

（2）案ずるに『太史公書』というべきである。『漢書』藝文志・春秋家には『太史公』百三十篇が著録されている。

（3）劉は劉珍をいい、賈は賈逵をいう。『東観漢記』の成書と劉・賈ふたりの関係については余嘉錫『四庫提要辨証』巻五『東観漢記』篇を参照のこと。

（4）『隋書』経籍志には、『魏書』四八巻、晋司空王沈撰とある。

（5）『凡例』によって、この書籍整理番号の意味は、『漢律考』という書籍が国立中央図書館普通本線装書の第六〇頁に記載されているということだとわかる。凡例は、なんの整理番号もつけられていない書物は、ただ該当図書館の略号と「××」の符号をつけると規定している。

（6）沈玉成氏はこの書について「実際は王世襄先生の編である。当時、王先生は反動派のリストに載っていたため名を記すことが出来なかったのである。」と述べている。

訳注

〔一〕『兵録』については、本書に『漢書』藝文志・兵書略の序の中にその名が見えるばかりで、『漢書』藝文志にもそれ以降の目録にも著録されず、『史記』『漢書』にも関連する記述は全く見えない。

〔二〕鄭玄『三礼目録』一巻は、『隋書』経籍志、『旧唐書』経籍志、『新唐書』藝文志には著録されるが、『宋史』藝文志には見えず、現在、完本は失われている。その佚文は、周礼、儀礼、礼記の各注疏や経典釈文などに散見し、王謨『漢魏遺書鈔』、袁鈞『鄭氏佚書』、孔広林『通徳遺書所見録』、黄奭『漢学堂叢書』などに輯佚されている。三礼の各篇目について、その意味や内容を説明するものであり、例えば『周礼』天官・冢宰については、「象天所立之官。冢、大也。宰者、官也。天者、統理万物。天子立冢宰、使掌邦治、亦所以総御衆官、使不失職。不言司者、大宰総御衆官、不主一官之事也。」とある。

〔三〕『宋史』藝文志史類目録類に「欧陽伸一作坤経書目録十一巻」として著録されている。

〔四〕『経序録』五巻について『鄭堂読書記』（巻三二）は、「世之学者不得見其書而読其序、固以知其所以為書之意、庶以広其聞見而不安於孤陋也。惜其掛漏甚多、不及孫退谷『五経翼』二十巻之詳備矣。」と評している。朱睦㮮（一五一七～一五八六）は、明の宗室の出で、字は灌甫、号は西亭。著に『五経稽義』六巻、『授経図』二十巻などがある。

〔五〕朱熹には『周易参同契考異』一巻がある。また「答袁機仲」で本書を取りあげ、「此雖非為明易而設、然易中無所不有、苟其言自成一説、可推而通則亦無害於易、恐不必軽肆詆排也。」と述べている。

〔六〕呂思勉（一八八四～一九五七）は、江蘇武進の人。陳垣、陳寅恪、銭穆とともに中国四大史学家と称される。著に、『白話本国史』『先秦史』『秦漢史』『両晋南北朝史』『隋唐五代史』『歴史研究法』『文字学四種』などがある。呂思勉が「今文家を重視している」ことは、『経子解題』の六経の配列が今文派の「詩・書・礼・（楽）・易・春秋」の順にならっていること、『春秋』について「『春秋』之記事、固以『左氏』為評。然論大義、則必須取諸『公羊』。此非偏主今学之言也。」と述べていること、また、「論読経之法」では康有為『新学偽経考』を取りあげて「吾挙此書、或疑吾偏信今文、其実不然也。」と述べていることなどから窺える。

〔七〕『論語』の伝承については、『漢書』藝文志や『隋書』経籍志、また『論語集解』序にも記述があるが、以下、呂氏はおおむね『経典釈文』によっている。

〔八〕皇侃『論語義疏』は中国では南宋以降散逸した。寛延三（一七五〇）年、荻生徂徠の門人根本遜志が足利学校蔵本をもとに校刊すると清に逆輸入され、知不足斎叢書、四庫全書などに収められた。

〔九〕論語に関する孔安国の著述について、何晏「論語集解序」には、孔安国が古論語にもとづき注釈をなしたことが記されているが、早い時期に散逸しており、『論語集解』に見える孔安国の説は後世の偽作であるとされている。なお、呂氏のいう歙県の鮑氏とは、鮑廷博を指すものと思われるが、その『知不足斎叢書』には、日本に伝わっていた『古文孝経孔氏伝』や『論語義疏』は所収されているものの、孔安国『論語訓解』は収録されていない。

〔一〇〕 鄭振鐸「関於詩経研究的重要書籍介紹」は、『中国文学研究』(作家出版社、一九五七年)の第一巻「古代文学研究」に収載され計四類からなり、二百十二種の著述を取り上げる。第四類については、「附録の書物のいくつかは、大部分が専門的な詩経研究の著作ではないが、詩経研究者が無視することのできないもの(陸徳明・王引之・王筠・王国維といった人々の書物はとりわけ重要)である。」とある。

〔一一〕 同様の指摘は、『四庫提要』にも「然定詩序首句為子夏所伝、其下為毛萇所続、実伯璵此書発其端。」と見える。伯璵の説は『毛詩指帰』解説に「今学者以為大序皆是子夏所作、未能無惑。如関雎之序、首尾相結、冠束二南。故昭明太子亦云、大序是子夏全制、編入文什。其餘衆篇之小序、子夏唯裁初句耳、至也字而止。葛覃、后妃之本也。鴻鴈、美宣王也、如此之類、是也。其下皆是大毛自以詩中之意、而繫其辞也。」とある。「子夏唯裁初句耳」とは、ここにいうように、葛覃(周南)であれば、「葛覃、后妃之本也。」を指し、これらのあとに続く「后妃在父母家……婦道也。」については、大毛(毛亨)によると見なした。蘇轍の指摘は『詩集伝』巻一に「隋経籍志曰、先儒相承、謂毛詩。叙、子夏所創、毛公及衛敬仲又加潤益。古説本如此、故予存其一言而已。」と見える。

〔一二〕 古音(上古音＝詩経など先秦時代の音韻)から今音(中古音＝隋唐以降の音韻)へと音韻体系が変化すると、今音で詩経を読誦しても押韻しているようには感じられなくなってしまった。このような事態に、陸徳明『経典釈文』は、古代の押韻は厳密ではなかったと考えたのに対し、朱熹『詩集伝』などでは、押韻するように臨時に字音を改めて読むような措置をとった。これが叶韻である。陳第や顧炎武は、場当たり的に読音を変化させる叶韻説を否定し、古音は今音とは異なる一定の読音を持っていたと考え、詩経の押韻例を中心に古音の分部作業を行った。これらを先蹤として清代では上古音の音韻研究がさかんになり考証学の最もめざましい成果とされるまでになった。

〔一三〕　胡氏『雅学考』を補い宋代より後の関係書目を集めたものとして周祖謨『続雅学考擬目』がある。

〔一四〕　『広雅』が『爾雅』を継ぐものとして編纂されたことは、張揖が「上広雅表」で、「夫爾雅之為書也、文約而義固、其陳道也精研而無誤、真七経之検度、学問之階路、儒林之楷素也。若其包羅天地、綱紀人事、権揆制度、発百家之訓詁、未能悉備也。臣揖体質蒙蔽、学浅詞頑、言無足取、窃以所識、択撢群藝、文同義異、音転失読、八方殊語、庶物易名、不在爾雅者、詳録品覈、以箸于篇。」と述べている。

〔一五〕　一、二に引かれる例はともに『広雅』釈詁「道、天、地……大也」の疏証に見える。このような王念孫の方法は、広雅疏証序で「窃以訓詁之旨、本於声音。故有声同字異、声近義同。雖或類聚群分、実亦同條共貫、譬如振裘必提其領、挙網必挈其綱。」と述べられるような、言語の本質は音声にあるとする認識に支えられたものである。

〔一六〕　『史略』の分類について、内藤湖南『支那目録学』は直接的に影響を受けたものとして鄭樵『通志』を指摘し、また「七略中古書」で散佚書に注意している点については、後の王応麟に影響を与えたことを指摘している。内藤は、『史略』が宋代一般の学風とは異なり、劉向・劉歆以来の伝統的な学問の在り方を復興しようとした点において非常に高く評価している。

〔一七〕　「史籍考総目」には、「制書二巻、紀伝部（正史十四巻、国史五巻、史稾二巻）、編年部（通史七巻、断代四巻、記注五巻、図表三巻）、史学部（考訂一巻、義例一巻、評論一巻、蒙求一巻）、稗史部（雑史十九巻、覇国三巻）、星麻部（天文二巻、麻律六巻、五行二巻、時令二巻）、譜牒部（専家二十六巻、総類二巻、年譜三巻、別譜三巻）、地理部（総載五巻、分載十七巻、方志十六巻、水道三巻、外裔四巻）、故事部（訓典四巻、章奏二十一巻、典要三巻、吏書二巻、戸書七巻、礼書二十三巻、兵書三巻、刑書七巻、工書七巻、官曹三巻）、目録部（総目三巻、経史一巻、詩文即文史五巻、図書五巻、金石五巻、叢書三巻、釈道一巻）、伝記部（記事五巻、雑事十二巻、類考十三巻、法鑑三巻、言行三巻、人物五巻、別伝六巻、内行三巻、名姓二巻、譜録六巻）、小説部（瑣語二巻、異聞四巻）、共三百二十五巻」（『章氏遺書』補遺）とある。

〔一八〕「司馬遷書」の語自体は、『文選』李善注や『後漢書』李賢注などに見えるが、いずれも司馬遷の書簡文などを指し、『史記』をいうものではない。

〔一九〕『漢書』巻一〇〇「叙伝」に「探篹前記、綴輯所聞、以述漢書。」と班固自らが記すように、「漢書」の書名は早くから定まっており、『隋書』経籍志、『旧唐書』経籍志といった史志には「漢書」として著録されている。「前漢書」の書名で著録するのは、『郡斎読書志』、『文献通考』などである。

〔二〇〕現行の薛正居編『五代史』は、四庫館臣の邵晋涵らによって編まれた輯本である。晁公武『郡斎読書志』には「五代史一百五十巻」とあり、その解題に「開宝中、詔修梁・唐・晋・漢・周書」と見えることから、「梁唐晋漢周書」が書名と見なされることもある。一方、欧陽脩等編『新五代史記』は、『郡斎読書志』では「新」字を附さず、また『文献通考』には「新五代史記七十五巻」と見える。

〔二一〕王沈の『魏書』はすでに散逸したが、『三国志』裴松之注に屢々引かれている。原注が指摘する通り、『隋書』経籍志には四十八巻として著録されているが、『旧唐書』経籍志では四十四巻、『新唐書』藝文志では四十七巻、『通志』では四十八巻と、著録する目録によって巻数が異なる。

〔二二〕朱彝尊『経義考』巻二九三に「鏤板」があり、諸史料に見える刊刻についての記事を収録している。章学誠が「刊板」とするのは思い違いであろう。

〔二三〕宋代以降、金石研究が進み、欧陽脩『集古録』、趙明誠『金石録』、洪遵『泉志』、薛尚功『歴代鐘鼎彝器款識法帖』などが著された。例えば、趙明誠『金石録』は、碑文の撰者、抄写者を挙げ、碑文を史書や家譜など諸史料と対照し考訂を加え、検討は『集古録』など先行研究にも及んでいる。例えば、巻

二八の「唐元結碑」の尾跋には、「顔魯公撰並書。案『唐書』列伝、結、後魏常山遵十五世孫、而碑与『元氏家録』皆云十二世、蓋『史』之誤。又碑与『元和姓纂』皆云『結高祖名善禕』、而『家録』作『善禕』、未知孰是也。」とあり、巻二九の「唐虞城令李公去思頌」の尾跋には、「李白撰、王遹書。碑側云『元和四年二月重篆』、蓋遹不与白同時、此碑後来追建爾。欧陽公『集古録』云『遹在陽冰前』者、誤也。」とある。

〔二四〕「大題」は書名のこと。「小題」は篇名のこと。小題が上、大題が下に置かれることもある。

〔二五〕『史記書録』に引かれる序によれば、張文麟本は、当時の諸本の字句篇章の乱れや古典を妄議して孔子世家を列伝に黜すなどの風潮を憂えて、「一如太史公之旧」を目指すものであったという。

〔二六〕『中国歴代年譜総録』は一九九六年増訂本が出版された。「後記」によれば、一九八二年までに発表された年譜二百三十八種、参考となる書物や文章五十二条、譜主百九十四人が加えられている。

〔二七〕紹興八年に郷里で著した序に「余令小子仔采摭其可信者、而為編年凡五巻。起襄公二十二年、訖哀公十六年、自孔子始生而至於終、言動出処亦備具矣。」とある。同様の指摘はすでに『四庫提要』にある。

〔二八〕『諸子書目』は、陳鐘凡『諸子通誼』に「周秦訖元明諸子書目」として収められているが、本書の引用には誤りがあり、「姚際恒謂」の後に「『後人采嬰行事為之。』孫星衍謂」の十二字が脱している。つまり、「後人以篇為巻、又合雑上下二篇為一、則為七巻、見七略及隋唐志。宋析十四巻、見崇文総目、実劉向校本、非偽書也。」の部分は姚際恒が孫星衍の言（「晏子春秋序」）を引いたものであり、訳出にあたって改めた。ただ現行の『崇文総目』が著録する『晏子春秋』は十二巻であり、その他の宋代に編纂された目録にもいずれも十二巻本として載り、孫氏の所謂「十四巻」についてはよくわからない。

〔二九〕范鎮「司馬文正公光墓誌銘」に司馬光の生前の著述を列挙する中で該書が挙げられている。但し、書名は「注老子道徳論二巻」に作る。

〔三〇〕　孫猛『郡斎読書志校証』は、『文献通考』所引の三十一字について、『郡斎読書志』の版によっては三十一字が載るものもあることを指摘しつつ、『郡斎読書志』原書からの引用ではなく、馬氏が『直斎書録解題』によって挿入したと指摘している。

〔三一〕　ここでの技術・藝術は、『七略』（『漢書』藝文志）の所謂「術数略」「方技略」にあたる。これらも「兵書略」同様、六部分類から四部分類へと移行していく過程の中で子部に吸収されていった。医学書は、『隋書』経籍志以降、主たる目録のほとんどにおいて、「医方」「医術」「医書」「医家」といった名称の違いこそあれ、子部中の小類としてまとめられるのを通例としている。

〔三二〕　『医籍考』並びに丹波元胤については富士川游「医籍考解題」に詳しい。それによれば元胤の字は奕禧、一に紹翁。文政十（一八二七）年、三十九歳で死去。著書に『難経疏証』『体雅』『疾雅』『薬雅』『名医公案』などがある。

〔三三〕　『中国農学書録』の出版年は一九八五年。中国農業科学院図書館など所蔵の図書目録と報刊論文索引により、『全国総書目』『全国新書目』『全国主要報刊論文索引』を参考に編輯された。一農学概述、二農業基礎科学、三農具、四農業工程・水利、五農藝学、六災害及其防治、七農作物、八林業、九園藝、十畜牧・獣医、十一水産、十二農史、十三土地制度、十四賦税・徭役、十五農産品加工（手工藝附）、十六総合参考に分けられ、すべての引用書目に通し番号を附す。

〔三四〕　邦訳に西脇常記・村田みお訳『中国仏教史籍概論』（知泉書館、二〇一四年）がある。

〔三五〕　『神仙伝』について、四庫全書は毛晋の汲古閣本を著録し、その提要の中で完本ではないものの葛洪の旧本を継いだ「原帙」であると判断しているが、余嘉錫『辨証』は、現行本は一度原書が散逸した後に後人によってまとめられた輯本であり、汲古閣本も輯本としてやや優れたテキストであるに過ぎないと指摘する。

〔三六〕「書棚本」は南宋の都臨安の書店が出版した書物をいう。
〔三七〕「彭城伯子」、「空翠閣蔵書印」は、ともに劉蓉峯（惺常）の蔵書印。
〔三八〕『杜集書録』の後、張忠綱等編著『杜集叙録』（斉魯書社、二〇〇八年）が上梓され、『杜集書録提要』『杜集書録』の誤りを訂補し、さらに未収載書を増補している。
〔三九〕本書を補訂したものとして崔富章『楚辞書目五種続編』（上海古籍出版社、一九九三年）がある。
〔四〇〕『捜神記』巻一一に「東海孝婦」の故事が載る。
〔四一〕子弟書は、民間曲藝の一種で、従来、通俗文学と見なされてきたこともあり、作者未詳のもの、作品自体の散佚も多い。『子弟書総目』（上海文藝聯合出版社、一九五四年）は、子弟書総説、引用書解題、書名筆画索引、総目の四項目からなる。総説では、子弟書の定義、形式、内容、楽器、楽譜、歴史と現状などが記されている。解題では、百本張子弟書目録を筆頭に「別埜堂子弟書目録」「集錦書目子弟書」「中国俗曲総目稿」「東調選」「西調選」の引用書の解題を載せる。総目は画数順に作品が並べられ、四百餘種の作品の解説が掲載される。なお中国の伝統的学問観では俗文学は軽視され、四庫全書にも白話小説や戯曲などは収載されなかった。「俗文学」を標榜し、それに特化した研究が始まったのは、一九一七年の文学革命以後である。一九三八年には、鄭振鐸が商務印書館から『中国俗文学史』を出版し俗文学を中国文学史の中心に据えた。鄭振鐸はまた『中国文学研究』（作家出版社、一九五七年）において第二巻「小説研究」、第三巻「戯曲研究」、第四巻「詞曲与民間文学研究」をまとめ、先秦から清にいたるまでの俗文学に関する考証を行っている。

第七章　特種目録

特種目録は特定の目的や用途に従って編纂した目録であり多種多様である。偽書目録、闕書目録など、第三章の第四節、第五節で概観したものを除き、その他の主要な特種目録をいくつか紹介しよう。

第一節　推薦書目録

推薦書目録は、挙要目録、あるいは導読目録とも呼ばれ、特定の読者を対象とし、特定の目的に従って、関連文献に選択を加え、読者に推薦する目録である。

清の道光二十七（一八四七）年、湖北学政（各省で生員の試験を掌った官職）であった竜啓瑞が科挙試験に参加する学生たちを指導するために編纂した『経籍挙要』が比較的早期の推薦書目録である。経史子集以外に、約束身心（身心を律する）、拡充学識（学識を広げ充実させる）、博通経済（広く経世済民に通じる）、文字音韻、詩古文詞、場屋応試（科挙受験心得）の六項目に分類され、目的が明確である。

本書は読者の参考に供するため、著録する書物の版本を注記することもある。例えば『説文解字』

の条には「汲古本、朱刻本、藤花榭本、五松園本」と注記し、提要には「書を読んで『説文』を読まなければ、字を知っているようで知らないことになる。孫淵如（星衍）氏の『平津館叢書』中の仿宋刻本が優れている。」と述べている。

提要が附されることもあるが、その見解は実に公正である。例えば、段玉裁『説文解字注』の提要では次のように述べる。「『説文』が貴重なのは、経書を読むのに有益なためである。段氏の書は、経義に融会貫通し、字音、字形の考究も精確であり、『説文』研究の専著における空前絶後の作と見なしうる。ただ恣意をもって（『説文』原文を）改める嫌いがあり、終には許氏の旧を失っている恐れもあり、それが缺点の一つである」。学習方法に言及することもあり、例えば宋の司馬光『資治通鑑』の提要には次のようにある。

思うに、今日の学生諸君は、史書を読むには必ず手元に筆記帳を置き、得る所があれば、分類の上、記録すべきである。古人の優れた言行を書き留めれば身心を慎めるし、善政、智謀を記せば学識を広げられる。名物、象数、片言隻語であっても、学問、文章に有益でないことはなく、折々に記録すれば、適当に書物を繙いて目を通すのに比べ自然長い間心に残り、また、時々思い出し、疑問を蓄積するにも、検索、調査するのにも楽になる。これが史書を読む時の秘訣であり、諸君が心を尽くすべきことなのである。

影響が大きく典型的な推薦書目録は張之洞『書目答問』である。『書目答問』は清の同治十二（一八七四）年、張之洞が四川学政に就任した際、竜啓瑞『経籍挙要』に倣って著し、光緒二（一八七六）年に初めて刊行された。一九二九年、范希曾「書目答問補正跋」に、『書目答問』は「完成以来、重版は数十回を下らず、学問に志す者は格好の手引きと見なし、ほとんど家毎に一部置くほどであった。」と述べている。

『書目答問』略例は編纂目的について、「学生諸君の学問を好む者がやって来て、どの書を読むべきか、また、どの版本が良いかなどと問うてくる。偏って挙げても遺漏の恐れがあるし、志向や専門によっても異なるので、ここに著録して初学者に示すこととした。」と述べている。

書籍選択において、編者は周到かつ慎重な態度を取っている。略例に次のようにある。

無用なもの、空疎なもの、偏向のあるもの、雑駁なものは一切著録せず、古書の今著に取り込まれているものも著録せず、注釈が浅陋なもの、妄人が刪改したもの、編纂刊刻に誤りがあるものも著録しない。古人の書ですでに伝本のないもの、今人の書で出版されていないものも著録しない。古い版本や抄本など稀覯書の、買い求める術がないものも著録しない。経部は学統をもって、「実事求是（事実にもとづいて真実を求めるもの）」（『漢書』河間献王伝）を取り上げ、史部は主旨や体例が謹厳であり、考証が詳しいものを取り上げ、子部は近古（宋代以降）の実用的なものを取り上げ、集部は最も著名なものを取り上げる。

下位の類目についても、編者は独自の選録基準を持っている。例えば「易之属」では「偽書は著録しない」といい、「書之属」では「古文今文の別を理解しないものは著録しない」といい、「爾雅之属」では「『爾雅』を講じて小学に通じていないものは著録しない」などと述べている。

最も優れているのは作者が決して一様に「古を是とし今を非と」(『史記』秦始皇本紀)せず、却って現代を重視し古代を軽んずる傾向さえあるということである。略例には次のようにも述べている。「本書に著録した書物は、四庫全書編集の際まだなかったものが十のうち三、四あり、『四庫全書』に著録されているものも後出の校本、注釈本が十のうち七、八である」。ここから張之洞が新たな研究成果を非常に重視していたことが見て取れる。各分類については、例えば経部序では「経学、小学の書物は国朝のものが最も優れており、前代の著作の長所を採り入れ短所を取り除き、その成果がすべて反映、包括されているので、宋元明の著作は省略に従った。」と述べている。また、史部・地理類序では「今人の地理の学は詳細博識で依拠することができ、前代の地理の書はただ経文や史実、沿革を考証するばかりである。経世の用に役立てるなら断じて今人の書を読むべきであり、後出のものほど重要になる。」と述べている。いずれからも現代を重視する姿勢が窺えよう。

版本の著録において、編者は信頼性と実用性を強調している。例えば略例では「伝本の多い書物については善本を挙げ、精校本がないものは通行本を挙げ、最近の刻本がないものは現存する明本を挙げることとする。」と述べている。書籍によっては、版本について具体的に鑑定している。例えば、史部『欽定二十四史』には次のように注している。

武英殿附考証本　江寧・蘇州・揚州・杭州・武昌五書局合刻本　新会陳氏復刻殿本　明の南・北監本廿一史は元までで、『旧唐書』『旧五代史』は入っていない。北監が合刻すると、南監もようやく新旧の版本をまとめて完成し、別刻、覆刻されるなどした。毛氏汲古閣本十七史は『新五代史』までで、やはり『旧唐書』『旧五代史』は入っていない。席氏掃葉山房本は毛本と同じでさらに『旧唐書』『旧五代史』『北史』『宋書』を増している。北監本、掃葉本、陳本、坊繙毛本〔一〕には脱誤がある。

作者は分類においても前人の書目の体例をそのまま踏襲はしていない。略例に次のようにある。

書物を読むのに要領を得なければ労多くして功なく、読むべき書がわかっても精校精注本（精密な校異と注を附した本）を手にしなければ手間は倍で効果は半分になる。今そのために（学術の）系統を辨別し（著録する書籍を）厳選、精挙し、その性質の近さを見て分類から（必要な書籍を）求められるようにし、さらに一類を詳しく子目に分けて分類から求めるための便宜を図る。一つの分類内においても、内容、体例が近いものを並べ、時代順に配し、筋道を立て要点を明らかにした。著録したのはいずれも歴代の重要な典籍で有用なものばかりである。ひとえに願うのは初学者に買いやすく読みやすく、迷い、惑いがなくなることである。（視野の狭い者は見聞を広めることを思うべし、粗雑な者は学問には流別があることを知るべし）

こうした理解をもとに、張之洞は祁承爜の例に倣って、四部のほかに叢書の一部を立てて五部とし、「叢書が学ぶ者にとって最も便利な点は、一叢書中に群籍を備えられることであり、残編を蒐集し佚文を保存する功績は殊に大きい。古書を多く読むには叢書を購入しないわけにはいかない。叢書は経史子集すべてを包摂しており、四部に従属させるのは困難なため、別に類を立てることとする。」と述べている。彼はまた「別録」を附属として設け、群書読本、考訂初学各書、詞章初学各書、童蒙幼学各書に分類し、『書目答問』を一つの完整した推薦書目録にしている。

このほか、編者が類目の下に加えた注釈には透徹した見解が多い。例えば、目録を蔵書家が尊ぶものと読書家が求めるものとの二種に分け、読書家が把握すべき書目を列挙し、あわせて譜録類・書目之属に注釈を附し、「この類の各書は経史子集の一切を読む際の筋道である。」と述べている。〔二〕

また書末には「国朝（清代）著述諸家姓名略」を掲載している。〔三〕著名な学者の姓名、貫籍を並べただけのものではあるが、そこから清代の学術の系統を窺い知ることもでき、読書の指南にも役立つ。したがってその序には次のように述べている。

学問の筋道を知りたいなら必ず師を持つべきだが、師は得がたいものであれば、国朝の著書、著名な学者を師とするのがよい。……国朝の学術の系統を知れば、歴代の学術の系統を理解できる。すると、自らに規範ができて自然と妄言謬説に惑わされることもなくなる。優れた師は大勢いるでないか。……すべて巻中の学者を、学生諸君は無数の良師として選ぶことができる。そうすれば道に従って検討し、「篤く信じ」（『論語』泰伯篇）、「深く思う」（『史記』五帝本紀「太史公曰」）ことができ、僻地に住もうとも、家に籠もろうとも、愚行に陥ることはない。

例えば、編者は二十九家の校勘学者の姓名を並べ、「この諸家が校勘、刊刻したものはいずれも善本で、文字の校正はみな依拠することができるが、戴（震）、盧（文弨）、丁（杰）、顧（広圻）の四氏が最も優れる。」〔四〕と指摘する。こうしたことは読書、版本選択の際に指南的な意義がある。

しかし、『書目答問』も結局は光緒初年の書物であり、時が経つほどに不足を覚えることになる。そこで范希曾は『書目答問補正』五巻を著して、『書目答問』原載の書名、作者、巻数、版本の著録上の若干の誤りを訂正し、原書の遺漏、並びに光緒二（一八七六）年以降に新たに刊行された版本について補注を施し、さらに原書と性質の近い書物を補足した。それらの大部分は後出のもので、一九三〇年までの著述の、作者、巻数および版本を記録している。また、『書目答問』が「今人」とするものについてもすべて姓名を補足している。さらに書名の下に案語を加え、その得失についても若干述べている。今日我々が『書目答問』を用いる時には補正本を用いないわけにはいかない。

一九二三年、『清華週刊』の記者が梁啓超と胡適に重要な書籍を選び、学習方法を教示するよう依頼した。胡適は「一個最低限度的国学書目」を著した。最低限度といいながら、内容は繁雑で収録も過剰であった。梁啓超は当時それを批判し、別に「国学入門書要目及其読法」を著し、その後さらに修改を加え、名を改めて「要籍解題及其読法」とした。その長所は書目にではなく「読法」にある。〔五〕その他にも李笠の『三訂国学用書撰要』などもある。しかし、『書目答問』と『書目答問補正』に取って代わり得るものは一部もない。そのため魯迅先生は「もし古いことをやるなら、張之洞の『書目答問』を頼りに道を辿っていくのがよいと思う。」（『魯迅全集』第三巻「而巳集」読書雑談）と述べている。

建国後も推薦書目録は重視された。一九六一年四月、高等学校文科教材編選計画会議において、提出、改訂を経て各専門の教学方案が制定されると、方案毎、学生閲読書目が附された。また、一九七八年六月、高等学校文科教学工作座談会が開かれ、各専門の授業時間ないし履修単位の規程に関する教学方案が検討、制定された際には、再び新たにすべての専門に学生閲読書目が附された。これらは基本的に一九六一年に編纂された閲読書目を基礎として、さらに有用な新しい書籍を補充したもので、教学上、よりよい補助効果を及ぼしている。ほかにも提要を伴った推薦書目録がいくつか現れた。中国青年出版社が一九八〇年六月に編纂、出版した『中国古典文学名著題解』はその一つである。その「内容提要」には次のようにある。

本書に紹介される二百五十餘りの作品は、いずれも二千年以来、広く伝わってきた、影響の比較的大きい名著ばかりである。先秦から近代に至るまで、詩、詞、賦、文、戯曲、小説、神話などの各種ジャンルの原著、および関連する選注本、現代の訳本、匯編本を含んでいる。作者の平生と創作の成果を概説したほか、重点的に名著の内容や物語の梗概紹介に紙幅を費やし、その思想的意義と藝術的特色についても逐一分析した。本書の閲読を通して、青年読者はより効率的に利用し、靄に煙る海のように広範な我が国の古典文学に対し基本的な理解を持つことができるであろうし、文学の愛好者はさらに古典文学に関する知識の範囲を広げ、一歩進んで学んでいくための糸口を得ることができるだろう。

以上の推薦書目録はいずれも初学者の参考に供すべきものである。しかし学術は不断に発展し新しい書物も陸続と現れるから、こうした作業は今後もさらに継続されるだろう。

第二節　禁書目録

統治者は政治的理由から書物を焼却したり禁止したりする。焼却、禁止された書物を対象に編纂された目録が禁書目録である。

中国における大規模な焚書は秦始皇より始まった。秦の丞相の李斯は次のように述べている。

> 臣請う、史官の所蔵する書籍のうち、秦の記録でないものはすべて焼きすてましょう。博士が官職として掌っているもののほか、天下に敢えて詩書や諸子の書を蔵する者があれば、ことごとく郡守のもとへ差し出させ焼きすてましょう。敢えて詩書を語り合う者があれば、死刑に処して街中にさらしましょう。古をもって今を批判する者は、一族皆殺しの刑に処しましょう。役人で知りながら検挙しない者は同罪にしましょう。命令を下して三十日を経ても書籍を焼きすてなければ入れ墨の刑に処して築城の労役に服させましょう。除かないものは、医薬、卜筮、種樹の書籍とし、もし法令を学びたい者があれば役人を教師にしましょう。帝は詔を下して裁可した。
>
> （『史記』巻六「始皇本紀」）

宋の仁宗の宝元二（一〇三九）年、「学士院は言上した。『陰陽に関する禁書を詳細に定めよとの詔を奉り、司天監とともに禁ずべき書籍十四門を定め、目録一巻を撰定しました。『孫子』、『呉子』、また歴代の史書の天文志、律暦志、五行志、および『通典』[六]に引かれる諸家の軍事関係の記述以外はすべて禁書としてください』と。それに従うこととした。」(『玉海』巻五二)という。『宋史』藝文志には『禁書目録一巻』が載り、その注に「学士院と司天監が定めた。」(『宋史』巻二〇四)とあり、これが我が国において禁書目録が記録に見える最初の例である。

禁書目録は清代が最も多く、満洲貴族が清朝を建てて以降、文化に対する統治政策が実行され、乾隆期四庫全書纂修の際には、整理作業が進められる一方で、彼らが「違礙」と認めた書物について、刪、改、焼、禁に区分することも行われた。彼らはそうした書物を目録に編纂し、各地方に発布し執行させた。こうして、多くの禁書目録が生まれたのであった。以下、各々説明しよう。

『銷燬抽燬書目』は「全燬書目」と「抽燬書目」(部分的に焼却するもの)の二つの部分からなる。巻首には四庫総裁英廉による上奏文二通を附し、書末に「乾隆四十七年五月　日刊発」の語があるので、この目録が当時英廉の奏上が認められ各地の総督・巡撫に銷燬、抽燬するよう公布した書目一覧であったとわかる。英廉は乾隆四十七(一七八二)年二月二十一日に上奏して次のように述べている。

各省から送付してきた明代以降の書籍は、逐一検閲を加え、詳細に検査し、妄誕の言辞をつとめて廃絶し、少しの遺漏もないようにしました。当該の各編修官による全面的調査によると、銷燬すべき書物百四十四部、内容を斟酌して抽燬すべき書物百八十一部を発見しました。私は総纂官の紀昀らとともに、さらに逐一確認をし、簡略な報告表を書き出しました。原書三百二十五部、二千百二十三本をまとめて納めます。どうぞご判断の上、銷燬するようご下命ください。

同年三月二十五日には奏上してまた次のように述べている。

恐らく地方には未だ明禁を奉らない者がおり、禁書がなお残っております。そこで私は一覧を公にまとめて文書を発布し当該の各総督、巡撫に通達し、厳正な検査の上、都に送付させ銷燬し、少しの遺漏もないようにしたいと存じます。抽燬すべき書物については、問題の条を抜き出し、みな詳細に書き挙げて通達し、抽燬すべき篇や葉を、厳正に検査、抽出させ、密封、送付させてみな焼却しましょう。もし原版があるようなら、版の内容をみな調査して削り去りましょう。

『全燬書目』はすべて明人の著作が対象であり、清朝統治者の漢族人民への恐れを反映している。『抽燬書目』の対象も多くは明人の著作であり、書目の下にそれぞれ抽燬する章や節、また抽燬とする理由が注記されている。例えば、『蜀国春秋』四本には次のように注されている。

『蜀国春秋』を検査するに、明の荀廷詔が編纂したものである。書物には毛鳳彩の序一篇があり、言葉は極めてでたらめである。書物の紀年の中の「明玉珍」の一条、巻十三の十一頁第一行、巻十四の第十四頁第七、八行は、誤りが集中しており、抽燬すべきことを申し上げる。

『禁書総目』は、巻首に乾隆五十三（一七八八）年五月初四日付の上諭と浙江巡撫羅琅が重ねて上奏した一文があるため、浙江省がまとめて刊行した調査・没収すべき違礙書目録の台帳であることがわかる。書目は次の八類に分けられている。

（一）四庫館奏准頒発各省進到遺書内査出干礙全燬抽燬書目（即ち前掲の『全燬書目』と『抽燬書目』）
（二）軍機処奏准全燬書目、七百四十九種

(三) 軍機処奏准抽燬書目、四十種
(四) 専案査辦応燬各書、二百三十一種
(五) 浙江省査辦奏繳応燬書目、一百五十四種
(六) 各省移咨応燬各種書目、三百三十七種
(七) 有違礙謬妄感憤語句応請銷燬、十三種
(八) 有銭謙益、沈徳潜序文並列龔鼎孳、金堡諸人姓氏応請抽燬、五種

この目録には次のような説明がある。

浙江省を調査するにも土地は広く人は多く、書物を蔵する知識人も多く、中には遠方に任官したり遅くまで外出したりで書箱を調べる者がおらず、僻地や孤村には調査があまねく及ばない。一切の有害で経《つね》ならざる書物には、まだ残されているものがあるだろうから、先に奉った四庫館頒発各省進到遺書内査出干礙・全燬・抽燬の各書（目）ならびに軍機処頒行各省査辦違礙書目およびに浙江省がすでに数次にわたって奏上、移送した（応燬）書目に未記載のリストをまとめ、再びそれらをあわせて刊刻し、印刷、製本して、各府州県に頒布する。各省の儒学教職委員は、紳士、地保、坊鋪、書賈などに餘さず伝達し、広く布告して、僻地まで周知を徹底せよ。すべて残っている書目があれば逐一記載し、即日提出し、当該の州、県学委員は即日文書を添えて省局に送り納め、委員によって都に移送、焼却するようにせよ。紳士貴族、士人庶民は各自皆詳しく箱や籠を調べ、断編でも零本でも、ことごとく数え上げて納め、少しの遺漏隠匿もないようにせよ。

犯せば譴責するので各自遵守して違反なきよう。

ここから、清代には、法の網が緻密に張り巡らされ、ほとんど遺漏のなかったであろうことがわかる。『違礙書目』には、巻首に河南巡撫が署録した乾隆四十三（一七七八）年十一月初四日付の上諭一則があり、後ろに「河南布政使栄柱敬刊」という文言があるので、河南省で編纂された調査没収すべき有害書籍リストであることがわかる。書物は五類に分かれる。

（一）応繳違礙書籍各種名目六百八十種
（二）王錫侯逆書（謀反書）十種
（三）徐述夔逆書七種
（四）程嘉燧逆書一種
（五）続奉応禁書目五十種

以上、清代の禁書目録三種はいずれも清の姚観元『咫進斎叢書』に見ることができる。姚氏は光緒八（一八八二）年の跋文で次のように述べている。

私が先に東川で刊行した『銷燬抽燬書目』一冊は、亡父旧蔵の乾隆四十七年三月二十五日の四庫奏進本である。嗣同県の呉刺史文昇、会稽の章大令寿康、江陰の繆編修荃孫はそれぞれ蔵書を郵送し見せてくれた。呉本は題して『禁書総目』といった。……この時舎弟の凱元がちょうど大官を拝命したので手紙を都に送り本を捜させた。しばらくして凱元は一編の書物を持って来た。

その体裁はおおよそ現在の台省の例冊のようで、冒頭に乾隆四十三年十一月初四日の上諭を録し、没収すべき違礙書の各書目と続いて奉じた禁止すべき書籍を後に列挙し、「河南布政使栄柱敬刊」と署してある。館本、浙本と比べると、各々出入りがあるためすべて収録してあわせて刊行することとした。

光緒末年、鄧実は江寧官編『違礙書籍目録』一冊を入手し、その中の「江寧本省奏繳書目」と「各行省咨禁書目」が姚本に缺けていたため補遺合刊した。商務印書館が一九五七年に出版した『清代禁燬書目附補遺』がそれである。

このほかに、江西、湖北、広東各省の『奏繳書目』と『分次奏繳総目』が陳乃乾の入手するところとなった。陳氏は重複する部分を削除し、缺けている部分を補って、『索引式的禁書総録』を編纂した。その統計によれば、全燬書二千四百五十三種、抽燬書四百二種、合計二千八百五十五種であり、『四庫全書総目』が著録する図書が三千四百七十種ほどであるから（存目は含まない）、比較すると、禁書の多さは人を驚かすに充分である。このほか、孫殿起も『清代禁書知見録』を編纂している。その略例には「本書が海寧の陳氏『索引式的禁書総録』を底本としたのは、比較的完備し重複が少ない点をとったのである。」と述べ、彼はまた陳氏『総録』が「わずかに書名、人名を載せるばかりで、書物毎の巻数、刊本、年代はいずれも缺いている。」（『清代禁書知見録』巻首「自序」）ことを遺憾とし、『知見録』では「巻数、作者、貫籍および刊行年代などに力を入れて詳細、確実にしようとした。」（『清代禁書知見録』巻首「略例」）のであった。

国民党政府が「進歩的」書籍を取り締まったため（民国期にも）禁書目録は存在した。以下概述しよう。

『国民党反動政府査禁二百二十八種書刊目録』(1)は、もとは一九三一年九月に国民党湖南長沙市党務整理委員会が編纂した「工作報告書」に掲載されたものである。著録項目には書籍雑誌の名称、著者訳者、内容、および備考、出版地がある。例えば次のようにある。

「両種不同的人類」　蔣光慈編　プロレタリア文学の短編作品で、党を批判し、階級闘争を鼓吹している。　北新書局

（『中国現代出版史料』乙編、一七七頁）

『国民党反動派査禁一百四十九種文藝書目録』は、もとは一九三四年三月一四日の『大美晩報』に掲載された記事で、魯迅の『且介亭雑文二集』後記に引用されたものである。〔七〕取り締まりの対象となった文藝書に対し、中国国民党上海特別市執行委員会による回答指示文書は次のように述べている。〔八〕

当案件、中央宣伝委員会公文書に準じて調査、決定した五項目の処分方法。即ち、一、『平林たい子集』などの三十種は、すでに個別に調査の上禁止した案件であり、先の命令を確実に執行すべきで、厳格に禁止、焼却し、流伝を絶たねばならない。二、『政治経済学批判』などの三十種は、内容がプロレタリア文藝を宣伝し、階級闘争を挑発するもの、我が国民党、国家当局を誹謗するものなどがあり、発売を禁止すべきである。三、『ファストと都市』などの三十一種は、プロレタリア文学理論を紹介するものがあったり、新ロシア文学の作品があったり、また不正確

な意識を有し反動を宣伝する嫌疑の強いものも含まれ、これらは、匪賊を殲滅すべき厳戒時期にあっては暫時発売を禁止すべきである。四、『創造十年』などの二十二種は、内容に間々不適切な箇所があり、一篇一節が不適切なものもあるため、削除、訂正の後、発行を許可すべきである。五、『聖徒』などの三十七種は、恋愛小説や革命以前の作品であり、内容に支障はなく、この三十七種の書籍の禁令については、暫時執行停止を許可する。

『国民党反動派査禁文藝書目補遺』は静編『中国現代出版史料』丙編に掲載されている。〔九〕その序文には次のようにある。

一九三四年二月に国民党反動派はプロレタリア文学百四十九種の書籍の取り締まりを行い、それは本書乙編に収録した。いままた一九二九年から一九三六年の抗日戦争前夜までの偽国民党中央宣伝部における反動的機密文書から、相次いで取り締まられた革命文藝書目を捜集、採録し、三百九種を得たので、補って以下に収録する。（『中国現代出版史料』丙編、一四四～一四五頁）

『国民党反動派査禁六百七十六種社会科学書刊目録』は、国民党中央宣伝部が一九三六年八月に印刷発行した機密文書であり、凡例、目録および索引がある。著録項目は書籍雑誌名、取り締まりや捜査押収の理由、取り締まりおよび捜査押収日である。例えば次のようである。

『列強在華経済的政治的勢力及其外交政策』共産主義を宣伝し暴動を鼓吹している。十九（一九三〇）年九月各地の郵検所に押収させ焼却した。（『中国現代出版史料』乙編、二〇七頁）

『国民党反動派査禁九百六十一種書刊目録』は、国民党中央図書雑誌審査委員会が一九四一年七月に印刷発行した『取締書刊一覧』を収録したものである。その「説明」には「『一覧』に収録される書籍雑誌にもとづき、民国二十七（一九三八）年十月に本委員会が成立した日より、民国三十（一九四一）年六月までとする。」と述べられ、その著録項目には、書籍雑誌名、著者訳者、出版者、取り締まりの理由、取り締まりの日、取り締まりの方法がある。例えば、次のようである。

『一年間』　夏衍　生活書店　不審原稿のため　二十八（一九三九）年五月　禁止

（『中国現代出版史料』丙編、一七三頁）

禁書目録は言論弾圧史における重要な史料である。ある時代の禁書目録から、我々ははっきりとその時代の文化政策を看取することができるのである。

第三節　販書目録

販書目録は図書販売のため編纂した図書目録である。この種の目録は多く出版業者や発行機関によって編纂される。例えば、明の汪諒は刊刻した『文選注』の目録の後に、次のような目録一篇を附した。（一〇）

金台書鋪の汪諒　正陽門内の西第一巡警更鋪の向かいにございます。刊行中の古書目録を左に並べます。なお家蔵の古今の書籍はすべてを載せられません。ご入り用の方は御覧ください。

翻刻司馬遷正義解註史記一部
翻刻梁昭明解註文選一部
翻刻黄鶴解註杜詩一部、全集
翻刻千家註蘇詩一部
翻刻解註唐音一部
翻刻玉機微義一部、医書
翻刻武経直解一部、劉寅進士註
　いずれも宋元版
重刻名賢叢話詩林広記一部
重刻韓詩外伝一部、十巻、韓嬰集
重刻潜夫論、漢王符撰、一部
重刻太古遺音大全一部
重刻臞仙神奇秘譜一部
重刻詩対押韻一部
重刻孝経註疏一部
　いずれも古版
嘉靖元年十二月望月金台汪諒古板校正新刊(2)

清代は販書目録の編纂水準が明らかに向上した。例えば、乾隆、嘉慶期の大蔵書家である黄丕烈は蘇州の玄妙観の西に滂喜園書籍鋪を開き、顧客の便のためにほぼ出版時期順に配列し、『士礼居刊行書目』を編纂した。著録内容は書名、冊数、価格、刊行年の四項目である。以下引用する。

『国語』五冊、一両二銭、庚申
『汲古閣書目』一冊、八分、庚申
『国策』九冊、二両、癸亥
『博物志』一冊、一銭六分、癸亥
『百宋一廛賦』一冊、六分、乙丑
『季滄葦書目』一冊、一銭二分、乙丑
『梁公九諫』一冊、六分、丙寅
『焦氏易林』四冊、一両、戊辰
『宣和遺事』二冊、二銭六分、庚午
『輿地広記』七冊、二両四銭、辛未
『蔵書記要』一冊、六分、癸酉
『三経音義』（『論』、『孟』、『孝経』）一冊、三銭二分、癸酉
『儀礼』三冊、一両二銭、庚戌
『船山詩選』二冊、四銭四分、丁丑

『周礼』九冊、二両、戊寅
『洪氏集験方』二冊、四銭四分、己卯
『夏小正（附集解）』一冊、二銭、辛巳
『傷寒総病論』三冊、一両二銭、癸未
『汪本隷釈刊誤』一冊、四銭四分、丙子

書目の前には「書価制銭七折（官鋳銅銭で支払いの場合は七掛け）」の六字があり、後には「滂喜園黄家書籍鋪」、「蘇州円妙観察院場」の二つの印がある。[3] 晩清の出版者による販書目録は屢々書籍に附属して行われた。例えば南京の李光明荘で刊刻された『三家経注解備要』『書経集伝』『春秋左伝杜林』などの前にはいずれもそうした目録を附している。また、掃葉山房は石印本『邵亭知見伝本書目』の書末に「掃葉山房発行石印精本書籍目録」を附している。[一二]
販書目録は現代にようやく盛んになり、完備することとなった。朱遂翔は次のように述べる。

民国五（一九一六）年、上海に古書流通処が創設された。主人は海塩の陳立炎であり、見聞は豊富であったが、初め出版された目録には定価がなく、販売は掛け合いで行われた。第二期の目録になると、ようやく各書に定価がつけられ、同業者や顔なじみ、また、図書館が赴いて購えば九掛けにできたが、店舗での割引はなかった。こうした経営によって繁盛し、購入者にも歓迎された。本地以外の都市には郵便が往来し、暇な日はほぼないほど、各省内陸の読者も好みの書籍を購入できた。……杭州で最も早く目録を出したのは、私が開いた抱経堂書局で、店を始めるとすぐに書物毎売値を明記し、誠意を示した。……抱経堂書局にはまた臨時書目があり、それによって正式な書目の不足を補った。同業者たちは利益が出ることから、次々に書目を出し、競争になった。……その後、各書店は皆書目を持つようになって、営業も上向き、顧客の家に赴いて書物を販売する必要がなくなったのであった。

（『中国現代出版史料』丁編「杭州旧書業回憶録」）

こうした販書目録には『漢口掃葉山房書目』『上海受古書店旧書目録』『北平文奎堂書目』などがあるが、その中でも最も見事に編纂された現代の書籍の販書目録としては、平心の『生活　全国総書目』を推すべきであろう。[一二] その編例には次のように述べる。

編纂の趣旨はほぼ以下の数条にまとめられる。（1）全国の読書界、図書館による書籍の捜集、購入、検索に供する（本書目に載る書籍は一時的な絶版、販売禁止を除き、生活書店がいずれも最も経済的かつ迅速な方法で購入を代行する。また図書館については別途優待手段を設ける）。（2）全国の学術界、著述翻訳業界、図書館による参考資料の捜集と目録学研究に供する。（3）全国の図書業界に対し、出版、販売の参考に供する。（4）外国の図書館と中国研究者に対し、中国の新刊書捜求の際の参考に供する。

収録範囲について、編例は次のように強調している。

収録する書籍は最近も販売中のものを主とするが、価値のある絶版書で間々購入できるもの（上海の水沫、金星、新月といった書店の若干の出版物）についても、事情を斟酌して収録する。本目録の編集後に販売禁止になった書籍については校正の段階で、書名の後に「禁」字を加えることとする。書名の後に＊の記号を加えたものは、購入が難しい書籍である。

著録については、書名、作者のほか、定価、出版者、代理販売者、冊数などの項目も含んでいる。このほか、編例には次のようにいう。

本書は収録する書籍のレベルによって分類し各種記号を用いる。梅花符＊を加えたものは初歩的な読みものであり、星花符★を加えたものは高度な専門書であり、三角符△を加えたものは、中級ないし初級者も上級者も利用できる読みものである。……すべて世界的な名著には書名の前に圏点●を加え、内容上問題のあるものには書名の前に▲の記号を加える。

検索の便を図って本目録にはさらに様々な索引がある。

平心編『生活　全国総書目』には全部で一九一二年から一九三五年までに出版された新書二万種が収録されており、出版者のための総合広告、購入者のための総合カタログと称し得るものである。この目録は編纂目的、収録範囲、著録項目ないし索引の編集のいずれにおいても販書目録の特色を備えている。

建国後、中国版本図書館が編纂した『全国新書目』『全国総書目』も販書目録の特色を有していることはすでに第五章第一節で紹介した。さらに版本図書館は『古籍目録』も編纂しており、中華人民共和国が成立してから一九七六年までに出版された各種の古籍を収めている。書名、作者、版本、定価などを著録し、提要もある。例えば、以下の通り。

癸巳類稿　（清）兪正燮撰

商務印書館出版　一九五七・十二・三十二開　三六三千字　精装一点九元　印一次　四千冊

［本書は清の道光十三年癸巳に編纂されたことから『癸巳類稿』と題する。考拠学の著作であり、内容は経、史、子、集、医学、天文、釈典、道蔵などの分野、および古代の名物制度、社会風俗の考証も含む。一八三三（道光十三）年に北京で初めて刊刻され、一八七九（光緒五）年に湖北で再び刊刻された。本書は重刻本を底本とし、初刻本によって誤りを改めている。］

国務院古籍整理出版規劃小組辦公室はまた『古籍整理図書目録（一九四九―一九九一）』を編纂した。収録する古籍はおよそ辛亥革命以前の著作、辛亥革命以後に古籍に整理を加えた著作（点校本、注釈本を含む）、古籍に関係する工具書が含まれている。この目録は書籍の出版時期の順に配列されており、そこから段階的な古籍の整理、出版事業の概況を理解することができる。

建国以前、私営の出版機関にはいずれも出版目録、例えば商務印書館の『図書彙報』などがあった。建国後も各出版社は単独あるいは共同で出版した図書目録を書籍購入の便に供し、新聞にも新たに出版した書籍の広告を載せた。これらにはいずれも販書目録の性格が含まれている。

こうした目録は読者に捜求、購入の便を提供するほか、さらに二つの用途がある。第一に販書目録は知見目録であり、所掲の書籍は目にしにくくとも決して散佚していないことが確かめられる。もしそうでなければ出版者が上面だけを改めて贋物で本物を騙ったことになる。第二に販書目録は歴史資料として保存されると往々にして非常に高い学術的価値を持つということである。この方面の突出した例が『販書偶記』である。一九五九年の中華書局による本書の出版説明には次のようにある。

『販書偶記』は基本的には清代以来の著作の総目であり、その役割は『四庫全書総目』の続編に相当する。著者の孫殿起先生は北京に通学斎書店を開き、古籍販売事業を数十年にわたって営み、絶えず勤め励み目睹した書籍について逐一詳細な記録を残した。その記録には通常は書名、巻数、作者の姓名、貫籍、刊刻の時期などの項目が含まれ、巻数や版刻に異同があったり、作者の姓氏に検討の必要があったり、また書籍の内容に説明を要する際には時折注釈を附している。

孫殿起は『販書偶記』略例で、「単行本でなければ収録しない。間々叢書中に含まれるものもあるが、それらは必ず初めに単行本や抽印本で刊行されたものであり、叢書のすべてに及んでいるわけではない。」、「およそ『四庫全書総目』に見えるものは収録しない、収録してある場合は巻数に異同があるものである。」、「著者の貫籍、刊刻年代は、ともに詳しく注記し、同郷の賢者を敬慕する人々が弁別するための備えとした。」などと述べており、ここから『販書偶記』は収録する範囲、著録する版本、作者など、いずれの方面においても特色を持った目録であることがわかる。

一九八〇年、上海古籍出版社は『販書偶記続編』を出版した。その出版説明に次のようにある。

著者の孫殿起は一九三六年の『販書偶記』初版刊刻以後も書籍販売中に目睹した書籍によりつつ逐一詳細な記録をとり、六千餘条にもなっていた。著者は一九五八年に逝去したため、近年来彼の助手であった雷夢水同志が資料に整理を加え、いま『販書偶記続編』の名で出版し調査参考の便に供する。

『販書偶記』と『続編』が収録する古籍の単行本は一万五千種ほど、『四庫全書総目』と叢書の缺を補う、非常に価値のある古籍目録なのである。

第四節　引用書目録

引用書目録はある著作や注釈で引用される書籍を集めて編纂した目録で、それによって引用元を考察できる。引用書目録には自身の著作のため編纂されるものもあれば、他者の著作のため編纂されるものもある。

自著のために編纂された引用書目録はすでに宋代に現れている。いま伝わる宋本『太平御覧』の巻首に載る「太平御覧経史図書綱目」は原書から具わっていたもので洪邁は次のように述べている。

国初は五代の混乱の後を受け、現存する書籍、版本も非常に少なく、燃えてなくなり、ついには伝わるものもなかった。しかし太平興国年間（九七七～九八三）に『御覧』を編纂し、千六百九十種の書籍を引用し、その綱目も巻首に載せたが、雑書、古の詩賦は逐一記録しなかった。いま考えるに伝存しないものが十中七八になるのではないだろうか。（『容斎五筆』巻七「国初文籍」）

詩、賦、銘、箴、雑書を引用書に含めると、『太平御覧』はおおよそ「二千八百餘種の書籍を引用しており」（范希曾『書目答問補正』巻三）、その大部分は現在伝わらない。[一三] 後世の学術研究者は原書を見られないが、その中に断片残簡を求めることはできる。例えば馬国翰『玉函山房輯佚書』に集められた多くの古書は『太平御覧』がその主な来源の一つである。ただ『太平御覧』における諸書の引用は、字句が往々にして流伝する原書と異なるなどいくつかの問題があり、その引用書目録を利用する際には以下の点に注意を要する。

（一）引用される書名が前後で一致しない。例えば、劉澄『宋永初山川古今記』には『宋永初山川記』『永初山川記』『山川古今記』『劉澄山川記』といった五つの異なる名称がある……。（二）書名と篇目が混同している。例えば、巻四二の『滑州白馬山開山図』、巻四五の『土地十三州志』は……一見したところどんな書籍かほとんどわからないが、これは明らかに依拠した類書の篇目、段節と書名を混在させてしまったのである。（三）掲示される書名の誤標記。例えば、巻三一六に『論語』を引いて、「太公曰、『陰謀書』、武王伐殷、兵至牧野、晨挙脂燭、推掩不備……」とあるが、現行の『論語』に見えないのはもちろん、その佚文でもあり得ず、恐らくは緯書中のものであろう。（聶崇岐「重印太平御覧前言」、新印本巻首）

明の談愷刻本『太平広記』[一四] にも引用書目一巻が附されており、鄧嗣禹「太平広記引得序」は「『御覧』の書目はもともと附されていたものである」ことを指摘した後、さらに次のように述べている。

『太平広記』は同じ時期に同じ人によって編集され、その書目も編集の際に列せられたものであるはずで、そこに異論はない。ただ詳細に原書を調べると、書目に見えて書中にないものが十五種、書目になく書中にあるものが約百四十七種あり、あわせて数えてみると、現存の『太平広記』が引用する書籍は実際には四百七十五種ある。……謹んで案ずるに、原書の引用書目に『唐史』とあり、『宋史』藝文志・別史類に孫甫『唐史記』七十五巻とあるのがそれである。『宋史』孫甫伝には「『唐史記』七十五巻を著した。」とあり、また「『唐史』は秘閣に蔵された。」ともある。つまり『唐史記』は『唐史』とも称されていたのである。しかし、孫甫は宋の仁宗（在位一〇二二～一〇六三）の時の人であり、太宗（在位九七六～九九七）が『広記』を編集した後にある。また、『海録砕事』は、宋・葉庭珪の撰、珪は政和五（一一一五）年の進士で、やはり太平興国二（九九七）年に『広記』を纂修したはるか後にある。……こうしたことから『広記引用書目』は本来あったものだとしても後人による度々の増補を経ていることは疑いない。(4)

（『太平広記篇目及引書引得』巻首）

南宋の初めに、徐夢莘は『三朝北盟会編』を著し、その巻首に書目、雑考私書、全国諸録の三類に従って引用書目録を収めた。本書について『四庫全書総目』は次のように述べている。

引用される書籍は百二種、雑考私書は八十四種、全国諸録は十種、あわせて百九十六種で、文集の類は数にいれていない。『宋史』の記述は極めて不十分である。〔一五〕宋金の間における講和や兵事についてことごとく本末を詮次している……。その引用にはいずれも原文をすべて採録し、取捨することもなく、また自ら論断することもない。思うに是非ともに示し、異同もともに残し、史家の採択に備えたので、「会編」と名づけたのである。

（『四庫全書総目』巻四九）

この目録の出現は、明らかに『御覧』と『広記』の影響を受けている。

宋以後では、清代の学者もこうした目録の編纂を非常に重視した。例えば朱彝尊は『明詩綜』編纂と同時に、『明詩綜采摭書目』を編集し百三十九種の書物を収録した。馮登甫の跋文には「『明詩綜采摭書目』は誰の手で抄写されたものかはわからないが、先生による改訂は晩年の頃の筆にかかるものであろう。」（『晨風閣叢書』「潜采堂書目四種」之二）とある。朱氏が編纂した『両淮塩筴志』にも「両淮塩筴書引証書目」が附され、書籍百六十九種を収める。馮登甫の跋文には「先生の年譜では、康熙乙酉（一七〇五）秋、揚城に曹通政寅を訪れ、『両淮塩筴志』を編集し、戊子（一七〇八）八月に全二十巻が完成した。この原稿は成書時の手稿に違いなく、時に先生八十歳、書法は老境に入り、自得の意が見える。」（『晨風閣叢書』「潜采堂書目四種」之三）とある。もっともこれらの著録項目は書名と作者の二項のみで比較的簡単である。

近人の編纂による引用書目録はさらに進歩した。例えば、唐圭璋が編纂した『全宋詞』は全部で五百三十八種の著作を引用している。作者はこれらを詞叢編、詞別集、詞総集、詞話類、詞譜類、史部、子部、話本小説類、類書類、釈道類、別集類、総集類、詩文評類、曲類などの十八類に分けて引用書目録を編纂した。抄本、校本、校抄本、稀覯刻本、活字本はみな収蔵場所を注記している。そこからは『全宋詞』が採用した詞集の底本が善本、足本を主としていることがわかる。一つの書籍で同時に多種のテキストを引用する際も逐一注記している。例えば、詞総集に著録される宋・黄大輿輯録『梅苑』十巻には、「汲古閣景宋抄本、趙万里先生の写真本、楝亭十二種本、また武進李氏聖訳楼排印本」と注記している。唐氏続編『全金元詞』の引用書目録はさらに進歩して、多くの条目に注釈が加えられている。例えば次の通りである。

　　磻渓集　丘処機撰　影印金本と道蔵校補朱本による。周泳先は『鳴鶴餘音』によってさらに七首を補い、もとの校補では黒漆弩一首、つまり白賁詞があったが収録しない。丘の詞には補った七首のほかにも、鳴鶴餘音一首、西游記七首、金蓮正宗記一首、清河書画舫一首がある。

附された注釈は依拠した版本や不足している箇所、またどんなテキストによって補充、校勘したかを説明している。

　引用書目録の中には参考書目と称するものもあるが、資料の出処を明らかにするという点において両者の性質は同じである。また多くの引用書目録が注釈という形式で資料の出処を明示している。利点はより緻密で、直ちに検索するにも便利なことで、単篇の論文は多くこの方法を採用している。欠点は一つの著作が結局どれだけの文献資料を引用しているのか、読者にまとまった印象を与えにくいということである。そこで著作によっては注釈に加え、さらに引用書目も附している。

　他者の著作のために編纂する引用書目録も宋人から始まった。南宋・洪邁の『容斎続筆』巻一六「計然意林」条には『意林』に引用される書籍三十餘種が列挙されている。[一六] 作者は意識的に引用書目録を著したのではないが、この文章をそうした目録の萌芽と見なして差し支えない。

古書の注釈のために作られた引用書目録は、他者の著作のために編纂された引用書目録の中で重要な地位を占めている。南宋・高似孫には「世説注引書目」の著があり、(一七) その序文に次のようにある。

宋、臨川王の義慶は漢晋以来の美事、美談を取りあげて『世説新語』を作り、精妙超絶ではあるが、「奇」とするには足りない。劉孝標は本書に注釈を施した。引用は詳細確実で、不言の妙がある。漢、魏、呉の様々な史書、諸子書、注釈書、地理書などの引用はどれも(簡単に見られるので)取り立てて言う必要もないが、ただ晋氏一朝の歴史、晋の諸侯の列伝、譜録、文章などは、どれも正史以外から出たもので、記述は特に詳細で、初めて見聞きすることばかり、実に注釈の法をなしており、いま後に引用書を取りあげることとする。(『緯略』巻九)

高氏の目録は計百六十七種を収録するが、わずかに書名を記すだけで、同名の異書は作者をあわせて記して区別している。例えば、「朱鳳『晋書』」、「沈約『晋書』」のように非常に簡略である。清の沈家本に至って、古書の注釈のために編纂した引用書目録の分野において非常に大きな成果があがった。(一八) 彼には「三国志注所引書目」の著があり、その序文に次のように述べている。

裴松之『三国志注』は宋の元嘉年間(四二八〜四五三)に編纂され、考察の対象になり得る古書目録では最も古いものである。張氏『書目答問』にはその引用書目が趙翼『廿二史箚記』に載っているとある。(一九) そこで『箚記』に列挙されている五十餘種を調べてみると実に遺漏が多く誤りも少なくない。……いま再び編集し直し、『隋書』経籍志の体例に従って四部に分類した。経部二十二家、史部百四十二家、子部二十三家、集部二十三家、全部で二百十家である。……その引用を見ると豊富な中にも時折慎重な思いが込められており、決して乱雑に引用、掲載しているのではない。かつ引用される事跡は首尾揃っており、他書のように分割したり切り取ったりしていない。六朝時代の古籍は本書によって残ったのであり、この書目に従って書籍を探し求めれば、まさに「望古遥集（古の高士を慕い遠くから参集する）」（顔延之「陶徴士誄」）の思いに堪えないであろう。

（『沈寄簃先生遺書』巻三二）

この目録には書物毎に提要が附され、引用箇所と過去の目録における著録状況が注記され、案語も加えられている。例えば、次の如くである。

衛恒『四体書勢』『武紀』　案ずるに、「隋志」には『四体書勢』一巻、晋長水校尉衛恒撰とある。新旧二「唐志」も同じ。『晋書』本伝に巨山（衛恒）は『四体書勢伝』を著したとあり、序文をすべて載せている。裴注が引くのも序文である。

（『沈寄簃先生遺書』巻三二）

沈氏にはまた「世説注所引書目」の著もあり、その序文には次のようにある。

古書が注釈家によって残された例は裴世期の例が最も古く、やや遅れるのが劉孝標による劉義慶『世説』注である。その引用する古書は十に一も現存せず、注釈によってのみ伝わったものである。『直斎書録解題』（小説家類「世説新語三巻」）には王藻の言を載せて「叙録二巻、はじめが考異、続けて人物世譜、姓字異同を配し、最後に所引書目を記している。」とある。これは世説注の引用書目であり、古人に輯本があったが、残念なことにその書物は久しく失われてしまった。……いま集めた書目は、経部が三十五家、史部が二百八十八家、子部が三十九家、集部が四十二家、また釈氏が十家あり、計四百十四家である。

（『沈寄簃先生遺書』巻二二）

沈氏の書目は高似孫「世説注引書目」より二百四十七種多く抽出しているだけでなく、毎書に提要を著している。体例は「三国志注所引書目」と同様である。また梁・劉昭『続漢書八志補注』にも引用書目録（「続漢書志注所引書目」）を編纂しており、序文には次のようにある。

昭注が引用する多くの古籍のうち、『漢官』が最も詳しく、張衡の「霊憲」「渾儀」は、ただこの注釈書だけに見えるものである。引用される「堯典」の六宗の説は梁代以前の諸学者たちはことごとく取り上げており、それぞれに論断があり、非常に詳しいが、これまでの古籍を考究する者の多くが見逃して言及されることが少なかったものである。いままとめて第三編とし、全部で経部は六十六家、史部は百十二家、子部は四十二家、集部は二十二家で、計二百四十二家であり、これを古書目の一つにあてる。

（『沈寄簃先生遺書』巻二三）

沈家本が古書の注釈書のために編纂した引用書目録はあわせて『古書目四種』といい、「文選注所引書目」だけは未刊である〔二〇〕。

清の汪師韓撰『文選理学権輿』は、巻二が「注引群書目録」であり、自序に次のようにある。

（『文選』の李善）注が引用する書物は、新旧「唐志」にもすでに多くは載らず、馬氏『経籍考』

に至ると、十に一、二が存する程度である。経部の三十六の緯書、史部の晋の十八家については、繰り返し読むごとに、間々異聞に出会ったりする。四部ごとに収録すれば、諸々の経書や伝・訓は百餘り、小学は三十七、緯候図讖は七十八で、正史・雑史・人物別伝・譜牒・地理・雑術藝などの史部の類は全部で四百近くあり、諸子の類は百二十で、兵書は二十、道、釈経論は三十二あり、引用される詔・表・箋・啓・詩・賦・頌・賛・箴・銘・七・連珠・序・論・碑・誄・哀詞・弔祭文・雑文集については百にも及ぶ。『文選』に収載されている作品が（李善注に）相互に言及・引用されている場合は除いている。

「文選注引群書目録」は全部で引用書籍千六百種以上を数えている。

今人の馬念祖には『水経注引書考』四巻の著がある。その序文には次のようにある。

酈道元『水経注』は、多くの書籍を広範に徴引して六朝以前の書を渉猟し尽くしており、引用されている原書の多くが現存しないという点で、裴松之の三国志注、李善の文選注と肩を並べている。しかし裴松之注は時代が限られており、充分に広くは採られておらず、李善注は唐初ものので、多くの古籍はすでに散佚してしまっていた。その点からいって、酈氏の『水経注』は実に裴氏、李氏の各注より貴重なのである。……『水経注』の引用書は三百数十餘種に及び、時は北魏にあたり、引用される古籍古本の多くは大変に貴ぶべきものである。（『水経注引書考』巻首）

『水経注引書考』は書物ごとにすべて提要があり、非常に考証に役立つ。例えば次のようである。

東方朔『十州記』

「隋志」著録一巻。また「州」を「洲」に作る。さんずい（氵）は浅人が加えたものである。今本はまた『海内十洲記』と題している。本書はいずれも神仙や浮き世離れした話ばかりである。案ずるに、『漢書』東方朔伝は東方朔の著述を列挙し、「すべて劉向が（『七略』に）記録したものが、朔の自著であり、世に伝わっているほかの書はいずれも本物ではない。」と述べている。また、その賛には「後世の好事家は、奇言や怪語をとって東方朔に仮託している。」とある。とすれば、この書も仮託されたものに違いない。『四庫提要』は六朝の人が著したものであると述べているが、いま班固『漢書』と酈道元が引用するところによって考えてみれば、その偽託は六朝以前のことであったにちがいない。

（『水経注引書考』巻一）

一九五九年、馬念祖編『水経注等八種古籍引用書目彙編』が出版された。その凡例に次のようにある。

すべて八書が引用する書籍を集めており、その数は『水経注』が三百七十五種、『三国志注』が二百三種、『世説新語注』が三百九十五種、『文選注』が千五百五十一種、『藝文類聚』が千四百三十一種、『一切経音義』が七百八十種、『太平御覧』が二千五百七十九種、『太平広記』が五百二十六種、総計七千八百四十六種である。重複する書名を除くと、実際には六千一種の書籍が（八種の古籍中に）残されている。

本書は重要な古籍の索引式の総合的引用書目録であり、極めて有用である。

引用書目録の長所は著作が利用した資料の来源を明示するということで、読者の検索に役立ち、一歩進んで研究を行うための手がかりを提供する。また、引用書目録は作者の当該テーマの研究に占める資料の広さと深さを一定程度反映し、作者の版本学と目録学における知識を示すものでもある。それは著作の学術的水準を一定程度反映し、屢々学術著作の有機的な構成部分となる。またある種の古籍、類書、注釈には大量に古書を引用しているものがあり、その中には原書がすでに亡佚しているものが非常に多いことから、古籍整理、例えば、校勘、輯佚作業における資料の淵藪となるのであって、そうした書籍の引用書目録を編纂することは、古籍の整理、研究に便宜を提供する。

一点補足すれば、古人は著書に史料の来源を注記する習慣がなかったため、その依拠したところを理解するには、例えば楊樹達『漢書所拠史料考』、金徳建『司馬遷所見書考』のように専門に研究する必要がある。〔一二〕後者の自序には次のようにある。「この『司馬遷所見書考』における考察の趣旨は、西漢の時に司馬遷の『史記』が依拠した典籍とそれらに対する彼の評価について明らかにすること、つまり、司馬遷が『史記』を著す際に利用した様々な典籍について検討を加えることである」。これらは厳密な意味での図書目録ではないが、ある程度引用書目録の性質を備えていることが見て取れる。

第五節　版本目録

我々はすでに第三章第三節で、版本目録は南宋・尤袤の『遂初堂書目』より始まったと指摘した。尤袤は著名な蔵書家であり、かつて楊万里にこう言った。「私が書き写した書物もいまやいくらかにはなったので、それらをまとめて目録を作ろうと思う。飢えた時に読めば肉の代わりとなり、寒い時に読めば皮衣の代わりとなり、孤独で寂しい時に読めば友人の代わりとなり、愁い悩んでふさぎ込んだときには音楽の代わりとなる。」(楊万里「遂初堂書目序」〔『文献通考』巻二〇七所載〕)。彼が収蔵していた書物や見聞きした書物は非常に多く、目録中に版本を明記する必要があると考えるに至り、『遂初堂書目』で各種の異なる版本を併記することとなり、後の版本目録のさきがけとなったのであった。例えば、雑史類には次のように著録する。

旧杭本『戦国策』
遂初先生手校『戦国策』
姚氏本『戦国策』
鮑氏注『戦国策』
『戦国策補注』

明・嘉靖年間(一五二二〜一五六六)の晁瑮撰『晁氏宝文堂書目』も書名の下に必ず版刻を明記しており、そこから明代の版刻の源流や出版状況を知ることができる。その著録するところは、出版時期によれば、宋刻、元刻および明刻があり、明刻は、さらに永楽刻、宣徳間刻、景泰五年刻、成化刻、弘治刻などに分かれる。出版地で分ければ、京刻、順天刻、易州刻、保定刻、山西刻、太原刻、陝西刻、秦刻、武功県刻、臨洮刻、南安刻、南京刻、蘇刻、揚州刻、無錫刻、常州刻、松刻、高郵刻、江陰刻、徽州刻、杭州刻、嘉興刻、湖刻、蕭山刻、閩刻、建刻、江西刻、饒州旧刻、河南板、南陽旧刻、楚刻、湖広刻、恵州刻、常徳府旧刻、蜀板、広西刻、桂州刻、貴州新刻、雲南刻などがある。出版者によって分ければ、内府刻、監刻、南監本、経廠本、礼部刻、御馬監刻、また、王府、趙府、宣府刻、寧府、伊府、唐府刻、蜀府刻、晋府刻、靖王府刻、周府、瀋府刻、そして、頼太監刻、沈石田家刻、劉弘毅板、張含刻、邃庵解刻などがある。書籍の形式によって分ければ、宋本、宋巾箱本、元本、元巾箱本、巾箱板、大字刻、活字大刻、蜀大板、広西大刻、小刻、常州活字刻、華家銅板、華家大銅板、華家小銅板、常州銅板、方冊、石刻、抄本などがある。一書に複数のテキストがある場合にも一々注記しており、例えば、『文献通考』の下には、「内府刻一、閔刻一、南監旧刻一、新刻一」（『晁氏宝文堂書目』巻中「類書類」）とある。

晁瑮は版本の著録に対してかなり慎重であり、例えば『洪武正韻』に注をつけて「南京刻本のようだが、また陝刻本のようでもある。」（巻下「韻書類」）とする（一二）。『暦占纂要』の注には「名称を改めている書は二度原文と照らし合わせた。」（巻下「陰陽類」）とある。『四庫全書総目』は「その著録は極めて豊富であり、古書をことごとく列ねることはできないものの、各書の下には、間々、某刻と記し、また明人の版本の源流を鑑みるに足る。」（『四庫全書総目』巻八七）と述べており、まさにこのことによって、この書目は明清の蔵書家の重視するところとなったのであった。

明末清初の著名な蔵書家である銭曾は版本に対して深い造詣があった。彼の編んだ『述古堂書目』は書名の下に多く版本を記している。例えば、巻一の『鄭夾漈六経奥論』六巻一本（冊）には「宋版」と注し、『晦庵改本大学』一巻には「抄」と注し、『何晏論語集解』十巻十本には「高麗抄本」と注し、『王粛注孔子家語』下巻四本には「宋本影抄」と注し、『孔子集語』二巻には「呉方山蔵旧抄本」と注し、『洪景伯隷続』七巻一本には「元版」と注し、『欧陽脩五代史』七十四巻八本には「牧翁批」と注し、『司馬光資治通鑑』二百九十四巻一百本には「顧伯欽校正」と注する等々。この類の著録が比較的多いため版本研究において自ずと価値を有する。このほか彼には『読書敏求記』があり、こちらは提要のある目録である。作者と書物の内容に関して紹介、批評をするほか、各書版本の検討に重きを置いている。序跋や印章、牌記、版式、行款、字体、刀刻、紙張、墨色、装幀、校勘などの方面から版本の年代と価値を確定し、同時に祖本、子本、原板、修板といった違いにも注意を配っている。いくつか例を挙げよう。

春秋公羊伝何休解詁十二巻釈文一巻

北宋版本のとりわけ優れたものであり、そのため経伝の後ろに経典釈文を附している。南宋の刻本であれば釈文はばらばらにして条ごとに注の下に挿入する。

（『読書敏求記』巻一）

顔氏家訓七巻

この書は宋人の名筆の手になるものである。淳熙七年、嘉興の沈揆が閩本、蜀本の各々を参訂し、さらに天台故参知政事謝公の校した五代の和凝本に従っている。その判断は精確至当で後に考証二十三条を列して一巻としている。沈氏の学識は非凡で、本書を校勘し当時より善本と称されていたが、繕写は精妙で古色が人を包み、これを書斎に置けば実にまたとない珍宝となる。

（『読書敏求記』巻三）

三辰通載三十四巻

『文献通考』には『銭如璧撰集』という。これは南宋の刻本であり、南京解元唐寅の印記と題字があるので、伯虎に蔵されていたものであることがわかる。

（『読書敏求記』巻三）

銭曾の後、黄丕烈も版本目録を非常に重視し、著録は銭曾よりさらに緻密になった。その「季滄葦蔵書目跋」には次のようにある。

私は蔵書を好み特に目録には留意している。……今年の春に閑居し暇をもてあまし、我が家にあった古い箱を調べてみたところ季振宜の『季滄葦蔵書目』一冊があった。宋元版から抄本に至るまで詳しく載せ、漏らすところはほとんどないようである。銭曾の「述古堂書目序」を閲すると「家蔵の宋刻の重複するものを挙げ、取り分けて泰興の季氏に売った。」とあった。つまり季氏の本は半ば銭氏から出ているが、書目に記される古書の面目は銭氏の記載と比べさらに詳細である。今や滄葦の蔵書はほとんど散佚してしまったが、他所から得る度にこの書目で確かめると、まるで節を合わせるかのように合致し、ようやく蔵書には目録がなくてはならず、書目にはどの時代の刻本であり、どの時代の抄本であるかを明らかにし、後人が確かめられるようにしなければならないと悟った次第である。

（『蕘圃刻書題識』）

黄丕烈が古書を鑑定した題跋には、一八八二年に潘祖蔭が編集した『士礼居蔵書題跋記』六巻、一九一七年に孫祖烈が編集した『士礼居蔵書題跋記続編』五巻、一九一九年に繆荃孫が編集した『蕘圃蔵書題識』十巻、『蕘圃刻書題識』一冊、そして一九九三年に王大隆が編集した『蕘圃蔵書題識続録』四巻がある。(二三)王芑孫「陶陶室記」には次のようにある。

今、天下は宋版を好むが、蕘圃のような者には会ったことがない。蕘圃はただ宋本を好むだけでなく実際に読む能力がある。版本の先後、篇第の多寡、音訓の異同、字画の増減、および授受の源流、繙摹の本末、果ては行款の疎密や広狭、書物の装丁の精粗や保存状態に至るまで、心に感じ目に留まらないものはなく、条理にもとづいて分析されている。雨の日も風の日も研鑽を積み、飲食男女の欲も抑え、そうした営みに没頭したのである。蕘圃も自分で可笑しいと思ったのだろう、みずから佞宋主人と号したのであった。

(『淵雅堂全集』巻七)

この話はただ黄丕烈の古書に対する嗜好について語るだけでなく、彼の蔵書の題識の内容をも概括している。繆荃孫「蕘圃蔵書題識序」は黄丕烈を称して「ある書物について跋を記せば、その書物の様子がまるで眼前にあるかのようにわかり、『読書敏求記』がむだな議論を発しているのとは比べようがない。」(『蕘圃蔵書題識』巻首)と述べている。版本目録は題跋という形式によって記され、調べるだけでなく読むこともでき、黄丕烈が運用して以降、広範かつ深遠な影響を生んだ。

清の乾隆・嘉慶年間、于敏中、彭元瑞らが相次いで勅命を奉じて『天禄琳琅書目』を撰し、宋板、元板、明板、影宋本、抄本などを各々類に従って序列した。各書について、いつどこで刻されたか、誰の所蔵か、押されているのは誰の印かなど、どれも逐一記載して考証を加えている。この書は官府の蔵書目録が版本を重要視する端緒となった。

『四庫全書総目』は極めて有用な書物であるが、その大きな缺点は、版本に関する著録において昔のやり方に拘泥していることで、劉向が書録の中で「臣向書」、「臣参書」、「中書」と注記した既存の方法を採り入れ、書物毎の提要の前にただ「江蘇巡撫採進本」、「兵部侍郎紀昀家蔵本」などと記すのみ、つまりただ書物の由来のみを記し、それが一体どのようなテキストであるのかは記載しない。このことは後の学者がこの書物を使う時に少なからぬ不便をもたらしたため、後人は専門的に四庫全書の版本研究に取り組むようになった。『四庫全書総目提要』は巻帙が多く、当時すでにそれを圧縮し『四庫簡明目録』を編纂して読者の便が図られた。邵懿辰は書物ごとにどのような版本があるのかをすべて『四庫簡明目録』の関係箇所に記しはじめ、多くの有名な学者、例えば孫詒譲なども皆それぞれ自分の目にした異なるテキストをその上に書き込んだのであった。邵懿辰の孫の邵章になってようやく『四庫簡明目録』に対する各家の批注を補充、整理して『四庫簡明目録標注』を編み、後、さらに増訂本が出た。『四庫全書』に著録される書物にどのような刻本があるのかを知りたければ、ここから調べられる。類似の書に莫友芝の『郘亭知見伝本書目』がある。莫友芝は貴州独山の人で、道光十一（一八三一）年試験に応じて挙人にあげられ、長い間曾国藩の幕僚を務め、太平天国が鎮圧されその運動が失敗した後は江南をあまねく歩き、戦乱の中で散佚した文宗閣、文匯閣、文瀾閣の散り散りになった蔵書を捜訪した。平生目にした古籍善本は大変多く、彼は目にした古書の異なる版本を『四庫簡明目録』中に注記し、さらに『天禄琳琅書目』に著録される清の内府所蔵の善本や、黄丕烈、汪士鐘、張金吾ら著名な蔵書家の蔵書目録に著録される善本、そして邵懿辰『四庫簡明目録標注』に著録される版本も逐一自身の『四庫簡明目録』に書き写していった。その子の莫繩孫はその『四庫簡明目録』箋注本を整理して『郘亭知見伝本書目』十六巻を完成させた。「すべて、経部では四庫存目のもの三、四庫未収録のもの百十八、史部では存目のもの二十八、未収録のもの二百有十、子部では存目のもの十四、未収のもの百九十八、集部では存目のもの一、未収録のもの二十一である。」（『郘亭知見伝本書目』巻首「莫繩孫識語」）。ここからこの書物が収録範囲において『四庫全書総目』の限界を突破しているということがわかる。続いて、傅増湘がさらに『郘亭知見伝本書目』に対して訂補を加えたが、惜しいことに完成しなかった。その孫の傅熹年は六年という時間を費やして、傅増湘の、関連する十七種の著述、手稿、日記、札記および書面の中から、諸書の版本に関する記述を抜き出し、傅増湘が生前に定めた体例に従って、一々『郘亭知見伝本書目』中に増補していき、補訂後、その内容は莫氏の原書のほぼ三倍半となった。傅熹年の「整理説明」には次のようにある。

この訂補本には亡き祖父が四十餘年にわたって、目睹、所蔵、校勘、跋を加えたすべての書籍、今世紀以来、国内および日本の公私において所蔵される善本の精粋が含まれるだけでなく、またそれまで善本の範囲には入れられなかった明清の重要な学術著作と詩文集も大量に収められており、前人の『郘亭書目』をさらに改良し、拡大して編み直し、全面的かつ実用に資するという願望は基本的に満足させることができた。本書は『郘亭書目』が完備していないところを補うことを主とするものであるが、また同時に校勘・訂正した箇所もあり、そこで『蔵園訂補郘亭知見伝本書目』という名称にした。

（『蔵園訂補郘亭知見伝本書目』巻首）

このほか『四庫全書総目』における版本を専門に研究したものにはなお二つの書がある。一つは葉啓勲『四庫全書目録版本考』であるが惜しいことにまだ全部完成していない(5)。もう一つは胡玉縉『四庫全書総目提要補正』である。補正しているのは版本の問題のみではないが、版本に関する問題も含まれている。

古籍版本目録の内、張之洞『書目答問』と范希曾『書目答問補正』は比較的よく見られる書物を重視し、一般の読者にはとりわけ便利であるが、すでに「推薦書目録」で紹介したので、ここでは贅言しない。

四川大学古籍整理研究所編『現存宋人別集版本目録』は断代版本目録の一つである。曾棗荘は本書巻首の「得門而入、事半功倍（要領を得れば労力は半分で効果は二倍）――現存宋人別集版本目録序」の中で、この書物の以下のような特色をあげている。第一に、宋人の別集の収録が相当完備しており、相当程度完全に国内外に現存する宋人の別集の状況を反映している。広く捜集しているので本書はこれまでのところ現存する宋人の別集を収録する最も整った資料であるといえる。第二に、現存する宋人の別集の版本を相当程度完全に著録している。第三に、現存する宋人の別集に対して必要な校訂作業を行っている。第四に、前人および今人の研究成果を可能なかぎり反映している。第五に、配列も比較的合理的である。すべての条目は作者の生年あるいは大体の生年によって配列しており、読者がある側面から宋人の別集と宋代文化の発展状況を理解できるようにしている。本書の後ろには引用叢書および蔵書機関名、蔵書機関とその略称、主要引用書目およびその略称、著者四角号碼索引を附しており、検索に便利である。今、一例を挙げよう。

鄭樵
夾漈遺稿三巻
清初刻本
北京
清抄本　清趙宗建校
上海
清抄本　清鮑廷博校並跋
北京
清抄本　莫棠題識
上海
清抄本　清丁丙跋
南京
張立人抄本　張立人校
日本静嘉堂文庫
夾漈遺稿不分巻
清抄本　清鮑廷博校
北京
夾漈遺稿三巻

四庫全書（抄本・影印本・縮印本）
函海（乾隆本・道光本）第九函
藝海珠塵全集（甲集）
叢書集成初編
　按：藝海珠塵本排印
夾漈遺稿一巻
　宋元人詩集八十二種
夾漈遺稿
　一九四一年長沙商務印書館鉛印本

善本目録も版本目録の一種であり、かつそれは版本目録の主要な構成部分であり、収録対象が善本であるに過ぎない。善本とは何か。歴史上、多くの学者や蔵書家の見解は相当違っており、今日、図書館や博物館毎の善本の選択基準もばらばらである。一九七八年三月末から四月の初めに南京で開催された『全国古籍善本書総目』編集作業会議が可決した「全国古籍善本書総目収録範囲」では次のように見なしている。

『全国古籍善本書総目』の収録範囲は古籍の歴史的文物性、学術的資料性、藝術的代表性など多くの面から考察を加えるべきである。現存する古籍のうち、おおよそ上述の三方面の特徴をすべて兼ね備えているか、もしくはすべてではないにせよそのうちの一、二を兼ね備えているものは、いずれも善本と見なすことができ、『善本総目』に収める。
一、元および元以前に刻印、抄写された図書（残本および零葉を含む）。
二、明代に刻印、抄写された図書（特殊な価値を持つ残本と零葉を含む）、ただし印刷がはっきりせず、流伝がなお多いものは含めない。
三、清代乾隆以前で流伝が比較的少ない刻本、抄本。
四、辛亥革命前の学術研究上において独自の見解を有しているか、あるいは学派の特徴を備えているもの、または諸説を系統立てて集めている稿本、および流伝が少ない刻本、抄本。
五、辛亥革命前の一時期、一領域もしくは一事柄の資料を反映する稿本、また流伝が少ない刻本、抄本。
六、著名人、学者本人の手になる批校、題跋、評論の刻本や抄本。
七、印刷において我が国の古代印刷技術の発展を反映し、ある一時期の技術水準を代表する活字印本、あるいは比較的精密な版画や挿し絵のある刻本。
八、太平天国および歴代の農民革命政権が刊行した図書。
九、印譜は明代のものはすべて収めるべきであり、清代の集古印譜、名家が篆刻した印譜、特色を有し、かつ足本であるもの、あるいは親筆の題記のあるものは収め、普通のものは収めない。〔二四〕
これに準ずれば、以下の諸家の目録はいずれも善本目録と見なすことができる。
銭曾『読書敏求記』

毛扆『汲古閣珍蔵秘本書目』
曹溶『静惕堂書目』
朱彝尊『潜采堂宋金元人集目録』
徐乾学『伝是楼宋元本書目』
黄丕烈『求古居宋本書目』、『百宋一廛書録』
孫星衍『平津館鑑蔵書籍記』（補遺・続編）
孫従添『上善堂書目』
張金吾『愛日精盧蔵書志』
汪士鐘『藝芸書舎宋元本書目』
瞿鏞『鉄琴銅剣楼蔵書目録』
葉昌熾『滂喜斎蔵書記』
楊紹和『海源閣宋元秘本書目』
陸心源『皕宋楼蔵書志』
姚覲元『咫進斎善本書目』
丁丙『善本書室蔵書志』
張鈞衡『適園蔵書志』
傅増湘『双鑑楼善本書目』『蔵園群書経眼録』
鄧邦述『群碧楼善本書録』『寒痩山房善本書目』

潘宗周『宝礼堂宋本書録』

善本書目録は版本の特徴の記述に留意する。いま『宝礼堂宋本書録』集部の一条を挙げて例としよう。

韋蘇州集十巻　三冊

唐韋応物撰。全十巻。巻首に太原の王欽臣の序があり、序の後が目録である。巻末に「拾遺」を附し、その目録に熙寧丙辰校本の加えた四首、紹興壬子校本の加えた二首、乾道辛卯校本の加えた一首と記す。全書にわたり彫りも刷りも精巧である。巻六第一葉の紙背に、墨書で「二十七日准升県冀万才所関為前事」とあり、朱筆で「当日行下象山県、並下台州寧海県」とそれぞれ一行ずつあり、恐らく当時の官紙であったのだろうが、残念なことに年月がないので考察を加えられない。南宋の書棚本とする者もいるが、書棚本であればどれにもある某地某鋪刊行の一行がこのテキストには見えない。按ずるに本書は寧宗期の刊刻であり、乾道辛卯（一一七一）からは二十年餘りしか経っていないため、あるいは末尾に校勘、拾遺を加えた最初の刊本かもしれない。巻九の「石鼓歌」の「喘逶迤相糺錯」の句（別のテキストでは喘字の下に墨丁がある）、「白鸜鵒歌」の「日夕夜仁全羽翼」（別のテキストでは「夜仁」を「依人」に作る）の句には、誤字脱字があるのではないかと思われ、ほかにもまだ誤字はあるが、後の刊本はどれもみなここから出てきたものであり、小さな傷はあるものの、もとより珍本である。

版式　毎巻第一行に書名を記し、次の行に蘇州刺史韋応物と記す。半葉十行、行二十字、左右双欄、版心白口、単魚尾、書名は韋幾と題し、上に字数を記すが、七巻以下にはない。刻工の姓名はただ「余同甫刁」、また「同甫刁」などと記すほか、余、何、応などいくつかの単字がある。宋諱の、玄、絃、泫、朗、悢、殷、筐、恒、禎、貞、徵、樹、桓、完、構、搆、慎、敦、暾、廓などの字は闕筆になっている。

蔵書印　嘉興雙湖戴氏家蔵書画印記　鄞人周琬　周氏子重　濂溪後裔　清白伝家　青瑣仙郎　光渓草堂　庭艸交翠　張印用礼　天禄琳琅　乾隆御覧之宝

建国前後の各大規模図書館も多く善本書目を編んだ。例えば『故宮所蔵殿本書目』『上海図書館善本書目』『北京図書館善本書目』『北京大学図書館善本書目』などである。現行の重要かつ実用的な善本書目に王重民『中国善本書提要』があり、国内外に保存される古籍善本四千四百餘種を収載する。傅振倫はその序で次のようにいう。

この書全体の特色を総覧するに、第一に、収録書の提要がすでに『四庫全書総目』にある場合、新たに書くことは一切せず、ただ缺落は補い、誤りには訂正を加えている。本書の提要は図書の版刻や文字の増減など、学術上の価値を著録することに重きを置いている。第二に、書物毎に、巻数、冊数、毎半葉の行数、毎行の字数、框郭の上下大小などを詳らかにしている。第三に、書巻や首葉に詳記される作者の姓名、本籍、別号、編者、校閲者および子孫、知人、刊刻者の姓名、本籍、字号、堂名の牌記、牌記を削って改めてあるものはそれも記している。書口にある刻工の姓名も詳しく列記する。第四は、どの書も再版や翻刻をひとたび経たものは、その編者、校勘者、刊行者および刻工を逐一詳しく調べている。第五に、収蔵者の印章と校語を詳しく記す。第六に、数版刷られた版本については必ず作者、編校者、翻刻者の序跋、題識を詳しく記し、重要なものはその全文あるいは摘要を収録した。

以上の六つの特色から、読者は図書の刊刻の経過や流伝状況を理解、考察し、同時に一つの書物における原本あるいは翻刻本、抄本、影抄本について、優劣を知り、どれに従えばよいかを判断することができる。われわれはこの提要が目録学の「学術を辨章し、源流を考鏡する」という要求を達成できていることを認めてよいだろう。実に現在、参考する価値の極めて高い善本書目録である。

（『中国善本書提要』巻首）

本書の巻末にはさらに書名索引と人名索引（作者、編集者、校者、刻工、刊刻舗号なども含む）があり、検索の便を図っている。その後さらに『中国善本書提要補編』が出版され、史部の提要七百七十餘篇、子部の提要十篇を補っている。

このほか最も注目に値するのは中国古籍善本委員会編『中国古籍善本書目』である。今その編例三則を録する。

本編に収録されるのは、全国各省、市、県の公共の図書館、博物館、文物管理委員会、文献館、大学・学院などの高等教育機関、専科学校、中国科学院および所属の各研究所、その他の科学研究機関などが所蔵する古籍善本である。

各書の著録は、まず書名、次に巻数、続いて編著・注釈者、次に版本、批校・題跋者とする。

本編の各巻の条目にはすべて編号を附し、巻後には蔵書機関の略号一覧と蔵書機関検索表を置く。蔵書機関検索表の最初の欄は書名の編号であり、次の欄はその書の収蔵機関の略号となっており、ある書物がどの機関にあるか、一度の検索ですぐに知ることができる。

明らかに『中国古籍善本書目』は建国後編纂された最大規模の古籍聯合目録である。それは大型工具書でもあり、学術的著作でもある。我が国の古籍版本の鑑定、著録、分類、そして編集、出版の最新の水準を反映している。

古書の題跋と版本目録を十分に利用するため、羅偉国と胡平は特に『古籍版本題記索引』を編んだ。この索引の対象とする文献の範囲には、関係する古籍版本の書目、題跋記、読書志、書影などの図書百二種を含む。

刻書目録も版本目録の一種であり、さらに二類に細分できる。一つは販売促進のため刻書機関が自ら編んだものであり、もう一つは研究的性格を有し、往々他者によって編纂されるものである。鄭樵『通志』藝文略に載せる『国子監書目』一巻は、恐らくは国子監の刻書目録であり、『川本書籍目録』三巻は四川地区の刻書目録である可能性が高い。明代に毛晋が自ら編んだ『汲古閣校刻書目』はさらに鮮明に刻書目録の性質を体現している。ある意味からいえば、これは販書目録でもある。

研究的な性格を有する刻書目録は、ある時期ある地区にどのような書が出版されたのかを専門に記録するもので、版本学と出版史の研究に資料を提供する。明・周弘祖『古今書刻』はまさにこの一類に属す。『古今書刻』上編は明代に公私にわたって出版された書籍総計二千五百三十餘種を載せる。この書目に保存される版刻資料は版刻の源流や図書の存佚、また明代の出版事業の研究に拠り所を提供することとなった。近代の学者の王国維が著した『五代両宋監本考』と『両浙古刊本考』はさらに精密になり、考証学的方法を用いて古代の版刻を研究するという方途を拓いた。今、一例を挙げる。

周易正文　尚書正文　毛詩正文　周礼正文　儀礼正文　礼記正文　春秋正経　左伝正文　公羊正文　穀梁正文　孝経正文　論語正文

右、景定『建康志』書籍類に見え、みな「本監」の二字を冠しており、南宋の監本である。しかし北宋の冑監（国子監。教育行政を掌った役所）にもともより単経本がある。『直斎書録解題』には『春秋経』一巻を載せ、「毎事一行をなし、広徳軍で刊刻された古監本である。」とする。古監本というのは汴都の監本であり、つまり汴監にすでに単経本があったということになるが、春秋以外の経も刊刻されていたのかどうかはまったく考える術がない。宋の南渡以後は諸経が編刊された。これは国学だけでなく州郡もまた同様である。『建康志』に載る九経の正文には、また蜀本、建本、婺本もある。新定『続志』に載る書板にも六経の正文があるから、監本の中に単経本があっても怪しむには足らない。

（『五代両宋監本考』巻下「南宋監本」）

北京図書館善本室が編んだ『一九四九—一九九一影印善本書目録』は非常に特色のある、また相当実用的な出版目録であり、書籍一千四十九種を収め、読者が善本の影印本を利用するのに便宜を提供している。いま二項目を選んで載せよう。

周礼十二巻　漢鄭玄注　唐陸徳明釈

一九三四年北京文禄堂影印宋建安刻本
白氏長慶集七十一巻　唐白居易撰
一九五五年北京文学古籍刊行社影印宋刻本

第六節　個人著作目録

個人著作目録は個人の著作をすべてもしくは部分的に反映させた目録である。個人著作目録の起源は曹魏にまでさかのぼることができる。『晋書』曹志伝に次のようにある。

武帝はかつて「六代論」を読んで曹志にたずねた、「これは君の先王が作ったものか」。曹志はこたえた、「先王には手ずからお作りになった目録がございます。帰ってから調べさせてください」。（曹志は）戻ると帝に「目録を調べましたがこの作品はございませんでした。」と申し上げた。帝は、「誰の作だろう。」と言った。曹志は、「私が聞いたところによりますと、私の族父、冏の作だということです。先王が文章に秀でその方面でも著名なのによって、自分の作品を後代に伝えたいとのぞみ、仮託したのです。」と。帝は「古来よりこのようなことは多くあるものだ。」と言うと、公卿を顧みて、「父子によって証明されたのだから、充分に明らかといえよう。今後もはや疑いはなくなった。」といった。

（『晋書』巻五〇）

南宋の鄭樵には『夾漈書目』一巻、『図書志』一巻がある。陳振孫『直斎書録解題』は『図書志』

一巻の条に「鄭樵は平生に自ら著した書物を記録した。志というのは、その著述の意図を述べたのであろう。」(『直斎書録解題』巻八「目録類」)と述べている。してみると、鄭樵には個人著作目録があっただけでなく、さらに著録した作品に提要も撰したのである。

学術研究の発展に伴って個人著作目録も徐々に増加した。自身で作ったものもあり、例えば晩清の兪樾は著書が百三十種以上もあり、自身の著作のために目録を編んで『春在堂全書録要』と称した。[二五]その自序には「世には著述の全体を眼にせずにその目録を知りたいと願う者がいる。私はことごとく挙げて示すことはできないので、『四庫全書提要』の例に倣って、種毎に大意を挙げるか原序を節録してこの一編としたが、『提要』の名を襲うことまではせず、古の楽工が曲を献上するたびに必ずその要を録して録要と称したのにちなんで『録要』と名付けた。」と述べている。いま一例を挙げよう。

古書疑義挙例七巻　『第一楼叢書』の五

そもそも周秦両漢から今日は遠く隔たり、今人が行を追い文字を数えるようなやり方で周秦両漢の書物を読んだり、今日の刻本を取りあげて古人の真本と思い込んだりすると、疑義が日々増えることとなってしまう。そこで私は九経諸子の書物から(そのような例を)選び出して、『古書疑義挙例』七巻を作った。例は計八十八条、条毎にいくつかの事例を挙げ、童蒙の子にも根拠があることを知らしめ、見聞が少ないために疑問が多いというようなことにならないようにした。また読書の一助となろう。

他人が作ったものもあり、例えば、趙万里はその師、王国維のために「王静安先生著述目録」と

「王静安先生手校手批書目」の二つの書目を編んだ。後者は非常に特色的で、王国維の学術研究の過程がわかるようになっている。趙万里の識語には次のようにある。

静安先生が亡くなった後に、私とご子息とが遺された書物などを整理したところ、先生の手校手批の書百九十種あまりを発見した。その目録は右の通りであり、まことに先生が畢生の精力を傾けたところであった。恐らく先生は一つの学問を治めるには必ず準備作業を最初になさったのであろう。例えば、甲骨文字を治めるには、はじめに『鉄雲蔵亀』と『書契前後編』の文字を釈読し、音韻学を治めるには、『切韻』、『広韻』をひとわたり校勘したのである。……その他よい版本に出会うと必ずそのよい箇所や異同を先生ご自身の蔵書に書き写し、時に着想を得ると書物の眉端に識したのである。宣統元年から今に至るまで、二十年間、少しの間断もなく続いたのであった。

（「王静安先生手校手批書目」、『国学論叢』第一巻第三号）

例えば次のようにある。

広韻五巻　張氏沢存堂刻本
宋陳彭年など奉勅撰
校海塩張氏蔵宋刊本（すなわち『四部叢刊』本）また烏程蔣氏蔵黄蕘圃臨段茂堂校本を眉端に録す。さらに唐写本『切韻』、『広韻』および王仁昫『刊謬補闕切韻』によって校勘し、『広韻』の誤字および両者ともに通じるもの数百箇所を得ている。『切韻』、『広韻』、そして王『韻』に見える字で『広韻』にも見えるものは、それを傍らに記し、ないものは眉端に各々注記してある。先生も時にご自身の考えを示して折衷することもあり、これは校本の中でも最も優れたところである。

建国以前、我が国の学術界では学術発展史上において影響のあった人物の著述考を編纂したことがあった。例えば、梁啓超は「戴東原著述纂校書目考」を撰し、顧頡剛は「鄭樵著述考」を撰し、王重民は「楊惺吾先生著述考」を撰した。これらももちろん個人著述目録と見なすことができる。[6]いま梁氏の撰述を例にしよう。作者は次のように述べている。

本篇は段氏の著した年譜（引者案、段玉裁の『戴東原先生年譜』であろう）により、著作を年代順に並べ、すでに完成したもの、未完のもの、既刻、未刻、現存するもの、散佚したもの、著述したもの、校勘、また、単著、共著に関係なくすべてを著録した。朱氏の『経義考』の例に倣い原序をすべて収録した。考証、議論すべきものについては、案語としてまとめた。

そして、例えば次のように述べる。

原善三巻　乾隆十八、九年より二十八、九年、先生が三十一、二歳より四十一、二歳に至るまでの著述。段玉裁輯の『文集』本、『遺書』本。自序あり。

自序にいう、「私が最初に『原善』の書三章を著したのは、学者が異端に蔽われるのを憂慮してのことである。さらに経書の言によってそれを疎通、証明し、三章を冒頭に置き、続けて上中下三巻を完成させた。類毎にまとめてその意味するところは明確であり、端緒、委曲はことごとく明らかである。天人の道、経典の大いなる教えはここに集められている。いまや古の聖哲を去ることすでに遠く、経を治める士人に総合的に通じる者はおらず、彼らは見聞するところを学び、間違いを積み重ねて是としている。私のことばも恐らくは今にも絶えようとする学統を奮い起こすには足らないであろう。家塾に蔵して才能ある者がこれを発明してくれることを期待する」。わたくし啓超が考えるに、この書物は著作の年月を失している。段玉裁の年譜によれば先生の三十から四十歳にかけておよそ十年の内に書かれたものと思われる。『文集』（経韻楼本）と『遺書』はともにこれを収めているが、字句は同じでない。『文集』本はすなわち序にいわゆる最初に作った三章であり、そのほかに「読易繋辞論性」「読孟子論性」の両篇があるが正文には収めていない。『遺書』本は修改したものであり、序にいうところの上中下三巻を完成させたというのがそれである。巻毎にそれぞれ『文集』本の三章を冠し、群経の文を色々と引いて証左としている。上巻十一章、中巻五章、下巻十六章である。毎巻の首章は『文集』本であるが、内容は詳しくなっている。以下の各章に経文を引いて証するところは「繋辞伝」や『孟子』に限らない。ふたつのテキストをあわせて読んでみると、先生の著述への慎み深さと徳を積むことの綿密さが窺われる。

個人著作目録には、テーマによる配列、著作の体裁による配列、時間による配列の、ほぼ三種類がある。その中で時間の先後によってある人物の著作を著録する目録は、個人著述編年書目ともいい、また某人著述繫年ともいう。このような目録は特に学術界に重視されている。というのは個人の著作の編年目録は、読者に作者の略歴と著述活動に対する手がかりを与えるからであり、作者の思想的発展や変化に対する理解に役立ち、また、作者の歴史上における役割と影響を研究する際にも参考となり、当然のことながら、さらに作者の作品に深く立ち入って理解し、研究していくのにも有益だからである。

清の浦起竜が著した『読杜心解』の目録は詩歌の体裁によっており、すなわち、五古、七古、五律、七律、五排、七排、五絶、七絶の順に配列されているが、巻首に附されている「少陵編年詩目譜」は典型的な個人著作編年目録である。作者は小序で、編年詩目譜を作った理由について次のように説き及んでいる。

近頃の体裁は、巻を各詩型によって分けるため、仲間同士をばらばらにしてしまう心配はなくなった。しかしそれによって、時流や人事の前後によって詩相互の意を探るという点についてはて考察しがたいという不満が残る。そこで詩史本来の面目を取り戻そうと考えて、年譜の形式によっ篇題を配列し、網の目が大綱に従うごとく、篇題を櫛の歯のように整然と並べた。閲読の都合を考慮して、作品は、五古、七古、五律、七律、五絶、七絶の六つの詩型によって配列し、当時に遡って行事を論じるための助けとしては、玄宗・粛宗・代宗の三代に従うことを体例とし、「編年詩目譜」を著した。

歴代作家の別集で作品の創作年代の順に配列する編年本はすべて個人著作目録の機能があると考えら

れる。清の仇兆鰲『杜詩詳註』はその典型である。その杜詩凡例の杜詩編年の条に次のようにある。

時間に従って編纂すれば、平生の履歴、婦人との交情、世事の興廃の様子を知ることができる。今は杜甫の時代を去ること遠く、史伝に載るところも詳らかではなく、各種編年にも互いに出入がある。幸い詩の中には、時を記したもの、土地を記したもの、人を記したものが散見しており、互いに参照することで、はっきりとよるべき確かなものになる。間々定めがたいものもあるが、それらについてはしばらく旧説に従って、おおよそのところへ附しておくことにする。

多くの年譜は譜主の詩文の繫年という面に力を入れているので、年譜は実際には一種の個人著作編年目録ともなる。例えば、張采田の『玉谿生年譜会箋』がそうである。いま一例を挙げよう。

開成元年丙申　義山二十五歳

〔編年詩〕「有感二首」自注に「乙卯の年、感ずるところ有り、丙申の年に詩成る。」とある。「重有感」、「故番禺侯以贓罪致不辜事覚母者他日過其門」、「東還」箋に「下第して東のかた帰り、仙を学ぶに借りて慨きを寄す。義山太和二年に応挙してより、此に至るまで将に十年にならんとす、故に云う『十年常夢采華芝』と。」とある。「五松駅」駅は長安の東にあった。『白香山集』に「自望秦赴五松駅詩」が見える。義山は東に帰る際にここを過り詠んだ。「夕陽楼」自注に「滎陽に在り。」とあり、当時遂寧の蕭侍郎が滎陽を治めていた時の作であることがわかる。馮氏は「自ら慨き、蕭を慨くも、皆言外にあり、悽惋神に入る。」と述べている。[7]「李肱所遺画松詩書両紙得四十一韻」箋に「此れ未だ第せざる時にして、故に肱を同年と為すと称せざるなり。詩に『是時方暑夏、座内若厳冬』と云えば、蓋し是の年の夏の作なり。」とある。「送従翁従東川弘農尚書幕」

〔編年文〕「上令狐相公状三」「上令狐相公状四」「別令狐綯拾遺書」「上崔華州書」

＊引用者注・箋の引用は省略した部分がある。

（『玉谿生年譜会箋』巻一）

このような著作が作品の創作年代の校訂を主としていれば詩文繫年とも称せるのであり、例えば、詹鍈の『李白詩文繫年』などがそれである。(二六)

個人著作目録と関係が密接であるのは個人研究書目である。これは一般に大きく二つの部分を含んでいる。一つは個人著作目録であり、もう一つは個人著作研究資料目録である。例えば沈鴻年が編集した『魯迅研究資料編目』は、上輯が魯迅の著訳とそれに関連する書録であり、中輯が魯迅の著訳に関連する一次資料目録であり、下輯は魯迅研究に関する資料の繫年目録である。この目録は二つの目標を達成しており、一つは魯迅の生前と死後における関連資料を可能な限り捜集して、年次ごとに配列分類し、魯迅研究が時代に従ってどのように変化進展しているのかを読者に理解させるということである。もう一つは魯迅研究をさらにもう一歩発展させるために資料の手がかりを提供するということである。建国後、『古典文学資料彙編・陶淵明巻』はこの方面において大きな仕事を成し遂げた。次いで中華書局はつぎつぎと『杜甫巻』『白居易巻』『柳宗元巻』『黄庭堅及江西詩派巻』『李清照資料彙編』『楊万里范成大巻』『陸游巻』『紅楼夢巻』などを出版した。これらの古典文学研究資料彙編の目録と附載の引用書目は、実際上は一種の個人著作研究目録なのである。

第七節　目録の目録

我が国における古代の目録はどれも帳簿、つまり書籍という形式を採用しており、目録書の数が多くなると、それ自身が目録によって検索の便を図る必要が生じてきた。各種の目録を一定の方法によって編纂すると目録の目録になる。

およそ総合書目には多く目録の一類があり、それは実際には目録の目録ということになる。邵瑞彭『書目長編』序には「『七録』には簿録の一類を列しており、これは目録の目録である。」と述べている。『隋書』経籍志の史部・簿録類には経籍目録三十部二百十四巻を著録しており（案ずるに、その内の『書品』二巻、『名手画録』一巻、『正流論』一巻は書画目録であろう）、その類序には次のようにある。

古においても史官が典籍をつかさどっていたからには、恐らく目録があって、それを規範としていたと思われるが、その当時の制度はもはや滅びてしまったために、いまや知る由もない。孔子は『尚書』を删定したが、それとは別に序を作り、『尚書』各篇の作者の意図を述べた。韓、毛二家の『詩』もまた同様である。漢代の劉向『別録』と劉歆『七略』は学問の系統を明らかにし、それぞれを分類し、その流れを跡付けたが、恐らくそれが古の制度であったのだろう。それ以降は、（各書物の）学派を弁別することができず、ただその書名を記すのみであった。博学の士はその冗漫さを憂い、そこで王倹は『七志』を作り、阮孝緒は『七録』を作り、ともにそれぞれ通行した。これらはおおよそ劉向、劉歆に則ってはいるが、それでも遠く及ばないものであった。前代の目録も多くは散佚してしまった。いま現存するものをまとめて簿録類とする。

『旧唐書』経籍志、『新唐書』藝文志、『宋史』藝文志の史部にはいずれも目録類があり、『崇文総目』、『郡斎読書志』、『直斎書録解題』、『文献通考』経籍考の目録類にはさらに提要が附されている。いま一例を挙げよう。

晁氏読書志二十巻　案ずるに『宋史』藝文志は四巻に作る。

昭徳の晁公武子止はその序を撰して、「南陽公の書物五十篋を得、我が家の旧蔵とあわせて二万四千五百巻を得た。栄州の守となってから、一日中校勘に励み、篇を終えるごとにその要旨をまとめた。時は紹興二十一年のことである。」と述べている。その発明するところは見るに足るものである。南陽公とはどのような人物であるのかはわからないが、あるいは井度、字は憲孟かという。

（『直斎書録解題』巻八）

宋元で最も多くの目録を著録するものには、『通志』藝文略・目録類を推さねばならない。その類目は、総目、家蔵総目、文章目、経史目の四種に類別し、合計七十七部、八百十四巻の書目を著録している。その後、『四庫全書総目』史部・目録類とその存目には経籍の目録に属すもの、計二十五部、四百六十二巻を著録している（そのうち二部は巻数が示されていない）。また、『販書偶記』史部・書目類には百十九種を収め、『販書偶記続編』史部・書目類には三十七種を収める。このほか『清史稿』藝文志・目録類の著録は比較的多く、計百二十三種である。彭国棟『重修清史藝文志』目録類は四百部を著録している。

目録の目録の専著としてはまず周貞亮・李之鼎が編纂した『書目挙要』を挙げよう。これは漢より清末までの各種書目を集めて編纂したものであり、書目と関連書籍を合計二百七十種餘りを収め、部録、編目、補志、題跋、考訂、校補、引書、板刻、未刊書、蔵書約、釈道目など十一類（属）に分けている。書目毎に、最初に書名、巻数を記し、次に編纂時期と作者の姓名、続いて、知り得た伝本とその依拠した書の名称を示し、間々案語を附している。例えば次のようである。

直斎書録解題二十二巻　宋陳振孫

明万暦間武林陳氏刻本　武英殿聚珍版本　閩贛杭三省覆聚珍本　蘇州局本　江陰繆氏蔵旧鈔残本　なおこれは陳氏の原書である。

案ずるに邵目に次のように述べる。[8]「盧氏抱経堂には本書を訂正した五十六巻があり、その順序は聚珍版と異なり、元刊本によってさらに校訂しているが、未刊のようである。呉槎客は後にさらに増校した。陳仲魚に跋がある。」

陳鐘凡は『書目挙要』を基礎としてさらに『書目挙要補』を撰し、自著書の一類を増し、書目百五十条餘りを補った。ただし、補ったのは図書目録だけではなく、金石目録や古器物目録も含まれている。[二七]

邵瑞彭、閻樹森らは『書目長編』二巻を編み、補遺、補校を附した。本書が輯録する書目は、あるものは知り得た伝本にもとづき、またあるものは史志中の関連する各種書目の著録や書物中の記述から引用したものであり、計千三百条餘りを得ている。上に挙げた二つの書目と比べると二倍以上である。貯蔵、史乗、徴存、評論の四つの大類に分け、各類をさらにいくつかの小類に分けている。すべての書物について、書名、巻数、編者を著録し、知り得た伝本については版本を注記し、徴引したものについては、その依拠した書名を明記している。例えば次のように述べる。

秘書省続編到四庫闕書目二巻　宋紹興中官

　昭文張氏蔵旧抄本　長沙葉氏刊考証本　京師図書館蔵抄本　江南図書館蔵抄本

案ずるに、『直斎書録解題』には『秘書省四庫闕書目』一巻がある。(9)

図書館の所蔵を反映し、調査、検索できるものには施廷鏞編『清華大学図書館中文書目―甲編一目録類』がある。この書目は一九三一年以前の清華大学図書館所蔵の図書目録を集めて編纂したものであり、七百種餘りを収録している。書目毎にその書名、巻数、編者、版本、冊数、書号などの項目を著録している。叢書本であればその叢書の名称と書号冊次を注記し、定期刊行物に載るものであればその刊行物の名称と巻期を注記し、分類、配列している。巻首には類序があり、分類の大意を説明し、巻末には書名索引と著者索引を附している。一例を挙げよう。

清朝経籍志　六巻　清黄本驥輯

在　甲八〇〇 七三三八　『三長物斎叢書』第四冊

また、蕭璋編の『北京図書館書目―目録類』〔二八〕があり、これは北京図書館が所蔵するものと寄託されている書物のうち、図書学、図書目録、図書館学の三つの分野に関する書籍をまとめて編纂したものである。収められた目録書は独自に帙をなしているものに限り、そのほかの正史、類書、方志中の藝文志や、雑志、文集中の目録、または論文の引用書目などは概して取り上げていない。収録する書目は合計で八百九十餘種であり、（上述の）三部に分けている。図書目録の部はさらに著録と収蔵の両類に分れており、各類はまたいくつかの小類に分れている。著録類には、書録、叢書目録、藝文志、著述考、学術総目、学科専目、存燬書目、刊行書目、題跋及読書記があり、収蔵類には、公蔵、図書館書目、私蔵がある。それぞれの書物の著録項目には、書名、巻数、作者、版本などがある。抄本の書目でもともと名のないものには、内容を斟酌して補い、同時に案語を加えて説明し、一つの書物に二つの名称がある場合にも、説明を加えている。一つの書物に数種の版本がある場合には、叢書本を含めて、すべてに詳しい注釈を加えている。一つの書物で二つかそれ以上の分類に属する性格のものは、相互参照の方法を用いて処理している。前に分類表をならべ、後ろに書名索引と著者索引を附す。一例を挙げる。

全唐詩未備書目　清朱彝尊編

清宣統元年番禺沈宋畸刻『晨風閣叢書』中『潜采堂書目四種』本　一冊（『明詩綜采摭書目』などとの合訂）　叢刻の項を参照　引用の項を参照。

（『北京図書館書目　目録類』学科専目〈十一〉文学）

一九五八年、中華書局は馮秉文編『全国図書館書目彙編』を出版した。これは全国の図書館が一九四九年から一九五七年までに編纂した各種書目と索引を集めて編んだものである。当時編纂中にあったもの、編纂を計画されていたものを含み、合計で二千三百餘種、基本的に「中小型図書館図書分類表草案」に従って分類、配列されている。各書目・索引の著録事項には、書名、編者、刊行年月、冊数あるいは頁数などの項目があり、間々収書の種類や数などを注している。書末に主題索引と館名索引を附している。編集中の書目・索引には＊の記号を、編纂を計画しているものには◎の記号をそれぞれ左肩に標している。注意を要するのはこの両類に収められる書目にはまだ完成していないものがあるということである。

原注

（1）この目録と以下の数種の国民党反動政府禁書目録の表題はすべて『中国現代出版史料』の編者である張静廬によって擬定されたものである。

（2）『中国版刻図録』図版四〇九に見える。

（3）范鍇『花笑廎雑筆』巻三、また繆荃孫『藝風堂文続集』巻六「士礼居蔵書題跋記書後」に見える。

（4）このほか、北京大学研究所は「藝文類聚引用書目」を編纂し、『北京大学二十五周年紀念研究所国学門臨時特刊』に載り、これも類書の引用書目録であるが、編者ではなく後人の手に出たものである。

（5）『図書館学季刊』七巻、一・三・四期、『金陵学報』三巻二期に一部を発表している。

（6）梁『考』は『飲氷室文集』巻六五所載。顧『考』は『国学季刊』第一巻第一・二号所載。王『考』は『文字同盟』第九～一一期所載。

（7）馮氏とは馮浩を指す。『玉谿生詩集箋注』を著した。乾隆庚子重刻本馮注巻一はこの文を『孤鴻比蕭、未更自慨、悽惋入神』に作る。

（8）邵目とは、邵懿辰『四庫簡明目録標注』を指す。

（9）『書目長編』巻下。宋王応麟『玉海』巻五二に次のようにある、「紹興年間のはじめに『崇文総目』を改訂し、秘書省が四庫の闕書を続けて編纂した」。また、次のようにある、「十七年、鄭樵案ずるに秘省が頒布した『闕書目録』を集めて『求書闕記』七巻、『外記』十巻とする」と。

訳注

〔一〕「坊繙毛本」は、毛本を翻刻（原本の字様通りではない再版本）した坊刻本（私営の出版業者による刻本）。

〔二〕『書目答問』史部・譜録類・書目之属には、崇文総目輯釈五巻・補遺一巻、宋衢州本郡斎読書志二十巻、宋袁州本郡斎読書志四巻・後志二巻・考異一巻・附志一巻、子略四巻・目録一巻、直斎書録解題二十二巻、四庫全書総目提要二百巻、四庫簡明目録二十巻、四庫未収書目提要五巻、千頃堂書目三十二巻、古今偽書考一巻を著録し、「目録学で最も重要なものは、漢書藝文志、隋書経籍志、経典釈文序録、旧唐書経籍志、新唐書・宋史・明史の藝文志である。」、「文選注引書目文選理学権輿巻二、太平御覧引用書目巻首、三国志注引書目在趙翼廿二史劄記内も重要である。」、「その他の遂初堂、明文淵閣、焦竑経籍志、菉竹堂、世善堂、絳雲楼、述古堂、敏求記、天一閣、伝是楼、汲古閣、季滄葦、浙江采進遺書、文瑞楼、愛日精廬といった各家の書目は、簡略であったり、過誤があったり、別に意図があったりで、蔵書家の尊ぶところではあるが、読書家の急務ではなく、どれも緊要ではない。」と評している。

〔三〕「国朝著述諸家姓名略」は、経学家（漢学専門・漢宋兼采）、史学家、理学家（陸王兼程朱之学、程朱

之学、陸王之学）、経学史学兼理学家、小学家、文選学家、算学家（中法・西法・兼用中西法）、校勘之学家、金石学家、古文家、駢体文家、詩家、詞家、経済家の十四家に分けられている。

〔四〕戴震（一七二三～一七七七）には、水経注、周髀算経、九章算術、儀礼集釈など、盧文弨（一七一七～一七九五）には、大戴礼、左伝、経典釈文、逸周書、孟子音義、荀子、方言、釈名など、丁杰（一七三八～一八〇七）には方言など四庫全書の小学一門、顧広圻（一七七〇～一八三九）には鄱陽胡氏刻文選および資治通鑑、陽城張氏刻礼記鄭注、陽湖孫氏刻説文解字、また唐律疏義、全椒呉氏刻韓非子、呉門汪氏刻単疏本儀礼などがある。

〔五〕胡適「一個最低限度的国学書目」が（一）工具之部、（二）思想史之部、（三）文学史之部の構成で計百五十餘種の書籍を挙げたのに対し、梁啓超は「国学入門書要目及其読法」の附録三「評胡適之的『一個最低限度的国学書目』」で、胡適書目が普通の学生を対象にしたものになっていないこと、選択が主観的に過ぎること、読むべき書籍と備えるべき書籍を分けて理解していないこと、三俠五義や九命奇冤などを入れる一方で、史記、漢書、資治通鑑といった歴史書がおしなべて取られていないことなどを批判した。「国学入門書要目及其読法」は、（甲）修養応用及思想史関係書類、（乙）政治史及其他文献学書類、（丙）韻文書類、（丁）小学及文法書類、（戊）随意渉覧書類の構成で、やはり百五十種を挙げている。両者には四書など共通するものも多いが、胡適が水滸伝、西游記、三国志、儒林外伝、紅楼夢といった明清小説や仏典を多く挙げ、梁啓超が両漢会要、唐会要、五代会要、通志、二十四史、読史方輿紀要、史通、中国歴史研究法（梁啓超）を挙げているあたりに各々の傾向を見て取れる。

〔六〕『通典』は、唐の杜佑（七三四～八一二）の編で二百巻からなる政書。後代、南宋に編まれた、南宋、鄭樵『通志』、馬端臨『文献通考』とあわせて三通と称される。徳宗、貞元十七（八〇一）年になり朝廷に献呈された。上代から唐の天宝年間に至る制度を食貨十二巻、選挙六巻、職官二十二巻、礼百巻、楽七巻、兵十五巻、刑法八巻、州郡十四巻、辺防十六巻の九部門にわけて示している。ここにいう「諸家兵」とは、兵典十五巻を指し、軍を統率する方法や戦法、報償など百四十一項目からなっている。

〔七〕『国民党反動派査禁一百四十九種文藝書目録』は『中国現代出版史料』乙編が魯迅『且介亭雑文二集』後記の該当部分から（魯迅の記述を含めて）収録したものである。魯迅は、『且介亭雑文二集』の後記において、自身の執筆活動とその作品に対する検閲について語り、あわせて当時の検閲状況、また、出版界の反応などに触れ、民国二十二年三月十四日付けの『大美晩報』に掲載された記事「中央党部禁止新文藝作品」を引用している。記事には、中央党部の指示に従って行われた上海市党部による調査の結果、二十五の出版社の百四十九種の書籍が発行禁止処分とされたこと、その中にはかつて市党部の審査によって発行を許可されたものや各作家の初期の作品などが多く含まれていたため出版業界の恐慌を惹きおこしたこと、その対策のため出版業者の組織する中国著作人出版人連合会が市党部に各書籍の再審査と穏便な処置を求める請願をおこなったこと、再審査の許可が下りたがその期間中は各書店とも発売を自粛するよう求められたこと、など一連の経緯が記され、もともと発禁処分を受けた書籍のリストが再録されている。

〔八〕この回答指示文書も魯迅『且介亭雑文二集』に引用されている。なお『中国現代出版史料』乙編（一九九頁）にはその現物写真が掲載されている。

〔九〕静とは張静廬のこと。

〔一〇〕永楽帝が都を置いて以降、北京でもしだいに坊刻がさかんになった。その中で永順書堂、岳家書房、葉氏書舗などとならび、質量ともに精彩を放ったのが金台書舗汪諒であった。汪諒刻本のうち、今日に伝わるものは、『文選』、『史記』、『臞仙神奇秘譜』、『集千家註杜詩』など、あまり多くはないが特に『史記』は王延喆刊本、朱維焯刊本とともに嘉靖三刻と並び称され名高い。

〔一一〕『邵亭知見伝本書目』の書末に附された「掃葉山房発行石印精本書籍目録」には四百二十種ほどの書名が挙げられている。
〔一二〕民国二十四（一九三五）年に出版された平心編『生活　全国総書目』は民国成立以後の著作、約二万種を収録する。その分類は、A総類、B哲学、C社会科学、D宗教、E自然・社会科学、F自然科学、G文藝、H語文学、I史地、J技術知識で、各類は子目、さらに細目に分かれ、別に全国児童少年書目も附す。索引も充実しており、主題索引、洲別国別索引、外国著者索引がある。
〔一三〕『太宗実録』（王応麟『玉海』巻五四）が「以前代『修文殿御覧』『藝文類聚』『文史博要』及諸書分門編為一千巻。」と記しているように、『太平御覧』は、北斉に編まれた『修文殿御覧』などをもとに編纂された。
〔一四〕『太宗実録』（『玉海』巻五四）には、『太平御覧』に続き『太平広記』の編纂について「又以野史、伝記、小説、雑編為五百巻。」と記す。また『会要』（『玉海』巻五四）に「言者、以爲非学者所急、収墨板蔵太清楼。」とあるように、すぐにお蔵入りしてしまうほど、低俗なものと見なされていた。
〔一五〕「宋史の記述」とは、『宋史』本伝（巻四三八「儒林」）に「自政和七年海上之盟、訖紹興三十一年……、上下四十五年、凡曰勅、曰制、誥、詔、国書、書疏、奏議、記序、碑志、登載靡遺。」とある『三朝北盟会編』に関する記事を指す。
〔一六〕『意林』は、唐・馬総編。梁の庾仲容が周秦以来の諸子百数家の雑記を摘録した『子鈔』にもとづき五巻にまとめた。抄録される諸子の多くは現在に伝わらない。『容斎続筆』の「計然意林」条には三十二種の書を挙げ、「今皆不伝於世、亦有不知其名者。」とある。
〔一七〕高似孫『緯略』での題目は「劉孝標世説」に作る。
〔一八〕沈家本（一八四〇～一九一三）は清末の法律家。字は子惇、号は寄簃。『歴代刑法考』といった法律に関わる著書がある一方、「三国志注所引書目」「世説注所引書目」を含む『古書目三種』や、借りた書籍の解題を記した『借書記』といった目録学に関する著作もある。

〔一九〕張之洞『書目答問』巻二、史部譜録類書目之属に「文選注引書目文選理学権輿巻二・太平御覧引用書目巻首・三国志注引書目在趙翼廿二史劄記内、亦要。」と見える。この指摘の通り、趙翼『廿二史劄記』巻六「裴松之三国志註」の項目に、「今按松之所引書、凡五十餘種、謝承『後漢書』……」とあり、全部で百五十一種の書物が記されている。なお王樹民『廿二史劄記校証』は、「凡」は「百」の誤りか、「百」が落ちていると指摘している。

〔二〇〕『沈寄簃先生遺書』甲編（文海出版社、一九六四年）の目録には乙編の目録だけは載っており、そこには「古書目四種」の一つとして、「文選李善注書目六巻　嗣出」と記されている。また、『沈家本全集』第六巻（中国政法大学出版社、二〇一〇年）の目次には、「古書目四種十四巻」の末尾に〈闕一種六巻〉と記されている。

〔二一〕楊樹達「漢書所拠史料考」は「漢書釈例」とともに『漢書窺管』に附録として収録される。金徳建『司馬遷所見書考』は、上海人民出版社から一九六三年に刊行された。

〔二二〕本目録には、別のテキストとしてまた『洪武正韻』を載せ、そちらには「閩旧刻」と記している。

〔二三〕このほか黄丕烈蔵書目を補ったものとして、李文琦輯『士礼居蔵書題跋補録』一巻、丁初我輯『黄蕘圃題跋続記』一巻、『総題士礼居蔵書題跋記』が霊鶼閣叢書に収められている。

〔二四〕「全国古籍善本書総目収録範囲」にはさらに以下のような附注が続いている。「一、仏蔵・道蔵は著録時、子目を省略する。元代および元代以前の零本は単行本として処理し版本を明記する。」、「二、四庫全書は本書目に収録し、著録時は子目を省略する。零本は単行本として処理し版本を明記する。」、「三、敦煌遺書、金石拓本、輿図、書札、少数民族の言語で記された図書、外国で刻印、抄写された図書は本書目に収録しない。別に目録を編むこととする。」、「四、魚鱗図冊、宝鈔（紙幣）、契約、誥命、文告（政府通知）などは収録しない」。

〔二五〕　俞樾（一八二一～一九〇六）は、清末の学者・文人。浙江徳清の人。字は蔭甫、号は曲園。道光三十（一八五〇）年の進士。翰林院編集、国史館協修を経て、提督河南学政に至るも、出題に不備があり罷免された。以後、蘇州紫陽書院、杭州詁経精舎などで主講をつとめ、学問に専念した。王念孫、王引之を継ぎ、孫詒譲、章炳麟に影響を与え、清末樸学の大師と称される。著書は、『群経平議』『諸子平議』『古書疑義挙例』のほか、詩詞、随筆など多岐にわたり、そのすべてが『春在堂全書』四百八十巻にまとめられている。『春在堂全書録要』は、その著述百二十三種を挙げ、篇目、梗概、著述の契機、自他の論評などからなる提要を附す。

〔二六〕　初版は作家出版社、一九五八年刊。修訂版が人民文学出版社から一九八四年に刊行されており、末尾には李白詩文繫年篇目索引が附されている。

〔二七〕　陳氏は自著書之属、版刻之属を増し、釈書之属と道目之属をあわせて計十二類としている。また、劉紀沢に『書目挙要補正』二巻がある。

〔二八〕　本書原文は『北京図書館書目―目録類』とするが、実際は、『国立北平図書館書目　目録類』の名で編まれたものである。図書学、図書目録、図書館学という大分類からもわかるように、収録範囲は比較的広く、例えば、図書館学の一「通論」には李継煌『古書源流』が、二「目録学」には孫徳謙『漢書藝文志挙例』が、三「版刻」には葉徳輝『書林清話』が、四「校讐」には章学誠『校讎通義』が、五「考証」には姚際恒『古今偽書考』が見え、また、六「書影」には日本大阪府立図書館編『論語善本書影』が著録されている。

第八章　目録の編製

第一節　主題の選定とその範囲

学術研究に従事するには目録の利用だけでなく編製にも通じなければならない。目録編製の際に直面する最初の問題はどのように主題を設定するかということである。

まず、書物の選択には明確な目的を持つ必要がある。我が国の古代の目録学者は、みな一様に目録の政治的機能を強調している。このことはすでに劉歆の『七略』と『七略』によって編まれた『漢書』藝文志の略・種（家）の序文に、極めて明確に表現されている。群書の目録の序だけでなく、一書の叙録においても、この点は強調される。そのため劉向『別録』は古籍の叙録（提要）を編む際、往々にして統治者が参考すべきものであるという評価を加えている。『孫卿新書』について「孫卿の書を読むと、そこには王道が説かれ、非常に実行しやすい……この書物はほかの経解書と比較しても、手本にできるものである。謹んで次第を立てて篇録した。」[1]とあるのはその一例である。『旧唐書』経籍志の序に「毋煚らの『四部目』（群書四部録）と『釈道目』（開元内外経録）にはともに小序があり、撰者の姓名が記されているが、分量が非常に多いため、今、ならびに略し、ただ巻数、部数のみを記して我が朝の文物の大なることを示すことにする。」という。後唐は李唐の後継を自認しており、序文の「我が朝」が唐王朝を指しているのは明らかである。このことは劉昫らの『旧唐書』経籍志編纂の目的に後唐政権の政治的影響力の拡大があったということを物語っている。乾隆帝が組織編纂した『四庫全書総目』の政治的な目的は最も鮮明であり、一方では、各類の書について「総目としてまとめ、学問の隆盛ぶりを明らかにする。これが『四庫全書』編纂の本旨である。」(『四庫全書総目』所掲乾隆三十八年五月十七日上諭)としながら、もう一方では「朕の『四庫全書』編纂にあたっては、世の道理と人の心性に関連するものを撰ばなければならない。」(同上乾隆四十六年十一月初六日上諭)、「言辞に本朝を譏るものがあれば、当然、銷燬の処分をくだす。」(同上乾隆四十一年十一月十七日上諭)とも強調している。康有為、梁啓超らも目録を利用して戊戌の変法に際しての思想準備を行なった。例えば、梁啓超は「国家が自強を目指すなら、西洋の書物を多く訳して基礎とし、学生が自立を目指すなら、西洋の書物を多く読むことに努めなくてはならない。」(『西学書目表』巻首「自序」)と考えていた。そのため彼は戊戌の変法の前後、特に『西学書目表』、『東籍月旦』を編製し、欧州と日本の著作を紹介した。[一]

一般的な公私の蔵書目録についていえば、最も直接的な目的は当然、典蔵と閲覧の便を図ることにある。例えば、楊士奇「文淵閣書目題本」には次のようにある。

本朝の御製および古今の経史子集の書は永楽十九(一四二一)年南京から運び込んだものであ

り、これまで左順門の北廊に収められていたが、いまだ整った書目がなく、近頃奉勅によって文淵閣の東閣に移されることになり、臣らは一々厳密に調査し、整理番号を附し、一本に書きまとめ、『文淵閣書目』と総称し、あわせて「広運之宝」の御印を用いて以後も文淵閣に所蔵し永遠に参照できるように願い出た。これからも散佚することがないよう冀望する。

明代、高儒の「百川書志序」もまた自身の書籍について次のように述べていた。「一心に書を探し求めること、あるいは士大夫に譲り受け、あるいは市肆で購う、という具合であった。数年の内に、書物は牀に積み重なり棚を埋め、経籍は蔵書室を満たし、検索に困難を来すようになった。暇な折に書物を整理して、数多積まれた蔵書を秩序立てた。しかしまたいつまでも配架の基準がないために蔵書が混乱し本志を失うことを恐れ、六年間思案を重ね、三度の改訂を経て本書を編んだ。古の目録の分類に変更を加え、大きくは四部に分け、それを九十三部門に細分し、二十巻にまとめた」。

　注意すべきは、類型の異なる目録は、対象とする読者も異なるため、目録の編成についても重点の置き方が異なる場合があるということである。明の殷仲春「医蔵書目序」は、その目的が医書を「並べて十数函とし、函目を標し、仁徳の人に必要な医書を求めさせ、広く多くの人々を病から救ってもらう。」ことにあるという。董康の「曲海総目提要序」には、「今や文学は興隆し、戯曲もまた同学の専門学科として立てられていて、多くの学生は、研究に資することができる典麗な大著を必要としている。そこで作者を時代ごとに並べ、整理して四十六巻とした。」とある。[二] 学科目録は往々にして「学術の辨章、源流の考鏡」を重んじる。例えば張舜徽『清人文集別録』自序は、「ただ各書を読み終える毎に作者の行蹟を検討して、書物の要旨を記し、その論証の得失を追求、学識の精深を験核して、各書に叙録一篇を作った。無謀にも校讎流別の義に附して、一代の学術の盛衰を推し量ろうとしたのである。」と述べていた。

特種目録は、いずれも特定の目的をもっている。例えば販書目録はやはりもっぱら書籍販売を促進するものになっている。『生活　全国総書目』編例には次のようにあった。

本書目の……編纂の趣旨はほぼ以下の数条にまとめられる。（1）全国の読書界、図書館による書籍の捜集、購入、検索に供する。（2）全国の学術界、著述翻訳業界、図書館による参考資料の捜集と目録学研究に供する。（3）全国の図書業界に対し、出版、販売の参考に供する。（4）外国の図書館と中国研究者に対し、中国の新刊書捜求の際の参考に供する。

古典、その注解、類書のために編まれた引用書目も、主な目的はやはり古籍整理の便宜を図るためにある。古籍整理の際には各種様々な版本に触れる必要があるが、版本が異なれば字句に異同がある場合がある。このことを馬念祖『水経注等八種古籍引用書目語彙編』序言は明らかにしている。

こうした字句の異同を解決しようとするなら、校勘の技能が求められようし、現存しない佚書を網羅しようとすれば、また輯佚の技能が必要となるであろう。これらの作業を進めるには、まず、ある書物についてどれだけの古籍に引用されているのかを調査しておかなくてはならない。このことから、私は博引旁証をもって知られるいくつかの古籍を対象とし、その引用する書籍について索引式総合目録を編纂しようと考えたのである。

次いで、書物の選択にあたっては拾遺、補闕に留意すべきであり、このことは文献の保存・利用に貢献するものである。謝啓昆「小学考序」には次のようにあった。

秀水の朱氏撰『経義考』は経学に対する貢献は非常に大きいが、ただ『爾雅』に限って詳述するのみで、その他はどれも闕如としている。……乾隆乙卯（一七九五年）、浙江の按察使の任にあった時、文瀾閣中の秘本を見る機会を得てから諸書を採輯しはじめ『小学考』を作った。その後、山西布政使から浙江に移任し、餘暇を利用して、さらに以前の仕事を整理して五十巻とした。巻首には謹んで勅撰の書物を著録し、次いで訓詁、すなわち『経義考』の「爾雅類」に続いて「方言」「通俗文」の属にまで拡大した。次に文字、すなわち「史篇」「説文」の属である。次に声韻、すなわち「声類」「韻集」の属である。次に音義、すなわち経書、史書、百家の書を解釈、音注した書物である。訓詁・文字・声韻は体であり、音義は用である。体と用がともに具わってこそ小学は完全なものとなる。

さらには、清の高宗（乾隆帝）が人員を組織し『四庫全書』編纂にあたった際、それにかこつけて、漢人の民族意識をそぎ、満州貴族による統治を強固にしたため、明末清初の文献は極めて重大な損害を被った。そこで謝国楨は特に『晩明史籍考』、『清開国史料考』を編集した。その『増訂晩明史籍考』前言には「本書を編んだ主な目的は、明末の野史や稗史を探し集め、当時の文献資料を保存し、学者の研究に役立てることにある。」とある。宋以来、学者は正史について諸志の補訂作業を大いに進めてきた。それは正史の空白を埋めることにほかならないが、これについては第五章第二節「史志」ですでに紹介した。この目的を果たすために、すでに散佚した古代の目録に対して、少なからざる輯佚の作業を行っている学者もいる。例えば、趙士煒『宋国史藝文志輯本』は宋代の文献の調査、考察に便宜をもたらしてくれる。その序には次のようにある。

元は異民族の身で中華に侵入しその主となった。史官の学識が浅薄固陋であったため、『宋史』は粗略であり、とりわけ藝文志は誤りがひどく、重複や転倒は枚挙に暇がない。四庫官臣は諸史の藝文志・経籍志のうち最もまとまりがないと知っていたため、上元の倪氏（名は燦）は『宋藝文志補』一巻を作ったが、その功績はわずかに拾遺補闕にあるのみで過誤を正すには至っていない。清朝において、史学を治める者も、経籍を研究する者も、皆この点に考え及んでいないので、私は、それらを整理し、ここに新しく本書を上梓し、宋朝の文献を求める手立てとしたが、あるいはさらに不備を増やす過ちを犯しているかもしれない。

さらにまた、書物選択の際には、蔵書の特色と専門の特徴に注意すべきである。例えば、中医研究院と北京図書館で編纂した『中医図書聯合目録』は、この両機関の優位性を十分に発揮したものであり、その前言には「本目録は北京図書館が輯集した、各参加図書館の中医学の図書目録をもとに編纂したものを初稿とし、その後、各図書館の照合を経た後、整理印行したものである。編集と校訂作業は、主に中医研究院が担当した。」とある。中央音楽院中国音楽研究所によって編纂された『中国古代音楽書目』もまた非常に適切である。〔三〕個人の編目は、この点に注意するとやはり容易に効果が現れる。例えば、阿英が編んだ『晩清戯曲小説目』がそうで、鄭振鐸の序には次のようにいう。

如晦先生（引用者按ずるに、魏如晦は阿英の筆名の一つであろう）は晩清の文学、史学の資料の収蔵が最も豊富で、私が『晩清文選』を編纂した時にも、深くその恩恵に浴した。以前これまで探し得たものを目録として刊行し、公にするよう勧めた。如晦先生は深く私の言葉に感じいり、まず所蔵される晩清の戯曲を一つの目録に編纂、印行した。毎書にすべて説明を加えて後学に恩恵を施し、我々が近代の文学、史学を研究するにあたって少なからざる功績をもたらしてくれた。

また例えば傅惜華の碧蕖館は戯曲関係の蔵書が頗る豊富で、彼自身も戯曲研究の専門家であって、『元代雑劇全目』『明代雑劇全目』『明代伝奇全目』『清代雑劇全目』などを編んでおり、当然それらは十分その任に堪えるものとなっている。ただ、我々が今日、書物を選択する際には、公立図書館の蔵書の利用を考慮しなくてはならない。というのも、その蔵書は個人よりはるかに豊富だからである。

主題の選定が整えば収録範囲を確定する必要がある。例えば、中国古籍善本目録を編纂するには自ずと全国の多くの図書館を対象としなくてはならないが、善本の範囲に統一の基準がなければ、全国の古籍善本の収蔵情況を完全に反映した目録の編纂は困難であろう。また、もし地方志目録を編纂するなら、山志・水志・寺廟志・書院志などを地方志と見なすか否かという問題があり、中国地方志聯合目録編纂の際には、このような問題を明確に認識する必要があり、まず一定の収録範囲を決めないと、全面的で正確に参加図書館の蔵書を反映することは不可能となる。

書目の収録範囲を明確に確定すれば、読者がその特徴と価値を理解しやすくもなる。『販書偶記』に関していえば中華書局上海編輯所の出版説明には次のようにあった。

『販書偶記』は基本的には清代以来の著作の総目であり、その役割は『四庫全書総目』の続編に相当する。……本書の著録の体例は、略例の記すところによれば、以下に引く二項目の規定があり、この規定が本書の特徴を決定づけている。

(一)『四庫全書総目』に見られるものはいずれも著録しない。著録する場合は必ず、巻数・版本が異なるものである。このことから、本書は『四庫全書総目』の著録を補足する版本目録学の専著となっている。……

(二) 単刻本でなければ著録しない。叢書に入っているものについては、必ず初刊の単行本か抽印本である。つまり、本書には『叢書子目索引』の機能は全くないが、『叢書子目索引』が缺いている所をうまく補う効果がある。

収録範囲は、編纂される目録の性質によって確定すべきである。例えば、蔵書目録は全面的に蔵書を反映すべきものであろうから、目録にあって現物がない、あるいは現物があって目録にないという事態は可能な限り避けなくてはならない。『四庫全書総目』凡例には次のようにある。

今、詔によって古籍を捜集するにあたり、特に新たな規則を作った。逐一、集めた書物の価値を辨別し、厳密に取捨選択するということである。重要なものは、全て編録し、遺漏のないように努める。それに次いで長所も短所もあるものは、その缺点も美点も隠れぬように示した。また言辞に筋道が通っていないもの、経義に悖っているものは、その書名を附載し、あわせてその誤りを正す。一般的な著述で、他に抜きんでるところのないものについては、長短ともになくとも、久しく伝わってきたことを重視し、ほかの著録の例に倣って、すべてその書名を載せることで、後の考察調査に備えることとした。書物の価値、真偽の辨別をともに行うという点で、典籍が現れて以来、本書のように広範かつ精緻なものはなかった。

編者は自身の基準によって典籍を三つにわけている。その基準や結論について検討すべき箇所はもちろんあるが、ただ、歴代の書籍を全面的に著録しようと努力した点については見るべきものがある(政治的理由によっていくつかの著作は禁書処分となり、著録が全面的なものになっていないが、それはまた別の問題である)。いくつかの私人蔵書目録には、まさしく全面的で実際に蔵書を反映していることで、その価値を高めているものがある。明・徐𤊹「蔵書屋銘」は「詩詞の別集、総集はすべて兼ね、楽府や稗官(小説)もみな備わっている。」(『徐氏紅雨楼書目』巻首)と述べている。『徐氏紅雨楼書目』巻三の子部・小説類は、小説・筆記五百七十六種を、伝記類は元・明の雑劇と伝記を百四十種収めている。特に貴重なのは、巻四の集部「明詩選姓氏」の部分で、作者として、計三百十五名の明代の詩人を著録し、そのうち二百七十人については、生卒年や簡略な経歴が記されており、明代文学研究の貴重な資料となっている。藩景鄭「著硯楼書跋」には『徐氏紅雨楼書目』について「分類こそ一途に四部によっているが、所収する書籍の多くは明代の文藝である。世間で見られないものが、ざっと数百十種あり、『千頃堂書目』の豊富さには及ばないが、相互に参照することで互いの缺点の十に一つを補うことができるだろう。また所収される刻本はいずれも天啓、崇禎年間以前のもので、今日からすれば、宋版、元版と同じくらい珍しいのではなかろうか。」（『紅雨楼書目』巻末「叙録」）と述べていた。

ある種の学科目録・地方文献目録・個人著作目録は、完全を求めるために、亡佚した書物まで収録範囲にいれており、例えば朱彝尊『経義考』、謝啓昆『小学考』、孫詒譲『温州経籍志』などは、いずれも亡佚した著作もあわせて載せている。梁啓超『戴東原著述纂校書目考』序には「本篇は段玉裁による年譜（引者案、段玉裁の『戴東原先生年譜』であろう）により、著作を年代順に並べ、すでに完成したもの、未完のもの、既刻、未刻、現存するもの、散佚したもの、著述、校勘、また、単著、共著に関係なくすべてを著録した。」とあった。このことが総合的に戴震の学術の成果を理解する上で非常に有効であることは明らかである。

要するに、収録範囲を確定するには、目録の性質に注意しつつ、目的の定まったものとする必要があるということである。また、対象となる読者に注意し、実用性を備えるようにつとめ、さらには可能な限り完璧を期し、資料調査において参考としうる内容を確保しなくてはならない。

第二節　著録と配列

第三章では、書名・篇巻・版本・真偽・存佚・著者など中国古典籍の目録の著録項目について重点的に分析した。第二章第三節においては、書目の叙録（提要）についても検討を行った。一つの目録がどのような著録項目を選択するのかは、畢竟、書目の性質と役割とによって確定されるものである。封建社会において統治者は国家の蔵書目録の編纂を、文化の発展と政権の強化における重要な施策の一つと見なしたため、国家蔵書目録の多くには提要が備わっている。例えば「劉向は秘籍を校勘、整理した際、書物ごとに詳しい報告を作り、曾鞏も官本を刊定した際、それぞれに序文を作った。」[四]（『四庫全書総目』巻首「凡例」）。王堯臣らの編んだ『崇文総目』も各書についていずれも論説があった。『四庫全書総目』凡例は特にこの点を闡明していた。

> 今ここに列挙する書物については、各々提要を作成した。その一篇ずつは著録した諸書の各論であり、また、全篇をあわせれば総目となる。書物毎に、まず作者の出身地と官職、閲歴を記し、時世を論じ人物を語る。次いで、書物の得失を考察し、諸方の評価を検討し、文字の増減、篇帙の分合に至るまですべて詳しく考訂し、巨細漏らさず記す。また、人格や学術の評価、朝代の礼制・法規など、諸制度の典範となり得るか、鑑戒とすべきかという点からも、褒貶を明らかにし、はっきりと評価を下さぬものはない。

史志の著録に関わる項目に関しては、銭亜新『鄭樵校讎略研究』がすでに次のように述べている。

> 我が国の史志が著録する項目は大体書名・篇巻・著者の三者に分けることができる。『漢書』藝文志を例にしていえば約六例がある。第一に、先に書名と篇数を記し、著者名を続けるもので、例えば「『易経』十二篇、施・孟・梁丘三家」とあるのがその例である。第二に、まず著者を記

し、そのあと書名と篇巻を続けるもので、例えば「劉向『五行伝記』十一巻」とあるのがそれである。第三に、ただ書名と篇巻を記すだけで、著者を記さぬものであり、例えば「『荊軻論』五篇」がそれにあたる。第四に、著者名を書名とし、ただちに篇巻に続けるもので、「『陸賈』二十三篇」がこの例にあたる。第五に、著者の官爵を書名とし、ただちに篇巻に続けるもので、例えば「『太史公』百三十篇」、「『平原君』七篇」がこの例にあたる。第六に、文体を著者に附すことで、それを書名とし篇巻につなげるもので、「『屈原賦』二十五篇」がこれにあたる。『隋書』経籍志の方法は、『漢書』藝文志を簡略にし、わずかに二例しかない。つまり書名と篇巻を項目とし、著者は注で示すもので、例えば「『千字文』一巻」に、注として「梁給事郎周興嗣撰」とあるのがその一である。また、(書籍としての)スタイルを著者のあとに加えて書名となし、篇巻を繫げて項目としているものとして「『王祐集』一巻」とするものがあり、これがその二である。

『漢書』藝文志の六例から発展して『隋書』経籍志の二例となったことは、史志の著録が時間の経過とともに規範化されたことを意味している。

各種の学科目録は、その主旨が「学術の辨章、源流の考鏡」にあるため、書名・篇巻・版本・作者を記す以外に存佚の区別や真偽の判別、また、提要を附す必要がある。例えば王重民『老子考』凡例は次のように述べている。

本書の体例は、おおむね朱彝尊『経義考』、謝啓昆『小学考』に倣ったが、ただ伝存するものについてのみ、どのような刻本、叢書本があるのかを記した点は、朱、謝氏のいまだ及んでいないことである。また存佚状況については、現存するものは「存」とし、残缺するものもまた「存」と記した。亡佚したものは「佚」とし、輯本のあるものも「佚」とした。その存佚が不明なものについては「未見」とした。近人の稿本は「未刊」とした。

本書の内容は、著録する書物毎に、まずその書物の存佚と刻本を記し、次いで自序、次いで他人の手になる代序、次いで題跋記、読書記、次いで案語とした。

読者の検索の便を図るため、学科目録は版本の著録についても大いに重視している。例えば、荘一払『古典戯曲存目彙考』例言には、「収録した戯曲の目録は、現存する伝本がある場合、すべて、同じ書でも版本が異なるものは、その木版本、影印本はいうまでもなく、通行している諸本まで、ひとしく順序をもって並べることとした。たとえそれが抄本であっても、佚文を拾い集めたものであっても、すべてその出処を注記し、研究者の参考に供することとした。」とある。専科目録の著録項目にもまた各々特殊性がある。「全国古籍善本書総目著録条例」は、「地理類の地方志は、原書の冒頭に纂修した時代を附すものは原書の書名によって著録し、原書に纂修した時代を附さない場合は時代を考慮して括弧の中に注記する。」と規定している。このようにする理由は、一地域において時間を異にして成った地方志が屢々複数存在し、その書名は大抵ほぼ同じであるので、地方志の書名の前に纂輯した時代を示しておくことで、読者は一目瞭然理解でき、誤解を招かぬようにしているのである。

各種の特種目録が必要とする著録項目はそれぞれ異なる。例えば、推薦書目録は、読書指南としての機能をより効果的に発揮するため、書物の内容、特徴、価値と利用法を概括的に明示した提要を備

えるべきである。今、梁啓超の『西学書目表』を例としよう。その序例には次のようにある。〔五〕

目録家がみな、書物の価格を標さないのは、恐らく収蔵を重視しているためであろうが、こうしたやり方にこだわる必要はない。今、購読の便を図るため、各省官書局の例から、詳しくその価格を標すこととする。……

表の下に識語を加えたもの、表の上に圏点を加えたものは、いずれも学問を志す人の購読の便宜を図って設けたものである。体例として雅馴でないが、それはそれでよしとしておく。

表の後ろに札記を数十則つけたが、それはかつて弟子の問いに答えたものであって、各書の長所と短所、またどの書を先に読むべきで、どの書は後回しでよいかを簡潔に述べたものである。詳細ではないが、初学者が読めば学問の秘訣をほぼ理解することができるだろう。〔六〕そこで、ひそかに「間違いも（何かの役に立つかもしれないので）そのままにしておく」という精神によってこれを篇末に附し、読書法と名付けることとした。

どのようになっているか以下に例を示そう。

書名	著者と訳者	刻印所	冊数 値段	注記
算学	浅いところから深いところへ入るため、数学を先にするべきで、理を先にして法をあとにするため、幾何学を次にし、すべての形の学もこれに附随する。継いで代数をし、算術に精通する。微分積分は造詣が深くないと議論できないので最後とする。			

筆算数学	マティーヤ（狄考文）鄒立文	益智書会本	三冊 一元	俗語を用いて学童に教えるもので、非常に便利。
◎◎数学啓蒙	ワイリー（偉烈亜力）	上海排印本	二冊 六角	『数理精蘊』のダイジェスト版であり極めて初学者に便利である。
◎◎幾何原本	マテオ・リッチ（利瑪竇）／徐光啓 ワイリー／李善蘭	金陵刻本	三種合計二〇冊 二千七百	初学者はまず前六巻をよむべきである。
◎又前六巻	マテオ・リッチ 徐光啓	制造局本	三冊 三角	けずり改めたところがあるので、原書を読むほうがよい。

当然、推薦書目録も対象を考慮する必要がある。例えば教育部は大学文系各学科の学生用に閲読書目を作っているが、それらはただ、書名、作者の二項目を含むのみである。読者は専門の大学生であり、作成された書目はどれも基本的、代表的な名著で、大学の教科書にすでに詳しく紹介されているため、改めて詳述する必要がないためである。

善本目録は一般的に版本の著録のみでは不十分で、さらに、行款・版式・印記・紙張・墨色、著名人の批校・題識などの状況、また、序跋・牌記、先人の著録状況など、必要とされる説明を注記しなくてはならない。例えば、繆荃孫は黄丕烈『蕘圃蔵書題識』のために序を著わして、その題識は「版本の先後、篇第の多寡、音訓の異同、字画の増減、また授受の源流、繙摹（収蔵）の本末、果ては行款の疎密や広狭、書物の装丁の精粗や保存状態に至るまで、心に感じ目に留まらないものはなく、条理にもとづいて分析されている。跋文は、その書の形状がまるで眼前にあるかのように感じるほどである。」と述べている。また、現在は印刷技術の発展によって善本目録は善本の書影と相互に見比べることができ、精密さが一層まし、便利になっている。

このほか、聯合目録では収蔵図書館の番号を記す必要があり、販書目録では定価を記す必要があり、図書館蔵書目録では請求番号が必要となるが、これらはいずれも各種目録独自の項目である。要するに、著録項目は、一般的には目録の性質と読者、対象によって定まるものであるが、少なくとも書名・巻数冊数・版本・作者の四項目は欠くことができない。

規定した項目によって書籍ごとに逐一著録を終え、一定の基準に照らして分類、配列してはじめて、ようやく一つの完整した目録となり、利用が可能となる。我が国の伝統的な目録の大部分は、分類に従って配列されている。このような方法の長所は「学術を辨章し源流を考鏡」することによって、読者は分類に従って書物を求め、書物によって学問を深く究めることが可能となる点にある。

鄭樵『通志』校讎略「編次必謹類例論」はもっぱら分類、配列の問題を検討している。鄭樵は、図書がどんなに多くても、分類によって書物の条目を乱すことなく組織立てることができると考えていた。そのため鄭樵は次のように述べていた。「書籍の分類は軍隊を統率するようなものである。条理があれば、いくら多くても治められるし、条理がなければ、どんなに少なくとも混乱してしまう。類例は多さを患うのではなく、多くのものを処理する方策がないことを患うのである」。またこうも述べていた。「士卒が死んでしまうのは、部隊編制の原則がはっきりしないため、同様に、書籍が散佚するのは、類例の原則がはっきりしないためである。類例がはっきり分かれれば百家九流が各々条理を保ち、滅びようにも滅びようがない」。鄭樵はまた分類という方法は、図書の編制に利用できるだけでなく、さらに重要なのはそれによって学術の源流を辨章できる点にあると考えていた。これについては第四章第三節で引用した。

章学誠『校讎通義』は鄭樵の見解を肯定し、さらに歩を進めて簡潔明瞭に述べる。

> 校讎の本義は、劉向父子以来、書籍の分類、配列を通じて、学術を辨章し、その源流を考鏡することにあり、道徳学術の精微、諸家群言の得失に通暁している者でなければ与ることはできない。……鄭樵は千年の後に生まれ、志を奮って劉向・劉歆の討究、論議の趣旨を理会した。そこで歴代の著録を取りあげるにあたり、魚魯豕亥の誤りといった細かい事柄は省略し、もっぱら分類・配列によって各専門間の関係と学術の変遷を明らかにし、その得失の所以を考究することこそが校讎であるとしたのである。思うに漢代に石渠閣、天禄閣が建てられて以降、それまでの学者が窺い知れなかったことである。
>
> （『校讎通義』巻一「叙」）

彼はまた次のように強調する。「古人の著録は、徒に甲乙と分類しただけではない。ただ甲乙に分類しただけであれば（故実の記録を職務とする）掌故令史が一人いれば十分であって、どうして父子で事業を継ぎ、二紀（二十四年）の歳月を経て、ようやく完成したということがあろうか〔七〕。思うに、流別の部次を通して大道を宣揚し、九流百家を列序することで（諸学を体系の中に）秩序立て、散佚を防ぎ、人々が分類に従って書物を求め、書物によって学術を考究できるようにしたのである。」（『校讎通義』巻一「互著」）。鄭樵と章学誠の二人が概括した理論は、我が国の古代目録の配列が、学術分類に従うのが最も基本的で通行する方法と見なされる根拠となっている。

分類による配列以外にも、目録の性質と資料の多寡や、主題・時間・地域・体裁・作者・版本・検索方法などによって配列するものもある。例えば、個人の著作経年目録は、時間に従って配列する。地方志の目録は、当然、行政区画によって配列する。阿英『晩清戯曲小説目』〔八〕は体裁によって配列している。于敏中・彭元瑞『天禄琳琅書目』は版本によって配列している。李儼『近代中算著述記』は作者の姓名の筆画順に配列されている。裘冲曼『中国算学書目彙編』は書名の筆画順に配列されている。配列にあたり、一つの方法を主とし、その他の方法を補助とすることもできる。そうすると使用の際さらに便利である。

以上は、いずれも帳簿型の目録について述べたものであって、現在の図書館は、読者に総合的なカード式の目録を提供しており、検索がさらに便利になってはいるが、それらは帳簿型の目録と補いあって使用されるべきであり、決して帳簿型の目録に代わることはできない。学術分類の配列によって成った帳簿型の目録は、今後も一貫して伝統的目録の主要形態であり続ける。

第三節　別裁と互著

書籍の機能を十分に発揮させ、読者が類に従って書物を求め、求めた書物によって学問を究められるよう、我が国の古代の目録学者たちは別裁と互著の方法を編み出し利用した。

明の祁承㸁「庚申整書略例」は図書整理の四種の方法を因・益・通・互にまとめている。〔九〕前の二例は分類に関する問題であり、後ろの二例が別裁と互著という両種の著録方法を指している。彼はいう。

通とは、四部の中を行きわたらせることをいう。……例えば、欧陽公（脩）『易童子問』、王荊公（安石）『卦名解』、曾南豊（鞏）『洪範伝』にはいずれも別本があったが、今は僅かに文集に収録されるのみである。〔一〇〕文集から各々（別行していた諸書の）篇目を抜き出して本来それぞれが属すべき類に配列し、経を究めようとする者に考求すべきところを知らしめれば、少によって多を会通するということになる。……また王元美（世貞）『名卿蹟記』、馮元敏（時可）『宝善編』は両者の文集に収録される小伝であるが、この二書は久しく通行しておらず、これらのためにその篇目を記しておかなければ、二書について考究することができなくなる。〔一一〕おしなべてこれに類するものはすべて分載し、もとはどの文集中にあると明記して検索の便を図った。これもまた収蔵家の便法の一つである。

（『庚申整書小記』附「庚申整書略例四則」）

祁承㸁のいう通とはある書物から特定の篇を抜き出すこと、つまり別裁である。彼はまたいう。

互とは、四部中の（各類）相互に見えるものである。著述家はただ一途を歩むわけではなく論述も多方面に及ぶ。一時の著述が、経典を論じたり、政治を論じたりする。一人の著述が、古を取り上げたり、今に徴したりする。（そのような書物の分類は）どうして折衷できようか。そのため一書がある一類に属しつつ別の一類にも収めるべきことがある。また同一の類でも半ばは前に属し、残る半ばは後に置かざるを得ないものもある。例えば『皇明詔制』は制書であり、国史に落とすことはできないが、詔制にも入れるべきである。〔一二〕……こうして屢々一書が、あちらの類にもこちらの類にも見えていることがあり、一つの文集の所属する類目が分かれていることがあるのは、まさしくこのためである。私が詮次したところはほぼ以上に尽きる。

（『庚申整書小記』附「庚申整書略例四則」）

祁承㸁のいう互とは、互著のことである。祁承㸁の編んだ『澹生堂書目』では、この二種の著録方法がとられている。

章学誠の目録学における突出した成果の一つは、分類、著録の際に別裁・互著の二例を採用することを深く研究し、また大いに提唱したことにある。別裁と互著という術語も彼が初めて提起し用いたものである。その「和州志藝文書序例」ですでに次のように述べている。「そもそも篇次の一部を抜き出すことができれば、学術の源流について欠陥や不完全が生じる心配はなくなる。各部目を相互に参照できれば、綱紀を区別でき、枝葉にとらわれる心配はなくなる。」（『文史通義』外篇）。『校讎通義』巻一には特に「別裁」「互著」の両篇が置かれ両者の重要な意義が大きく取り上げられている。

別裁について、章学誠は次のようにいう。

『管子』は道家の言であるが、劉歆はその「弟子職」篇を別裁して小学家にいれた。七十子の『記百三十一篇』は礼経に属すが、劉歆は「三朝記」篇を別裁して論語家にいれた〔一三〕。思うに、古人の著書には既存の説をそのまま取り込み、故事をそのまま襲用する場合があった〔原注：例えば「弟子職」はきっと管子の自撰ではなく、「月令」もきっと呂不韋の自撰ではない。いずれも既存の説を取り込んだものである〕。もとの書物には別に本旨があったが長い時を経て本来の出処がわからなくなった一篇、また著述の一篇でも全書の中で自然に一類をなすものは、どれもその篇章を独立させ抜き出して分類の缺陥を補い、別の部類に分載することで著述の源流を辨別することが可能となる。書物全体の篇次が揃っていて変更できないものは、本来属すべき部類に置きながら、また（その一部を別裁して）別の部類に重複して置いても構わない。思うに、主賓軽重の関係を測り、二つの部類に互著する必要がないとわかってから初めて特定の篇を別裁するという方法をとるのである。

（『校讎通義』巻一「別裁」）

章学誠は、別裁の方法を意図的に運用することで学術の源流を反映させるべきであり、かつ別裁した篇第の出処を明記しなければ、正真正銘の別裁とはいえないと強調する。

『夏小正』は、『大戴礼』以前に存在していたものを『大戴礼』が収録し、時令の書が礼部に入った例である。『小爾雅』はもともと『孔叢子』とは別に成立したものを、『孔叢子』が『小爾雅』を取り込み、小学の書が子部に入ったものである。そこで『隋書』は（『孔叢子』から）別に『小爾雅』を取り出して論語に附し、『文献通考』も（『大戴礼』とは）別に『夏小正』を取り出し時令に入れる一方で、『孔叢子』、『大戴礼』も併録している。〔一四〕しかしそれは後人が幸い偶然にもそうしただけのことで、恐らく、『小爾雅』や『夏小正』には別行のテキストがあったため『孔叢子』や『大戴礼』とは別に著録したもので、本当に学問の流別に見識があってのことではなかったろう。さもなければ、どうして本篇の下に注をつけて篇題の出処を明らかにしなかったのだろうか。

（『校讎通義』巻一「別裁」）

別裁は特に専科目録編製の際に有効であるが、章学誠もそのことに言及している。

一篇を抜粋して別裁する方法は、……すなわち学術の沿革を明らかにし、大道に会通させることで、これをおいてほかに理由はない。例えば、天文の書についていえば、『周官』保章、『爾雅』釈天、鄒衍言天、『淮南』天象の諸篇は天文の部のはじめに別裁し、その後に天文を専門に扱う書を順序立てて配列すれば、天文の学を求める者にも遺漏のないことになるであろう。

（『校讎通義』巻二「焦竑誤校漢志」）

互著に関して章学誠は次のようにいう。

道理として互いに通じる所があり、書物として二通りに利用できるものについて併載しないものはなく、すべて重複を厭わず甲乙各分類の下に互注を加えて検索の便宜を図る。古人は最も家学を重視した。一家の書を列序するには、家学に関係するものはすべて淵源を遡り委細を尽くしてその流別を探求し尽くしており、これがいわゆる著作の標準、群言の折衷である。もし、重複をさけて載せなければ、一書に二通りの役割があるにもかかわらず、一方のみに著録することとなり、その書物の内容において不完全なものとなる。また、一家の書のある部分が欠けて著録されないことになれば、一家の学においても不備が生ずることとなる。（『校讎通義』巻一「互著」）

章学誠は、互著の方法を用いる主要な目的を、読者が学術の沿革を考究するのに便を図るためにあると考え、そのため、「群書の分類配列に際して、書名の下に、詳細もしくは簡略な注記を相互に載せることで、家学を探究する後人が求める書を捜し出せるようにする、これこそが著録の意義である。」と述べている。また特に「書物の混同しやすいものは、重複互注の方法によらなければ、後学は齟齬を免れることができない。また、書物の互いに拠り所となるものは、重複互注の方法をとらなければ、古人の源流を追究することができなくなる。」（以上、出典はともに『校讎通義』巻一「互著」）と強調している。「書物の混同しやすいもの」とは、二つ以上の類と関連のある書物を指しており、例えば、「経部の易家は、子部の五行陰陽家と互いに関連があり、楽家と集部の楽府、子部の藝術は互いに関連がある。」といったものである。「書物の互いに拠り所となるもの」とは、参照可能なほかの類目の書籍を指す。例えば、「『爾雅』と本草の書とは、互いに拠り所とすることができる。地理と兵家の書物も互いに拠り所とすることができる。」（『校讎通義』巻一「互著」）。互著の方法を用いることで、これらの書は、確かにそれぞれの応用可能な作用を十分発揮することができる。

別裁、互著は、どちらも分類、著録において、道理として相通じ、書物に二つの役割があるという状況に遭遇した際、二つあるいはそれ以上の類目に併載するものである。別裁と互著の違いは、互著の併載が、一つの書物を同じように二つ、あるいはそれ以上の類目に著録するもの（したがって同じ書名が二箇所以上に見えるもの）であるのに対し、別裁の併載は、一つの書物をある類目に著録し、書籍中のほかの類目と互いに通ずるもの、もしくは両方に属すことのできる部分を別に抜き出し、関連する類目に著録するもの（したがってある書籍全体が著録されるとともに、その一部分のみが別の名称で著録されるもの）である。

章学誠が編んだ『史籍考』も別裁と互著の著録方法を利用している。その「論修史籍考要略」の

「経部宜通」、「子部宜択」、「集部宜裁」の三則で、この点について説明している。今「子部宜択」を例としよう。

諸子の書の多くは史部と表裏をなしている。例えば『周官』典法は、その多くが『管子』、『呂覧』に見える。また、列国の瑣事は、多く『晏子』、『韓非子』に見える。それらの一々を穿鑿して史書の記載にこじつけるのはもとより著作の大事ではない。しかし、「官図」、「月令」、「地圓」など諸篇の堂々たる大著述、「儲説」、「諌篇」に収載された記録は、実は史部においてそれらをもっぱら扱う部類が立てられているのである。当然取捨選択の上それらを篇次に入れ、史事を求める者が遺憾のないようにしなければならない。

（『章氏遺書』巻一三）

章学誠の別裁と互著に関する理論は、多くの目録に採用されており、極めて大きな影響を与えた。例えば張之洞『書目答問』略例には「『漢書』藝文志には互見の例がある。今、二つの類に関係しているものは、やはり間々互見させ、その旨注記した。」（『書目答問』巻首）とある。現代図書館の目録も広くこの二つの著録方法を採用している。例えば施延鏞『国立清華大学図書館中文書目甲篇』凡例には次のようにある。

ある書物の一部分に、ほかの類目と関連するものがある場合は、その篇を取り出して別裁する。例えば、『漢書』藝文志であれば、もとの『漢書』巻三〇から取り出して別に掲載する、ということである。すべて別に掲出して著録したものは、某書の某巻と明示するとともにその書号を注記して検索の便宜を図った。

一書で内容が二類にまたがるものは、互著して両箇所の書名の下に某類某号に入っていると明記した。

劉国鈞先生が「中文図書編目条例草案」、「中国図書編目条例」で別裁・互著の二例を確立して以降、この二種の著録方法はさらに広く運用されるようになった〔一五〕。

第四節　序例と索引

序例は、序言と編例とをあわせたものであるが、一般的に、序言は一般的に目録の編成された目的と経過を紹介するもの、編例は目録を編成する際に従った規則を紹介するものである。読者は序例から目録の特色と使い方を理解できるため、序例もまた、目録において欠くことのできないものである。序言と編例は別にしてもよいし、あわせ記してもよい。今、孫詒譲「温州経籍志序例」の全文を挙げて例としよう〔一六〕。

① 郡邑の経籍について記すものは、思うに、(『周礼』において、地方の地勢や物産を帝王に報告したとされる)土訓の官の餘剰物であり、書録の末流にあたる。北周・宋孝王の『関東風俗伝』には「墳籍」の一篇があり〔原注：北周・宋孝王『関東風俗伝』に墳籍志があったことは劉知幾『史通』書志篇に見える〕〔一七〕、南宋・嘉泰年間(一二〇一〜一二〇四)の『会稽志』には「遺書」として目録を載せており、地方志

における書目の濫觴はここにある。元、明の古い記録も、多くはこれに沿ったものである。その後、著述が次第に多くなり、すべてを著録するのに困難を来たし、かくして地方志から独立した地方文献目録が専門に作られ、単独で通行するようになった。目録の一体裁として、地域毎に文章を徴する例はこうして広まったのである〔原注・地方志の書目とは別に地方文献目録の専著が作られるようになったのがいつ始まったかはわからない。黄虞稷『千頃堂書目』巻一〇には祁承㸁『両浙著作考』四十六巻、曹学佺『蜀中著作記』十巻が著録され、周天錫『慎江文徴』巻三八には明の永嘉年間の姜準に『東嘉書目考』があったと記載されている。これらはいずれも伝わっておらず、その体例を知る由もない。洪亮吉『更生斎甲集』三には『邢澍「全秦藝文録叙」は歴代史志の藝文志に倣い、『経義考』の体例を参考にしている』と称しているが、今もその書を目にしていない〕。温州は、唐代以降、偉大な学者を輩出し、その著述にも輝かしいものがある。しかし、温州の地誌に載るものは、わずかに書名だけであって、簡略に過ぎ、遺漏や誤りもあって研究に資するものではない。今、特にそれらを補輯し、新たに一篇の書を編むため、そのあらかたを捜集し、あわせて遺漏を補った。郷里の書籍をすべてここに集めたとはいえないが、唐宋以降、嘉慶・道光（一七九六〜一八五〇）以前については〔原注・すべて著者存命の著述は収録しない。謹んで『四庫全書総目提要』の例に従ったものである〕、耳目の及ぶところはほぼ備わっている。

② 中塁校尉劉向の校書作業によって『別録』が作られた。書物を解説、分類し、その体裁は非常に詳細であった。後世の公私にわたる書録はおおむね解題を備えている。北宋の『崇文総目』から皇朝の『四庫全書総目』に至るまで、目睹しえたものは、ほぼ数十家、なべて繁多か簡約かという違いはあるが、その基本は変わらない。篇題毎に序跋を多く集め、目録以外にも群書を証拠として採

用するという、『文献通考』経籍考の一門は、正にここから始まった。朱氏『経義考』は、馬氏『文献通考』経籍考を祖述して益するところ大であり、群藝の選択、是非の研覈を観るに、実に校讎の総覧、考究の淵藪である。本書撰修のねらいは該博にある。そこで、遠くは馬端臨を、近くは朱彝尊を模範とし、博く選録し、考察の糧となるよう願った。

③劉歆『七略』と班固『漢書』藝文志は、書物を六種類に分別し、その後、荀勗が四部を創唱し、王検が『七志』の目を立てると、群籍は各々しかるべき部立てに分かれ、各種多様のものが雑居しながら、混乱することはなくなった。前代の地方志に記される藝文は、多くが人物毎にまとめられており［原注・この例もまたどの書に始まるかを知らない。宋・高似孫『剡録』には戴阮王謝四家の著述を各々族姓でもって配列しているが、これとはまた異なっている］〔一八〕、義類が乱れ、実に史書の記述と乖離している。思うに、経藝は各々軌を異にしているし、史子も互いに源を異にしているのに、それらを区別せずに、どうして参証に資することがあろうか。そこで、本書の編纂にあたっては、分類は偏に四部に従うことにした。子目の分合に至っては、古来、目録によって多くの異同があるが、ただ乾隆年間の『四庫全書総目』だけは区分が最も精細で、配列も妥当であるので、今ここに編纂する際に、謹んで基準とすることとした［原注：総目に分類するところの子目につき、その書が温州の著述にないものは、孫星衍『廉石居蔵書記』の例に倣って「某類無し」と標する］。

④目録における存佚の区別は唐・釈智昇『開元釈教録』を嚆矢とする。朱氏は旧来の規範に従いつつ四区分に増した。存、佚のほか、闕は、篇簡が俄に欠けて完本が存在しないものである。また、未見は、収蔵は絶えていないが入手の難しいものである。四者は明確に区別されており調査に大変

便利である。存、闕の区別は、目で見極めることによるので、間違える心配はないが、ただ、未見と佚については、著録の有無が証拠として十分であるとはいっても、時代が移り変われば（未見が佚になるやもしれず）、（古い目録の記述を鵜呑みにして）船に目印を刻むようなことになってはいけない。『経義考』の義例は、（根拠とした資料の範囲は）明代から国初に及ぶもので、たまたま未見のものに佚と注することはなかった。今や朱氏の時代から隔たること二百年、前代も遥か遠くなってしまった。優れて珍しい書籍の、杳として行方の知れなかったものがふたたび現れたり、昔は求めがたかったものが今通行している場合も絶対ないといえようか。しかし、隠秘の書が、失われてすでに久しく、伝播もほとんど絶えてしまっているのであれば、存疑としておく必要もないだろう。そこで、本書における未見の書は、その根拠とする蔵書目録を当代のものに限ることとし、明人が未見と記したものはすべて佚として扱うことにする〔原注：明代に刊本があるものは、国朝の諸目録に著録されておらずとも夾注には「未見」とする。また黄氏『千頃堂書目』に所収される明人の書は非常に広いが、多くは書名を載せているだけで必ずしも実際に所蔵されているとは限らない。そこで時代はそう離れていないが巻帙を詳しく載せていないものについては「佚」と注記することにする〕。さらに、目にすることができないが伝存の確実なもの、例えば『四庫全書』は天府に収められているし、釈・道の両家にもそれぞれ専蔵されているものがあり〔原注：釈書は雍正中蔵経観刊蔵彙記により、道書は明白雲霽道蔵目録詳注による〕、このような確かめる必要のないものは「存」とする。個別に確かめるとすれば、それこそ大学者ということになるだろう。

⑤ 亡佚した書籍も網羅し、異同がある場合には善本を審定しておけば、書物がすべて存しないとし

ても、書目によって実際を確かめることができる。唐代に編纂された五代の経籍志（『隋書』経籍志）は、亡書についてその旨を注記しているが、それはすべて梁代に存したものによっており〔原注：梁代に存したものとは阮孝緒『七録』に著録されたものである〕、朱氏の『経義考』が記す巻数は、多くは史書の藝文志・経籍志によっている。いずれも実事求是の好例である。本書は博捜とともに審訂に努め、すべて稀覯書で久しく伝本のないものが目録に見えている場合には、ことごとく行間に注することとした〔原注：書目になく他書によって著録したものは夾注にその出処を明らかにした。万暦温州府志、雍正浙江通志および近時の府県志に著録し、『明史』藝文志に見えるものは近志は注記せず、『通志』に見えているものは府県志は注記せず、繁雑になるのを避けた。書名、巻帙、校勘の異同もすべて同様である〕。どの目録に著録されているか明記することで、散佚した時代を考察する手がかりとなるであろう。現存する旧本については、詳しく記載し、広く引用し、関連文献を附す。例えば、経籍志や藝文志、史家の専志から、晁公武、陳振孫、鄭樵、馬端臨による諸目録、乾隆年間の『四庫全書』に至るまで、全書の綱要を提示することとする。また、晋江黄氏の『千頃堂書目』は、五代にわたる史書の闕文を補足している〔原注：『千頃堂書目』の原本が明史藝文志稿であったということは、朱彝尊『明詩綜』八八と盧文弨『抱経堂文集』七に見えている。その著録するところは官撰の『明史』よりさらに精博である。毎類の後に附された宋遼金元人の書は、四史の缺略を補うものである。近代のものではあるが実に目録家必携の書である〕。どれも、藝林への関鍵、文苑への橋梁である。すべて巻帙の異同については、広く流伝するもの、そうでないものがあるが、やはり調査の価値があるので省略するわけにはいかない。したがって今これらの書目に収められているものを目にした際にはすべて存亡にかかわらず、どれも詳しい注を附すこととする［原注：「宋志」にないものは倪燦補志を取る。元史には藝文志がないので銭大昕補志を取る。趙希弁「読書附志」はもともと晁公武『郡斎読書志』の後ろに附されていた。今、『郡斎読書志』とともに一律に録入した］。

⑥古書の流伝は深遠であって、抄写や改版が重なると、その名称は本ごとに乱れ、巻数も重版ごとに異なってしまう。もし、その源流が明らかにならなければ、書物を開いても何もわからないであろう。本書では、現存の書については、標題と巻数はことごとく旧本に従い、新刊の重刻本と篇第に違いのある場合は、本文の下に注を附し、その先後、優劣を明らかにした。佚書については、叙録が多岐にわたり、省略されたり、ほかのものと一緒にされたりして、考証は極めて困難である。本書では、古い目録によって、その初めにさかのぼり、多くの書籍を拠り所としながらその異同についても広く記した。書名は本来のものにさかのぼることを期し、巻数は必ず異同を網羅し、辯駁の文章も附して考証の助けとした。

⑦彭城の劉知幾（六六一～七一二）による『史通』が最初に（著作の対象範囲を）どのように区切るのかを論じたが[一九]、地方志における目録についても、当然そうでなくてはならない。また、世俗では人文を飾ることを重んじるため、屢々名目を借用するという手が使われた。これらはつまり、一つは寄居（他郷に身を寄せる）であり、もう一つは仮託（別人にことよせる）である。思うに、郡邑の人は、移住して常なしという状況である。父と子の間については、貫籍もひどく異なっている。収載の範囲に境界を設けなければ、一巻の中にも遠く南北に隔たった燕と越ほどの差が生じ、体例も蕪雑になって、信頼を置けなくなってしまう。本書に収める書籍は、こうした区別を特に厳密に図る。温

州から出ていった者の場合、父は録し、子は削る〔原注：例えば経部には葉味道『儀礼解』を録し、子部には葉釆『近思録注』は録さない〕。父は温州に生まれ、子は籍を異にするからである。外から温州に入ってきた者の場合、子は録し、父は缺く〔原注：例えば集部には徐璣『二薇亭詩』を録し、経部には徐定『春秋解』を録さない〕。子は土着し、父は寄寓の身だからである。偽作による新しい著述が、前哲の名に仮託された場合、解明は難しく、採録には慎重でなくてはならない。今、旧籍を引き写したものの中で、実際の作者の名がわかる場合は〔原注：例えば鄭景望『蒙斎筆談』は葉夢得『巌下放言』を引き写した偽作である〕、すべてその出処を探して、一切を削除することとする。旧籍からの盗用でない場合は、正直に、疑わしいものは疑わしいとした上で〔原注：例えば『周礼詳説』に王十朋と題しているようなもの〕、ひとまず収録しておき、後の参定をまつ。すべてこの類の、旧目は載せ本書で削っているものについては、さらに疏証を加え、別に「辨誤」を作った。〔二〇〕削除には根拠があり、勝手な憶測で取捨しているのではないことを了解されたい〔原注：郡県志に未載で他書に誤って温州の人物の著と題されているものも附してこれを辨ずることにする。後人が誤ってその記載によって補ってしまうことを恐れてのことである〕。

⑧　序跋の文章は、雅俗入り交じるものである。宋元の古籍は伝播が稀であるから虚妄の言でなければすべて掲載した。明代以降については掲載するものとしないものを区別した。ほぼ源流を総括しているものは考察、考訂に役立つし、主旨が壮大なものは目を通す価値がある。これら二種のものはいずれも取り上げることとする。蒙昧の徒が剽窃したものは雅馴さに欠けるし、書肆が売り込むために拵えた宣伝文句ばかりの場合は、目録だけを残して簡要となるよう心がけた〔原注：張金吾

『愛日精廬蔵書志』はよく見られる書物の序跋についてはすべてただ題目を記すのみであり、今、その例に倣った」〔二一〕。本編が存在せず序跋だけが残っている場合は、たとえ欠点があったとしても棄てることなく書き写した。また馬端臨と朱彝尊の両書は、およそ旧文を収録するのに典拠を詳らかにせず、削除改竄し、ほとんど原書と異なっている。校勘に取りかかろうとしても齟齬が増すばかりである。そこで本書では張氏金吾『愛日精廬蔵書志』の例によることとした。およそ旧編がつぶさに揃っている場合は、原文を書き写し、一字も削らず、年月、官吏の位階もまた原文のまま掲載する〔原注：序跋の文を他書から取り入れるのは朱彝尊『経義考』が文頭に某々の序跋と掲出するのによった。原書によって録するものは全文を載せるためその姓名も備わっているから冒頭にも某々の序跋と載せることはしない。これも張氏『愛日精廬蔵書志』によるものである〕。有名でも孤本や輯本の場合は末尾に載せあわせて巻篇を記し読者が出処を捜しやすく、確認、検討が容易になるようにした。考証を記した文章については原文を削りすぎると検討に困難を来たす。（諸資料の出処について）朱彝尊『経義考』は概して某曰と記し〔二二〕、甚だ粗略であるが、本書では書名のみを記して引用の際の憶解、捏造の戒めとする。文章を削ることはあっても字句を勝手に改めないのも独断を絶つためである〔原注：謝啓昆『小学考』にすでにこの例があるが、本書では書名の下に巻数にも触れるのが『小学考』との小さな違いである〕。

⑨ 禄利を求める風潮が盛んになれば経義はとりとめなくなり、社会の風紀が乱れれば小説（取るに足らない言説）が増える。藝文について編輯するにも、取捨選択には慎重でなくてはならない。黄虞稷の『千頃堂書目』は制挙（科挙対策）を総集類に収め、高儒の『百川書志』は伝奇を別史に収めているが、雑木を切らずにおいたと識者に嘲笑される結果となった〔二三〕。本書は、蒐集はつとめて広

範に、選択はとりわけ厳格にした。すべて制挙、伝奇の二類は、古書の流伝があっても、削除に従うこととし〔原注・例えば高明『琵琶記』、項喬『義則』、劉康祉『四書孤嶼草』の類は今はすべて収めない〕、野卑な言説や怪しげな話などが文史に紛れないようにした。譜牒（家系図）の類について、古志では収録するのが例となっている。隋唐以前は氏族を尊び、大変に流行したため、譜牒はことごとく官簿に載っていた。譜牒の学問が廃れ、個人の編にかかるものが繁雑化してから、譜牒は改変を重ね、入り乱れ、篇帙が日増しに増え、窮めつくせぬほどになった。そのため、『四庫全書総目』はこの目を立てず、韻によって姓を編んだものを類書に附随させたのであった。〔二四〕旧志には家牒をいくつか著録するものもあるが、本書では一切削ることとする。

⑩ 詔勅によって編纂された官撰書は、大勢の手に成るため、史志に記される撰人は、ある場合は主監のみであり、ある場合はただ経進（進呈）と題するのみである。〔二五〕理として特定の人物の撰と決められるものでもなく、これについての妙案も聞いたことがない。ましてや、本書の場合、温州の地に限定して目録を編み、境界にも限りがあるから、この種の官撰書については、「君子はその知らざる所は蓋闕如たり」（『論語』子路篇）ということばに従って一律に収録しないこととする。他国出身の官員や著名人には誠に（温州に関する）著述が多い。例えば鄭緝之『永嘉郡記』には系譜をまとめる優れた規範が開かれているし、韓子温『橘録』には永嘉の珍しい物産が集められている。〔二六〕両者は考証の拠り所となるし記事はどれも詳細である。しかし主客の間にも境界があるのは当然で、温州の旧志がいずれも両書を本郡の著述とともに並べているのはとりわけ体を成さない処理である。そこで本書では別に録して外篇一巻に収め、旧聞を調査する一助となるようにした。

⑪　両漢の経儒には、学問を家学とする一族に命ずるということがあり、劉向、班固の録するところには、師法（学術の伝承のあり方）がはっきりと現れている。〔二七〕朱彝尊『経義考』は、著者を掲出するにあたって、某「氏」何々と著者の名を氏字に続けて記している、これは朱彝尊が始めた方法であるが、その意図は劉向、班固と同様である。本書に収めるものは、経義研究の書だけに限らないが、ひそかに故郷を敬う思いをとって、著者掲出の仕方は、いずれも朱彝尊の方法によった。『経義考』は多くの書物を集め、朝代ごとに区切ってはいるが、明示していないため紛らわしくなってしまっている。今、各々識別を加え、閲覧の際、しっかり区別がつくようにした。同一の朝代で前後のある場合は、いずれも科第、生卒の年によっておおむね配した〔原注：『千頃堂書目』別集の一類は、すべて科第の先後によって著録されているが、郷解と解試とが複雑で手がかりがえられない。今すべて挙人の首席を先頭にした。基準によって画一的に扱えることを願ってのことである。雍正通志および万暦、乾隆の二府志は選挙の一門は科傍の先後にずいぶん違いがある。そこですべて万暦府志によることにする。諸貢や科第なきものはすべておおよその時代によって後に附す〕。（官途に就かなかった）義士、逸民については、鼎革に際して節義を守り俗世を離れた場合は、前の王朝にかけ〔原注：例えば宋の林景熙、元の朱希晦がそれである〕、謹んで『四庫全書総目』の体例に倣った。姓氏が久しく伝わらず、事実のはっきりしないものについては、各代の末尾に附し、今後の考証によって改めて正しい置き場所が定められるように備えた。

⑫　諸資料の配列は、馬端臨と朱彝尊とでそれぞれ異なっている。貴与（馬端臨の字）は旧録に心を尽くしたので、序跋は、晁公武『郡斎読書志』、陳振孫『直斎書録解題』の後に続けている。一方、

錫鬯（朱彝尊の字）は広く逸聞を集めたので、伝状を志目の前に置いている〔一八〕。ともにこの問題については未だ穏当なものとはなっておらず、本書では新たな方法を採ることにした。どの書物も、序跋を最初に置き、目録を次に、評議の文章はさらにその次に置いた。また遺事や叢談がある場合は、その一、二を収録した。もし地志にすでに詳しく記されていれば、さらに贅言を費やすことはしなかった〔原注：すべて通志、府志、県志に伝のあるものは、どれもさらに事績を詳述することも避けた〕。検証をより確かなものにし、誤りを訂正するために、自己の見解を隠すことなく末尾に記し、大雅の批正を請うこととした。

⑬ 同治己巳（一八六九年）の夏、原稿執筆を開始し、寒暑を二度経て、文章が粗々ながらできあがった。全三十三巻、外編二巻、辨誤一巻を附す。一千三百餘家を著録したが、実際に目にしたものは十のうち一にすぎない。徒に蒐集につとめたばかりで、述作の旨を窺うには至っていない。誤謬や脱漏は恐らく免れまいから、博学方聞の士をまって、理《おさ》め正してもらうこととする。

目録の前には、普通、序言一篇があり、経籍の効用を広汎に論じ、文運の源流を闡明にし、学術の異同、得失を辨別する。もし、目録に凡例が記されていない場合、全目の序において、目録の義例を紹介することが求められる。このことについては、第二章第四節「書目の序」においてすでに検討した。「温州経籍志序例」は全部で十三段あり、冒頭と末尾の二段落が序言にあたる。作者は冒頭と末尾の二つの段落で『温州経籍志』の性質とともに地方文献目録の発展過程をまとめ、あわせて『温州経籍志』編纂の目的と経緯および目録の概要について説明している。そのほかの各段落は編例である。

第二段落は体裁について、毎書、提要を記し、その提要は「遠くは馬端臨を、近くは朱彝尊を模範」とする輯録体を採用すると述べている。第三段落は、分類について、『四庫全書総目』を謹んで基準とすると述べている。第四段落では、著録の方法について、書毎にいずれも存・佚・闕・未見の別を注記すると述べている。第五段落では、各書を著録する際の依拠した資料を紹介している。第六段落では、また著録の方法を紹介し、毎書いずれも名称と篇巻に対して辨訂を加えると述べている。第七段落は、作者の収録範囲を紹介している。第八段落は、提要で資料を収録する上での原則を紹介している。第九段落と第十段落は、著録する書籍の範囲を紹介している。第十一段落は、各書籍の配列方法を紹介している。第十二段落は、各提要内の配列次第を紹介している。孫詒譲は編例を明確に紹介しているばかりでなく、また理論上においても、詳細な検討を進めている。小説・伝奇・譜牒を収めないのは検討すべきであるが、この点を除けば総じて『温州経籍志』は目録の序例において模範と称するに堪えるものである。

以上にあげた例から、よい目録の序例というものは、目録の編成目的、経過および概要を紹介するほか、目録の収録範囲、著録項目、配列の方法についても説明すべきであることがわかるであろう。

分量の比較的多い目録においては、どのような方法で書目を配列しようとも、読者の、様々な角度から目録を検索したいという要求を満足させることはできない。というのも、どのような配列方式にも一定の限界があり、ただ目録の配列方式だけに頼っていては、読者の検索に対する多様な需要を完全に満足させることは不可能であるからだ。そのため、それぞれふさわしい補助的な索引を編んで、読者の便宜を図ることが切実に求められる。早くも十八世紀に、章学誠は索引に対する理論に対し検討を進めている。章学誠は次のように述べる。

ひそかに考えるに、典籍は広範で、見聞には限りがある。博雅の者ですら、あらゆるものを窮め尽くして遺漏がないということはできないのだから、それ以下の者はなおさらのことである。思うに校讎にあたっては、まず、四庫の蔵書、宮中、個人の典籍をことごとく集めて、その中に見えている一切の人名、地名、官職、書名を抜き出して、記録すべき名称、参照すべき数字があれば、『佩文韻府』の例に倣って、韻目に従って編成し、それぞれの韻目の下に、原書の出処及び篇第の先後を注記しておく。一、二度見えるものから何度も繰り返し見えるものまで、みな詳記しておき、館中に蔵して、群書の総類とするのである。校書の段になって、疑問の生じた場合、名称によって、その韻目を求め、韻目によって原書を検索し、相互に参照すれば、著しい成果を上げられるだろう。こうすれば、淵博の学者がその生涯と能力を尽くしても窮めつくせぬほどの仕事も並みの校正掛がわずか数席に収まって行えばすんでしまうのである。これぞ校讎の良法といえぬだろうか。

(『校讎通義』巻一「校讎条理」)

この段は初めて索引の項目選択・配列方法、その特徴と機能に言及したものである。

現在知られるものとして、目録のために最も早くに編まれた索引は、清の范志熙が同治十(一八七一)年に編んだ『四庫全書総目韻編』を挙げるべきであろう。国立北平図書館に藕香簃抄本がある。同類の書にはまた陳乃乾が編んだ『四庫全書総目索引』があり、これは上海大東書局から一九二六年に出版されている。ほかには、また燕京大学引得編纂処が一九三二年に編印した『四庫全書総目及未

種数	略語	原名	著者	版本
1	漢	漢書藝文志	班固	八史経籍志本
2	後	後漢藝文志	姚振宗	適園叢書本
3	三	三国藝文志	姚振宗	同右
4	晋	補晋書藝文志	文廷式	長沙鉛印本
5	隋	隋書経籍志	長孫無忌等	八史経籍志本
6	旧唐	旧唐書経籍志	劉昫等	同右
7	唐	唐書藝文志	欧陽脩	広雅叢書本
8	五	補五代史藝文志	顧櫰三	八史経籍志本
9	宋	宋史藝文志	托克托等	同右
10	宋補	宋史藝文志補	盧文弨	同右
11	遼	補遼金元藝文志	盧文弨	同右
12	金	補三史藝文志	金門詔	同右
13	元	補元史藝文志	銭大昕	同右
14	明	明史藝文志	張廷玉等	同右
15	禁	禁書総目		抱経堂印本
16	全	全燬書目		同右
17	抽	抽燬書目		同右
18	違	違礙書目		同右
19	目	徴訪明季遺書目	劉世瑗	鉛印本
20	清	清史稿藝文志	朱師轍	清史稿単行本

収書目引得』がある。中華書局一九六五年版の『四庫全書総目』には書名及著者姓名索引が附いており、分類・書名・作者といった方面から検索できる。索引の前には四角号碼検字法と索引字頭筆画検字があり使いやすい。建国後は、古典文学出版社などが出版した一連の古籍目録にはいずれも索引が編まれている。例えば「宝文堂書目索引」、「虞山銭遵王書目匯編書名著者名総合索引」などである。

多くの目録を集めて総合索引を編成したものとしては、燕京大学引得編纂処が一九三三年に編印した『藝文志二十種綜合引得』がある。その「藝文志二十種原名及略語対照表」を載せよう。

上記二十種の図書目録のうち、書名と作者はいずれも逐一項目立てられ、中国字庋擷〔二九〕法を用いて混合配列されている。ただ書名あるいは作者がわかれば、いずれも出処を探し出すことができる。引得の前には「筆画検字」と「拼音検字」とがあって、これらは、中国字庋擷法の使い方を知らない読者に便宜を提供するものである。この索引は歴代の図書著述の情況を調査するのに非常に有益である。

叢書目録と叢書子目のために編纂された索引において突出しているものとしては、浙江省図書館金歩瀛編『叢書子目索引』、金陵大学図書館曹祖彬編『叢書子目備検著者之部』、清華大学図書館施廷鏞編『叢書子目書名索引』がある。後者は、清華大学図書館所蔵の叢書千二百七十五種、子目四万餘りを収める。書名は、筆画順に配列し、書名の下には、巻数、時代、著者、所収される叢書、冊次を注記している。朱自清の序文は次のように指摘している。「索引は検索のしやすさに主眼を置くもので、本書の編者施鳳笙（廷鏞）先生はこの方面に最も力を注いでいる。『筆画検字表』以外にも『部首検字表』も編み、また、相互参照の例も定めている」。よく知られる非常に便利なものとしては上海図書館の編んだ『中国叢書綜録』第三冊の「子目書名索引」と「子目著者索引」とを挙げなくてはならない。索引は「四角号碼検字法」によって配列されている。索引の前には「四角号碼検字法」「索引字頭筆画検字」および「索引字頭拼音検字」があり、極めて便利である。

これ以外にも特に価値ある一冊として、王重民撰『中国善本書提要』に附されている「書名索引」、「撰校刊刻人名索引」、「刻工人名索引」、「刻書鋪号索引」がある。これらは、一般の目録の索引において確立されていた項目の範囲を拡大し、さらに版本目録の特徴を反映させたもので、『中国善本書提要』を存分に利用して版本の鑑定やその他の科学研究を進めることに対し、極めて効果を発揮するものである。比較的分量の多い目録に対して索引を作ることが、検索の効率を高め、科学研究に捷径を提供することは、全く疑いのないことである。このことは、目録を編纂する際、おろそかにできないことの一つなのである。

原注

（1）『四部叢刊』影印『古逸叢書』本『荀子』二十巻。以下、引用する序文で、各書の巻首に見えるものについては、いずれも注で示さない。

訳注

〔一〕『西学書目表』は、光緒二十二（一八九六）年に梁自ら主筆を務める『時務報』第八冊上に「変法通義」を連載するかたわら、まずは「序例」が発表され、同年、「序例」に加え、別に「読西学書法」を附した『表』が時務報館より刊行された。それが変法自強を実現していくための実用と密接に結びついていたことは、四部分類のような伝統的な分類法によらずに、学類、政類、雑類の三分類という独自の分類法にもとづいて訳書を整理、提示していることにも窺える。『東籍月旦』は、光緒戊戌の所謂百日維新の挫折を経て、日本に亡命中の一九〇二年に『新民叢報』第九号、十一号に発表された（但し未完）。漢訳の有無に限らず、日本人の著作、また欧米の著作の和訳書を対象とし、倫理学と歴史の大類に分け、また歴史にはさらに世界史、東洋史、日本史の下位分類を設けて和書七十二種百六十七冊を収録し、各書籍に比較的詳細な解説を附している。梁に先立って日本で刊行された書籍を対象とした目録に、師の康有為の『日本書目志』（上海大同訳書局、一八九七）があり、その序文に、「吾今取之至近之日本、察其変法之条理先後、則吾之治效、可三年而成。……泰西諸学之書、其精者日人已略訳之矣。吾因其成功而用之、是吾以泰西為牛、日本為農夫、而吾坐而食之、費不千万金、而要書畢集矣。」と述べるように、これらの目録が自ら推進する変法自強を実現すべく、日本の明治維新の成功を学び、また和書を通じてより簡便迅速に欧米の学術を摂取しようとする意図によって編纂されたものであったことがわかる。

〔二〕 董康『曲海総目提要』は、いずれも撰者不詳の『伝奇彙考』と『楽府考略』にもとづいて編纂され、元代より清の乾隆年間までに著された七百種程度の戯曲を創作年代順に収めている。一九二八年に上海の大東書局より鉛印本として刊行され、後に、書目に雑劇、伝記の別を示し、索引を附すなどした校訂本が人民文学出版社より出版された。

〔三〕『中国古代音楽書目』は一八四〇年以前の音楽に関する書籍を、大きく「存見部分」「待訪部分」「散佚部分」の三種にわけ、一千四百種ほどの書目を載せる。存見部分、（一）理論・歴史1楽論には、音楽の専論ではない、『尚書注疏』、河上公注『老子』といった経典や諸子も含まれている。

〔四〕『崇文総目』は毎類の「叙」（各類の序）や「釈」（各書の解題）を除いた節略本が行われて原本は散佚してしまった。今、銭東垣らの輯佚した五巻本から「釈」を一例挙げれば、巻三儒家類の『説苑』五巻について「漢劉向撰。向成帝時典秘書、採伝記百家之言、掇其正辞美義、可為勧戒者、以類相従為説苑二十篇。今存者五巻。」（見『文献通考』、『南豊文集』『書録解題』並引末句）とある。

〔五〕「西学書目表序例」には、十三条の項目が記されているが、ここで引用されているのは、「目録家皆…」が第九条、「表下識語…」が第十条にあたる。「表後附札記…」は、序例の末尾のまとめのことばであり、本書の引用にはいずれも省略が施されている。

〔六〕 劉歆「移書譲太常博士書」に、「与其過而廃也、毋寧過而存之。」とあるのにもとづく。

〔七〕 劉向が光禄大夫となって校書をはじめたのは、河平三（前二六）年八月であった（『漢書』成帝紀）。劉歆もこの時期、劉向と共に校書をはじめている（『漢書』劉歆伝）。哀帝の建平元（前六）年に劉向が七十二歳で死んだ後（『漢書』劉向伝）、劉歆は図書を掌る中塁校尉となり、劉向の後を継ぎ『七略』を完成させている（『漢書』劉歆伝）。なお、『旧唐書』経籍志の総序にも「昔馬談作史記、班彪作漢書、皆両葉而僅成、劉歆作七略、王倹作七志、踰二紀而方就。」といい、『七略』が成書するまでに「二紀」の歳月を要したと述べている。

〔八〕 阿英『晩清戯曲小説目』は「晩清戯曲録」と「晩清小説目」からなり、前者は晩清から民国初にかけて刊行された戯曲を伝奇、雑劇、地方劇、話劇に分類して収録し、後者は、光緒年間より辛亥革命に到るまでに刊行、発表された小説を創作と翻訳に分類して収録している。

〔九〕 「庚申整書略例」は、「澹生堂蔵書約」「庚申整書小記」とともに『澹生堂書目』（光緒十八年徐氏鋳学斎彫本）に載り、因、益、通、互の四つの概念を用いながら、従来の図書分類法を踏まえつつ、自らの分類に対する認識、方法を説明する。因と益について補えば、「因」とは、従来の四部分類法の因襲に従うことであり、「益」とは、「因」によって四部分類の大枠を守りつつ、下位分類としての類ないし目を新たに増益することで、時とともに多様化する書物の実際に対応するものである。例えば、子部中に叢書類を設けて叢書を従来に比較してより合理的に収録できるようになったのは祁氏の創見によるものである。祁氏の分類理論において、因と益とは相互に補い合う関係にあり、両者を通じて祁氏の所謂「部有類、類有目、若糸之引緒、若綱之就綱、井然有条、雑而不紊。」、「簡而尽、約而且詳、循序倣目、簡閲収蔵、莫此為善。」なる図書目録が実現することになる。

〔一〇〕 欧陽脩『易童子問』、王安石『卦名解』はともに『澹生堂書目』経部易類の拈解目に、曾鞏『洪範伝』は経部書類の伝説目に著録されている。あわせてもともと別集に収録されている旨を注記し、例えば『易童子問』については、「欧陽脩集本」と注して別集に由来するテキストであることを明示している。

〔一一〕 王世貞『名卿蹟記』、馮時可『宝善編』はいずれも『澹生堂書目』史部国朝史類の人物目に著録され、例えば『宝善編』には「即集中名公務小伝」と注記して別集にも収録されることを明示している。なお、二人の別集は、集部別集類の国朝分省諸公詩文集の目に収録されており、馮時可の別集『馮元成全集六十冊』には、全八十三巻の中に、「宝善編二巻」が含まれていることを示す注記もある。

〔一二〕『皇明詔制』は、洪武帝から嘉靖帝の十八年までに発布された詔を収めた明朝の詔勅集であるが、『澹生堂書目』では史部国朝史類と集部詔制類のいずれにも著録されている。

〔一三〕『漢書』藝文志・六藝略・礼に「記百三十一篇。七十子後学者所記也。」とある。また、六藝略・論語には「孔子三朝七篇」とあり、その顔師古注に「今大戴礼有其一篇、蓋孔子対魯哀公語也。三朝見公、故曰三朝。」とある。記百三十一篇と孔子三朝七篇の関係については、『隋書』経籍志・経部・礼類の序に「漢初、河間献王又得仲尼弟子及後学者所記一百三十一篇献之。時亦無伝之者。至劉向考校経籍、検得一百三十篇、向因第而叙之。而又得明堂陰陽記三十三篇、孔子三朝記七篇、王史氏記二十一篇、楽記二十三篇。凡五種、合二百十四篇。戴徳刪其煩重、合而記之、為八十五篇、謂之大戴記。」とある。また、『史記』索隠（五帝本紀）所引『別録』には、「孔子見魯哀公問政、比三朝、退而為此記、故曰三朝凡七篇。並入大戴記。」とある。

〔一四〕『隋書』経籍志では、『孔叢子』は『孔叢』七巻として経部・論語類に著録され、『小爾雅』一巻は、同じ論語類に、爾雅などの小学書とともに附載されている。また、『文献通考』経籍では、『大戴礼』十三巻は経・礼に、『夏小正』は『夏小正伝』四巻として史・時令に著録される。

〔一五〕劉国鈞「中文図書編目条例草案」（『図書館学季刊』第三巻第四期、民国十八年）の「十　別出」には、別裁について、次のように定めている。

1・凡叢書内之各書、附刻、合刻、合訂之書、及一書内之特別重要篇章、或附録等、均応裁篇別出、另著於目。

2・記載別出之卡片称分析片。

3・分析片除載明別出之著者書名巻数等外、必須載明原書著書及書名、並本書所在之巻冊、遇必要時、並得詳載原書版本等事項。

また、「十一　互見」では、互著について、次のように定めている。

図書之性質複雑者、僅列一目、必不便査検。於是必重見或乃三見四見於他目之下、是為互見。在字典式目録中、一書本已互見於書名、著者、及主題之下。但此外仍有必須互見之処、即在単純之著者目録及分類目録中、亦不能免也。

1・凡一書性質複雑、僅列一目、不便検査者、則宜互見他目之下。

2・記載互見欵目之卡片、称副卡片。副卡片之記載得較主要卡片為略。副卡片之所以較略者、為節省工作之時間計耳、若在用者一方面著想、仍応以詳為宜。故財力人力並充裕之図書館、仍宜詳載一切。

3・凡有下列各情景之一者、得有互見法。

(一)一書有二著者時、応互見於第二著者姓名之下。

(二)注釈之書、応互見於原著者及注釈姓名之下。

(三)翻訳之書如以原著者為撰人時、応互見於訳者姓名之下。

(四)個人著作而以機関名義発行者、応互見於機関名称之下。(以上著者目録適用)

(五)一書之性質可以帰入両類時、応互見於各類之下。(分類目録適用)

(六)一書包括数種主題者、応一一互見各主題之下。(主題目録適用)

〔一六〕原書では「温州経籍志序例」に附されている原注が省略されているが本訳注ではあわせて訳出することとした。また、便宜上段落番号を附した。

〔一七〕『会稽志』(『宋元方志叢刊』第七冊、中華書局、一九九〇年、影印版)は、施宿らが編んだ二十巻に及ぶ地方志である。その巻頭には陸游「会稽志序」があり、本書の成立の過程がわかる。巻一六に「求遺書」が立てられているが、「遺書（滅びなかった書物）」を求める詔が発せられたことなどが記されているだけで、目録に該当するものは見られず、孫詒譲のこの記述は何によるものかは不明である。

〔一八〕『剡録』巻五に「書」という項目があり、これが目録にあたる。戴阮王謝四家のほか、「孫綽集十五巻」、「支遁集八巻」なども見える。孫詒譲の指摘の通り、例えば王羲之についていえば、「王羲之集九巻」のあとに「王羲之別伝一巻」が記されており、書目の配列には規則がないようである。

〔一九〕『史通』巻四「断限篇」に、「夫書之立約、其来尚矣。如尼父之定『虞書』也、以舜為始、而云『粤若稽古帝尭』。丘明之伝魯史也、以隠為先、而云『恵公元妃孟子』。此皆正其疆裏、開其首端。」と述べ、『尚書』、『左伝』を例にして、史書は記述の対象とする時代を明確にするべきだと論じている。

〔二〇〕『温州経籍志』巻三六に「辨誤」があり、経史子集の四部からなる。経部には二十五条、史部には二十七条、子部には二十一条、集部には十六条引かれ、合計八十九の書物が取り上げられている。例えば、陳傅良『高士送終礼』（経部第十三条）には「『続文献通考』一百七十六。『通志』府・県志幷未収」と記した上で「案『高士送終礼』、蔡氏『止齋行状』及史志書目幷未見書名、亦疑有奪誤。『続考』経籍一門、違舛甚夥。此条尤不可信、今不拠補入。」と記している。

〔二一〕『愛日精廬蔵書志』巻頭の「例言」には「世鮮伝本者、其習見之書、概不登載」とある。実際題目だけを記すものとしては、例えば『周易九巻略例』、『易学辨惑』（いずれも巻一）など多くある。

〔二二〕『経義考』の資料の示し方は、例えば、巻二の『連山』に、「杜子春曰連山伏羲」とだけ記されており、これが孔穎達「周易正義序」からの引用であることは明記されていない。一方、『温州経籍志』では、例えば鮑極『周易重注』（巻一）について、「十巻。托克托『宋史』藝文志一、朱睦㮮『授経図』易、四、朱彝尊『経義考』十八。萬暦『温州府志』十七作九巻。佚。『経義考』十八」と記すのみで文章そのものは引用されていない。

〔一二三〕　原文には「総集類に収め」とあるが、実際、『千頃堂書目』は、集部に独立して「制挙類」を設けており、その理由を「自宋熙寧用荊舒（王安石）之制、以経義試士。……惟明遵行不廃、遂為一代之制。……縁『通考』録「擢犀」「擢象」之類、載程式之文二三種、以一代之制。」と記している。これに対する非難は、例えば『四庫提要』に「惟制挙一門可以不立。明以八比取士、工是技者、隷首不能窮其数。即一日之中、伸紙搦管而作者、不知其幾億万篇、其不久而化為故紙敗燼者、又不知其幾億万篇。其生其滅、如煙雲之変現、泡沫之聚散。」と見える。一方、『百川書志』にも原文にいう「別史」は立てられておらず、「伝記」に『南部煙霞録』や『楊太真外伝』など、「外史」に『甄月娥春風慶朔堂伝奇』など、伝奇を多数著録する。これに対して、例えば、周中孚は「以道学編入経志、以伝奇為外史……亦太叢雑不倫矣。」（『鄭堂読書記』巻三二）と批判している。

〔一二四〕　『四庫全書総目』史部の「総序」に「旧有譜牒一門、然自唐以後、譜学殆絶。玉牒既不頒於外、家乗亦不上於官、徒存虚目、故従删焉。」と述べながら、子部・類書類に宋・章定『名賢氏族言行類稾六十巻』や、明・凌迪知『万姓統譜一百四十六巻附氏族博攷十四巻』が著録されている。二書はいずれも韻に従って姓氏を分類し、解説した類書であり、目録である。

〔一二五〕　例えば、官撰によって複数の手で史書を編纂するようになったのは、「旧本周書目録序」に「唐令孤徳棻請撰次、而詔徳棻与陳叔達・庾倹成之」とあるように、初唐に編まれた『周書』に始まる。この書は『旧唐書』経籍志と『新唐書』藝文志にそれぞれ載るが、いずれも撰者を令孤徳棻とだけ記し、陳・庾の名を挙げない。

〔一二六〕　永嘉は温州の雅称。鄭緝之『永嘉郡記』と韓子温『橘録』は、それぞれ『温州経籍志』巻三四の外編上、巻三五の外編下に見える。『永嘉郡記』は、劉宋の編で、作者の鄭緝之については、『隋書』経籍志・

史部・雑伝に「孝子伝十巻」の著者として「宋員外郎鄭緝之」と見えるのみである。この書について孫詒讓は「時則距太寧郡府之開、未盈百祀。紬永初山川之記、奄綷廿州。鄭君以淡雅之才、斐然有作、吾郷図牒、斯其権輿。」と記す。なお、孫詒讓は『永嘉郡記一巻』の輯本を編んでいる。また、『橘録』は、上中下三巻からなる柑橘類についての専書（『百川学海』所収）。『直斎書録解題』巻一〇によれば、作者は韓彦直、子温はその字。延安（今の陝西省）の人で、その「橘録序文」に「予北人、平生恨不得見橘著花。」とある。孫詒讓は、該書について「紀述最為詳備」と述べ、あわせて「自序謂欲附欧陽文忠『牡丹記』、蔡忠恵『茘枝譜』之後、殆無愧也。」というように、柑橘類についてまとめた初の重要な書物であることを強調している。

〔二七〕　劉向『別録』では、例えば『尚書』について「千乗人欧陽伯和伝其学。而済南張生伝尚書、授夏侯始昌、始昌伝族子勝、勝伝従兄子建、建又事欧陽氏、頗与勝異。」とし、夏侯一族で伝授されてきたことが記される。また『漢書』藝文志には、例えば『論語』について「伝斉論者、昌邑中尉王吉、少府宋畸……唯王陽（王吉）名家」とあり、書物を列挙した部分には「魯王駿説二十篇」とある。顔師古注によれば、王駿は王吉の子であるから、魯詩は王氏の家学であったことがわかる。

〔二八〕　馬端臨『文献通考』経籍考の旧録重視は、序文に「蓋自紹興至嘉定、承平百載、遺書十出八九、著書立言之士又益衆、往往多充秘府。紹定辛卯火災、書多闕。今捜書目（『崇文総目』を指す）・続書目、及捜訪所得嘉定以前書、詮校而志之。」とあるのに表れていよう。なお、経籍考巻三所収の「伊川易伝十巻」については、程子の序、遺書などに続いて晁公武と陳振孫が引用されており、必ずしも孫詒讓の言う通りにはなっていない。『経義考』が広く旧聞を集めようとした意図は、巻三〇〇の自序を缺くため朱彝尊自身のことばとしては語られてはいないが、本書第六章第一節に引く『四庫全書総目』と『周易参同契』の例からその一端が窺える。

〔二一九〕　燕京大学引得編纂処が考案した検字方法。漢字の形体によって漢字に番号をふったもの。

訳者あとがき

私が筑波大学に在職中のことであるからもうかなり以前の話になるが、東京神田の山本書店でたまたま程千帆、徐有富両氏の『校讎広義』目録編を見つけ、購入して帰って一読してみたところ、私自身大いに学ぶところがあったし、これは学生諸君にぜひとも読んでもらいたい書物であると思った。そこで早速に大学院の授業でこの書の講読を行うことにした。実際に授業で読んだのは、二年間をかけて、全八章中の六章程度であったと記憶する。

現在文教大学准教授の樋口泰裕君、北海道教育大学准教授の大橋賢一君、文教大学准教授の渡邉大君が当時筑波大学大学院に在籍していて、この授業に参加してくれていた。三君は私の予期せぬことに授業で扱った六章分のみならず、残りの二章も含めて翻訳の作業を続けてくれた。それは各章ごとの八回に分けて二〇〇九年三月から二〇一二年九月にかけて『文教大学文学部紀要』二二—一～二六—一に掲載された。本書はこの『文教大学文学部紀要』を基にし、大幅に加筆修正を加えてなったものである。原書には多数の文献が引用されていて、かなり難解なものも少なくなかった。私たちの翻訳には誤解のあることが危惧される。読者のかたがたのご叱正をお願いしたいと思う。

また研文出版社長山本實氏にはこの出版を快く引き受けていただいた。山本氏は私にとって旧知の方ではあるが、無理なお願いを聞き入れていただいたこと、まことに感謝の念に堪えない。厚く御礼申し上げる次第である。

二〇一六年七月

向嶋成美記

目録学要籍解題

本書に取り上げられる目録書を中心に、主要なものを国家蔵書目録、史志、私人蔵書目録、地方文献目録、学科目録、特種目録、校讎学に分けて選録し、解題を加えた。私人蔵書目録には若干の題跋集が含まれ、また、特種目録では主に版本目録、禁書目録を選録した。

国家蔵書目録

『別録』 劉向（前七七〜前六）、字は子政の撰。二十巻。佚。前漢成帝の頃、捜書事業が行われ、光禄大夫であった劉向が蔵書を整理、校訂した際に撰した解題集。一書を校訂し終えるごとに、新たに定めた篇目、校訂に用いた諸本、校訂作業の内容、撰者の事蹟、書物の要旨などを書録として著し、子の劉歆がまとめた。『戦国策』『晏子』『荀子』『管子』などの書録がいまに伝わる。

『七略』 劉歆（?〜二三）、字は子駿の撰。七巻。父の劉向が撰述した『別録』をまとめた図書目録。書物自体はすでに散佚したが、『漢書』藝文志が襲用し、およそもとのかたちを知ることができる。六部三十八類に分類して、六百三家、一万三千二百一十九巻の図書を著録する。六藝略は経書類、諸子略は諸子の書、詩賦略はいわゆる文学書を著録し、以上の三略はもと劉向によって整理され、兵書略は任宏が整理した軍事書、数術略は尹咸が整理した占卜書、方技略は李柱国が整理した医薬書をそれぞれ著録する。輯略は六略の主旨をあつめたものとして、目録全体や各略の序にあたるものであったと考えられており、「漢志」では六略それぞれに附される序文として分載されたという見方がある一方で、すでに佚したものと考える向きもある。

『中経簿』 鄭黙（二一三～二八〇）、字は思元の撰。後漢末の混乱によって散佚した書物を捜集し、秘書省、中閣、外閣の三所に収蔵されていた図書を整理し、著録した。すでに散佚し、内容は伝わらないが、晋の荀勗が本書に基づきながら『中経新簿』を編纂したことから、四部分類を採用していたと考えられ、そうであれば、中国目録学史上、はじめて四部分類を採用した目録になる。

『中経新簿』 荀勗（?～二八九）、字は公曾の撰。「晋中経簿」とも称す。十四巻。佚。武帝の頃、宮中に収蔵される図書を整理して四部に分類し、甲部には経書及び小学書、乙部には諸子及び兵書、術数書、丙部には史書、丁部には詩賦及び汲冢書など、全二万九千九百四十五巻の書を著録したという。現存する記録によ る限り、四部分類を採用したものとして最古の目録である。

『元帝四部書目』 李充、字は弘度の撰。佚。西晋末の混乱によって散佚し、東晋の初めに捜集された書物を、東晋元帝の頃に荀勗『中経新簿』によりながら整理し、著録した。阮孝緒「七録序」中の「古今書最」によれば、四部三百五帙、三千一十四巻の書籍を著録する。その分類について、「五経為甲部、史記為乙部、諸子為丙部、詩賦為丁部」（『文選』李善注所引臧栄緒『晋書』）といい、荀勗の目録と比べて、子部と史部の順序が逆になっているのが注目される。

『元嘉八年秘閣四部目録』 劉宋文帝の元嘉八（四三一）年、謝霊運の撰。佚。秘閣に収蔵された書物を整理し、著録した書物は阮孝緒「七録序」中の「古今書最」によれば「一千五百六十有四帙、一万四千五百八十二巻」と見えるが、「隋志」総序はまた「六万四千五百八十二巻」と記している。倉石『目録学』は、『元徽元年四部書目録』の著録図書の数が「二千二十帙、一万五千七十四巻」であることから、「古今書最」の記述が正しいと指摘している。

『元徽元年四部書目録』　王倹（四五二～四八九）、字は仲宝の撰。李充『元帝四部書目』によりながら宮中の蔵書を著録した。劉宋の後廃帝の元徽元（四七三）年に成書。佚。四巻。阮孝緒「七録序」中の「古今書最」によれば、著録した書物は二千二十帙、一万五千七十四巻あったという。『南斉書』王倹伝に「上表求校墳籍、依七略撰七志四十巻、上表献之、表辞甚典。又撰定元徽四部書目。」とある。『七志』を参照。

『永明元年四部目録』　南斉武帝の永明元（四八三）年に秘閣に蔵された図書を整理して成った。佚。「古今書最」によれば、二千三百三十二帙、一万八千一十巻の書物を著録していたと伝えられ、また、「隋志」総序に、「斉永明中、秘丞王亮、監謝朏、又造四部書目、大凡一万八千一十巻」とあり、同一の目録を指すのであれば、撰者は王亮（？～五一〇）、字は奉叔、謝朏（四四一～五〇六）、字は敬沖ということになる。

『文徳殿四部目録』　劉孝標（四六二～五二一）、名は峻の撰。佚。梁武帝の命を奉じて任昉（四六〇～五〇八）、字は彦昇が南斉末の兵火によって散逸した書籍を捜集、整理を加えて編纂された四部目録を修訂して成った。天監四（五〇五）年成書。「古今書最」には、祖暅が数術類の書物をまとめて編んだ目録一部を加え、「梁天監四年文徳正御四部及術数書目録、合二千九百六十八帙、二万三千一百六巻」として載る。

『開皇四年四部目録』　牛弘（五四五～六一〇）、字は里仁の撰。佚。四巻。牛弘はもと北周の人で、隋に仕えて秘書監となり、開皇三（五八三）年、「上表請開献書之路」文を奉じ、南北朝末の混乱により散逸した書物の捜集に尽力した。なお、「隋志」史部簿録類には「開皇八年四部目録四巻」も見える。

『群書四部録』　元行沖（六五三～七二九）、名は澹が監督し、宮中に蔵される古今の書物を整理し、唐玄宗の開元九（七二一）年に成書して献上された。二百巻。佚。『唐会要』によれば、図書二千六百五十五部、四万八千一百六十九巻を著録し、経部は殷践猷、王恢、史部は韋述、余欽、子部は毋煚、劉彦直、集部は王湾、劉仲が整理し、序例を韋述が撰した。巻数から、分類毎の序や書毎の解題が附されていたと考えられる。

『古今書録』 毋煚（?～七二二）による撰。煚自ら編纂に参与した『群書四部録』を删訂して成った。四十巻。旧目の過誤を正し、新たに六千餘巻を加えたという。「旧唐志」が本目録を襲用するが、総序及び目録のみを載せ、もと附されていたと考えられる各類の序文や書毎の解題などは削られた。毋煚の総序によれば、四部四十五類に分けて三千六十部、五万一千八百五十二巻を著録したと述べる。

『崇文総目』 王堯臣（一〇〇三～一〇五八）、字は伯庸、欧陽脩（一〇〇七～一〇七二）、字は永叔らによる奉勅撰。北宋仁宗の命を奉じ、慶暦元（一〇四一）年成書。昭文館、史館、集賢院、秘閣の四館に蔵せられた図書を、唐『開元四部録』の体裁に倣い整理した。四部四十五類に分類して三千四百四十五部、三万六百六十九巻を著録する。もと序文や解題が附されていたが、南宋期以降、解題などを取り去った節略本が流布し、完本は散佚した。清代に至り、四庫館員によって、『永楽大典』より輯佚され、十二巻本にまとめられた。別に清の銭東垣らが輯佚した五巻本もあり、通行している。

『中興館閣書目』 陳騤（一一二八～一二〇三）、字は叔進の撰。全七十巻、序例一巻。佚。宋王朝が都を臨安に移した中興以来、宮中の館閣に捜集された蔵書を『崇文総目』によりながら整理を加え、四万四千四百八十六巻を四部五十二類に分類して著録した。淳熙五（一一七八）年成書。その後、成書以降に収蔵された書物に対し寧宗の嘉定一二（一二一九）年に秘書丞の張攀によって『中興館閣続書目』三十巻が編まれ、八百四十五部、一万四千九百四十三巻が新たに著録された。

『文淵閣書目』 楊士奇（一三六五～一四四四）、名は寓らによる撰。明の英宗の正統六（一四四一）年、永楽帝時の遷都により、蔵書を南京城から北京の文淵閣に移管する際に、登記するための帳簿として編纂された。体系的分類はおよそ窺えないが、冒頭に御製の作を収める国朝類を設けたり、「性理」や「経済」といった従来の目録にはない新たな分類を掲げたことは、明代における目録の編纂に大きな影響をもたらした。二十巻。書名、冊数、存佚状況を記す。

『内閣蔵書目録』 孫能伝、字は一之、張萱、字は孟奇による撰。『文淵閣書目』によりながら新たに蔵された書物を加え、明の万暦三三（一六〇五）年成書。八巻。書名、冊数、存佚状況に加え、撰者とその官職を記し、間々書物の解題を載せるなど、『文淵閣書目』よりも著録事項が増えている。『文淵閣書目』と本書を通じ、明一代の蔵書状況を概観できる。

『四庫全書総目』 清の紀昀（一七二四〜一八〇五）、字は暁嵐らによる奉勅撰。「四庫全書総目提要」とも称し、また「四庫総目」「四庫提要」とも略称する。乾隆四七（一七八二）年成書。二百巻。四庫全書に収められた著録図書三千四百一種と書物は収めず書目だけを留めたいわゆる存目図書六千七百九十三部の解題集。四部四十四類に分類し、四十四の小類は更に六十五の子目に分かれ、四部及び小類にそれぞれ序を置き、学術の沿革や特色を述べる。書目として書名、巻数を録し、下に依拠したテキストを注し、解題では撰者の事蹟、書物の内容をまとめ、また批評を加え、すこぶる参考価値が高い。紫禁城武英殿で刊刻された殿本、浙江杭州で刊刻された浙本、二本に遅れて広東で浙本を翻刻した粤本の三系統のテキストがあり、浙本が優れているとする向きもあるが、殿本が最も流布している。

『四庫全書簡明目録』 于敏中（一七一四〜一七七九）、字は叔子らによる奉勅撰。二十巻。四庫全書に収録される図書三千四百七十種について、書名、巻数、撰者及び概要を記す。乾隆三八（一七七四）年成書。四庫全書完成に先立って成ったため、四庫全書の内容変更に伴い、四庫全書、『四庫全書総目』と収録図書や評価に出入がある。邵懿辰が更に版本を注し、案語を附した『四庫簡明目録標注』がある。

『天禄琳瑯書目』 于敏中らによる奉勅撰。十巻。清宮で善本を収蔵した昭仁殿の蔵書目録。乾隆四〇（一七七五）年成書。宋版、金版、影宋鈔本、元版、明版の善本四百二十九種を四部に従って著録する。書名を録し、函数と冊数を注し、毎書に解題を置き、内容考証のほか、旧蔵者の系譜などを示す。嘉慶二（一七九七）年に、彭元瑞らが勅命によって『天禄琳琅書目後編』二十巻を編纂し、更に図書六百六十四部を収めた。

史志

『漢書』藝文志　『漢書』は、後漢の班固撰。全一百巻。竇憲の事に連座して獄死した固の後を継いで、妹の昭が未完であった「八表」と「天文志」を著して完成させた。「藝文志」は巻三〇に収められる。およそ劉歆『七略』を襲用しているが、改変を加えている点がある。一、班固自身の序文を附す。前漢末の劉向、劉歆父子を中心とした集書、校書作業について述べており、資料的価値が高い。二、「輯略」を部立てしない。『七略』を参照。三、もとの著録に変更を加える。書目の分類を変えたり、二つの分類に著録される書目の一方を省くなどの処理をしている。四、『七略』未収の著述を補録する。杜林、揚雄、劉向などの著書がそれに当たる。なお、以上の二点については、適宜、「出」「入」「省」字を注することで修改の跡がわかるよう配慮されている。五、『七録』中にあった書物の序録を簡素化して自注として示している。『漢書』に藝文志が置かれたことにより、正史に官撰目録を置くことが慣例となった。

『隋書』経籍志　『隋書』は、唐の魏徴らによる奉勅撰。全八十五巻。太宗の貞観一〇（六三六）年に本紀五巻と列伝五十巻が完成し、遅れて高宗の顕慶元（六五六）年に『五代史志』として十志三十巻が成書し、合わせて現行本となった。「経籍志」は巻三二から三五までに収められる。総序と分類ごとの類序を置き、書目として、書名、巻数、撰者を載せる。総序には、劉向、劉歆父子以来の目録編纂の沿革が述べられ、また、類序には、それぞれの分類の背景にある学術の源流が明かされており、学術的、資料的価値が極めて高い。書目に間々附される「梁有」或いは「亡」字の注は、阮孝緒『七録』と対校した際の案語であると考えられ、六朝以来、唐初に至るまでの蔵書の変動を知ることができる。四部四十類に分類して三千一百二十七部、三万六千七百八巻の図書を著録する。四部に加えて道経と仏経の二部十五類を附し、部数と巻数のみを記す。

『旧唐書』経籍志　『旧唐書』は、五代後晋の劉昫らによる奉勅撰。全二百巻。少帝の開運二（九四五）年成書。「経籍志」は巻四六と四七に収められる。毋煚『古今書録』を抄録したもので、もとの類序や書物ごとの解題を略し、毋煚による総序と書目だけを載せる。序文に述べる類目と書物を著録する際の類目に齟齬があり、また、唐の正史における目録ではあるが、開元年間より後に成書した書物は著録していない点、利用に注意が必要である。『古今書録』を参照。

『新唐書』藝文志　『新唐書』は、北宋の欧陽脩らによる奉勅撰。全二百二十五巻。仁宗の嘉祐五（一〇六〇）年成書。「藝文志」は巻五七から六〇までに収められる。「旧唐志」が著録するものに加え、開元年間以降に成書した書物も著録し、全三千八百二十八家、七万九千二百二十一巻のうち、新たに著録したものは二万七千一百二十七巻にのぼる。四部四十四類に分類して書目を載せ、撰者、書名、巻数を録し、間々撰者の事蹟を注する。内藤湖南は、総序は粗略で、著録される書物も拠り所が分からないことから、目録学の衰落として批判している（『支那目録学』）。

『宋史』藝文志　『宋史』は、元の脱脱による奉勅撰。至正五（一三四五）年成書。全四百九十六巻。「藝文志」は巻二〇二から二〇九までに収められる。太祖、太宗、真宗三朝の目録である『三朝国史藝文志』、仁宗、英宗二朝の目録である『両朝国史藝文志』、神宗、哲宗、徽宗、欽宗四朝の目録である『四朝国史藝文志』、また、南遷後の高宗、孝宗、光宗、寧宗四朝の『中興国史藝文志』に著録される書目を併せ、寧宗以後に成書した著述を増補して成った。全九千八百十九部、十一万九千九百七十二巻を著録する。四部四十四類に分け、書名、巻数、撰者を記す。『四庫総目提要』において、「紕漏顚倒、瑕隙百出、於諸史志中、最為叢脞」と厳しく批判されているが、印刷技術が普及し書物が増えた時代にあって、「非常に厖大であり史料はよく保存されている」という指摘もある（倉石『目録学』）。

『明史』藝文志　『明史』は、清の張廷玉らによる奉勅撰。順治二（一六四五）年に明史館が開設され、雍正元（一七二三）年、王鴻緒を総裁とした『明史稿』の編纂を経、同十年に成書した。全三百三十二巻。「藝文志」は巻九六から九九までに収められる。黄虞稷（一六二九～一六九一）、字は兪邰が参与して『明史藝文志稿』が編まれ、その家蔵目録である『千頃堂書目』が参照され、また「宋志」を補い、度宗の咸淳年間以降の著作と遼、金、元三代の著述も著録していたが、定稿では従来の史志の例を変えて、明一代の著述のみを収めることとし、四部三十五類に四千六百五十三部、十万五千九百七十三巻を著録した。

『清史稿』藝文志　『清史稿』は、趙爾巽らによる撰。一九一四年に清史館が設立され、趙爾巽を館長とし、繆荃孫、柯劭忞が総纂に当たり、一九二七年に脱稿した。全五百三十六巻。「藝文志」は巻一四五から一四八までに収められる。呉士鑑（一八六八～一九三四）、字は絅斎と、章鈺（一八六四～一九三七）、字は式之が原稿を作り、朱師轍（一八七八～一九六九）、字は少濱が整理して成った。「明志」に倣い、清一代の著述のみを対象とし、また清代に多く編纂された輯佚書は分けて附し、四部四十五類六十子目に分類して九千六百三十三種、十三万八千七十八巻を著録する。康有為や梁啓超などの著述が収められていないなど、著録には遺漏が多く、後世の学者によって補修が進められた。その代表に武作成『清史稿藝文志補編』があり、一万四百三十八種、九万三千七百七十二巻を新たに加えている。

『八史経籍志』　日本文政八（一八二五）年刊。編者不詳。八史とは、漢、隋、唐、宋、遼、金、元、明の八代をいい、「漢志」、「隋志」、「旧唐志」、「新唐志」、「宋志」、「明志」の六史志に、後に補撰された『宋史藝文志補』、『補遼金元藝文志』、『補三史藝文志』、『元史藝文志』を加えて合刻する。我が国で刊刻されて後、明治初年に清朝に流伝し、張寿栄による光緒九（一八八三）年の序を附して翻刻された。

『国史経籍志』　焦竑（一五四一〜一六二〇）、字は弱侯による撰。全五巻。四部分類に制書類を加えた五部に分類して書目を著録し、四部分類は、鄭樵『通志』藝文略の体例に倣い、四十八の小類を設け、小類ごとに序文を置き、学術の源流を説く。著録される書目は多く従来の目録から引き写したと考えられ、『四庫総目提要』は「抄旧目、無所考核、不論存亡、率爾濫載、古来目録、惟是書最、不足憑」と評している。書末に「糾謬」一巻を附し、「漢志」から『文献通考』経籍考に至るまでの八部の目録に対し批判を加える。

私人蔵書目録

『七志』　王倹（四五二〜四八九）、字は仲宝の撰。王倹は別に国家蔵書目録である『元徽元年四部書目録』を編んでいることから、王倹個人の蔵書の目録であったと考えられている。劉宋の後廃帝の元徽元（四七三）年に成書して上奏された。佚。「隋志」総序に分類が載り、経典、諸子、文翰、軍書、陰陽、術藝、図譜の七分類に加え、道、仏書を「方外之経」として附し、実質九つの大類を立てている。書毎に著者の伝を置いたほか、毎志首巻に九篇の序例を附したが、「文義浅近、未為典則」であったと「隋志」総序は評している。『元徽元年四部書目録』を参照。

『七録』　梁の処士阮孝緒（四七九〜五三六）、字は士宗の撰。宋斉以来の王公家蔵の書物を捜集して書目をまとめ完成した。「序録」一篇が唐の釈道宣編『広弘明集』に引かれて伝わる。梁武帝の普通四（五二三）年に編纂に着手し、劉杳の助けを得て完成した。内篇を経典、記伝、子兵、文集、術伎に、また外篇を仏法、仙道に分け、内篇五部は更に四十六類に分け、三千四百五十三種、三万七千九百八十三巻を著録し、外篇二部は更に九類に分け、二千八百三十五種、六千五百三十八巻を著録した。七部に分けながらも、仏法と仙道を除けば五部であり、また、記伝録として史書を独立させており、分類の基本的な枠組みは、四部分類法に近い。「隋志」総序は「分類題目、頗有次序」と評する。「序録」中の「古今書最」は、歴代の図書目録及び著録する書物の部数、巻数を記し、資料的価値が極めて高い。

『郡斎読書志』 晁公武、字は子止、号は昭徳先生の撰。北宋末の靖康の変を避けて蜀に居を移し、蔵書家として著名であった井度より書を譲り受け、公武自身の旧蔵書を併せた蔵書を収める。書名、巻数を著録し、書毎に解題を附して撰者や書の要旨を解説し、或いは書の内容に考証や批評を加える。解題を伴った家蔵書目録として伝存するものでは最も古い。南宋高宗の紹興二一（一一五一）年に成書し、四巻本とそれを修訂した二十巻本がいずれも門人によって蜀地にて刊刻された。原刻本は失われたが、後に衢州（浙江）にて二十巻本を重刻した衢本と、袁州（江西）にて四巻本を重刻した前志四巻に、趙希弁が家蔵書によりながら継いで編んだ附志一巻、四巻本に見えない書目を衢本より摘録した後志二巻、考異一篇を加えた袁本との二系統の本が伝わる。衢本は袁本よりも著録部数が若干多く、また序文も増補されており、一千四百七十二部を四部四十五類（袁本は一千四百七十部四部四十三類）に分類して著録し、四部の前にそれぞれ序文を置き、また類ごとにも小序を置いて、学術の要旨、沿革を説いている。すでに散佚した図書も解題を通してその梗概を知ることができ、資料的価値が極めて高い。

『遂初堂書目』 尤袤（一一二七〜一一九四）、字は延之の撰。一巻。遂初堂は郷里の常州無錫（江蘇省）に構えた袤の書室の名。南宋高宗の紹興年間（一一三一〜一一六二）成書。三千部程度の家蔵書を四十四類に分けて著録し、また数術家には更に六類が設けられている。概ね書名を録するばかりで、巻数、撰者なども著録しないが、間々書名の前に版本を記載し、特に経部、史部の書目において国子監本、地方の官本、私刻、坊刻などの別を明示している。

『直斎書録解題』 陳振孫、字は伯玉の撰。江西、浙江の地方官を歴任し、自らの蔵書と、諸家を訪ねて伝録した図書、三千九十六種、五万一千一百八十巻を四部五十三類に分けて著録する。南宋理宗の淳祐初（一二四一〜）年成書。もと五十六巻であったが、明初に散佚し、四庫館臣が『永楽大典』より輯佚、復元して二十二巻とした。原書は四部それぞれに序が置かれ、また類ごとにも小序が置かれていたが、いまは小序九篇が残るのみである。書名、巻数を著録し、書物ごとに解題が附され、撰者の姓名と官職、学術の要旨などを説く。版本への言及も間々見られることから、『四庫提要』に「古書之不伝於今者、得藉是以求其崖略、其伝於今者、得藉是以辨其真偽、核其異同、亦考証之所必資、不可廃也。」と評される。

『菉竹堂書目』 葉盛（一四二〇〜一四七四）、字は与中、号は蒲汀の撰。盛は蘇州府崑山の人。成化七（一四七一）年の自序に拠ると、およそ馬氏「経籍考」の四部分類に倣いつつ、冒頭に制類を置いて聖製の作を収め、最後に葉氏自身の著述を録して、家蔵書四千六百餘冊、二万二千七百餘巻を著録したという。ただ、通行している粤雅堂叢書刻本は、自序と内容とに齟齬があり、つとに陸心源によって偽書であることが指摘されている。四庫全書に両淮監政採進本（六巻）が存目図書として著録されており、その提要には、集部において挙業類を立て、また詩集類がないなど、「経籍考」の分類ともまた異なるところがあったことが指摘されているが、通行本はやはりその通りではない。

『百川書志』 高儒、字は醇、号は百川子による撰。儒は涿州（河北）の人で、時の北方中国において蔵書家として名を成した。嘉靖一九（一五四〇）年成書。二十巻。四部九十三類に分けて二千種餘りの図書を著録する。書名、巻数、撰者を録し、間々簡単な解題を置いて、撰者を説明し、書物の内容を紹介することもある。史部の野史、外史、小史の三類に、『三国志演義』、『水滸伝』、『西廂記』、『剪灯新話』といった小説、戯曲を著録している。

『江東蔵書目』 陸深（一四七七〜一五四四）、字は子深の蔵書目録。南直隷上海の人。目録はすでに散逸し、卞永誉『式古堂書画考』に門甥陸深の撰として、本書の序文が録されており、経、理学、史、古書、諸子、文集、詩集、類書、雑史、地志、韻書、小学医学、雑流、制書の十四類に分けて著録していたことがわかる。葉昌熾は『蔵書紀事詩』において「以小学、医薬合為一類、為諸家所未有」と評している。

『李蒲汀家蔵書目』 李廷相（一四八一～一五四四）、字は夢弼の撰。不分巻。南京に仕え、自ら捜集した蔵書一千六百三十部を著録する。書物の収蔵、配架場所によって書目を並べ著録したいわゆる分厨目録であり、書物の内容や学術による分類はしない。書名と冊数を著録し、間々宋刻、鈔本といった版を注する。

『宝文堂書目』 晁瑮（?～一五七六）、字は君石の撰。子の東呉、字は叔権も編纂に関わった。嘉靖間（一五二二～一五六六）に成書。三巻。家蔵書七千八百二十九種を三十三類に分けて著録する。書目はおよそ書名のみを録し、間々書名の下に版本、冊数、存佚状況について注する。趙万里は跋文を著し、「其中子雑、楽府二門、所収之明話本小説、雑劇、伝奇至多、為明代書目所僅見」と評している。

『天一閣蔵書目録』 范欽（一五〇六～一五八五）、字は堯卿の撰。明末の寧波にあって古今有数の蔵書家として多くの蔵書を誇り、その蔵書閣である天一閣に蔵された書物の目録。早期の蔵書を反映するものはすでに佚し、現存するものでは、清の嘉慶七（一八〇二）年に録されたものが最も古い。書物の収蔵、配架場所によって書目を並べた分厨目録で、書名のみを著録し、下に冊数を注し、抄本には「抄」字を注し、また間々存佚状況についても注記する。不分巻。

『天一閣書目』 明末寧波范氏の蔵書目録。嘉慶一三（一八〇八）年の阮元序を附す。范欽が自ら編んだ目録とは別に、阮元が浙江在任中に范氏を指導して編纂させたもので、冒頭の巻之一之一には四庫全書編纂の貢献に対して下賜された『古今図書集成』、また、御題の『周易要義』及び『意林』、御製二種、御賜図二種ならびに進呈書目を配し、続く巻之一之二から巻四までに経史子集を置く。およそ四庫全書の分類に従うが、経部では孝経類を設けず、また五経総義類を経総類に変え、集部では新たに雑著類を加えている。

『万巻堂書目』 明の宗室朱睦㮮（一五一八～一五八七）、字は灌甫、号は西亭による撰。四巻。隆慶四（一五七〇）年に成書。家蔵書四千三百一十部、四万二千七百五十巻を四部三十六類に分類して著録する。書名と巻数を録し、撰者を注する。観古堂書目叢刻、玉簡斎叢書に入る四巻本が通行しているが、著録項目や巻数の異なる諸本があったことが余嘉錫「聚楽堂藝文目録考」に指摘されている。『西亭中尉万巻堂書目』を参照。

『西亭中尉万巻堂書目』 黄氏『千頃堂書目』に十六巻、朱勤美編として著録される。勤美は、字は伯栄、睦㮮の子。余嘉錫によれば、父の『万巻堂書目』を増補、改訂して成ったもので、『聚楽堂藝文目録』が本目であると指摘している。『万巻堂書目』と同様に四部に分類しながらも、小類が異なり、また著録する図書の数も旧目より一千二十九部多いという。『万巻堂書目』を参照。

『玩易楼蔵書目録』 沈節甫（一五三二～一六〇一）、字は以安の蔵書目録。佚。黄氏『千頃堂書目』に「湖州沈氏玩易楼蔵書目二巻」が著録されており、また、祁氏「庚申整書略例」に本目の分類を述べて、「首重王言、故一曰制、二曰謨、三曰経、四曰史、五曰子、六曰集、七曰別、八曰志、九曰類、十曰韻字、十一曰医、十二曰雑」とある。

『二酉蔵書山房書目』 胡応麟（一五五一～一六〇二）、字は元瑞、号は少室山人の撰。「二酉山房書目」ともいう。佚。四万巻にのぼると称する自身の蔵書を、経部を十三類、史部を十類、子部を二十二類、集部を十四類に分けて著録した（王世貞『二酉山房記』）。もと六巻であったが、自序のみ伝わる。

『世善堂蔵書目』 陳第（一五四一～一六一七）、字は季立、号は一斎による撰。都に勤め、致仕して郷里の連江（福建）に戻り、蔵書室世善堂を営んだ。蔵書一千五百部餘りを六部六十三類に分類して著録する。二巻。後に子の若孫が増補した。六部は、経、四書、子、史、集、各家であり、四書が経部から独立しているのが目を引く。書名、巻数、撰者名を録し、序文や解題はない。

『脈望館書目』 趙琦美（一五六三～一六二四）、字は仲郎の撰。趙氏は常熟の人。父の用賢、字は汝師以来、蔵書家として知られた。注の中に琦美を指す「大官人」、弟の際美、字は文度を指す「二官人」の称が見えることから、趙氏の門人の手になると考えられる。五千種弱、二万餘冊にのぼる家蔵の図書を四部に分類して著録し、更に二百ほどの小分類を設けている。不分巻。書名と冊数を録し、間々版本、帙数、存佚などを注する。史部詞類、子部小説類などに、戯曲や小説の俗文学を多数著録する。

『澹生堂書目』 祁承㸁（一五六三～一六二八）、字は爾光の撰。浙江山陰の祁氏。およそ九千種、十万餘巻の家蔵書を四部四十六類に分類して著録する。十四巻。書名、冊数を録し、巻数、撰者を注し、間々版についても注記する。四十六類は、更に二百五十の小類に分かれており、伝統的な四部分類の中で下位分類を調整することによって伝統的学術性と当代的実用性との調和を図り、より合理的な分類体系を目指した。その蔵書理論を述べた「澹生堂蔵書約」は、もと本目に附属していたが、後に「庚申整書小記」と併せて別行した。

『得月楼書目』 李如一（一五五六～一六三〇）、名は鶚翀の撰。如一は江陰（江蘇省）の人で、蔵書家として江南に名高く、善本、珍本を多く所蔵した。乾隆九（一七四四）年刊『江陰県志』には、晁氏『郡斎読書志』に倣って家蔵書を整理し、目録を編んだというが伝わらない。いまに伝わる本は、道光年間（一八二一～一八五〇）に黄丕烈が得た摘録抄本によるものである。不分巻。およそ四部に分け、書名と巻数を記し、間々撰者、冊数、版本などを注する。

『紅雨楼書目』 徐𤊹（一五七〇～一六四五）、字は惟起、また興公による撰。福建閩県の徐氏。鄭氏「藝文略」、馬氏「経籍考」に倣い、家蔵書を整理した。万暦三〇（一六〇二）年成書。増補を重ね、現行本は四部五十類程度に分け、三千部餘りを著録している。四巻。書名、巻数を録し、撰者名を注する。子部の小説類、伝奇類、及び明人の別集類の著録が充実しており、明人の別集類については、解題として作者の姓名、貫籍、官歴を中心とした事蹟を詳しく述べ、伝記としての資料的価値も高い。徐氏にはまた別に『徐氏家蔵書目』七巻が伝わり、本目録とは分類や著録する書目も異なり、体裁や内容に相違がある。

『絳雲楼書目』　明末清初の銭謙益（一五八二～一六六四）、字は受之、号は牧斎による撰。郷里の常熟に構えた絳雲楼に蔵する図書を四部七十二類に分けて著録する。四巻。書名、冊数を著録し、間々版本も記す。著録に明人の別集が少ないことなどから、蔵書の全てを反映させてはいないと考えられ、また、順治七（一六五〇）年の絳雲楼の失火後に編まれたという指摘もある。後に陳景雲（一六七〇～一七四七）、字は少章によって注釈が附された。

『千頃堂書目』　黄虞稷（一六二九～一六九一）、字は兪邰の撰。南京に仕官し、南明の滅亡により散佚した国家の蔵書、名家の蔵書の捜集に尽力した。所蔵する明人の著作を四部五十一類に分けて著録し、また、類ごとに宋、遼、金、元に著された図書を附す。三十二巻。撰者、書名、巻数を著録し、間々撰者の略伝などを注し、提要を附すこともある。自ら「明史藝文志」の編纂に関わった際には本目録を底本とした。『明史』藝文志を参照。

『伝是楼書目』　徐乾学（一六三一～一六九四）、字は原一の撰。家蔵書およそ三千九百種を、収蔵する書架ごとに並べ録す。分厨目録であるが、およそ四部分類にも従い、七十ほどの小類に分けて著録している。不分巻。書名と冊数を録し、書名の下に巻数、撰者を注記する。明清の別集が充実している。また、著録される図書の中から、宋本、元本などの善本四百五十五部を選び、同じく収蔵場所ごとに並べて著録したものに『伝是楼宋元本書目』一巻がある。

『述古堂書目』　銭曾（一六二九～一七〇一）、字は遵王、号は也是翁、また述古主人の撰。曾祖の謙益、父の裔肅も蔵書家で、家蔵書二千二百九十五種を六十八類に分類して著録する。明確な四部分類は窺えず、『四庫全書総目』は「破砕冗雑、全不師古」と評している。撰者、書名、巻数、冊数を著録し、版本に関する注記を附す。康熙八（一六六九）年成書。もと不分巻で、後に粤雅堂叢書に採られ四巻本となり、別に宋版だけを抜き出した「述古堂宋板書目」一巻が附されている。

『也是園蔵書目』 銭曾撰。四部に、三蔵、道蔵、戯曲小説を加えた七部百二十類に分類して三千八百餘種の書を著録する。書名、巻数のみを録し、『述古堂書目』のように版本には言及しない。十巻。もと趙琦美の蔵書を中心に著録する戯曲小説部が特に有名で、収録される三百四十二種には孤本が多いとされ、後に黄丕烈の手に渡り、『也是園蔵古今雑劇目録』が編纂された。

『読書敏求記』 銭曾撰。自身の蔵する善本に対して著した題跋集。多くは『述古堂書目』、『也是園蔵書目』に著録される善本六百三十四種をおよそ四部四十四類に分けて著録している。書物の内容に関する考証のほか、版刻の工拙、旧蔵者の系譜などについて解説する。『四庫提要』は考証に間々誤りが見られると指摘しつつ、「但以版本而論、又可謂之賞鑑家矣」と評するように、版本鑑定の考証に資するところが多い。

『季滄葦蔵書目』 季振宜（一六三〇～？）、字は詵兮、号は滄葦の撰。毛氏の汲古閣旧蔵本、銭氏の也是園旧蔵本を購い、多くの善本を家蔵し、およそ一千二百種、二万七千巻を延令宋板書目、宋元雑板書、崇禎暦書総目、経解目録の四部に分けて著録する。一巻。書名、巻数を録し、下に冊数、撰者の他、版本について注する。嘉慶一〇（一八〇五）年、黄丕烈が校語を書末に附し、跋文を置いて上板した。

『振綺堂書目』 銭塘の汪氏振綺堂の蔵書目録で、第三代当主汪誠、字は孔皆による撰、後に誠の孫の曾唯が整理して成った。初代当主汪憲（一七二一～一七七一）、字は千陂以来の家蔵書およそ三千三百種、六万五千巻餘りを著録し、はじめに御製、欽定、御定の書を収め、以下、宋元板、稿本批校本及家刻本、抄本の版の別に分類し、大半を占める抄本については四部に分けて並べる。四巻。書名、冊数を録し、巻数、撰者、版などについて注記する。分厨目録を兼ねている。

『孫氏祠堂書目』 孫星衍（一七五三～一八一八）、字は淵如、また伯淵の撰。郷里の陽湖（江蘇）に営んだ孫氏祠堂に蔵する二千三百餘種、四万六千餘巻を十二部、四十四類に分類して著録する。小学を経学から独立させている点に注意される。内篇四巻、外篇三巻。総序の中で十二部について解説し、書目として書名、巻数を著録し、撰者、版本について注する。嘉慶一五（一八一〇）年に刊刻し、自ら編んだ『岱南閣叢書』に収めた。孫氏にはまた別に『平津館鑑蔵記書籍』、『廉石居蔵書記』の二つの解題集がある。

『士礼居蔵書題跋記』　江蘇呉県の黄丕烈（一七六三～一八二五）、字は紹武、号は蕘圃の撰した題跋を、潘祖蔭（一八三〇～一八九〇）が四部に分けて録した。光緒一〇（一八八四）年成書。経部十四篇、史部六十三篇、子部一百七篇、集部一百五十七篇の題跋を収める。六巻。成書後、繆荃孫（一八四四～一九一九）によって補録され、七十五篇を集めて『士礼居蔵書題跋記続』二巻が、更に七十九篇を集めて『士礼居蔵書題跋再続記』二巻が相次いでまとめられた。以上の三記を併せ、更にそこから漏れた丕烈の題跋を加えて成ったのが、『蕘圃蔵書題識』十巻、『刻書題識』一巻であり、繆荃孫、章鈺らによって民国八（一九一九）年に刊行された。次いで『蕘圃蔵書題識続録』四巻、『雑著』一巻、また『蕘圃蔵書題識再続録』三巻が編まれ、それらを併せると八百二十五篇、丕烈の手になる題跋がおよそ網羅されている。

『拝経楼蔵書題跋記』　呉寿暘（一七七一～一八三一）、字は虞臣の編。父は黄丕烈と親交があり、共に蔵書家として著名であった海寧（浙江）の呉騫（一七三三～一八一三）、字は葵里、また槎客で、騫、及び杭世駿、盧文弨、銭大昕、陳鱣、黄丕烈といった当代一流の蔵書家、校勘家が家蔵書に対して著した題識三百篇餘りを集め、四部に分類して編纂した。全五巻附一巻。書毎に体例、版式、識語、印記などを詳細に解説する。呉氏にはまた騫が晩年に編んだ家蔵目録『拝経楼書目』があり、蔵書一千五百七十九種を著録する。

『鉄琴銅剣楼蔵書目録』　瞿鏞（一七九四～一八七五）、字は子雍の撰。鉄琴銅剣楼は江蘇常熟瞿氏が代々営んだ蔵書室。鏞の没後、諸家の校訂を経て成書した。父の紹基より蒐集した宋、金、元、明の版本と稀覯抄本、一千三百部餘りを四庫全書に倣い、四部四十四類に分類して著録する。二十四巻。書名、巻数を録し、版本を注し、すべてに解題が附され、欠巻、欠筆、印記などを詳述する。瞿氏にはまた、本目に先立ち、『鉄琴銅剣楼宋元本書目』四巻があり、宋元版四百部餘りを著録するが、すべて本目に収められている。

『八千巻楼書目』　丁立中（一八六六～一九二〇）、字は和甫の撰。晩清四大蔵書家の一家に数えられ、杭州丁氏、二丁と称された丁申（一八二九～一八八七）、丁丙（一八三二～一八九九）兄弟の八千巻楼に収められた丁氏家蔵書一万五千餘種を四庫全書と同じ四部四十四類に分けて著録する。立中は丙の子。書名、巻数を録し、撰者、版本を注する。二十巻。行款によって、四庫全書の著録本、存目図書との対応関係がわかるように配慮されている。

『郎園読書志』　葉徳輝（一八六四～一九二七）、字は奐份、号は郎園の撰した題跋集。湘潭（湖南）の人。書毎に撰した題跋を収め、書物の内容や版本などを論じる。明清の近刊が大半を占め、四部に従い、およそ七百篇を録し、また、別集類の題跋のうちには、舒位『乾嘉詩壇点将録』に録される詩人達の別集のために撰した提要も含まれる。十六巻。没後の民国一七（一九二八）年に排印、刊行された。徳輝にはまた家蔵目録として『観古堂蔵書目』四巻があり、五千種ほどの蔵書を四部四十五類に分けて著録している。

『蔵園群書題記』　傅増湘（一八七二～一九五〇）、字は沅叔、また潤叔による題跋集。もと初集、続集、三集があり、後に孫の傅熹年によって整理、増補された。増補版は全二十巻、五百八十篇の題跋を収録する。書物の体裁、由来を説く以外、版本の流伝、字句の異同などにも言及し、参考に資する指摘に富む。

『西諦書目』　鄭振鐸（一八九八～一九五八）、字は西諦の蔵書目録。振鐸の没後、家族によって蔵書が北京図書館に寄贈され、同館が整理、編集した。明清版を中心に古籍七千七百四十種を四部五十五類に分類して著録し、書名、巻数を録し、撰者、版本、冊数を注記する。五巻。集部の著録が半数以上を占め、歴代の別集、詩文総集、戯曲、小説などの他、宝巻のような従来注目されなかった文藝なども著録している。

『海監張氏渉園蔵書目録』　張元済（一八六七～一九五九）、字は筱斎の蔵書目録。張氏も設立に参与した上海私立合衆図書館（上海図書館の前身）に寄贈された蔵書を当館が一九四六年に整理して刊行した。四巻。巻一には浙江嘉興府の先哲の著述、巻二には海監県の先哲の著述、巻三には海監張氏の先人の著述、巻四にはその他の張氏旧蔵書、全九百三十五部、三千七百九十三冊を著録し、また巻ごとに四部に分類する。書名、巻数を録し、撰者、版、冊数を注し、間々蔵書印なども注記する。

地方文献目録

『温州経籍志』　孫詒譲（一八四八～一九〇八）、字は仲容の撰。唐以降、清の道光年間（一八二一～一八五〇）までにおける温州出身の撰者による著述を四部四十三類に分類し、更に時代順に並べて著録する。三十三巻。朱氏『経義考』の体例に倣い、撰者、書名を録し、巻数を注し、存佚状況を記し、原載の序跋、識語の類は全録し、また、撰者や図書の体裁、内容などについて解説する。外篇二巻には方志、旅行記、詩文集などの温州に関わる著述を収め、更に辨誤一巻を附し、旧来の方志における著録の誤りなどを正す。全巻を通じ、佚書一千二百十五部、未見書二百七十九部、存書二百二十七部、闕書三十八部の著述が著録される。光緒三（一八七七）年に初稿が成った後も自ら修訂を加え、詒譲の没後、一九二一年に浙江図書館によって刊行され、後の方志編纂に多大な影響を与えた。

『方志考稿甲集』　瞿兌之（一八九四～一九七三）、名は宣穎の撰。地方志収集で知られた任鳳苞（一八七六～一九五三）の蔵書に拠り、第一編を旧直隷、第二編を旧東三省、第三編を山東、第四編を河南、第五編を山西、第六編を江蘇として、全六編を通じ、各地の地方志、及び風土記、郷土誌などの方志に準じる著述六百種餘りを著録する。毎書解題を置いて、編纂年代、編者、土地の沿革、巻次、体例などを解説する。民国一九（一九三〇）年成書。瞿氏、任氏の序文を首に置く。

学科目録

『経義考』 朱彝尊（一六二九～一七〇九）、字は錫鬯の撰。序跋や石刻書などまでを含む古今の経義に関するあらゆる書を著録し、二十九項目に分けて解説し、考証を加える。三百巻。撰者、書名を録し、巻数、及び存、佚、闕、未見の存佚状況を注し、また原書の序跋、史書、筆記などの諸書における記述を引用し、案語を附す。康熙三八（一六九九）年に初稿が成り、修訂を加え、乾隆二〇（一七五五）年に全て刊刻された。

『小学考』 謝啓昆（一七三七～一八〇二）、字は良壁の撰。朱彝尊『経義考』の中に、小学書では『爾雅』しか取り上げられていないことを遺憾とし、朱氏の体裁に倣いながら、漢代から清代に至るまでの小学書一千一百八十種を勅撰の他、訓詁、文字、声韻、音義に分類して著録する。五十巻。嘉慶三（一七九八）年成書、二一年に刊刻された。

『史略』 高似孫（一一五八～一二三一）、字は続古の撰。史学専著。関係書の解題、目録を含む。六巻。その学問は、直接的には鄭樵の議論を踏まえたものであり、また、より根本的には劉向を意識しており、後の王応麟の先蹤をなすものと評価されている。南宋理宗の宝慶元（一二二五）年に成書。後に中国では散逸したが、日本に宋版が伝わり、楊守敬によって覆刻されて『古逸叢書』に収められた。

『子略』 高似孫の撰。諸子学の専著。関係書の解題、目録などを含む。四巻。馬氏『文献通考』がしばしば引用するなど、後世より見識の高さが称される一方で、『四庫提要』は、偽書の鑑別が正確ではないと批判している。似孫は、『子略』と『史略』の他、『経略』、『集略』、『詩略』、『緯略』、『騒略』を著したと伝えられ、うち、史子緯騒の四略が伝わっている。

『録鬼簿』 元の鍾嗣成、字は継先の撰、賈仲明（一三四三～一四二二）の補。金元代の散曲家、戯曲家とその戯曲の作を著録する。二巻。はじめに金以来の著名な散曲家四十五名を挙げて概説し、次いで過去の著名な戯曲家五十六名を挙げ、それぞれに簡単な事蹟を注し、また戯曲の作を録し、最後に当代の戯曲家五十一名を挙げ、それぞれに事蹟を述べて戯曲の作を録する。至順元（一三三〇）年に初稿が成り、その後も修訂された。明に入り、無名氏による『続編』一巻が編まれ、旧目の体裁に従い、鍾嗣成以下七十一名の戯曲家を著録し、また作者不詳の戯曲七十八作を附した。賈仲明撰とも伝えられる。

特種目録

『書目答問』 張之洞（一八三七～一九〇九）、字は孝達の撰。学徒、読書子の指南を目的とし、二千二百種餘りの図書を経史子集及び叢書、別録の六部に分類、著録する。実用に重きを置き、入手しやすく、有用で標準とすべき版本や注釈書を中心に挙げており、大いに流行した。光緒元（一八七五）年の初刻以後も改訂が加えられ、後に、范希曾が修訂、増補して『書目答問補正』を刊行した。

『販書偶記』 孫殿起（一八九四～一九五八）、字は耀卿の撰。北京にて通学斎書店を営み、書籍販売を目的として、明代以降に単行した書物を四部五十九類に分類して著録し、書名、巻数、撰者とその籍貫、版刻年代などを記した。二十巻。四庫全書編纂以後に刊刻された著述も含め、四庫未収書を多く著録し、四庫著録本については、巻数や版本に異同があるもののみを載せるなど、『四庫総目提要』の続編、補編的な性格も持つ。一九三六年刊。初版以後に殿起が得た六千条餘りを整理した『販書偶記続編』が一九八〇年に出版された。

『汲古閣珍蔵秘本書目』 毛扆（一六四〇～?）、字は斧季の撰。扆は、江蘇常熟にて汲古閣を営んだ毛晋（一五九九～一六五九）、字は子晋の子。善本の購入を潘耒（一六四六～一七〇八）に請うべく、編纂して送ったものと伝えられる。一巻。善本五百種程度を四部に分類し著録する。書名、冊数、また帙数を録し、版の別と価格を注記する。子部と集部の著録が充実している。嘉慶五（一八〇〇）年に黄丕烈が刻して『士礼居叢書』に収めた。

『愛日精盧蔵書志』 張金吾（一七八七～一八二九）、字は慎旃の撰。金吾は江蘇常熟の人。自身の蔵書より、宋元刊本から明鈔本までの善本七百六十五部を選び、ほぼ四庫全書の分類に従って著録する。嘉慶庚辰（一八二〇）の序を附した四巻本と道光六（一八二六）年の序を附した三十六巻続志四巻本とがある。書名、巻数を録し、版本を注記し、解題を附して諸家の文集や『経義考』、『小学考』、『全唐文』が収録しない原書の序跋、名人の識語を収載する。

『海源閣蔵書目』 楊紹和（一八三〇～一八七五）、字は彦合、また念微の撰。清朝の四大蔵書家の一つに数えられる山東聊城楊氏の蔵書目録で、善本三百六十三種を四部に分類し、それぞれを宋本、元本、校本、鈔本に分けて著録する。なお、「元本」には明版も含まれる。書名、巻数、冊数、帙数を録す。紹和には、別に鈔本『宋存書室宋元秘本書目』不分巻が伝わり、本目と著録書本の大半が重なり、体裁も似ることなどから、鈔本のもとになったとも考えられている。楊氏海源閣には、他に紹和が編んだ『楹書隅録』五巻、同続編四巻があり、また子の保彝が編んだ『海源閣宋元秘本書目』四巻、『海源閣書目』不分巻がある。

『海源閣宋元秘本書目』 楊保彝（一八五二～一九一〇）、字は奭齢の撰。保彝は紹和の子。海源閣に蔵される善本四百六十九種を四部に分類し、更にそれぞれを宋本、元本、校本、鈔本に分けて著録する。父の編んだ『宋存書室宋元秘本書目』を増補し、体裁を整えて成った。四巻。版本、書名、巻数、冊数、帙数を録し、序や解題などはない。

『皕宋楼蔵書志』 清の陸心源（一八三八～一八九四）、字は剛甫、また剛父の撰。浙江帰安の陸氏の蔵書楼のうち、とりわけ多くの善本を収蔵した皕宋楼に蔵された宋元明刊本六百種餘りをおよそ四庫全書の分類に従って著録する。書名と巻数を録し、版本を注記し、また、書毎に解題を附して、撰者のほか、行款、欠筆、印記などについて述べ、罕見の序跋や先賢の手跋は全録している。解題は、『四庫全書総目提要』、阮元『四庫未収書目提要』、張氏『愛日精廬蔵書志』によるところが多い。

『善本書室蔵書志』　丁丙、字は嘉魚、また松生の撰。兄の丁申、字は竹舟と書物を蒐集し、その蔵書室の一つであった善本書室には、宋元刊本約二百種、明刊精鈔校本二千餘種を蔵したと伝えられ、そこに収蔵された善本を四部に分けて著録する。およそ四庫全書の四十四類に従って図書を並べる。四十巻。書名、巻数を録し、その下に版本及び旧蔵者を注し、書毎に解題を附す。『八千巻楼書目』を参照。

『宝礼堂宋本書録』　潘宗周（一八六七〜一九三九）、字は明君の撰。善本の蒐書に努め、自身の蔵書室である宝礼堂に収蔵する宋本一百七部を四部に分けて著録した。不分巻。書名、巻数を録し、冊数を注記し、提要を附して、版本、版式、刻工者、避諱、蔵書印などに言及し、諸家の序跋も引く。宗周は張元済と親交があり、書を求める度に元済に鑑定を請い、提要のほとんどは元済の手になるとされる。

『群碧楼善本書録』　鄧邦述（一八六九〜一九三九）、字は孝先の撰。群碧楼は複数あった邦述の蔵書室の一つ。民国一六（一九二七）年、生活に困窮した邦述が蔵書を売却した際に編纂した。宋本、元本、明刻本、明嘉靖刻本、鈔校本の五種に版を分類し四百二十五部を著録する。六巻。書名、巻数を録し、冊数を注し、撰者、版本を記すほか、書を入手した経緯などを述べることが多い。邦述には、本目に先立つ蔵書目録として二万四千餘巻を著録する『群碧楼書目初編』九巻があり、また、本目の後、手元に残った書を著録した『寒痩山房鬻存善本書目』七巻がある。

『双鑑楼善本書目』　傅増湘（一八七二〜一九五〇）、字は沅叔、また潤叔の撰。所蔵した宋元本から旧抄本に至るまでの善本一千二百八十六部を四部に分けて著録する。四巻。書名と巻数を録し、また解題を附して、版本、版式、校者、跋者、印記などを記す。民国一八（一九二九）年刊。蒐書と校勘は生涯行われ、刊行の翌年にはまた『双鑑楼蔵書続記』二巻を編纂し、五十一部の善本を同じく四部に分けて著録した。

『中国善本書提要』　王重民（一九〇三～一九七五）、字は有三の撰。自ら目睹した、北京図書館、北京大学図書館、美国国会図書館に収蔵される善本およそ四千三百種餘りを、四部四十三類に分けて著録する。書名、巻数を著録し、冊数、収蔵場所、版本、また版式を注記し、提要では撰者を紹介し、序跋を抄録し、また版の異同などに言及する。没後、傅振倫、楊殿珣らが遺稿を整理して出版した。一九八三年刊。その後、新たに見つかった史部七百七十餘篇、子部十篇の提要の原稿を整理し、『補編』が刊行された。

『中国版刻図録』　北京図書館編。鄭振鐸、徐森玉らが編纂に関わった。同館の他、上海図書館、南京図書館などに収蔵される歴代の版刻本四百一十種、活字本四十種、及び版画五十種を収める。目録とそれに対応する図版からなり、目録は、刻版、活字版、版画に分類され、書名を著録し、撰者、刊行年、版本の種類、刊行地などを注記し、解題として版式を詳細に解説し、刻工名などにも注意して考証を加える。解題には署名はないが趙万里の手になるという。一九六〇年刊。翌年に増訂本が出版された。

『全燬書目』　乾隆帝の頃、四庫全書の編纂にともない、全国から集められた書籍を検閲してまとめられた禁書目録。『抽燬書目』と共に、乾隆四七（一七八二）年五月に刊行された。書の冒頭に大学士四庫館正総裁管翰林院事の英廉（一七〇七～一七八三）、字は計六による上奏文を引く。一百四十六種の図書が著録され、書名と冊数を録し、撰者を注記する。すべて明人による著述で、別集類が多い。

『抽燬書目』　『全燬書目』と併せて刊行された禁書目録。一百八十一種の書籍を著録する。書名、冊数を録し、書毎に撰者と処分に該当する箇所と処分理由を注記する。著録のほとんどは明人の手になる書籍であり、「抽燬」の対象は、詩一篇から数巻に及ぶものまで、書籍によって様々である。

『違礙書目』　乾隆四三（一七七八）年に発布された詔を承けて河南省で刊行された。応繳違礙書籍各種名目、王錫侯逆書、徐述夔逆書、程嘉燧逆書、続奉応禁書目の五類に分けて、七百四十八種の図書を著録する。書名を録し、撰者を注記する。目録の前に乾隆四三年の上諭を載せ、その後に「河南布政使栄柱敬刊」の一条を刻している。

校讎学

『通志』 鄭樵（一一〇四〜一一六二）、字は漁仲の撰。古代から隋唐までの歴代制度の沿革をまとめた政書。杜佑『通典』、馬端臨『文献通考』と併せて「三通」と称される。全二百巻、附考証三巻。南宋高宗の紹興三一（一一六一）年成書。帝紀、后妃列伝、年譜、略、世家、列伝からなり、社会や政治の制度、文化習俗などを二十の分野にわたって歴史的に説き及ぶ二十略が特に名高い。「藝文略」は二十略の一つで、十二類百家四百二十二種に分類して図書を著録している。書目として、書名と巻数を録し、撰者を注する。存書のみならず亡書も録するのは、後世に亡書を求めやすくすると同時に、書目を通じて背景にある学術の源流、沿革を表すことを意図したことによるのであろう。同じく二十略の一つの「校讎略」は、『通志』七一巻に収められ、佚書、捜書、また図書の分類、目録の編纂などの観点から目録全般に関わる理論を説いた論文六十九篇からなる。鄭樵の目録学において、「藝文略」という実践を支えた理念としての意義を持つが、それだけに止まらず、清朝に至り、章学誠によって批判的に継承され、近現代中国における目録学の礎になるなど、後世に大きな影響を与えた。

『文献通考』 馬端臨（一二五四〜一三二四）、字は貴与による撰。古代から南宋の寧宗朝に至るまでの歴代制度の沿革をまとめた政書。全三百四十八巻、附考証三巻。元の成宗の大徳一一（一三〇七）年成書。「経籍考」は、近世に現存し考察し得る約五千部の図書を四部五十五類に分けて著録している。複数の分類に跨がる場合はいずれにも著録する、いわゆる互見の法を用いる。およそ小類ごとに序を置いて歴代の目録における著録状況を述べ、また書毎に解題を附す。解題には、晁氏『郡斎読書志』、陳氏『直斎書録解題』を載せ、その他、諸目録の記載や筆記などにおける先人の指摘なども引き、利便性が高い。

『相台家塾刊正九経三伝沿革例』 元の岳浚、字は仲遠の撰。同じ元の岳珂撰とする説もある。南宋の廖瑩中の世彩堂本『九経』を底本として、更に『春秋公羊伝』、『春秋穀梁伝』、また『春秋年表』と『春秋名号帰一図』を加えて刊刻した際の校勘上の凡例、細則を具体例を挙げながら述べる。もと廖氏世彩堂本に附されていた『九経総例』を増補して成ったと考えられる。一巻。『四庫提要』に「皆参訂同異、考証精博、釐舛辨疑、使読者有所依拠、実為有功於経学。其論字画一条、酌古準今、尤属通人之論也。」と称される。

『四部正譌』 胡応麟（一五五一～一六〇二）、字は元瑞、号は少室山人の撰。およそ経子史集の順に偽書一百四種を著録し、それぞれに解説を加える。三巻。書の冒頭に偽書が編まれる状況を二十に分け、具体例と共に概説し、また、書末には偽書鑑別の方法八則が述べられている。

『校讎通義』 章学誠（一七三八～一八〇一）、字は実斎の撰。校讎学の専著。乾隆四四（一七七九）年に初稿四巻がなり、原題を「続通志校讎略」と称した。その後、盗難に遭って一巻を失い、修改が加えられたが、生前には公刊されず、道光一二（一八三二）年、次子華紱によって大梁（開封）にて刊刻された。三巻。黄宗義以来の思想性に富んだいわゆる「浙東の学」を継承し、鄭樵、焦竑といった先人の成果を取りこみ、劉向、劉歆父子の成果を大きく捉え直すことによって自らの校讎学を打ち立て、現代目録学の礎を築いた。大梁本が刊刻された後、民国一〇（一九二一）年、浙江呉興の劉承幹の嘉業堂にて『章氏遺書』四十八巻が刻され、もとの三巻を内篇とし、論文二十一篇を外篇一巻として加えた四巻本が収められた。

『増訂四庫簡明目録標注』 邵懿辰（一八一〇～一八六一）、字は位西の撰、邵章（一八七二～一九五三）による続録。『四庫全書簡明目録』に対し、邵懿辰が主な版本を注して案語を加えた『四庫簡明目録評注』に、更に孫詒譲（一八四八～一九〇八）、王懿栄（一八四五～一九〇〇）、黄紹箕（一八五四～一九〇八）などの諸家が修訂、増補を加え、懿辰の長孫の章が補注して成った。二十巻。もとの『四庫簡明目録評注』に附録として諸家の注を引き、続録として邵章の注を載せる。

『邵亭知見伝本書目』 莫友芝（一八一一〜一八七一）、字は子偲、号は邵亭の撰。曾国藩の幕僚となり、江南にて太平天国の乱で散佚した図書の捜集に従事する中で自ら見聞した諸本を『四庫全書簡明目録』に注し、友芝の没後、子の繩孫が遺稿を整理して成書した。十六巻。四庫著録本のみならず、存目書、未収書も多く著録し、それぞれ諸本を注記し、間々巻数、版式といった本の特色や異同優劣などに言及する。後に傅増湘が修訂して四庫未収書、存目書、乾嘉以降に刊行された書を大量に増補し、孫の傅熹年が整理して『蔵園訂補邵亭知見伝本書目』としてまとめた。

『四庫全書総目提要補正』 胡玉縉（一八五九〜一九四〇）、字は綏之の撰。諸家の蔵書志、読書志、筆記などから『四庫提要』の誤謬を正した指摘を集め録し、また自身の考証を加える。玉縉の没後、王欣夫によって整理、刊行された。六十巻補遺一巻。二千三百種ほどの図書を対象にし、また、阮元『四庫未収書目提要』に対しても同様の作業を進めた『四庫未収書目提要補正』二巻を附す。

『四庫提要辨証』 余嘉錫（一八八四〜一九五五）、字は季豫の撰。『四庫全書総目』の錯誤、遺失を取り上げ、その内容、版本、撰者などを考証する。二十四巻。著録図書の提要四百九十篇を取り上げ、対象とする図書の数は胡氏『補正』には及ばないが、辨証は極めて詳細で、考証精確の評高く、胡氏『補正』とともに、目録学、版本学のみならず、文史哲研究の必読書とされる。

『書林清話』 葉徳輝（一八六四〜一九二七）、字は奐份、号は郋園の撰。版本、版刻、紙墨、装釘、印刷、書肆、鑑別、蔵書など、書物にまつわる様々なテーマを歴史的に、また逸話などを交えながら述べた随筆集。十巻。宣統三（一九一一）年刊。次いで著した『書林余話』二巻がある。

目録学年表

本書に取り上げられる目録書を中心に、歴代に編纂された目録学に関する著述を成書順に配列して年表を作成した。備考・関連事項の欄には、取り上げた著述の特色などを記し、併せて本書と関わりのある歴史的な事項を括弧内に示すこととした。

王朝		西暦	元号	目録学関係書	備考・関連事項
漢魏（前206-265）	前漢	前二六	河平三	劉向『別録』	宮中の蔵書整理事業に伴う校書と解題の作成
	前漢	前六	建平元	劉歆『七略』	輯略（総論）と六藝略・諸子略・詩賦略・兵書略・方技略・術数略の六分類
	後漢	五八～七五	永平～	班固『漢書』藝文志	『七略』を襲いつつ修正。史志の始まり。（一五九? 秘書監設置）
	魏	二二〇～二六五	黄初～咸熙	鄭黙『中経簿』	記録に残る最古の四部分類目録
晋（265-420）	西晋	二六五～	泰始～	荀勗『中経新簿』	甲乙丙丁（経子史集）の四部分類。（二九〇 秘書寺設置）
	東晋	三一七～三二二	建武～永昌	李充『元帝四部書目』	経史子集に分類
	東晋	四〇八	義熙四	『秘閣四部目録』	

時代		西暦	年号	目録	備考
南北朝（420-589）	宋	四三一	元嘉八	謝霊運『元嘉八年秘閣四部目録』	
		四七三	元徽元	王倹『元徽元年四部書目録』『七志』	『七志』は私人蔵書目録。経典・諸子・文翰・軍書・陰陽・術藝・図譜の七分類
	斉	四八三	永明元	王亮・謝朏『永明元年四部書目』	
		四九三～	永明一一～	『魏闕書目録』	北魏孝文帝の頃、南斉より図書を借り受ける際に編纂か
	梁	五〇五	天監四	劉孝標『文徳殿四部目録』成書	
		五〇七	天監六	殷鈞『四部書目録』	
		五二三～	普通四～	阮孝緒『七録』	内篇の経典・記伝・子兵・文集・術伎と外篇の仏法・仙道による七分類。史部を独立
隋（581-618）		五八四	開皇四	牛弘『開皇四年四部目録』	（五八三「上表請開献書之路」文を上奏）
		五八八	開皇八	『開皇八年四部書目録』	
		五九七	開皇一七	許善心『七林』	
唐・五代（618-960）		六五六	顕慶元	『隋書』経籍志	もと五代史志として編纂。六朝期の蔵書状況も反映
		七二一	開元九	元行冲『群書四部録』・毋煚『古今書録』『開元内外経録』	（八九一　藤原佐世『日本国見在書目録』）
		九四五	開運二	『旧唐書』経籍志	『古今書録』を抄録、子部に類書類（事類）を設置
宋（960-1279）	北宋（-1127）	一〇四一	慶暦元	王尭臣『崇文総目』	文史類を設置。類序や解題を削った一巻本が流通
		一〇四九～	皇祐～	李淑『邯鄲図書志』	四部分類法にとらわれない目録
		一〇六〇	嘉祐五	『新唐書』藝文志	「旧唐志」が著録しない開元以降の書物も著録
	南宋（1127-）	一一三一～	紹興～	尤袤『遂初堂書目』	版本を記載。集部に楽曲類を設置
		一一四七	紹興一七	鄭樵『求書闕記』	

時代	年	年号	著者・書名	事項
宋（960-1279）南宋（1127-）	一一五一	紹興二一	晁公武『郡斎読書志』	現存する最古の家蔵書目録。解題が充実。袁本と衢本の二系統のテキストあり
	一一六一	紹興三一	鄭樵『通志』藝文略・校讎略	亡書も著録して学術の源流、沿革を示す。著録と分類を重視し解題不要論を提唱
	一一七八	淳熙五	陳騤『中興館閣書目』	王朝南遷後の国家蔵書目録
	一二一九	嘉定一二	張攀『中興館閣続書目』	
	一二二五	宝慶元	高似孫『史略』	『経略』『子略』『集略』『詩略』『緯略』『騒略』の著もあり
	一二四一	淳祐元	陳振孫『直斎書録解題』	語孟類を設置。解題が充実。今本は『永楽大典』からの復元
元（1279-1368）	一三〇七	大徳一一	馬端臨『文献通考』経籍考	輯録体を採用し諸資料を渉猟。互見の法を採用
	一三三〇	至順元	鍾嗣成『録鬼簿』	金元代の戯曲を著録
	一三四五	至正五	『宋史』藝文志	宋朝の歴代に編纂された四種の目録をあわせ、増補して成書
明（1368-1644）	一四四一	正統六	楊士奇『文淵閣書目』	蔵書を南京から北京に移管する際の登記簿。国朝類を設置
	一五二二〜	嘉靖〜	晁瑮『宝文堂書目』	地方志を重視
	一五四〇	嘉靖一九	高儒『百川書志』	小説・戯曲を多数著録
	一五七〇	隆慶四	朱睦㮮『万巻堂書目』	類目を大幅に増加
	一五七三〜	万暦〜	焦竑『国史経籍志』	類序を置く。「糾謬」一巻を附して「漢志」以来の目録書を批評
	一五八六	万暦一四	胡応麟『四部正譌』	偽書一百四種を著録、偽書の鑑別法などについても論述
	一六〇二	万暦三〇	徐𤊹『紅雨楼書目』	小説、伝奇などの俗文学を多数著録、明人の別集が充実
	一六〇五	万暦三三	張萱『内閣蔵書目録』	『文淵閣書目』によりながら存佚を記し、新たに蔵された図書を追加
	一六一三	万暦四一	祁承㸁『澹生堂書目』	子目を細分化して分類を調整。因・益・通・互など分類・著録の理論面でも貢献

清
(1644-1911)

一六四四	順治元	黄虞稷『千頃堂書目』この頃成るか	明人の著述に遼・金・元代の図書を附す。『明史』藝文志の底本
一六四五	順治二	『明史』藝文志	『千頃堂書目』を底本にしながら、史志の通例を変えて明一代の著述のみを著録
一六六九	康熙八	銭曾『述古堂書目』	家蔵書の版本目録
一七二六	雍正四	銭曾『読書敏求記』	家蔵の善本六百三十四種を著録した題跋集
一七五五	乾隆二〇	朱彝尊『経義考』(修訂を加え一七五五に全刊刻)	経義に関する書を網羅的に著録した学科目録。存・佚・闕・未見を記載
一七七五	乾隆四〇	于敏中『天禄琳琅書目』	昭仁殿の善本を収蔵した天禄琳琅の蔵書目録
一七七六	乾隆四一	姚際恒『古今偽書考』(『知不足齋叢書』所収)	九十一種の古籍を対象とした辨偽目録
一七七八	乾隆四三	『違礙書目』	河南省で刊行された禁書目録
一七八二	乾隆四七	紀昀『四庫全書総目』・『全燬書目』『抽燬書目』	伝統的目録学の集大成。以後編纂された多くの図書目録の規範となる
一七九八	嘉慶三	謝啓昆『小学考』(一八二一刊刻)	『経義考』の体例に倣い小学書のみを著録する学科目録
一七九九	嘉慶四	顧修『彙刻書目』	叢書目録の始まり
一八〇〇	嘉慶五	毛扆『汲古閣珍蔵秘本書目』	江蘇常熟の汲古閣が范耒に向けて編んだ販書目録
一八〇三	嘉慶八	黄丕烈『百宋一廛書録』	家蔵の宋本百餘種を著録。顧広圻が賦を作りその蔵書を讃えた
一八一〇	嘉慶一五	孫星衍『孫氏祠堂書目』	小学を経学から独立させるなど、独自の十二分類を採用
一八二〇	嘉慶二五	張金吾『愛日精盧蔵書志』(嘉慶庚辰序四巻本)	
一八二二	道光二	章学誠『校讎通義』刊刻(乾隆四四初稿)	校讎学の伝統を通観、目録の大義を主張し、学術史としての目録(校讎)学を提唱。(一八三一 丹波元胤『医籍考』)

時代	西暦	年号	著者・書名	解説
清（1644-1911）	一八四七	道光二七	龍啓瑞『経籍挙要』	六項目から成る推薦書目録
	一八四八	道光二八	章学誠『史籍考』	史学書目録。七十年の歳月を経て完成するも焼失
	一八七五	光緒元	張之洞『書目答問』	推薦書目録の定番。叢書を四部から独立
	一八七六	光緒二	傅雲龍『続彙刻書目』	『彙刻書目』の続編。四部分類による叢書目録
	一八八二	光緒八	陸心源『皕宋楼蔵書志』	宋元明刊本の善本を著録。図書は岩崎家の静嘉堂文庫に売却され収められた
	一八八三	光緒九	兪樾『春在堂全書録要』	自ら編纂した個人著作目録
	一八八四	光緒一〇	黄丕烈『士礼居蔵書題跋記』	（一八八五　森立之『経籍訪古志』中国刊）
	一八九五	光緒二一	康有為『日本書目志』	和書を通じて西欧の思想の受容を企図した和書総合目録
	一八九六	光緒二二	梁啓超『西学書目表』	西欧思想の受容を目的として編纂。漢訳された西洋書三百五十種を紹介
	一八九八	光緒二四	瞿鏞『鉄琴銅剣楼蔵書目録』	四庫全書の分類に倣い、宋金元明の版本と稀覯抄本を著録
	一九〇一	光緒二七	丁丙『善本書室蔵書志』	（一九〇三　島田翰『古文旧書考』）
	一九〇九	宣統元	莫友芝『郘亭知見伝本書目』	四庫全書存目図書、未収書も多数著録、諸本にも留意
	一九一〇	宣統二	丁福保『歴代医学書目提要』	
	一九一一	宣統三	葉徳輝『書林清話』	書物に関する随筆集、続編に『書林餘話』
中華民国（1911-　）	一九一五	民国四	張鈞衡『適園蔵書志』	善本目録
	一九一九	民国八	繆荃孫『蕘圃蔵書題識』	黄丕烈の題跋集
	一九二一	民国一〇	孫詒譲『温州経籍志』（光緒三初稿）	『経義考』の体例に倣った地方文献目録。後の方志目録に大きな影響を与えた
	一九二五	民国一四	陳鐘凡『諸子書目』	諸子学の学科目録、諸本にも留意。（一九二五　『八史経籍志』光緒年間張寿栄翻刻本）
	一九二七	民国一六	王重民『老子考』	
	一九二八	民国一七	邵瑞彭『書目長編』	目録の目録

時代	西暦	民国	書目	解説
中華民国（1911-　）	一九二九	民国一八	傅増湘『双鑑楼善本書目』	家蔵の宋元本から旧抄本の善本を著録
	一九三〇	民国一九	瞿宣穎『方志考稿』甲集	任鳳苞所蔵の地方志、風土記、郷土誌などを著録した地方文献目録
	一九三一	民国二〇	范希曾『書目答問補正』	
	一九三二	民国二一	黄雲眉『古今偽書考補証』	
	一九三三	民国二二	姚名達『目録学』	
	一九三六	民国二五	孫殿起『販書偶記』	通学斎書店の販書目録。四庫全書未収書を対象とし、四庫全書と相補的関係にある
	一九三八	民国二七	姚名達『中国目録学史』	近代目録学の嚆矢
	一九四六	民国三五	張元済『海監張氏渉園蔵書目録』	張氏が上海私立合衆図書館に寄贈した図書の目録。図書の由来による分類
中華人民共和国（1949-　）	一九五八		余嘉錫『四庫提要辨証』	四庫提要五百篇ほどを取り上げ、詳細に考証し、誤りを正す
	一九六〇		『中国版刻図録』（一九六一増訂本）	歴代の版刻本、活字本、版画を収め、解題と図版を附す
	一九六三		余嘉錫『目録学発微』	近代目録学研究の最高潮
	一九六四		胡玉縉・王欣夫『四庫全書総目提要補正』	四庫提要の誤りを指摘した従来の説を集め、考証を加える
	一九八二		上海図書館『中国叢書綜録』（二〇〇七修訂本）	叢書目録の集大成
	一九八三		王重民『中国善本書提要』	北京図書館等に収蔵される善本を著録。索引の充実
	一九九三		傅増湘修訂『蔵園訂補郘亭知見伝本書目』	『郘亭知見伝本書目』を大幅に修訂、増補し、増湘の孫の熹年が整理、刊行
	一九九六		『中国古籍善本書目』	建国後最大の聯合目録

参考文献

『校讎広義』参考書目挙要

鄭樵『通志校讎略』見『通志』 商務印書館十通本 一九三七年
章学誠『校讎通義』 上海古籍出版社 一九五六年
孫徳謙『劉向校讎学纂微』 元和孫氏四益宧刊本 一九二三年
劉咸炘『目録学』 四川大学 一九二八年
汪国垣『目録学研究』 商務印書館 一九五六年
蒋元卿『校讎学史』 商務印書館 一九三五年
姚名達『中国目録学史』 商務印書館 一九五七年再版
許世瑛『中国目録学史』 中国文化大学出版部 一九八二年新版
張舜徽『広校讎略』 中華書局 一九六三年
銭亜新『鄭樵校讎略研究』 商務印書館 一九四八年
王欣夫『古文献学要略』 南京大学中文系 油印本 一九八三年
余嘉錫『目録学発微』 中華書局 一九六三年
来新夏『古典目録学浅説』 中華書局 一九八一年

武漢大学・北京大学『目録学概論』編写組『目録学概論』中華書局　一九八二年
張舜徽『中国文献学』中州書画社　一九八二年
王重民『中国目録学史論叢』一九八四年
徐召勳『目録学』安徽教育出版社　一九八五年

訳者参考文献

【邦文・邦訳書】

狩野直喜『漢文研究法』みすず書房　一九七九年
内藤湖南『内藤湖南全集』第十二巻「支那目録学」筑摩書房　一九七〇年
武内義雄『武内義雄全集』第九巻「支那学研究法」角川書店　一九七九年
吉川幸次郎『吉川幸次郎遺稿集』第一巻「中国文献学大綱」筑摩書房　一九九五年
倉石武四郎『目録学』汲古書院　一九七三年
勝村哲也「目録学」（『アジア歴史研究入門　第3巻　中国Ⅲ』同朋舎　一九八三年）
清水茂『中国目録学』筑摩書房　一九九一年
井波陵一『知の座標―中国目録学』白帝社　二〇〇三年
古勝隆一・嘉瀬達男・内山直樹訳注『目録学発微』平凡社　二〇一三年
鈴木由次郎訳『漢書藝文志』（中国古典新書）明徳出版社　一九六八年
興膳宏・川合康三『隋書経籍志詳攷』汲古書院　一九九七年
松見弘道訳『図書の歴史と中国』理想社　一九六三年
宇津木章訳『中国古代書籍史―竹帛に書す』法政大学出版局　一九八一年

波多野太郎ほか訳『漢籍版本のてびき』　東方書店　一九八七年
沢谷昭次訳『漢籍版本入門』　研文出版　一九九二年
米山寅太郎『図説中国印刷史』　汲古書院　二〇〇五年
阿部隆一『中国訪書志　増訂版』　汲古書院　一九八三年
川瀬一馬『書誌学入門』　雄松堂出版　二〇〇一年
高橋智『書誌学のすすめ』　東方書店　二〇一〇年
長澤規矩也『図書学辞典』　汲古書院　一九七九年
長澤規矩也『支那書籍解題　書目書誌之部』　文求堂書店、一九四〇年
長澤規矩也『支那学入門書略解』　文求堂書店、一九四〇年

【中文書】

姚名達『目録学』　商務印書館　一九三四年
姚名達『中国目録学年表』　商務印書館　一九四〇年
蔣元卿『中国図書分類之沿革』　台湾中華書局　一九六六年
陳登原『古今典籍聚散考』　上海古籍出版社　一九八三年
昌皮徳・潘美月『中国目録学』　文史哲出版社　一九八六年
厳佐之『近三百年古籍目録挙要』　華東師範大学出版社　一九九四年
高路明『古籍目録与中国古代学術研究』　江蘇古籍出版社　一九九七年
何新文『中国文学目録学通論』　江蘇教育出版社　二〇〇一年
袁慶述『版本目録学研究』　湖南師範大学出版社　二〇〇三年

徐有富『目録学与学術史』 中華書局 二〇〇九年
劉咸炘著・黄曙輝編校『劉咸炘学術論集 校讎学編』 広西師範大学出版社 二〇一〇年
来新夏『古典目録学(修訂本)』 中華書局 二〇一三年
唐明元『魏晋南北朝目録学研究』 巴蜀書社 二〇〇九年
白金『北宋目録学研究』 人民出版社 二〇一四年
陳楽素『宋史藝文志考証』 広東人民出版社 二〇〇二年
王国強『明代目録学研究』 中州古籍出版 二〇〇〇年
来新夏『清代目録提要』 斉魯書社 一九九七年
張舜徽『中国文献学九講』 中華書局 二〇一一年
呉楓『中国古典文献学』 斉魯書社 一九八二年
羅孟禎『古典文献学』 重慶出版社 一九八九年
孫欽善『中国古文献学史』 中華書局 一九九四年
熊篤『中国古典文献学』 重慶出版社 二〇〇〇年
柯平『文献目録学』 河南大学出版社 二〇〇五年
杜沢遜『文献学概要(修訂本)』 中華書局 二〇〇八年
項楚『古典文献学』 重慶大学出版社 二〇一〇年
黄永年『古文献学講義』 中西書局 二〇一四年
呉晗『浙江蔵書家史略』 中華書局 一九八一年
張慧剣『明清江蘇文人年表』 上海古籍出版社 一九八六年
楊立誠・金歩瀛『中国蔵書家考略』 上海古籍出版社 一九八七年

李万健『中国著名目録家伝略』 書目文献出版社 一九九三年
鄭偉章『文献家通考（清―現代）』 中華書局 一九九九年
范鳳書『中国私家蔵書史（修訂本）』 大象出版社 二〇〇九年
全根先『中国近現代目録学家伝略』 国家図書館 二〇一一年
范鳳書『中国著名蔵書家与蔵書楼』 大象出版社 二〇一三年
劉彦傑等『中国目録学家辞典』 河南人民出版社 一九八八年
張治江・王輝『目録学辞典』 機械工業出版社 一九九〇年
趙国璋・潘樹広『文献学辞典』 江西教育出版社 一九九一年
梁戦・郭群一『歴代蔵書家辞典』 陝西人民出版社 一九九一年
趙国璋『文献学大辞典』 広陵書社 二〇〇五年
瞿冕良『中国古籍版刻辞典（増訂本）』 蘇州大学出版社 二〇〇九年
陳東輝『歴代文献学要籍研究論著目録』 浙江大学出版社 二〇一四年
「清人書目題跋叢刊」 十冊 中華書局 一九九〇年
「明代書目題跋叢刊」 二冊 書目文献出版社 一九九四年
「中国著名蔵書家書目匯刊」 七十冊 商務印書館 二〇〇五年
「宋元明清書目題跋叢刊」 十九冊 中華書局 二〇〇六年
「歴代史志書目叢刊」 十二冊 国家図書館出版社 二〇〇九年
「清代私家蔵書目録題跋叢刊」 十八冊 国家図書館 二〇一〇年
「中国歴代書目題跋叢書」 第一～四輯 上海古籍出版社 二〇〇五～二〇一五年

向嶋成美
1941年生まれ。東京教育大学文学部卒業、同大学院文学研究科修士課程修了。筑波大学名誉教授。専門は六朝文学。主な著書に、『中国古典詩聚花—山水と風月』（小学館）、『漢詩のことば』（大修館書店）、『新釈漢文大系74 唐宋八大家文読本』（共著、明治書院）等。

大橋賢一
1969年生まれ。筑波大学大学院博士課程文藝・言語研究科単位取得退学。北海道教育大学教育学部旭川校准教授。専門は唐代文学。

樋口泰裕
1969年生まれ。筑波大学大学院博士課程文藝・言語研究科単位取得退学。文教大学文学部准教授。専門は六朝文学。

渡邉　大
1970年生まれ。筑波大学大学院博士課程文藝・言語研究科単位取得退学。文教大学文学部准教授。専門は中国古典学。

研文選書125

中国古典学への招待——目録学入門

2016年8月22日　初版第1刷印刷
2016年9月1日　初版第1刷発行
定価［本体3600円＋税］

著　　者　程千帆・徐有富
訳　　者©　向嶋成美・大橋賢一
樋口泰裕・渡邉　大
発 行 者　山本　實
発 行 所　研文出版（山本書店出版部）
東京都千代田区神田神保町2－7
〒101-0051　TEL03-3261-9337
FAX03-3261-6276
印　　刷　富士リプロ㈱
カバー印刷　谷　島
製　　本　大口製本

2016 Printed in Japan
ISBN978-4-87636-409-1

索　引

1．本索引は、本文、原注および訳注を対象とし、書名・人名・事項に分けて作成した。
2．各項目の配列は、書名索引は五十音順、人名索引は姓・名毎の五十音順（姓が同音の場合は画数順）、事項索引は分類による。項目間の関連や見やすさに配慮して若干の調整を施した。また、書名索引の下位項目には原書の配列に従ったものもある。
3．項目名は一般的なものにより、略称・異名などを（　）内に示した。
4．特に重点的に取りあげられているページを太字で示した。
5．-（ハイフン）は、当該項目がひとつの話題において複数ページにみえる場合、また3ページ以上に連続してみえる場合にもちいた。
6．→は別名での立項を、⇄は別項目との相互参照を意味する。
7．書名索引には、叢書、作品等も含めた。同名書や私人蔵書目録などには適宜（　）内に編者・蔵書主を示した。また、当該ページで取りあげられている提要や書籍、主題などを必要に応じて〔　〕内に示した。要籍解題で取りあげられている目録書等には＊を附した。なお、書名は適宜略称をもちいた。
8．人名索引には、字、号、書斎名などを（　）内に示す。
9．事項索引の大項目は以下の通り。

《目録書》……29左
《目録の構造》……29右
《目録の著録》……30右
《目録の類目》……31左
《書物の構成要素》……33左
《書物の素材・形態》……34左
《書物の制作》……34左
《テキストの系統・種類》……35左
《テキストの性質・評価》……36左
《捜書・輯佚・禁書》……36右
《学術》……36右
《書閣・書肆》……37右
《官署・官職》……38左

10．事項索引の末尾には、《目録書〈諸序〉引用一覧》および《目録書〈解題・提要〉引用一覧》を附した。

書名索引

ア 行

『愛日精盧蔵書志』*(張金吾)　*202,378,398,435,448,476**
『晏子』(『晏子春秋』)　*20,26,32-33,**45-46**,49,64,70,163,259,263,292-293*〔諸子書目〕,*329,427*
「晏子書録」　*20,26,32-33,**45-46**,49,259*
『違礙書籍目録』　***345***
⇄『清代禁燬書目附補遺』
『違礙書目』*　*344,478**
⇄『咫進斎叢書』
『郁離子』(『鬱離子』)　*246,247*
『彙刻書目』　*227*
『韋蘇州集』(『韋蘇州詩集』)　*73,244,379*
「一個最低限度的国学書目」　*338,399*
『緯略』　*361*〔世説注引書目〕,*401*
『意林』　*261,360,401*
『陰符経』　*103,156,172,188,205-206,261*
『尹文子』　*64,70,163*
『尉繚子』(『尉繚』)　*80,161,189,190*
『雲南書目』　***232-233**,267*
『永明元年四部目録』*　*200,457**
『永楽大典』　*66,243,**267-268***
『永楽大典目録』　*201*
『易』『易経』(『周易』)　*10*〔序卦伝〕,*11,18,**25***〔序卦伝〕,*46,50,**68***〔序卦伝〕,*70,75,121,125,128,132*〔繋辞伝〕,*135,145,159,170,176,180,181,184-188,195,224,246,249,262-264,271,325,334,383,414,426,445,448*
『易伝古五子』書録　*50*⇄「書録」
『易伝道訓』書録　*50*⇄「書録」
『越絶書』　*102,106*
『閲蔵知津』　*304*
『淮南子』(『淮南鴻烈』)　*74,120-121,190,191,425*
「王静安先生手校手批書目」(趙万里)　*386-387*〔広韻〕
「王静安先生著述目録」(趙万里)　*385*
『王勃集』　***241-242***
『王右丞集注』　***94***〔四庫簡明〕
『温州経籍志』*(孫詒譲)　*53-54*〔序例〕,*116,**229-231***〔東嘉書目考(目録類)〕〔水中雁字詩(別集類)〕,*271*〔序例〕,*283,413,**428-439***〔序例〕,*447-449,473**

カ 行

『快閣師石山房叢書』→『七略別録佚文』
『海塩張氏渉園蔵書目録』*(張元済)　*251,472**
『海源閣宋元秘本書目』*(楊保彝)　*378,476**
『海源閣蔵書目』*(楊紹和)　*251,476**
『開元四部書目』→『群書四部録』
『開元釈教録』　*16*〔歴代所出衆経録目〕,*52,101*〔疑惑再詳録・偽妄乱真録〕,*112*〔有訳無本録〕,*116,430*
『開元内外経録』(『釈道目』)　*210,404*
『開皇四年四部目録』*(牛弘)　*200,457**
『陔餘叢考』(趙翼)　*186*
『雅学考』(胡元玉)　*277*
『学海堂経解』→『皇清経解』
『花月痕』(魏子安・眠鶴主人)　*123*
『夏小正』　*351,424,446*

『楽記』 **34**,127,446
『関尹子』 107,259〔書録〕,263
『玩易楼蔵書目録』*（沈節甫） 180,467*
「関於詩経研究的重要書籍介紹」（鄭振鐸『中国文学研究』所収） **273-274**
『漢学堂叢書』 37,**67**,226,324
「関漢卿雑劇全目」（呉暁鈴『関漢卿戯曲集』所収） 316
『漢魏遺書鈔』 37,**67**,324
『漢魏叢書』 167,226
「漢魏六朝楽府詩研究書目提要」（王運熙『楽府詩論叢』所収） 311
『漢魏六朝百三家集題辞注』 306
『漢魏六朝百三名家集』 306
『管子』 34〔弟子職〕,49,50,106,108,119,259,423〔弟子職〕,427
「管子書録」 50,119,259⇄書録
『韓詩外伝』 27,191,349
『漢書』 10-12〔叙伝（藝文志）〕,14,15,17〔成帝紀・楚元王伝〕,20〔董仲舒伝〕,21-22〔叙伝〕〔楚元王伝〕,25〔成帝紀〕〔儒林伝〕,26〔武帝紀〕,55,57,69,74,85〔五行志・元后伝〕,92,108,125〔楊惲伝〕,127〔項籍伝〕,134〔劉歆伝〕,149,196,208,238〔河間献王伝〕,258,279,294,317,324,328〔叙伝〕,365〔東方朔伝〕,399,444-445〔成帝紀・劉向伝・劉歆伝〕
——顔師古注 25,196,258
『漢書』藝文志*（「漢志」） **10-12**〔叙伝〕,**17-18**〔総序〕,21,23,26,27,49-50,**54-55**〔詩賦略序〕,**56-57**〔縦横家序〕,59,63-65,72,74,83,90,100,104-106,108-110,125,127,**134-135**〔類目一覧〕,137,139-141,143,145,149-151,156,**160**〔雑家序〕,161-163,184,186,189,194,208-209,215,217,221-224,**257**〔漢志諸注釈書〕,261,262〔総序〕,**269**〔兵書略序〕,292,305,323〔太史公（春秋家）〕,324,325,330,398,404,414,415,427,430,441,446,450,460*⇄『七略』
——班固自注 65,108,139
——顔師古注 25,57,62,70,74,160,189,446,450
『漢書藝文志挙例』（孫徳謙） 257,403
『漢書藝文志考証』（王応麟） 137,257,262
『漢書藝文志講疏』（顧実） 160,257
『漢書藝文志釈例』（張舜徽） 257
『漢書藝文志拾補』（姚振宗） 109,215
『漢書藝文志条理』（姚振宗） 209,257
『漢書藝文志注釈』（姚明煇） 257
『漢書藝文志注釈彙編』（陳国慶） 257
『漢書所拠史料考』（楊樹達） 366,402
『甘泉郷人稿』 96〔九経三伝〕
『邯鄲図書志』 169,193
『関東風俗伝』「墳籍志」 229,428
『韓非子』（『韓子』） 30〔説難〕,**32**〔存韓・初見秦〕,**46-47**〔書録〕,65,118-119〔孤憤・五蠹〕,194,259〔書録〕,427
『漢律考』 294,324
『疑経録』 100
『魏闕書目録』 112〔隋志〕⇄『闕目録』
『鬼谷子』 64,70,163
『魏書』（王沈） 281,324,328
『魏書』（魏収） 217,218
『偽書通考』（張心澂） 103
『癸巳類稿』 354
『季滄葦蔵書目』* 350,370,398,470*
『魏中経』『魏中経簿』→『中経簿』
『記百三十一篇』 127,423,446
『畿服経』 234,267
「偽妄乱真録」（『開元釈教録』所収） 101
『九経三伝沿革例』→『相台書塾刊正九経三伝沿革例』
『九経字様』 128,243,267
『汲古閣書目』 350,398

『汲古閣珍蔵秘本書目』*（毛扆）　*98, 250,377,475**
『旧五代史』　*335,336*
『求書闕記』『外記』　*113,130,398*
『求書目録』　*112*
『汲冢書』　*102,106,139,141,185*
『夾漈遺稿』　*375-376*
『夾漈書目』　*384*
『共読楼所蔵年譜目』（陳乃乾）　*286*
『匡謬正俗』（『刊謬正俗』『糾謬正俗』）　*78,80*
『許学考』（黎経誥）　***276-277***
〔説文解字校録〕⇄『説文解字』
『曲海』（黄文暘）　*315*
『曲海総目提要』（董康）　***315-316***〔閶問神〕,*406*〔自序〕,***444***
『曲海総目提要補編』（北嬰）　*316*
『玉谿生詩詳注』（『玉谿生詩集箋注』）　*308,398*
『玉谿生年譜会箋』（張采田）　*390-391*
『曲録』（王国維）　*315*
『玉海』　*130,211,262,294,341,398,401*
『玉函山房輯佚書』　*37,**66-67**,226,259,357*
『儀礼』　*128,170,180,264,324,350,383,399*
「疑惑再詳録」（『開元釈教録』所収）*101*
『近三百年人物年譜知見録』（来新夏）　***288-289***〔劉楚楨先生年譜〕
『禁書総目』　*342-344,441*
⇄『咫進斎叢書』
『禁書目録』（宋志）　*341*
『金石録』　*72,282,328*
『金瓶梅書録』（胡文彬）　*314*
『孔叢子』　*90,263,424*〔別裁〕,*446*
『旧唐書』　*218,335-336*
『旧唐書』経籍志*（「旧唐志」）（劉昫）　*38,58*〔序〕,*70,90,91,104,112*〔序〕,*152,154*〔仙霊二十六家・高僧十家（雑伝類）〕,*155*〔仏書〕,*159*〔讖緯〕,*162*〔類事〕,*162*〔序（雑家）〕,*164*〔類事類〕,*176-177*〔道家類附道釈諸説〕,*187*〔道家類〕,***208-210***〔序（古今書録・収録範囲）〕,*211,218,222-224,261,271*〔周易参同契〕,*275*〔爾雅注〕,*292*〔晏子〕,*305*〔神仙伝〕,*324*〔三礼目録〕,*328*〔漢書〕,*393*〔目録類〕,*398,404-405*〔序〕,*441,449,461**
⇄「古今書録」,唐志,『新唐書』藝文志
『公羊伝』→『春秋公羊伝』
『郡斎読書志』*（『晁公武読書志』『晁氏読書志』）　*24,44,70*〔名家・墨家・縦横家〕,***87-88**,90,101*〔文中子〕,*115*〔藝文志見闕書目〕,*152,155*〔道仏書〕,*162*〔雑家類〕,*164*〔史評類〕,*169*〔邯鄲図書志〕,*192,193,203,211,225*〔笠沢叢書〕,***240***〔陶潜集〕,***241***〔王勃集〕,***242,243**,295-296*〔道徳論述要（老子考）〕,*305*〔神仙伝〕,*306-307*〔張祜詩〕,*328-330,393*〔直斎〕,*398,433,437,470**
――袁州本　***88**,193,**240-242**,398*
――衢州本　***88,242**,398*
『郡斎読書志　附志』　*87,**242**,398,433*
『群書四部録』*（『開元四部書目』『四部目』）　*112,200,202,210,260,404,457**
『群書拾補』（盧文弨）　*95,293*
『群碧楼善本書録』*（鄧邦述）　*251,378,477**
『郋園読書志』*（葉徳輝）　*251,472**
『経義考』*（『経義存亡考』）　*16,53*〔輯録体〕,*116,229,236,**270***〔四庫〕,***271***〔周易参同契〕,*474**
『経義考補正』（翁方綱）　*271,276*
『経訓堂叢書』　*227,293*
『経子解題』　***271-273***〔論語〕,*325*
『経書目録』（欧陽伸）　*270,324*

『経序録』（朱睦㮮） 270,325
『経籍挙要』（竜啓瑞） **332-333**〔説文・説文解字注〕,333〔通鑑〕
『荊駝逸史』 226
『経典釈文』（陸徳明） 66,196,217,324-326,369,399
「経典釈文序録」 16,127,275,398
『経典釈文序録疏証』（呉承仕） 65
『藝文志見闕書目』 115〔郡斎〕
『藝文志二十種綜合引得』 123,441
『藝文類聚』 66,294,365,401
「藝文類聚引用書目」（『北京大学25周年紀念研究所国学門臨時特刊』所収） 397
『闕目録』（北魏） 115〔通志〕 ⇄『魏闕書目録』
『元嘉八年四部目録』*（謝霊運） 143,200,456*
『元徽元年四部書目録』*（王倹） 200,260,457*
『乾坤鑿度』 103,189
『原善』 387〔戴東原著述纂校書目考〕
『現存宋人別集版本目録』 **374-376**
『元代雑劇全目』（傅惜華） 317,410
『元帝四部書目』*（『晋元帝四部書目』『晋四部』）（李充） 16,110,142,200,202,259,456*
『古逸叢書』 47〔荀子〕,206〔子略・四庫提要辨証〕,227,**261**,443〔荀子〕
『広韻』 215,386-387〔王静安先生手校手批書目〕
『紅雨楼書目』*（『徐氏紅雨楼書目』） 52〔明詩選姓氏〕,181,246,248〔蔵書屋銘〕〔潘景鄭叙録〕,268,**412**〔蔵書屋銘・潘景鄭叙録・明詩選姓氏〕,413,468*
『絳雲楼書目』*（銭謙益） 73,246,398,469*
『広雅』 170,263,327
『広雅疏証』（王念孫） **277-278**,327
『孝経』 **114**〔隋志〕,128,135,145,170,181,186,187,195,249,264,273,349,350,383 ⇄『古文孝経』
『孝経』鄭氏注 **114**
『孝経内事』 110〔隋志〕
『広弘明集』「七録序」→『七録』
『後山居士文集』 206-207〔全国新書目〕
『孔子編年』 286-287
『校讎通義』* 179,403,420,486*
——叙 22,134,**178-179**〔鄭樵〕,420
——原道第一 **62-63**,**133-134**,184
——宋劉第二 **152-153**〔四部分類〕
——互著第三 134,420,**425-426**
——別裁第四 **423-424**
——辨嫌名第五 74
——校讎条理第七 **440**
——焦竑誤校漢志第十二 425
——漢志諸子第十四 80
『庚申整書小記』附「庚申整書略例」→『澹生堂書目』
『皇清経解』（『学海堂経解』） 226,**264**
『江蘇省立国学図書館図書総目』 168
『公孫竜子』 64,163
『江東蔵書目』*（陸深） 180,465*
『洪範伝』（曾鞏） 422,445
『洪武正韻』 196,268,368,402
『皇明詔制』 422,446
『皇覧』 66,141,162,165,**185**,190
『皇覧簿』 139,150
『紅楼夢』 314⇄『古典文学資料彙編』
『「紅楼夢」研究資料目録索引』 314
『紅楼夢書録』（一粟） 314
『紅楼夢叙録』（胡文彬） 314
『後漢書』（袁山松） 292
——藝文志（後漢志） 110,145,184

『後漢書』(謝承) 116,402
『後漢書』(范曄) 38〔新論〕,67〔新論〕,189,215-216〔補後漢志〕,328
——李賢注 38,67,328
『後漢書藝文志』(姚振宗) 216
『五経』 50,67,111,143,157-159,184,188
『五経大全』 157
「国学入門書要目及其読法」 338,399
『国語』(『春秋外伝国語』) 27,35,170,185,350
『国語』韋昭注 90〔四庫〕
『国子監書目』 382〔通志〕
『国史経籍志』*(焦竑) 162,181,**212-213**,220,398,463*
『国史経籍志補』(宋定国・謝星纏) 220
『国朝未刊書目』(鄭文焯) 113
『国朝未刊遺書志略』(朱記栄) 113
『国民党……目録』⇄『中国現代出版史料』
——反動政府査禁228種書刊目録 346
——反動派査禁149種文藝書目録 346
——反動派査禁文藝書目補遺 347
——反動派査禁676種社会科学書刊目録 347
——反動派査禁961種書刊目録 348
『国立清華大学図書館中文書目甲編』 43,395,427
『語言学閲読書目』(廖序東) 277
『古今逸史』 104,167
『古今偽書考』(姚際恒) **103**,398,403
『古今偽書考補正』(黄雲眉) 103
『古今書刻』(周弘祖) 382
「古今書最」(阮孝緒) 145,186,259 ⇄『七録』『広弘明集』
『古今書録』*(毋煚) 16,38〔序〕,58,200,209-210,458*⇄『旧唐書』経籍志
『古小説鈎沈』(魯迅) 37,67
『古書疑義挙例』(兪樾) **385**〔春在堂全書録要〕,403
『古書真偽及其年代』(梁啓超) **121-122**
『古書同名異称挙要』 125
『古書目四種』(沈家本) 363,402
『古籍整理図書目録(1949-1991)』 354
『古籍版本題記索引』(羅偉国) 382
『古籍目録』(版本図書館) **353-354**
『五代史』 218,279,281,**328** ⇄『新五代史記』
『五代史志』 158,209,**257**,262 ⇄『隋書』経籍志
『五代両宋監本考』(王国維) **383**
『五朝小説』 226,263
『古典戯曲存目彙考』(荘一払) **316**〔関漢卿〕,**317**〔感天動地竇娥冤〕,416
『古典文学資料彙編』 391〔陶淵明巻・杜甫巻・白居易巻・柳宗元巻・黄庭堅及江西詩派巻・李清照資料彙編・楊万里范成大巻・陸游巻・紅楼夢巻〕
『古典目録学浅説』(来新夏) 65,258
『古文孝経』(孔安国伝) **114**〔隋志〕,170,326⇄『孝経』
『古文尚書』(孔安国伝) 68,105,107,114,170,182,334⇄『書』
『古名家雑劇』 317

サ　行

『歳時広記』 177〔通志〕,194
『索引式的禁書総録』 345
『左氏伝』『左伝』→『春秋左氏伝』
『三国藝文志』(姚振宗) 216,441
『三国志』 216〔補藝文志〕,281,399
『三国志』裴松之注(裴松之三国志注) 66,328,361,364,365
「三国志注引書目」(趙翼『廿二史箚記』所収) 361,398,402
「三国志注所引書目」(沈家本) 361-

362〔序文〕〔四体書勢〕,363,402
⇄『沈奇簃先生遺書』
『三国志通俗演義』 247〔百川〕
『三朝国史藝文志』 210-211
『三朝北盟会編』 **358-359**〔四庫〕
『三通』(三通考) 221-222,399
『参同契』→『周易参同契』
『三礼目録』 25,34,269,**324**
『詩』(『詩経』『葩経』) 11,**17-18**〔漢志〕,26,30,**33**,46,**55**〔漢志〕,56,61,65,**75**〔葩経〕,83,118,**125**,135,145,**147**〔六藝略と詩賦略(七録序)〕,**166-167**〔四庫〕,170,180,181,184,186-188,195,224,249,264,273-275,308,310,325,326,340,392
——毛詩 125,128,273,326,383,392
——毛伝 65,68
——大序・小序 326
「詩序」 68,273,308,326
『子彙』 191,226,**263**,264
『爾雅』 128,170,181,185,261,264,273-277,327,334,408,425,426,446
『爾雅注』(郭璞) **275-276**〔小学考〕
『史学叢書』 226
『史記』(『太史公』『太史公書』『司馬遷書』) **10-11**〔太史公自序〕,12,14,17〔蕭相国世家〕,20〔儒林列伝〕,26〔秦始皇本紀〕,27〔漢志〕,30,33〔有録無書十篇〕,47〔韓非伝〕〔孟子荀卿列伝〕,63,65〔太史公百三十篇〕,69〔屈原伝〕,75〔太史公書〕,92,106〔叙述範囲〕,118-119〔韓非伝〕,119〔司馬相如伝〕,124,125〔史記の異称〕,127,129,130,139〔隋志〕,149,150,171,189〔秦始皇本紀〕,194,208〔八書〕,215,**243-244**〔直斎〕,279〔史略〕,281〔論修史籍考要略〕,**284-286**〔史記書録〕,294,323〔太史公書〕,324,328,335,337,340〔焚書〕,366,399,400,415〔太史公
『史記索隠』 66,124,285,446
『史記集解』 38,47,66,124,285
『史記集解索隠』 66,285
『史記書録』 **284-285**〔自序〕,**285-286**〔史記集解索隠〕,329
『史記正義』(『正義解註史記』) 124,349
『詩経』→『詩』
『詩経』毛伝→『詩』毛伝
『詩言志辨』(朱自清) 65,**166**〔序(詩文評類・詩品・文心)〕
『四庫簡明目録』*(『四庫全書簡明目録』)(于敏中) 40,68,261,**372-373**,398,459*
『四庫簡明目録標注』*(『増訂四庫簡明目録標注』) **94**〔王右丞集注〕,**372**,398,480*
『四庫全書』 44,113,192,243〔直斎・永楽〕,266〔蜀中広記・蜀中著作記〕,325,330,331,335,341,372,376,399,402,405,408
——「四庫全書本」 104,147,149,163,164,169,177,193,375
『四庫全書簡明目録』→『四庫簡明目録』
『四庫全書総目韻編』(范志熙) 440
『四庫全書総目及未収書目引得』 440-441
『四庫全書総目索引』(陳乃乾) 440
『四庫全書総目提要』*(『四庫全書総目』『四庫提要』『欽定四庫全書提要』) 14,20-21,24,25〔三礼目録(目録類序)〕,39,40,44,47,50-51〔宝文堂(目録類存目)〕,54,**58-59**〔凡例〕,**64**〔雑家類序〕,70〔子目末尾の案語〕,80-81〔皇元聖武親征録(雑史類存目)〕,82,87,90〔国語(雑史類)〕,**101-102**〔直斎〕,137,152-153,**154-155**〔釈家類序〕,**155-156**〔道家類序〕,**157**〔四書大全〕,**158**〔四書類序〕,**161**,**163**〔雑家類序(雑学・雑考・雑説・雑品・雑纂・雑編)〕,**164**〔凡例〕〔史評類〕,**164-165**〔類書類序〕,**165-166**〔詩文評類序〕,**166-**

167〔詞曲類序〕,*168,169,181,183,186*〔別集類序〕,*191*〔雑家類〕,*192*〔史鈔類〕〔詩文評類〕,***201-202,203-204***〔凡例〕,***205-206***,*212-213*〔国史〕,*221-222,243*〔郡斎〕*244*〔直斎〕,***250***〔千頃堂〕,*261*〔陰符経(道家類)〕,***270***〔経義考〕,*283,299,309,326,329,345,356,358-359*〔三朝北盟会編(紀事本末類)〕,*365,368*〔宝文堂〕,***372-374***〔四庫全書訂補・版本研究〕,*380,385,393*〔四庫著録目録書〕,*398,405,**411***〔販書偶記〕,*411-412*〔凡例〕,***414***〔凡例〕,*429,430,436,437,439,449*〔目録類序〕〔史部総序〕,*450,459**
『四庫全書総目提要補正』*(胡玉縉) *204,205*〔明会典〕,*302,374,481**
『四庫全書目録版本考』(葉啓勲) *374*
『四庫提要辨証』*(余嘉錫) *39,204,**205-206***〔子略〕,*258,324,330,481**
『四庫未収書目提要』(阮元) *398*
『尸子』 *47,161,189-190*
『詩詞曲語辞匯釈』 *30*
『資治通鑑』 *263,333,369,399*
『資治通鑑長編』 *112*
『四書』 ***34**,50,**156-157,158***〔四庫〕,*180,249,399*⇄事項「目録・類目・四書」
『咫進斎叢書』(姚覲元) ***344-345**,378*
⇄違礙書目・禁書総目・銷燬抽燬書目
『史籍挙要』(柴徳賡) *289*
『史籍考』 *117-118,179,**280-283**,426*
——史籍考釈例 *116-117*〔存佚〕,*280*
——史籍考総目 *280,**327***
——論修史籍考要略 *280,**281***〔剪裁宜法〕,***281***〔嫌名宜辨〕,***282***〔板刻宜詳〕,***283***〔採摭宜詳〕,*427*〔子部宜択〕⇄『章氏遺書』
『四朝国史藝文志』 *211*
「七緯」 *159*
『七志』*(王倹) *51,58,91,110,**142,143***〔類目一覧〕,***144-149**,186,260,305,393,430,463**
『七略』*(劉歆) *15-16,**17-18***〔漢志〕,***20-23**,26,41,49,**57-58,62-63***〔流別の辨章〕,*65,74,100,103,110,118,**134-137**,139-140,**142-145***〔七略から七録・隋志〕,***147-153**,176-177,186,200,208-209,224,260,262,274,279,292,296,305,327,329,330,365,392,404,430,444-445,455**⇄『漢書』藝文志,『別録』
『七略別録佚文』(姚振宗『快閣師石山房叢書』所収) *12-14*〔列子書録〕,*31*〔列子書録〕,*48*〔鄧析書録〕,*50*〔易伝古五子書録〕〔易伝道訓書録〕,*57-58*〔姚序〕,*62*〔姚序〕,*259*〔姚序〕⇄『別録』
『七林』(許善心) *58*
『七録』*(阮孝緒) *16,21*〔序(子兵録)〕,*44*〔序(別録)〕,*51,57*〔序(輯略)〕,*58,**63***〔序(記伝録)〕,*91,**110,138***〔序(中経簿・中経新簿)〕,*140,**142-143,145-146***〔類目一覧〕,***147-148***〔序(記伝録・子兵録・仏法録・図と譜・経典録・文集録)〕,***149***〔七略から七録(隋志)〕,***150-151***〔七録と隋志〕,*155*〔道仏〕,*158*〔讖緯(術伎録)〕,*184-186,239*〔序〕,*259,260,296,305*〔序(文集録)〕,*392,432,463**
『史通』 *164*〔郡斎〕,*229*〔書志篇〕,*257*〔古今正史篇〕,***265**,399,428,433,448*〔断限篇〕
『子弟書総目』(傅惜華) *319*
『子弟書目録』(百本張) ***318-319***
『思適斎集』(顧広圻) *97*
『司馬遷書』 *281*⇄『史記』
『司馬遷所見書考』(金徳建) *366*
『詩品』 *165,166*
『四部正譌』*(胡応麟) ***102-103***〔握奇・素問・卜商易伝・連山・子華・尹

喜・越絶書・鶡冠子・湯液・相経・汲冢書・師春・檮杌・筆録・香奩・法盛晋書・蘇軾杜解・周秦行紀・碧雲・陰符・乾坤鑿度〕,*122*〔補江総白猿伝〕,*480**
『四部叢刊』 *19,20,31,32,46,47,50,72,94,95,386,443*
『四部叢刊三編』 *242*〔郡斎〕
『四部叢刊初編書録』 *98*〔方言〕
『四部目』→『群書四部録』
『四部目録』→『元嘉八年四部目録』
『史部要籍解題』(王樹民) *289*
『釈道目』→『開元内外経録』
『釈名』(『逸雅』) *76,170,263,399*
『上海各図書館蔵報調査録　附新聞学図書目録』 *254*
『上海図書館善本書目』 *380*
『周易』→『易』
『周易参同契』(『参同契』) *172,188,261,271*〔経義考〕,*325,450*
『十三経注疏』 ***40***〔答問〕,*72,272*
「十史藝文経籍志」 *223-224*
『十七史商榷』 *39,41,95,137,185*
『十州記』 *365*〔水経注引書考〕
『周秦行紀』 *103,109,121*
『周秦諸子書目』(胡韞玉) *292*
『周秦諸子序録』(王仁俊) *292*
『修文御覧』(『修文殿御覧』) *77,401*
『儒学警悟』 *225*
『授経図』(朱睦㮮) *325,448*
『述学』(汪中) *161*〔呂氏春秋〕
『述古堂書目』*(銭曾) *250,**368***〔版本の記載〕,*370,398,469**
『出三蔵記集』 *52,100*〔新集疑経偽撰雑録〕
『取締書刊一覧』 *348*
『周礼』 *9,**70**,121,128,180,234,264,294,324,351,383,428*
『春在堂全書』(『第一楼叢書』) *264,403*
『春在堂全書録要』 ***385***〔古書疑義挙例〕
『荀子』(『孫卿子』『孫卿新書』) *30,36,**46-49**,83,119,132-133,259,399,404,443*
——孫卿書録 ***46-47**,83,259,404* ⇄書録
『春秋』(『麟経』) *11,17,20,22,27,35,46,50,63,75,125,135,136,141,145,147,149,151,152,170,180,181,184-188,195,224,249,264,284,323,325,383*
『春秋外伝国語』→『国語』
『春秋公羊伝』(『公羊伝』) *128,264,325,383*
——何休解詁 *369*
『春秋穀梁伝』(『穀梁伝』) *128,264,383*
『春秋左氏伝』(『左氏伝』『左伝』) *30,35,48,60,104,128,159,244,264,325,383,399,448*
『書』(『書経』『尚書』) *11,15*〔青絲目録〕,*17,26,**35-36**,61,65,68,**75**,105,107,114,118,125,128,135,145,170,180-182,184,187,188,195,224,249,264,325,334,340,383,392,448,450*
——禹貢 *182,234*
——泰誓 ***35-36**,65,66,105*
「書序」(孔子) ***43,68,392***
「書序」(馬融) ***35-36***〔諸書所引泰誓〕
『小学考』*(謝啓昆) *53,**274***〔序〕,***275-276***〔爾雅注〕,*283,295,309,**408***〔序〕,*413,415,435,474**
『小学考目録』(羅福頤・王振声) *275*
『小学鉤沈』(任大椿) *37,67*
『銷燬抽燬書目』(全燬書目・抽燬書目) ***341-342**,344* ⇄『咫進斎叢書』
『鍾山札記』(盧文弨) *10*〔序卦伝〕,*12*〔一書の目録(太史公自序・漢書叙伝)〕
『章氏遺書』 *117,283,328,427*

『小爾雅』 *424,446*
『少室山房筆叢』（胡応麟） *68*,***102-104***〔四部正譌〕, *122,191,192*
『尚書』→『書』
『蕘圃刻書題識』（繆荃孫編） *370*〔季滄葦蔵書目跋〕
『蕘圃蔵書題識』（繆荃孫編） *76,251,370-371*〔繆序〕,*418*〔繆序〕
『蕘圃蔵書題識続録』（王大隆編） ***88-89***〔楊仁斎直指方論〕,*251,371*
「少陵編年詩目譜」（浦起竜『読杜心解』所収） ***389***
『且介亭雑文二集』 *346,400*
『初学記』 *138*
『書画書録解題』 *303-304*〔玉台書史〕
『書経』→『書』
『蜀中著作記』 *229,265-267,429*
『徐氏紅雨楼書目』→『紅雨楼書目』
「諸子書目」（陳鐘凡『諸子通誼』所収「周秦訖元明諸子書目」） ***292-293***〔晏子〕,*329*
『初唐詩』 *247*〔百川〕
『書目挙要』（周貞亮・李之鼎） ***394***〔直斎〕
『書目挙要補』（陳鐘凡） *394*
『書目挙要補正』（劉紀沢） *403*
『書目長編』（劭瑞彭・閻樹森） *392,394-395*〔秘書省続編到四庫闕書目〕,*398*
『書目答問』*（張之洞） *40-41*〔十三経注疏〕,*94,140*〔周秦諸子類〕,*163*〔叢書部〕,*168,229*〔叢書〕,*264*,***333-338***〔略例〕〔経部序〕〔地理類序〕〔国朝著述諸家姓名略序〕,*361*〔三国志注引書目〕,*374,398*〔書目之属〕,*402,427*〔略例〕,*475**
『書目答問補正』（范希曾） *95*〔曹子建集〕,***167-168***〔叢書部〕,*334*〔范希曾跋〕,***338***,*357*〔御覧〕,*374*
『書林清話』*（葉徳輝） *403,481**
——版本之名称 *28*
——古今蔵書家紀版本 ***92-93***〔遂初堂,九経三伝〕,***93***〔天録琳琅〕,***98***〔汲古閣珍蔵秘本〕,*128*
——書之称巻 *84*
——明人刻書改換名目之謬 ***76***
「書録」（劉向書録）→『別録』
『子略』*（高似孫） ***205-206***〔四庫辨証〕,*258,261,291*,***292***〔論衡〕,*398,474**
『史略』*（高似孫） *206,261*,***279***〔序〕,*291*,***327***,*474**
『使琉球録』 *247*〔百川〕
『士礼居刊行書目』 ***350***
『士礼居叢書』 *98,227*
『士礼居蔵書題跋記』*（潘祖蔭編） *250,370,471**
「士礼居蔵書題跋記書後」（繆荃孫『芸風堂文続集』所収） *397*
『士礼居蔵書題跋記続編』 *370*
『新苑』→『説苑』
『清開国史料考』（謝国楨） *283,408*
『沈寄簃先生遺書』 ***362***〔三国志注所引書目〕,***363***〔世説注所引書目〕,*402*
『振綺堂書目』*（汪憲） *251,470**
『晋元帝四部書目』→『元帝四部書目』
『慎江文徴』（周天錫） ***230-231***〔温州〕,*429*
『新五代史記』（『欧陽脩五代史』） *281,328,369*
『清史稿』藝文志*（趙爾巽） *208*,***214-215***〔序〕,*220,222,263,394*〔目録類〕,*441,462**
「清史稿藝文志及補編」 *224*
『清史述聞』 *214*〔清史稿芸文志撰者〕
『晋四部目』→『元帝四部書目』
「新集疑経偽撰雑録」（『出三蔵記集』所

収） 100
『新集書目』（蔣彧） 239
『晋書』（房玄齢） 67,121〔陸雲伝〕,129,138〔鄭默伝〕,**141**〔束晳伝〕,**185-186**〔束晳伝〕,**216-217**〔補晋志〕,240〔陶潜伝〕,267,275〔郭璞伝〕,294,362〔衛恒伝〕,384〔曹志伝〕
『晋書』（王隠） 67,138
『晋書』（『晋中興書』）（何法盛） 102
『晋書』（朱鳳） 361
『晋書』（沈約） 361
『晋書』（臧栄緒） 67,142
『晋書輯本』（湯球） 67
『新序』 19,184,191,205,**224**,260
『清史論文索引』 291
『新続古名家雑劇』 317
『清代禁燬書目附補遺』 345
⇄『違礙書籍目録』
『清代禁書知見録』（孫殿起） 345
『清代雑劇全目』（傅惜華） 317,410
『晋中経簿』→『中経新簿』
『清朝経籍志』 395
『清朝続文献通考』経籍考 221
『清朝通志』藝文略（嵇璜） 220
『清朝文献通考』経籍考 221
『新唐書』藝文志＊（「新唐志」『唐書』藝文志）（欧陽脩） **51-52**〔邱為集〕,70,90,115,152,154〔神仙三十五家・釈氏二十五家（道家類）〕,159,162,164〔類書類〕,189,192,208,**210-211**,221-223,241,260〔序〕,271〔周易参同契〕,292,305〔神仙伝〕,306〔張祜詩〕,324〔三礼目録〕,328,393〔目録類〕,398,441,449,461＊
⇄唐志,『旧唐書』経籍志
『神農本草』 105
『清人文集別録』（張舜徽） **307**〔自序〕,**308**〔孟亭居士文稿〕
『新論』 38,67-68
『水経』 279
『水経注』 66,182,**364-365**,399
『水経注引書考』（馬念祖） **364**〔序文〕,365〔十州記〕
『水経注等八種古籍引用書目彙編』（馬念祖） 365〔序〕,407〔序〕
『水滸書録』（馬蹄疾） 314
『水滸伝』 247,314,399
『隋書』 58〔許善心伝〕,125〔劉臻伝〕,260〔牛弘伝〕,262〔十志〕
『隋書』経籍志＊（「隋志」）（魏徵） 14,15〔簿録類序〕,27,51〔総序〕,58〔総序〕,**59-61**〔総序〕,66〔書類序〕,67,68,80〔尉繚子〕,83〔列子〕,90,92,101,104-106,110〔存佚〕,**111-112**〔讖緯類序〕〔総序〕,113,**114**〔孝経類序〕,123,126,127,129〔竹書紀年〕,134,**139**〔総序（中経・中経新）〕,**143**〔総序（七志）〕,**148-149**〔総序（漢志と隋志）〕,**150-152**〔七録と隋志〕,**154-156**〔道・仏の処理〕,**158-159**〔経部讖緯類序〕,**161-163**〔雑家〕,**164-165**〔類書（子部雑家）〕,169,183,185,**186-187**〔類目一覧〕,187〔道・仏〕,189,190〔雑家類序〕,192〔集部序〕,195,208,**209**,212,216-218,221-223,**234**〔地理類序〕,241,257〔隋志注釈書〕,259-262,267,275,292,296,305,306,324-326,328-330,361,362,365,**392-393**〔簿録類序〕,398,415,424,432,441,446,449-450,460＊
『隋書経籍志考証』（章宗源） 257
『隋書経籍志考証』（姚振宗） 53,150〔叙本志体製〕,161-162〔雑家〕,209〔叙本志撰人〕,257
『隋書経籍志補』（張鵬一） 218
『遂初堂書目』＊（尤袤） 92,127,128,152,155,156〔論語類・孟子〕,166〔楽曲類〕,191-192〔史学類〕,240,245,366,**367**〔戦国

策諸本〕,398,464*
『崇文総目』*（王堯臣）　16,59,80,104,115,152,155〔道書・釈書〕,156,162,177,187-188〔類目一覧〕〔道書・釈書〕,192〔文史類〕,194,200,203,221,271,293,329,393,398,414,429,444,450,458*
『説苑』（『新苑』）　**18-19**〔書録〕,184,191,205,224-225,259〔書録〕,260,444
『西学書目表』　405,417〔序例〕,**443-444**
『清華大学図書館中文書目—甲編一目録類』（施廷鏞）　43,395〔清朝経籍志〕
『生活　全国総書目』（平心）　**352-353**〔編例〕,401,**407**〔編例〕
『西斎書目』（呉兢）　239,241
『醒世姻縁伝』（蒲松齢・西周生）　123
『世善堂蔵書目』*（陳第）　245,398,467*
『西諦書目』*（鄭振鐸）　**41-42**,68,472*
『西亭中尉万巻堂書目』*（朱勤美）　245,467*
『斉東野語』　243〔直斎〕
『世本』　27,136,279
『石倉歴代文選』（『石倉国初文選』）　42
『世説新語』　66,68,184,225,361-362
『世説新語』劉孝標注（『世説注』『世説新語注』）　66,**361-362**,**365**
「世説注引書目」（高似孫『緯略』所収「劉孝標世説」）　**361**〔緯略〕,363,401
『世説注所引書目』（沈家本）　**362-363**,401⇄『沈寄簃先生遺書』
『浙江地方志考録』　**237-238**〔前言〕
『浙江方志考』　257-258
『説文解字』（『説文』）　25,33,**40**,69,72,196,274,276,332-333,399,408
『説文解字義証』（桂馥）　**40**
『説文解字校録』（鈕樹玉）　**276-277**〔許学考〕
『説文解字注』（段玉裁）　**40**,**333**
『説文句読』（王筠）　**40**
『説文釈例』（王筠）　**40**
『説文新附考』（鈕樹玉）　276
『説文段注訂』（鈕樹玉）　276
『説文通訓定声』（朱駿声）　**40**
『山海経』　75,125,234,279
「山海経書録」　259⇄書録
『全燬書目』*　**341-342**,478*
⇄『銷燬抽燬書目』
『1949－1991影印善本書目録』　83〔周礼・白氏長慶集〕
『全金元詞』引用書目録　360〔皤渓集〕
『千頃堂書目』*（黄虞稷）　**64**〔雑家〕,**162-163**〔雑家〕,191〔子部〕,**213-214**〔明志稿・明志〕,229,246,248,**249**〔類目一覧〕,250〔四庫〕,262-263,265-267,398,413,429,431,432,435〔総集類・制挙〕,437,449,469*
『全国古籍善本書総目』　126,376
⇄『中国古籍善本書目』
——収録範囲　126,**376-377**〔善本〕,402
——著録条例　82,99,**126**,416
『戦国策』（国策・国事・事語・脩書・短長）　27,**31-32**,50,65,70,72,259,350〔士礼居刊行書目〕,**367**〔遂初堂〕
「戦国策書録」　**31**,50,**72**,259　⇄書録
『戦国秦漢史論文索引』　291
『全国新書目』（中国版本図書館）　**206-207**〔後山居士文集〕,**261-262**,330,353
『全国総書目』（中国版本図書館）　**206-207**,**261-262**,330,353
『全国図書館書目彙編』　397
『潜采堂書目四種』（朱彝尊）　359,396
『船山遺書』（王夫之）　226
『全宋詞』　359
『全唐詩未備書目』（朱彝尊）　396

『1833-1949全国中文期刊聯合目録』 **256-257**〔編例〕
『善本書室蔵書志』＊（『丁氏蔵書志』）（丁丙） *202,251,268,307,378,477＊*
『剡録』（高似孫） *233-234,430,448*
『蔵園群書経眼録』 ***98-99***〔孟東野詩集〕,*378*
『蔵園群書題記』＊（傅増湘） *45,472＊*
『蔵園訂補郘亭知見伝本書目』 *373*〔整理説明〕⇄郘亭知見伝本書目
『宋会要輯稿』 ***115***〔宋代の蔵書事業〕
『双鑑楼善本書目』＊（傅増湘） *251,477＊*
『双偶集』 *247*〔百川〕
『宋元戯曲史』（王国維） *315*
『宋国史藝文志輯本』（趙士煒） *211*〔序〕,***409***〔序〕
『宋史』 *268,358*〔孫甫伝〕,*401,409*
『宋史』藝文志＊（「宋志」）（脱脱） ***61***〔序〕,*70,78*〔匡謬正俗〕,***87***〔郡斎〕,*90,112*〔唐四庫捜訪図書目〕,*113*〔序〕,*123,130,152,160,**191-192***〔史鈔類〕,***195***〔類目一覧〕,*208,**211-212***〔序〕,*218*〔補宋志〕,***223****,250,261,270*〔経書目録〕,*275,324,341*〔禁書目録〕,*358,393,398,**409**,433,441,448,461＊*
『荘子』（『南華真経』） *74,125*〔天運篇〕,*172,187,188,190,238*〔天下篇〕,*244*
『曹子建集』 ***95***〔書目答問補正（『曹子建詩注』『曹子建集考異』『曹集詮評』）〕
『宋書』 ***217**,240*〔陶潜伝〕,*336*
「蔵書屋銘」（徐𤊹）→『紅雨楼書目』
『叢書子目索引』（金歩瀛） *227,411,442*
『叢書子目書名索引』（施廷鏞） *228,442*
『叢書子目備検著者之部』 *227,442*
『叢書書目彙編』（沈乾一） *227,264*
『叢書大辞典』（楊家駱） *228*
『相台書塾刊正九経三伝沿革例』＊（『九経三伝沿革例』） *92-93,**96***〔甘泉郷人稿〕,*128,480＊*
『増訂四庫簡明目録標注』→『四庫簡明目録標注』
『増訂蔵書挙要』（李之鼎） *227*
『増訂晩明史籍考』（謝国楨） ***283-284***〔廬司馬殉忠実録〕,*408-409*〔前言〕
「掃葉山房発行石印精本書籍目録」 *351,401*
『綜理衆経目録』「偽経録」 *100*
『蘇魏公譚訓』 *19*
『続雅学考擬目』（周祖謨） *327*
「続漢書志注所引書目」（沈家本） *363*
『続漢書八志補注』 ***363***
『涑水記聞』 ***121-122***〔古書真偽〕
『続通志』（嵆璜） *220,221*
『続文献通考』 *220,221,448*
『続録鬼簿』→『録鬼簿続編』
『楚辞』 *56,69*〔班固序〕,*75*〔天問・遠遊〕,*125*〔遠遊〕,*137,146*〔七録〕,*173*〔通志〕,*186*〔隋志〕,*193,195*〔宋志〕,***310***
——離騒 *69,75,125,244*
『楚辞概説与読物要目』 ***310***〔楚辞新注〕
『楚辞書目五種』（姜亮夫） ***310***
『楚辞書目五種続編』（崔富章） *331*
「楚辞専著目録」（洪湛侯『楚辞要籍解題』所収） *311*
『素問』 *102,108,299*
『孫卿子』『孫卿新書』→『荀子』
『孫氏祠堂書目』＊（孫星衍） ***181***〔類目一覧〕,***182-183***〔小学類序・地理類序〕,*470＊*

タ 行

『第一楼叢書』→『春在堂叢書』
『大学』 *34,156,158,195,368*
『太玄』 *184,224-225*〔揚雄所序〕

『太史公』 *27,65,125,323,415* ⇄『史記』
『太史公書』 *75,125,323* ⇄『史記』
『大隋衆経目録』「疑惑」「偽妄」 *101*
『大蔵経』 *101,112*
『戴東原先生年譜』（段玉裁） *387,413*
「戴東原著述纂校書目考」（梁啓超） ***387***〔序〕,***387-388***〔原善〕,*413*〔序〕
『大唐内典録』 *52,101*〔歴代所出疑偽経論録〕,*112*〔歴代衆経有目闕本録〕
『岱南閣叢書』 *227*
『太平寰宇記』 *235*
『太平御覧』 *17,37,66,294,356-357,365,401*
「太平御覧経史図書綱目」（「太平御覧引用書目」） *305,**356**,398,402*
『太平広記』 *37,**357-358**,365,401*
『太平広記引用書目』 ***357-358***
『太平広記篇目及引書引得』 *357-358*〔序〕
『大戴礼』 *84,**126-127**,264,399,424,446*
『弾詞叙録』（譚正璧） *320*
『澹生堂書目』*（祁承㸁） *66,162*〔諸子類〕,***163***〔叢書類〕,***167**,181,190-191*〔子部類目一覧〕,*235*〔図志類（地方志目録の先駆）〕,*246,**264***〔叢書類〕,***423***〔通・互（別裁・互著）〕,***445**,446,468**
——澹生堂蔵書約 ***36-37***〔蔵書訓略（輯佚の方法）〕,*66*〔読書訓・聚書訓・蔵書訓略〕,***445***
——庚申整書小記 *66,423,445*
——庚申整書略例 ***167***〔叢書〕,***421-423***〔因・益・通・互〕,***445***〔因・益〕
『竹書紀年』 *105,**129-130**,141,185,279*
『中医図書聯合目録』 *256,**299-300**,409*
『抽燬書目』* *341,**342**,441,478**
⇄『銷燬抽燬書目』
『中興館閣書目』*（陳騤） *200,458**
『中興館閣続書目』 *201*
『中興国史藝文志』 ***211***
『中経新簿』*（晋中経簿）（荀勗） *16,* ***138-139***〔隋志総序〕,***139-142***〔目録学発微〕,*150,165,259,456**
『中経簿』*（『魏中経』『魏中経簿』）（鄭黙） *110,**138-139***〔隋志総序〕,*140*〔目録学発微〕,*145,200,456**
「中国韻文史簡要書目」（竜沐勳『中国韻文史』所収） *312*
「中国歌謡資料参考書目」（『中国歌謡資料』所収） *319-320*
『中国近代戯曲論著総目』（傅暁航） *321-322*
『中国近代史論著目録』 *290*
『中国近代史論文集』 *291*
『中国近八十年明史論著目録』 *290*
『中国現代出版史料』 *397*
——乙編 *346,347,400*
——丙編 *347,348*
——丁編 *352*
⇄『国民党……目録』
『中国語言学論文索引』 *278*
『中国古籍善本書目』 *126,154,187,256,* ***381-382***〔編例〕
⇄『全国古籍善本書総目』
『中国古代音楽書目』 *302,444*
『中国古代文学資料目録索引』 *323*
『中国古代文学理論名著題解』 *321*
『中国古典文学研究論文索引』 *323*
『中国古典文学名著題解』 ***339***〔提要〕
『中国古方志考』 ***236-237***〔叙例〕
『中国史学名著題解』（張舜徽） *289*
『中国史学論文索引』 *290*
『中国辞書学論文索引』 ***278-279***
『中国小説史略』（魯迅） *312*
『中国善本書提要』*（王重民） ***380-381***〔序〕,*442*〔各種索引〕,*478**

『中国善本書提要補編』 381
『中国叢書綜録』 80,154,**228**,256,257,264,442
『中国俗曲総目稿附補遺』 319,331
『中国俗文学史』(鄭振鐸) 331
『中国地方志綜録』 **235-236**〔凡例・序〕,253
『中国地方志聯合目録』 236,256
『中国通史簡編』(范文瀾) 34,41
『中国通俗小説書目』(孫楷第) **312-313**〔凡例〕
『中国通俗小説総目提要』 313
『中国哲学史』(胡適) 117
「中国図書編目条例」(劉国鈞) 428
『中国二十世紀文学研究論著提要』 **321**〔凡例〕
『中国版刻図録』* 125,397,478*
『中国仏教史籍概論』 **304**,330
『中国文学研究』(鄭振鐸) 273-274,326,331
『中国文学史書目提要』(陳玉堂) **322**
『中国文言小説書目』(袁行霈) **313**
『中国兵書知見録』 **296-297**〔督師紀略〕
『中国法制史書目』 **293-294**〔漢律考〕
『中国目録学史』(許世瑛) **150-151**〔「四部分類法の確立」隋志と七録の関係〕
『中国目録学史』(姚名達) 24-27,54,**117-118**〔史籍考焼失〕,158,168〔書目答問〕,**179-181**〔文淵閣〕,**183**〔孫氏〕,195,198,**221-222**〔通志・通考〕,258,266,279-280〔史略〕
『中国歴史研究法』(梁啓超) **104-108**〔辨偽(三墳・五典・八索・九丘・晋乘・楚史檮杌・明抄本慎子・泰誓・古文尚書・今本列子・神農本草・竹書紀年・越絶書・管子・商君書・列仙伝・涅槃経・楞伽経・関尹子・神農・素問・霊枢)〕,399
『中国歴史要籍介紹』(李宗鄴) 289
『中国歴代人物年譜考録』 **287-288**〔凡例〕
『中国歴代人物年譜集目』 **286**〔編例〕,288
『中国歴代年譜総録』(楊殿珣) **286-287**〔孔子編年〕,329
『中国歴代文学理論批評重要専著篇目索引』 **320-321**〔「『歴代詩話』『歴代詩話続編』和『清詩話』目録」・「『詞話叢編』目録」・「『中国古典戯曲論著集成』総目」〕
『中国歴代文論選』(郭紹虞) 321
『中国歴代名人年譜目録』(李士濤) 286,288
『中文系学生閲読書目提要』 **277-278**〔広雅疏証〕
「中文図書編目條例草案」(劉国鈞) 120〔著者の著録〕,428,**446-447**〔別裁・互著〕
『中庸』 34,156,158,170,195
『重考古今偽書考』(顧実) 103
『晁公武読書志』『晁氏読書志』→『郡斎読書志』
『張祜詩』 **306-307**〔唐集叙録〕
『晁氏宝文堂書目』→『宝文堂書目』
『重修清史藝文志』(彭国棟) 197,220,**394**
『徵訪明季遺書目』(劉世瑗) 113,441
『直斎書録解題』*(陳振孫) 16,24,44,59〔類序〕,70,90,101〔関子明易伝〕,104,113,122,129,152,155,**156-157**〔語孟類序〕,**159-160**〔讖緯類序〕,162,166〔歌詞類〕,179〔鄭氏書目〕,189,192,203,211,240,**243**〔郡斎〕〔九経字様〕〔詩集類序〕〔史記〕,**244**〔杜必簡集〕〔韋蘇州集〕〔四庫〕,**245**〔熙寧日録〕,292,295-296〔老子道徳

論述要〕,*306,330,362,383,384-385*〔図書志〕,***393***〔郡斎〕,***394***〔書目挙要〕,*395,398,437,444,450,464**
『通志』*（鄭樵） ***169-179***,*192,217,222,289,327,328,399,432,438,448,479**
『通志』藝文略 *90,112*〔嘉祐訪遺書詔並目・求書目録〕,*162*,***169-173***〔類目一覧〕,*178-179*〔校讎通義〕,*188*〔道家類〕,***192***〔類書類〕〔文史種・詩評種〕,*193-194*〔五行類〕〔文類〕,*194-195*〔史類〕,***220,221***,*223,261,289,305,327,328,382*〔国子監・川本書籍目録〕,*393*〔目録類〕,*432,438,448*
『通志』校讎略 *174*
——編次必謹類例論 ***133,173-174***〔藝文略の体系〕,***175-176***,*178,223*,***419***
——編次必記亡書論 ***110***,*115*〔北魏闕目録・唐捜訪目録〕
——見名不見書論 *80*〔尉繚・刊謬正俗〕
——闕書備於後世論 *91*〔陶潜集〕
——編次之訛論 *177*〔類書〕,*178*〔伝記・雑家・小説・雑史・故事・文史・詩話〕
——崇文明於両類論 *155*
——編書不明分類論 *176*
——編次不明論 *176-177*
『通志』図譜略
——索象篇 *144*〔七志・図譜志〕
『通典』 *340*,***399-400***
「弟子職」→『管子』
『鄭氏書目』 ***179***〔直斎〕
『丁氏蔵書志』→『善本書室蔵書志』
『鄭樵校讎略研究』（銭亜新） *414*
「鄭樵著述考」（顧頡剛） *387*
『鄭堂読書記』 *325,449*
『亭林全集』 *226*
『鉄橋漫稿』「書管子後」（厳可均） ***119***
『鉄琴銅剣楼蔵書目録』*（瞿鏞） *202,251,378,471**
『天一閣書目』*（阮元・范懋柱） *202,398,466**
「天一閣蔵書記」（黄宗羲） *252*
『天一閣蔵書目録』*（范欽） *252,466**
『伝是楼書目』*（徐乾学） *250,398,469**
『伝是楼宋元本書目』（徐乾学） *378*
『天禄琳琅書目』*（于敏中） ***93***〔官書の版本著録〕,***199***〔凡例〕,*201,259,371-372,421,459**
『東嘉書目考』（姜準） ***230-231***〔温州〕,*429*
『東観漢記』 *279,294,324*
『道古堂集』（杭世駿） *89,209*
『東斎集藉』（杜信） *239*
「唐志」（両唐志・新旧唐志） *90,101,104,154-156,162,166,192,217,224,250,261,271,329,362,363*
⇄『旧唐書』経籍志,『新唐書』藝文志
『唐詩研究専著論文索引』 *311*
『唐四庫捜訪図書目』 *112,115*
『唐詩書録』（陳伯海・朱易安） *311*
『唐集叙録』（万曼） ***306-307***〔張祜詩〕
「唐書経籍藝文合志」 *223*
『唐書』藝文志→『新唐書』藝文志
『鄧析』 *48*〔書録〕,*70,259*〔書録〕
『東籍月旦』 *405*,***443***
『陶潜集』 *91*,***240-241***〔郡斎〕
『唐宋叢書』 *226*
『道蔵』 *106,295,305,354,402*
『道蔵闕経目録』 *305*
『道蔵源流考』 *304*
『道蔵目録詳注』 *296,431*
『唐代仏教』（范文瀾） *34*

「陶陶室記」（王芑孫）　371〔黄蕘圃〕
『道徳経』『道徳真経』　74,294
⇄『老子』
『道徳論述要』（『老子道徳論述要』）
295-296〔老子考〕
『唐風集』　**72-73**
『杜臆』（王嗣奭）　118,130
『得月楼書目』*（李如一）　246,468*
『読書敏求記』*（銭曾）　16,**72-73**〔唐風集・杜荀鶴文集〕,93,98,250,275,**369-370**〔春秋公羊伝何休解詁〕〔顔氏家訓〕〔三辰通載〕,371,377,391,398,470*
『読杜心解』（浦起竜）　**389**〔少陵編年詩目譜〕
『杜詩詳註』（仇兆鰲）　118,**390**〔杜詩凡例・杜詩編年〕
『杜集書録』（周采泉）　**309-310**,331
『杜集叙録』（張忠綱）　331
『杜荀鶴文集』　72-73
『図書館学季刊』　229,234,266-267,397,446-447
『図書館学書籍聯合目録』　256
『図書志』（鄭樵）　384
『杜必簡集』　244〔直斎〕

ナ　行

『内閣蔵書目録』*（孫能伝）　180,459*
『七十六年史学書目』（1900-1975）　290
『南華真経』　74⇄『荘子』
『二十五史補編』　223
『二十子』　226,263
『廿二史劄記』　361,398,402
『日本書目志』（康有為）　443
『二酉蔵書山房書目』*　181,467*

ハ　行

『稗海』　76,90,167
『拝経楼蔵書題跋記』*（呉寿暘）　250,307,471*
裴松之三国志注→『三国志』裴松之注
『佩文韻府』　281,440
『白猿伝』→『補江総白猿伝』
『白話文学史』（胡適）　117
『八史経籍志』*　**223**,441,462*
『八千巻楼書目』*（丁立中）　472*
『八千種中文辞書類編提要』　278
『槃薖文乙集』（湯紀尚）　197
『万巻堂書目』*（朱睦㮮）　181,466*
『磻渓集』　360〔全金元詞引用書目録〕
『販書偶記』『販書偶記続編』*（孫殿起）197,**355-356**〔出版説明〕,393〔書目類〕,**411**,475*
『晩清戯曲小説目』（阿英）　410,421,445
『晩清戯曲録』（阿英）　317-318〔例言〕
『晩清文選』（鄭振鐸）　410
『樊南文詳注』　308
『范文瀾歴史論文選集』　291
『晩明史籍考』→『増訂晩明史籍考』
『秘書省四庫闕書目』　113,297,395
『秘書省続編到四庫闕書目』　113,130,395
『百川学海』　167,191,225,450
『百川書志』*（高儒）　181,**195**〔類目一覧〕,**245-248**〔序〕〔郁離子〕〔使琉球禄〕〔初唐詩〕〔謝小娥伝・霍小玉伝（伝記類）〕〔三国志通俗演義・忠義水滸伝（野史類）〕〔玉簫女両世姻縁雑劇・関雲長義勇辞金伝奇（外史類）〕〔双偶集（小史類）〕〔剪灯奇録（小説家類）〕〔詞曲類〕,**406**〔序〕,435,449,465*
『白虎通徳論』（『白虎通』）　75,78,263,265
『皕宋楼蔵書志』*　251,378,476*
『風俗通義』（『風俗通』）　75,78,125,190,215
『文苑英華』　77

『文淵閣書目』*（楊士奇）　***179-181***,*201*, *213-214*,*263*,*398*,***405-406***〔題本〕,*458**
『文学論文索引』『続編』『三編』　*323*
『文献通考』*（馬端臨）　***53***〔自序〕,*211*, *308*,*368*,*399*,*479**
『文献通考』経籍考　***53***〔通考自序〕, *90*,*152*,*155*,*157*,*159*〔史評史鈔〕,*166*〔歌詞〕,*191-192*〔史評史鈔〕〔文史〕〔類書〕, *211*,***220-223***（姚名達）,*270*,*296*,*328*,*329*, *367-368*,*370*,*393*,*424*,*430*,*444*,*446*,*450*〔経籍志総序〕
『文子』　*100*,*187*,*263*
『文史通義』　*29*〔繁称〕,*72*〔繁称〕,***83***〔篇巻〕,***85-86***〔篇巻〕,***179***,***184***〔易教・原道・経解〕,***423***〔和州志藝文書序例〕
『文心雕竜』　*65*,*71*,*75*,***165-166***,*244*,*323*
『文心雕竜研究論著索引1907-1985』（牟世金・曾暁明）　*322-323*
『文中子』　*101*
『文徳殿四部目録』*（梁天監四年文徳正御四部及術数書目録）　*146*,*186*,*200*, *457**
『兵録』　*269*,*324*
『北京大学図書館善本書目』　*380*
『北京伝統曲藝総録』（傅惜華）　*320*
『北京図書館書目―目録類』（『国立北平図書館書目　目録類』）（蕭璋）　*396*〔全唐詩未備書目〕
『北京図書館善本書目』　*307*,*380*
『別録』*（劉向）　***15-31***,*34*,*44*,***47-49***,*65*, *189*,*200*,*203*,*239*,***259***,*279*,*392*,*404*,*429*,*446*,*450*, *455**
――書録（劉向書録）　***12-14***〔列子〕, ***15***,***18-19***〔説苑〕,***20***〔晏子〕,*26*,*31*〔戦国策〕,***32-33***〔晏子〕,***43-45***,***45-46***〔晏子〕, ***46-47***〔孫卿（荀子）〕,*47*〔韓子〕〔尸子〕,*48*〔鄧析子〕,***50***〔易伝古五子〕〔易伝道訓〕〔戦国策〕〔管子〕,***72***〔列子〕〔戦国策〕,*83*〔孫卿〕,*119*〔管子〕,***259***,*260*,*372*,*428*
――新書　*13*,*26*,*47*,*83*,*404*
⇄『七略別録佚文』
『辦理四庫全書档案』　*21*
『抱経堂文集』（盧文弨）　***213-214***〔明志稿〕,*432*
『法言』　*68*,*69*,*184*,*224-225*
『方言』（『輶軒使者絶代語釈別国方言』）***98***〔四部叢刊初編書録〕,*170*,*196*,*274*,*277*, *399*
『方言考』（崔驥）　*277*
「方志藝文志彙目」　*234*
『方志考稿』*（瞿宣穎）　*198*,*235*,*473**
『宝文堂書目』*（『晁氏宝文堂書目』『宝文堂分類書目』）（晁瑮）　***50-51***〔四庫〕,*93*,*235*,*245*,***367-368***〔通考〕〔洪武正韻〕〔暦占纂要〕,*466**
『抱朴子』　*68*,***120***,*190*,*305*
『宝礼堂宋本書録』*（潘宗周）　*251*,***379-380***〔韋蘇州集〕,*477**
『墨子』　*30*,*35*,*64*,*70*,*72*,*163*
『補江総白猿伝』（『白猿伝』）　*122*
「補……藝文志・経籍志」　*215*〔漢志〕〔後漢書〕,*216*〔三国志〕〔晋書〕,*217*〔南北史〕,*218*〔隋志〕〔五代史〕〔宋志〕, *219*〔遼・金・元史〕,*220*〔明志〕〔清史稿〕

マ　行

『脈望館書目』*（趙琦美）　*246*,*467**
『明会典』（『大明会典』）　***205***〔四庫補正〕
『民間文学書目彙要』（老彭）　*320*
『明史』　***212-214***〔国史（文苑伝）〕
『明史』藝文志*（張廷玉・王鴻緒）

152,155,**158**〔四書類〕,160,162,191-192,208,
212-214〔序〕,219,222,223,**250**,262-263,265,
398,432,441,462*
『明史経籍志』（金門詔） 220
『明史藝文志』（尤侗） 220,250
『明史藝文志稿』（黄虞稷） 213,262,432
⇄『千頃堂書目』
『明詩綜』「明詩綜采摭書目」（朱彝尊）
359,396,432
『明書経籍志』（傅維鱗） 213,220,250
『明代雑劇全目』（傅惜華） 317,410
『明代伝奇全目』（傅惜華） 317,410
『毛詩』→『詩』毛詩
『孟子』 34-36,62,104,118,**156-158**〔子部・経部〕,181,188-189〔孟子題辞〕,195,203,249,264,273,388⇄四書,『論語』
『孟亭居士文稿』 **308**〔清人文集別録〕
「毛伝」→『詩』毛伝
『孟東野詩集』 98-99〔蔵園〕
『目録学』（劉咸炘） 78,89-91
『目録学研究』（汪辟疆） **22-24**〔目録と目録学〕,28,41,78,**87-88**〔郡斎〕,197,198,200,212,224-225〔劉向所序・揚雄所序〕,239,249,259,270
『目録学発微』（余嘉錫） 258
——目録学之意義及其功用 25,**197-198**
——目録書之体制一「篇目」 **84-85**
——目録書之体制二「叙録」 43〔序録の源流〕,47〔別録の著者紹介法〕,49-50〔著述年代〕,51〔著者の伝〕,65
——目録書之体制三「小序」 **58**〔七略輯略〕,**59**〔崇文・郡斎・直斎の諸序〕,70
——目録書之体制四「版本序跋」 **96-97**〔思適斎集・四庫〕
——目録類例之沿革 **139-140**〔中経新〕,141〔中経新簿における汲冢書の処理〕,**151-152**〔漢志から隋志へ〕,153〔部類の分合〕,184
『文選』 **15**,74-75,142,184,328,348-349,363-364,398-400
『文選注』（『文選』李善注） 348,**363-365**,398,402
「文選注引群書目録」（汪師韓『文選理学権輿』所収） **363-364**,398,402
「文選注所引書目」（沈家本） 363,402

ヤ・ラ・ワ行

『也是園蔵書目』*（銭曾） 250,470*
『輶軒語』 **39**〔四庫〕,**100**,**204**
「有訳無本録」（『開元釈教録』所収） 112
『容斎随筆』（洪邁） **191**〔叢書集部説〕
『容斎五筆』 356〔太平御覧図書綱目〕
『容斎続筆』 360〔計然意林〕,401〔計然意林〕
「楊惺吾先生著述考」（王重民） 387
「要籍解題及其読法」（梁啓超） 338
『揚雄所序』 184,**224-225**
『礼記』 **34**,**36**,**84**,126,128,**158**〔四庫（四書）〕,170,180,185,264,294,324,383
『礼記注疏』 34〔楽記〕,127〔大戴礼と小戴礼〕,324
「離騒」 69,75,125,244⇄『楚辞』
「離騒伝叙」（淮南王劉安） 43,69
『李白詩文繋年』 391,403
『李蒲汀家蔵書目』*（李廷相） 245,466*
『劉向校讎学纂微』（孫徳謙） **31-32**
『劉向所序』 184,224-225
『（宝応）劉楚楨先生年譜』 **288-289**
『笠沢叢書』 225-226
「両漢藝文志」 110,145,184
⇄『漢書』藝文志,『後漢書』藝文志

『遼金元藝文志』（商務印書館）　219,223
『梁書』　217,**239**〔任昉伝〕,260
『両浙古刊本考』（王国維）　383
『両浙著作考』（祁承㸁）　229,265,429
『両朝国史藝文志』　210
『梁天監四年文徳正御四部及術数書目録』
→『文徳殿四部目録』
「両唐志」→唐志
『菉竹堂書目』*（葉盛）　180,195,245,398,465*
『呂氏春秋』（『呂覧』）　30,48,74-75,84,90〔巻数の異同〕,**161**,189,190
『郘亭知見伝本書目』*（莫友芝）　351〔掃葉山房発行石印精本書籍目録〕,**372-373**,401,481*
⇄『蔵園訂補郘亭知見伝本書目』
「歴代衆経有目闕本録」（『大唐内典録』所収）　112
「歴代所出疑偽経論録」（『大唐内典録』所収）　101
「歴代所出衆経録目」（『開元釈教録』所収）　16
『列子』（『冲虚真経』）　13,14,31,74,83,105,109,259
「列子書録」（「列子目録」）　**12-15**,31,72,259⇄書録
『列女伝』　184,224-225,260
『列仙伝』　106,305
『老残游記』（劉鶚・洪都百煉生）　123
『老子』（『道徳経』『道徳真経』）　74,294
『老子道徳論述要』→『道徳論述要』
『老子考』（王重民）　**294-296**〔道徳論述要〕,415-416〔凡例〕
『録鬼簿』*（鍾嗣成）　42,**48**〔序〕,52,**314**,317,474*
『録鬼簿続編』（『続録鬼簿』）　42,**48**,52,315
『魯迅研究資料編目』　391
『論語』　9,30,34,45,55,56,72,80,127,128,135,138,145,156-158,170,181,185-189,195,249,264,**272-273**〔経子解題〕,289,304,325,337,357,383,423,424,436,446,450
『論語義疏』（皇侃）　272,325
『論語集解』（何晏）　272,325,368
『論語正義』（劉宝楠）　273,289
『論衡』　66,68,69,190,191,**292**〔子略〕
「論修史籍考要略」→『史籍考』
『淮南九師書』→『易伝道訓』
『淮南鴻烈』→『淮南子』
「和州志藝文書序例」→『文史通義』

人名索引

ア　行

阿英（魏如晦）　410,421,445
晏子（晏嬰）　20,46,49,292
伊尹　102,105,185
韋応物（韋蘇州）　73,244,379
韋昭　90
一璞　314
尹咸　18,21,136
殷の紂王（受）　11,36
殷の湯王　11,36,189
于敏中　93,371,421
袁行霈　313
袁山松　110,184,292
閻樹森　394
王安石（王荊公）　121,245,296,422,445,449
王維（王右丞）　94⇄趙殿成
王錡　40
王隠　67,138
王運熙　311
王応麟　70,257,262,327,398,401
王羲之　233,448,
王芑孫　371
王吉　272,450
王堯臣　16,200,203,414
王珪　79,210
王倹　50,51,58,91,110,142-149,186,200,260,305,393,445
王原叔（洙）　19
王鴻緒　212,213
王国維（静安）　129,130,315,326,383,385,386
王嗣奭　118,130⇄杜甫
王充　292
王重民　117,195,294,380,387,415,442
王粛　68,111,272,368
王樹民　289,402
王沈　324,328
王振声　275
王仁俊　67,219,292,386
王世貞　422,445
王先謙　88,93,240-242,264
王大隆　371
王通　101,241
王念孫　277,293,327,403
王夫之　226
王謨　37,67,324
王勃（子安）　241
王鳴盛　38,41,95,96,137,141,185
王莽　111,125,140,158
汪師韓　363
汪士鐘　99,372,378
汪中　161
汪辟疆（国垣）　22,24,28,41,65,76,78,81,197,198,200,212,224,239,249,259,269
汪諒　348,349,400
応劭　75,196
皇侃　272,325
翁方綱（覃谿先生）　271,274
欧陽脩（文忠）　165,210,281,328,329,422,441,445,450
欧陽詢　66,122
欧陽伸　270,324

カ　行

何晏　*272,325*
何休　*159,369*
和凝　*79,369*
賈誼　*55,69,102,129*
賈逵　*111,159,324*⇄劉珍
賀次君　*284*
解縉　*201,268*
河間献王（献王）→劉徳
郭紹虞　*321*
郭璞（景純）　*75,98,125,275,276*
岳珂（倦翁）　*92,96*
葛洪　*120,305,330*
関漢卿（一斎・已斎叟）　*315,316*
桓公（斉の桓公）　*49,102*
桓譚　*38,67,159*
管仲（管子）　*46,49,50,106,108,119,423*
韓子温　*436,449*
韓非子　***32**,65,118,119,156,176,194*
韓愈（韓文公）　*75,157,189*
顔師古　*25,57,62,70,74,78,80,160,189,196,258,446,450*
季振宜（滄葦）　*98-99,350,370,398*
祁承㸁（澹生堂）　*36,66,162,167,181,229,235,246,264-265,336,421,422-423,429*
紀昀（閲微草堂）　*39,44,201,341,372*
魏子安（眠鶴主人）　*123*
魏如晦→阿英
魏泰　*102,122*
魏徴　*209,262*
魏の文帝（曹丕）　*164,185*
仇兆鰲　*118,390*⇄杜甫
裘冲曼　*302,421*
牛弘　*60,200,260*
牛僧孺　*103,109*
許寿裳　*40,68*
許慎　*25,33,333*
許世瑛　*40,68,150*
許善心　*58*
姜準　*230,231,429*
姜亮夫　*310*
龔顕曾　*219*
金徳建　*366,402*
金歩瀛　*227,442*
金門詔　*219-220,223,441*
孔穎達　*34,68,159,448*
瞿宣穎　*198,235*
瞿鏞（鉄琴銅剣楼）　*202,251,378*
屈原　*55,69,75,135,137,244,415*⇄宋玉
桂馥　*40*
敬播　*209*
嵇璜　*220*
倪燦　*214,218,219,223,409,433*
乾隆帝（清の高宗）　*20,169,405,408*
元行冲　*200*
阮元　*202,264,308*
阮孝緒　*16,21,51,57,58,63,70,91,110,138,142,145,147-150,155,184,186,192,239,259,260,305,393*
厳可均　*68,119,259*
胡応麟（二酉山房）　*102,103,122,165,181*
胡韞玉　*292*
胡玉縉　*204,374*
胡元玉　*277*
胡適　*117,338,399*
胡文彬　*314*
顧炎武　*226,264,273,326*
顧櫰三　*215,218,441*
顧頡剛　*236,387*
顧広圻（千里・思適斎）　*97,276,293,337,399*
顧実　*103,160,161,257*
顧修　*227*

呉競　239
呉暁鈴　316
呉士鑑　214,216,217
呉寿暘（虞臣）　250,307
後漢の光武帝　67,111,158,159
孔安国　68,105,111,114,272,325,326
孔子（仲尼・孔夫子）　9,11,17,20,23,25,47,55-57,62,68,69,75,100,102,110,111,125,127,138,157,188,189,192,224,230,273,275,329,392,446
江声（艮庭）　276
杭世駿（道古堂）　89,209
侯康　215,216
洪煥椿　237
洪湛侯　310
洪邁　356,360
洪亮吉　24,27,28,280,429
高似孫　205,206,233,258,261,279,291,361,363,401,430
高儒　181,195,245,246,406,435
黄雲眉　103
黄虞稷（兪邰・千頃堂）　64,162,163,213,214,218,219,223,246,249,262,429,431,432,435
黄裳　229,265,266
黄仁恒　219
黄奭　37,67,324
黄宗羲　252
黄帝　12,13,100,103,105,108,120,121,129,130,261
黄丕烈（蕘圃・士礼居・百宋一廛・陶陶室・佞宋主人）　76,88,93,98,99,250,251,350,370-372,378,402,418
黄文暘　315
黄逢元　216,217
黄本驥　395
康有為　215,325,405,443

サ　行

左丘明（左氏）　159,244,325,448
左圭　225
柴徳賡　289
崔驥　277
崔富章　331
蔡邕　105,263,292
沙門法経　101
子夏　273,326
尸子（佼）　47,189
施廷鏞（鳳笙）　43,228,395,442
施沛（沛然）　299
摯虞　234,267
司馬光（温公）　121,263,295,296,329,333
司馬遷（太史公）　10,14,33,43,47,63,66,69,74,75,104,106,124,125,130,149,194,244,295,296,328,329,337,349,366
司馬相如　55,69,119
司馬貞　124,285
謝巍　287
謝啓昆　53,117,274,280,283,295,309,408,413,415,435⇄朱彝尊
謝国楨　283,408
謝承　116,402
謝星纏　220
謝霊運　143,200,233,247
釈僧祐　51,52,100
釈智昇　16,51,52,101,112,116,430
釈道安　100
釈道宣　51-52,101,112,145
朱彝尊（錫鬯・曝書亭）　16,53,116,229,236,270,271,274,281-283,294,298,309,328,359,378,387,396,408,413,415,430-432,435,437-439,448,450⇄謝啓昆
朱熹（元晦・仲晦・晦庵）　34,90,123,130,156,271,325,326

朱記栄 113,227
朱士嘉 235,236,253
朱自清 65,166,442
朱師轍 214,441
朱駿声 40
朱睦㮮（万巻堂） 181,270,325,448
周雲青 299,302
周公 121,189
周弘祖 382
周采泉 309
周祖謨 327
周貞亮 394
周の文王 36,121,189,230
周の武王 11,189,230,357
荀勗 16,138-142,150,151,165,259,260,430
荀子（荀況・荀卿・孫卿・孫卿子） 30,36,46,47,49,55,119,135,157,186,404
徐乾学（伝是楼） 99,250,378
徐崇 217
徐夢莘 358
徐𤊹（紅雨楼） 52,181,246,248,412
小戴→戴聖
劭瑞彭 392,394
邵懿辰 94,372,398
商維濬 76,90
商鞅（衛鞅・商君） 47,106,189
章懐太子→李賢
章学誠 22,29,30,62,72,80,83,85,86,116,117,125,133,134,152,178,179,184,260,280,282,328,403,420,423-427,439,440
章宗源 67,257
葉啓勲 373
葉昌熾 378
葉盛 180,245
葉徳輝（観古堂） 27,28,76,83,92,93,98,113,128,130,251,403
焦竑 180,181,212,220,250,398,428
蔣彧 239
鍾嗣成 48,52,314,315
蕭璋 396
蕭統（昭明） 240,241,326,349
鄭玄 25,68,70,114,127,159,189,272,324,383
聶崇岐 123,217,357
申不害 156,194
沈家本（奇簃） 361-363,401,402
沈乾一 227,264
沈約 161,186,239
晋の武帝 186,384
秦栄光 216
秦の始皇帝（秦王） 65,104,118,125,340
清の高宗→乾隆帝
任宏 15,18,21,136,144,176
任昉（彦昇） 15,18,146,239,267,275
遂初先生→尤袤
隋の煬帝 61,111
西周生→蒲松齢
井度（憲孟） 240,393
成伯璵 273
銭亜新 414
銭謙益（牧翁・絳雲楼） 73,98,246,343,369
銭曾（述古堂） 16,72,73,93,250,275,368,370,377
銭大昕（竹汀・潜研堂・十駕斎） 95,219,223,276,433,441
銭大昭 215,280
前漢の哀帝 18,159,262,444
前漢の元帝 106,130
前漢の成帝 12,17,18,21,25,106,130,139,184,444
前漢の宣帝 35,66,106,139,184
前漢の武帝（孝武帝） 17,18,20,26,35,49,55,64,66,69,106,119,130,135,136,139,141,184,258,269

前漢の魯恭王 111
蘇軾 103,129
蘇轍 273,276,326
宋玉 55,75 ⇄屈原
宋孝王 229,428
宋祖駿 218
宋定国 220
宋の欽宗 211,268
宋の徽宗 79,211,268
宋の高宗 113,211
宋の真宗 210,211
宋の仁宗 210,340,358
宋の太祖（始太祖） 78,210,211
宋の太宗 112,210-212,358
宋の寧宗 128,211,212,225,379
荘一払 316,416
荘子（荘周） 14,194,244
曹学佺 229,265,266,429
曹志 384
曹祖彬 277,442
曹褒 159,189
曾鞏（南豊） 203,260,414,422,445
曾暁明 322
曾棗荘 374
曾樸 82,216
孫詒譲 53,116,229,267,271,283,293,372,403,413,428,439
孫楷第 312
孫卿・孫卿子→荀子
孫星衍（淵如・平津館） 181-183,251,292,293,329,378,430
孫祖烈 370
孫殿起 197,227,345,355
孫徳謙 31,219,257,403

タ　行

太史公→司馬遷
戴震（東原） 337,399,413
戴徳（大戴）・戴聖（小戴） 84,126,127
段玉裁（茂堂） 40,276,333,386-388,413
譚正璧 320
丹波元胤 298,330
仲尼→孔子
紂王→殷の紂王
鈕樹玉（匪石・非石） 276
褚少孫 33,66,130
晁公武（子止・郡斎） 24,44,50,59,87,88,101,115,152,169,203,221,240,271,295,296,305,307,328,393,432,433,437
晁瑮（宝文堂） 235,245,367,368
張儀 32,56,65
張錦雲 219
張金吾（昭文張氏・愛日精廬） 94,372,378,395,434,435
張鈞衡（適園） 249,378
張元済（渡園・海塩張氏） 242,251,386
張祜（承吉） 306
張衡 159,363
張采田 390
張士俊（沢存堂） 386
張之洞 39,94,100,140,163,167,168,204,229,264,333,335,336,338,361,374,402,427
張揖 263,277,327
張守節 124
張舜徽 257,289,307,406
張心澂 103
張忠綱 331
張廷玉 223,441
張攀 201
張鵬一 218
趙岐 156,188
趙琦美（脈望館） 246,317
趙希弁 87,242,433
趙士煒 211,409

趙殿成　94⇄王維
趙万里　316,360,385,386
趙明誠　282,328
趙翼　141,186,361,398,402
陳垣　304,325
陳騤　200
陳玉堂　322
陳師道　206,207
陳寿　66,281
陳述　217
陳鐘凡　292,329,394,403
陳振孫（直斎）　16,24,44,50,59,101,113,122,152,156,189,203,221,240,243-245,292,295,296,384,394,432,437,450
陳第　245,273,326
陳乃乾　286,345,440
陳農　18,25
陳伯海　311
丁杰　276,399
丁国鈞・丁辰　216,217
丁丙（八千巻楼）　205,251,268,307,375,378
丁福保　299,302
程栄　226
程子　102,450
鄭寅（子敬）　179,195
鄭玄→鄭玄（じょうげん）
鄭樵　80,91,110,112,113,115,130,133,134,144,153,155,169,173-179,183,188,193,195,220-223,261,289,327,374,382,384,385,387,398,399,413,419,420,432
鄭振鐸　41,42,68,273,326,331,410
鄭文焯　113
鄭黙（思元）　138,139,200,260
杜信　239
杜甫（杜工部）　35,73,244,390,391
⇄王嗣奭,仇兆鰲,浦起竜
唐圭璋　218,359,360
唐の玄宗　74,389
唐の太宗　67,117,257
陶淵明　240,241
陶憲曾　215,216
陶弘景（陶隠居）　105,123
湯紀尚　197
湯球　37,67
董康　315,406,444
董仲舒　20,47,292
鄧析子　48
鄧邦述　251,378
東方朔　364,365

ナ・ハ行

南斉の明帝　112
馬国翰（玉函山房）　37,66,67,259,357
馬端臨（貴与）　53,88,152,157,203,220-223,270,271,330,363,399,430,432,435,437,439,450
馬蹄疾　314
馬念祖　364,365,407
馬融　35,36,66,68,114,127
裴駰　124
裴松之（世期）　66,328,361,362,364,402
梅堯臣（聖兪）　103,122
白雲霽　96,431
白居易　73,384,391
莫縄孫　372
莫友芝（郘亭）　372,373
范希曾　94,215,334,338,357,374
范欽（天一閣）　252
范志熙　440
范文瀾　34,41
班固（蘭台）　10,12,15,16,22,24,58,62-65,69,75,80,85,100,108,110,134,144,149,163,184,191,208,209,224,262,263,328,365,430,437,441

潘景鄭 248
潘祖蔭 370
潘宗周 251
百本堂（張氏） 318
繆荃孫（藝風堂） 27,28,215,219,370,371,394,397,418
傅維鱗 213,220,250
傅曉航 321
傅惜華（碧蕖館） 317-320,410
傅増湘（双鑑楼） 45,98,251,373,378
毋煚 16,38,58,200,209,404
武作成 220
馮浩 308,390,398⇄李商隠
馮時可（元敏） 422,445,446
伏羲 11,121,448
文廷式 216,217
平心 352,353,401
浦起竜 265,389⇄杜甫
蒲松齢 123
彭元瑞 93,371,421
彭国棟 197,220,263,394
鮑廷博 325,375
牟世金 322
北嬰 316
北魏の孝文帝 101,112
牧翁→銭謙益

マ　行

万曼 306
明の永楽帝 52,267,400
明の洪武帝 52,446
毛扆 98,250,378
毛公 111,326⇄毛萇
毛亨（大毛） 326⇄毛萇
毛晋（琴川の毛氏・汲古閣） 40,94,117,330,382
毛萇 273,326⇄毛公
孟郊 98
孟子（孟軻） 47,62,118,156,157,188-189

ヤ　行

尤侗 220,250
尤袤（遂初堂） 92,152,156,240,245,366
兪樾（春在堂） 293,358,385,403
兪鼎孫 225
余嘉錫 25,26,39,43,47,49,51,58,59,70,84,96,139,141,151,153,184,197,204,206,258,324,330
余仁仲 93,96
姚応績 88,242
姚覲元 344,378
姚際恒 103,292,329,403
姚振宗 53,57,62,109,150,161,209,215,216,257,259,262,441
姚明煇 257
姚名達 24-27,54,117,158,168,179,183,195,198,221,222,258,259,266,279
揚雄（子雲） 43,49,55,68,69,98,139,189,224
陽休之 241
楊家駱 228
楊士奇 179,201,405
楊守敬 227,261
楊樹達 366,402
楊紹和（海源閣） 251,378
楊殿珣 286
楊万里 366,367
楊僕 269

ラ・ワ行

羅偉国 382
羅貫中 48
羅福頤 275
来新夏 65,258,259,288

李延寿　*209*
李儼　*302,421*
李賢（章懐太子・沛王）　*38,67,123,241,328*
李斯　*26,119,340*
李之鼎　*227,394*
李士濤　*286,288*
李充（弘度）　*16,138,142,151,200,202,259*
李淑（献臣）　*153,169,193*
李商隠（義山）　*308,390*⇄馮浩
李小緑　*232,267*
李筌　*103,261*
李善　*15,184,328,363,364,402*
李宗鄴　*289*
李柱国　*18,21,136*
李文琦　*402*
陸亀蒙　*225*
陸心源（皕宋楼）　*202,251,296,378*
陸徳明　*16,275,326,383*
陸游　*73,448*
竜啓瑞　*332,333*
竜沐勲　*312*
劉安（淮南王）　*43,50,69,74*
劉鶚（洪都百煉生）　*123*
劉咸炘　*78,89-90*
劉義慶（臨川王）　*66,361-362*⇄劉孝標
劉向　*11-18,20-22,25-26,31,32,37,43-50,52,57,65,72,83,95,105-108,110,114,118,119,127,133,136,139,178,184,189,197,200,203,209,224,225,238,258-260,270,279,293,327,329,365,372,392,393,404,414,415,420,429,437,444,446,450*
劉歆（劉秀）　*15-18,20-23,26,57,58,62,63,65,74,83,95,134,135,147,148,178,200,208,225,258,259,327,392,393,404,420,423,440,444*
劉向劉歆父子（劉向父子・劉氏父子・劉中塁父子）　*15,22,44,49,62,83,95,133,134,144,118,178,209,225,238,258,420,460*
劉勰　*165,279*
劉錦藻　*221,222*
劉昫　*209,405*
劉炫　*114*
劉孝標　*66,146,186,200,361,362,401*⇄劉義慶
劉国鈞　*120,428,446*
劉世瑗　*113,441*
劉蒼（東平王）　*111,159*
劉知幾　*229,265,428,433*
劉珍　*324*⇄賈逵
劉徳（河間献王）　*111,127,238,446*
劉文典　*74,288*
劉宝楠（楚楨・寶十・念楼）　*273,288*
劉裕　*240,241*
梁啓超　*104,121,338,387,388,399,405,413,417*
廖序東　*277*
呂思勉　*272,325*
呂不韋　*74,140,189,423*
臨川王→劉義慶
黎安朝　*87,242*
厲鶚（太鴻・樊榭）　*219,303*
黎経誥　*276*
黎庶昌　*206,261*
酈道元　*66,364,365*
列子　*13,14*
魯迅（且介亭）　*37,40,67,68,312,338,346,391,400*
盧文弨（抱経堂）　*10,12,94-96,213,218,219,223,293,337,394,399,432,441*
老子　*13,100,102,194,294-296*
老彭　*320*
淮南王→劉安

事項索引

《目録書》

目録書の分類法 22-24,197-199,258-259

〈目録書の分類Ⅰ〉

一書の目録 **10-14**,15,25,**29**

群書の目録 **10,14-15**,25,**29**,38,43,71,404

〈目録書の分類Ⅱ〉

目録家の目録 **22-23**,198

史家の目録（史家目録） **23**,197-198

蔵書家の目録 **23-24**,88,198

読書家の目録 **24**,198

〈目録書の分類Ⅲ〉

総合目録 **197-198**,236,259,306,408

——蔵書目録

——国家蔵書目録 152-153,155,198,**199-207**,222,252,258,260,414

——官書目録 179,183,197,**200**,259

——私人蔵書目録（私家目録） 152,183,197-198,**238-252**,258-259,412

——史志（史志目録・国史藝文志） 53,**69**,152,183,198,**208-224**,252,258,328,394,409,414-415,429,436,448

——叢書目録 198,**224-229**,259,264,396,442

——地方文献目録（地方志目録） 198,**229-238**,410,413,429,438

——聯合目録 24,28,198,233,**253-257**,300,382,419

——館蔵目録 24,115

学科目録 **198-199**,259,**269**,406,413,**415-416**

——経学書目録 **269-279**,310

——史学書目録 198,**279-291**

——諸子学書目録（諸子目録） **291-305**

——宗教目録 258

——仏教目録 51-52,101

——医学書目 297

——農学書目 300

——文学書目録（集部目録） **305-323**

——専科目録 258-259,277,286,314,416,425

——専書目録 259,284,314

特種目録 **198-199**,259,**332**,407,416

——推薦書目録（挙要目録・導読目録・導読書目・閲読書目） 39,199,304,320,**332-339**,374,416

——禁書目録 199,**340-348**,397

——違礙書目録 342

——販書目録 24,199,**348-356**,382,407,419

——引用書目録 199,330,**356-366**,374,392,396-397,407

——版本目録 93-94,199,245,251,282,**366-384**,411,442

——善本書目録（善本目録） 199,251,**376-377**,379,381,410,418-419

——刻書目録 **382**

——個人著作目録 199,**384-391**,413

——辨偽目録（偽書目録） **102-103**,332

——闕書目録（待訪書目） **112-116**,145,332,398

——目録の目録 199,**392-397**

《目録の構造》

篇目 14,18-19,**29-38**,43,45,80,85,150,239,

258,269-270,272,281,291,300,322,324,357,403,422
叙録　*10,29,**43-54**,65,97-98,209,231,248,281,307,320,362,404,407,413,433*
提要　*10,12,14-15,17,24,29,**43-54**,68,**69***〔書前提要・総目提要〕*,71,82,90,93,98,100,101,112,157,164,169,201,203-204,206,212,222,223,233,235,237,240-242,246-247,252,270,273,278-279,288,299,301,306,309-311,313-315,321,330,333,339,354,362-364,369,372,380-381,385,393,403,404,413-416,439*
解題　*16,24,**43**,54,87,179,197,205,211,221,243-245,258,289,303,309-310,319,328,331,402,429,444*
書録　*14-16,25,33,**43-45**,52,83,112,119,**259,260**,309,321,372,391,396,428-429*
⇄書名『別録』書録
序　⇄目録書諸序引用一覧
書目の序・目録の序　*17,21,29,38,43-44,**52-55,57-61**,63,64,112,113,138,142-143,145-149,162,182,186,209,211-214,223,231-232,239,246,259,260,262,274,279,305,337,361-363,392-393,404,406,428-439,442,443*
全目の序　***54,57-59**,222,438*　⇄凡例
——輯略　*18,57-58,62,65,70,135*
——総序　*23,25,51,**54,57-59**,186,203,209,259,445,449*
——凡例　*54,57-59,81,164,199,203,235,268,283,287,294,300-301,309,311-313,321,324,347,365,390,411,414-415,427*
——序例　*54,303,417,423,428,438-439,443-444*
——編例　*256,286,352-353,381,407,428,438-439*
類序・各類の序　*14-15,17,29,**54-59**,110-111,114,158-159,164-165,186,192,209,234,240,243,335,392,395,404,444,446*
——大類の序　*14-15,**54-59,149**,203,222-223,240,269,324,335,404,449*
——小類の序（小序）　*14-15,25,**56-59**,63-64,66,68,70,100,154-156,158-162,164-166,186,190,192,197,203,210-211,217,221-223,234,240,243,297,335,389,392,395,404*
——子目（属）の序　*70,191-192*
大類（略・部・大分類）　*21,**54,56-59,62-63,135-137**,140-141,147-149,155,167,176-177,183,192,194,222,232,267,395,403-404,443*
小類（類・家・種・小分類）　***56**,140,144,149,151,174,188,192-195,208,222,232,267,303,330,394-396,404*
子目・属（小類の下位分類）　*59,70,191,203,290,336,401-402,430*
子目（叢書に収載される個々の書名）　*154,227-228,233,264,442*

《目録の著録》

六分法（六部分類）　*57,135,137,150,152,153,330*
四分法（四部分類）　***137-143,148-154**,164,168-169,179-181,183,192,202,217-218,227,260,297,330,443,445*
十二分類法　*181*
類例　*22-23,58,**133**,140,152,173,**175-176**,223,**419***
綜述体　***45-52**,283*
輯録体　*45,**52-54**,439*
別裁（別出）　*33-34,67,306,**421-428,446-447***
互著（互見）　***421-428,447***
因・益・通・互　***412-423,445***
存目　*81,201,294,297,299,309,345,372-373,393*
存佚　*71,**110-118**,124,154,176,205,212-213,228,236,238,284,288,295,301,309,311,313,317,382,413,415,416,430*

存・佚（軼）・闕・未見　*116,229,270,271,283,298,306,430,439*

《目録の類目》

＊類目以外の用例には下線を附す

六藝（六藝略）　*18,20,22,27,62-63,**134-136**,139,143,147-149,224,244,275,446*
経部　*27,70,110,114,139,142,149-151,154,156,158-159,177,180,186-187,189,192,195,225,249,263,266,281-282,334-335,361,363-364,373,426-427,434,445-446,448*
——経典志〔七志〕　*143*
——経典録〔七録〕　*63,145,148*
讖緯（緯書）　*67,103,110-112,**130**,143,146*〔七録〕,*149,151*〔隋志〕,***158-160**,170-171,175,186*〔隋志〕,*189,195,215,357,364*
論語　*80,127,135,145,156-157,170,181,186-187,195,249,423-424,446*
語孟〔直斎〕　*59,156-158*
四書　*50,**157-158**,180,249*
小学　*135,139,143,145,170-171,174,177,179,181-183,186-187,195,249,**274-279**,334-335,364,398,399,408,423-424,446*
史部　*15,22,25,51,63,68,81,141-142,149,150,151,154,164,186,188,192,194-195,225,234-235,247-249,259,263,266-268,281-282,299,334-335,359,362-364,373,381,392,393,398,402,427,445,446,448-450*
——記伝録〔七録〕　*63,145,147-148,150-151,184*
正史（紀伝体）　*47,67,69,92,127,150,171,181,186-187,195,208,215,220,233,244,249,257,265,268,311,313,327,361,364,396,409*
——史記〔中経〕　*139*
——国史〔七録〕　*145*
——紀伝　*280*〔史籍考〕,*289*〔中国史学名著題解〕,*327*〔史籍考〕
古史（編年体）　*67,150-151,186,225*
——注暦〔七録〕　*145,151*
——編年　*171,178*〔通志〕,*181*〔孫氏〕,*195*〔宋志・百川〕,*249*〔千頃堂〕,*280,327*〔史籍考〕
野史　*247,401,408*
稗史　*280,327,408*
雑史　*81,141,150-151,155,171,178,181,186,188,192,194-195,279,289,327,364,367*
旧事　*139*〔中経〕,*141,145*〔七録〕,*150*〔中経〕,*186*〔隋志〕
——故事　*141,171,178*〔通志〕,*181*〔孫氏〕,*195*〔宋志・百川〕,*280,327*〔史籍考〕
歳時　*66,170,177,188,194*
簿録　*15,68,145,186,249,265,392-393*
——目録　*25,51,87,130,197,231,385,**393-396**,403,449*
譜牒　*195,280,327,364,436,439,449*
家譜　*171,233,287,328*
図譜　***143-144**,148,175,186,232,275,287*
法帖　*50,180,199*
史鈔・史抄　***164**,181*〔孫氏〕,***191-192***〔宋志・明志・四庫〕,*195*〔宋志〕,*249*〔千頃堂〕,*279*〔史略〕
史評　***164,191-192***〔郡斎〕,*279*〔史略〕,*289,322*
——史学　*192*〔遂初堂〕
——史評史鈔　*164*〔通考〕
諸子（諸子略）　*11,18,21,23,26,56,60,**62**,64,67,80,100,108,**135-143,149-153,160-164**,167,172-174,177-178,181,183-185,188,190-191,194,224,261,263,272,291-292,305,340,361,364,385,401,427,444*
子部　*64,68,139,140,**142,149-151**,154-156,**162-165***〔雑家・類書〕,*167-168,185-188,190-192,195,206,225,248-249,261,266,282,*

294,296-297,330,334,359,361,363,373,381,412,
424,426-427,434,445,448-449
——古諸子家・近世子家〔中経〕 **139-140**,150
——諸子志〔七志〕 143
——子兵録〔七録〕 140,145,147,150-151,185,296
——周秦諸子〔答問〕 140
縦横家 **56-57**,63-64,**70**,135,145,139,162-163,172,181,184-186,188,190-191,195
雑家 **64**,80,100,135,139,**160-164**,172,178,181,184-186,**188-191**,195,249
小説（小説家） 26,67,109,135,139,146,172,178,183-186,188,190-191,195,225,247-249,263,280,310,312-314,322,328,331,339,359,401,412,435,439
兵書（兵書略） 18,21,50,66,80,**135-144**,**147-151**,172,176,189,195〔宋志〕,269,296,297,324,327,330,364
兵家 139-140〔中経〕,142,150,156,172〔通志〕,174,176,181〔孫氏〕,186〔隋志〕,188〔崇文〕,190〔澹生堂〕,191〔千頃堂〕,195〔百川〕,249〔千頃堂〕, 261〔四庫〕,426
数術（数術略・術数） 18,21,60,**135-144**,146,**148-151**,186,194,225,**330**
方技（方技略・方伎） 18,21,60,**135-143**,**149-151**,179,194,330〔医方・医術・医書・医家〕
——術藝志〔七志〕 143
——術伎録〔七録〕 146,151〔医経・経方〕,158
——医方（子部）〔隋志〕 151
——医方〔通志〕 173-174,177,179
——医書（子部） 50〔宝文堂〕,180〔文淵閣〕,188〔崇文〕,195〔宋志〕
——医家（子部） 190〔澹生堂〕,191〔千頃堂〕,195〔百川〕,249〔千頃堂〕
五行 108,130,135,146,151,172-174,177-178,181,186,188,190-191,193-195,249,327,426
道・仏の書 58,143,147,154-155,187
釈道 328,359,394,431
道教の経典（道経・道書） 58〔七志〕,61,100,135,139,145-147,151-152,**154**〔旧唐志・新唐志〕,**155**,**156**,169,172,**176-177**,180,184,186,**187-188**,190-191,194-195,213,217,249,261,304-305,364,403,431
——仙道〔七録〕 146,151
——道経〔隋志〕 151,**187**
——道書〔崇文〕 **155**,188
——神仙〔郡斎・直斎・通考・百川〕 **155**
——神仙（子部道家）〔新唐志・遂初堂・宋志・明志・四庫〕 **154-156**
仏教の経典（仏書・仏典・釈氏・釈書・釈典） 51,58,61,106-108,143,145-148,151-152,**154**〔旧唐志・新唐志〕,**155-156**,162〔隋志〕,172,174,**176-177**,180,187-188,190-191,195,213,249,304,354,363,364,399,403,431
——仏法〔七録〕 146,148,151,155
——仏経〔隋志〕 151,**187**
——釈書〔崇文・郡斎〕 **155**,403,431
——釈氏〔直斎・通考〕 **155**
——釈家・釈氏（子部道家）〔遂初堂・通志・宋志・澹生堂・千頃堂・明志・四庫〕 **154-155**,162,172,174,190-191,249
——仏書〔文淵閣〕 180
——仏家〔百川〕 195
類書（類事・類家） 37,50,**66**,67,141,153,161-162,**164-165**,167,173,174,**177**,179-180,182,185,187-188,190-191,**192**,195,217,249,262,267,278,287,289,357,359,366,368,396-397,407,436,449
詩賦（詩賦略） 18,21,**54-56**,**63**,135,**136**,

139,141-143,**147-149**,182〔孫氏〕,185,186,
215,**305**,356
集部　95,137,141,149,154,164-166,**186-188**,192,195,225,248-249,266-267,282,**306**,307,334,362-363,373,379,412,426-427,434,446,448,449
——文翰〔七志〕　**143**,148,**305**
——文集〔七録〕　50〔宝文堂〕,**146**,148,178,180〔文淵閣〕,**305**
——文類〔通志〕　173-174,178-179,192-194
総集　37,137,146,153,165-166,173,180,182,186,188,192-193,195-196,248,249,306,311,359,412,435
別集　137,146,153,173-174,180,182,**186**,188,193,195-196,225,231,241,243,248,250,306,311,359,374,389,412,437,445-446
詩集〔直斎〕　59,73〔敏求〕,243
詞曲〔千頃堂・四庫〕　137,**166-167**,248
——楽曲〔遂初堂〕　166
——歌詞〔直斎・通考〕　166
文史　**164-166**,173,178,188〔崇文〕,**192**〔崇文・新唐志・遂初堂・通志・直斎・通考・宋志・明志〕,193,195〔百川〕,249〔千頃堂〕,327〔史籍考〕,436
——詩評〔通志〕　173,178,**192**,193
——詩文〔史籍考〕　327
——詩文評類〔四庫〕　137,**165-166**,182〔孫氏〕,**192**,359〔全宋詞〕
叢書　34,117,153,154,**163**〔澹生堂・答問〕,**167-168**,187,191,198,206,**224-229**,232,236,259,261,263,**264**〔独撰叢書〕,287,289,295,327,**336**,355-356,374,395-396,411,415,**442**,**445**,446

《書物の構成要素》
篇・巻・冊（本）　**82-92**,96
序例　54,303,417,**428**,438-439,443-444,447
凡例　54,57-59,81,164,199,203,235,268,283,287,294,300-301,309,311-313,321,324,347,365,411,414-415,427,438
編例　256,286,352-353,381,407,428,438-439
序跋　44,**52-53**,80,97,124,**126**,221,223,229,237,252,258,270,281,283,298,303-304,309,323,369,380,418,429,434-435,437-438
——序（序文・序言）　10,33-34,44-45,48,52,58,**69**,81,99,105,123,126,198,205,231-233,236,241-242,270,276,281,287,294,303,308,325,329,342-343,362,364,379,380,388,392,407-410,413-414,418,428,438,442-443,450
——原序　53,230,309,385,387
——自序　12,33,43,53,66,68,**69**,95,106,125,130,225,230,235,275,277,284,295,303,307-308,345,363,366,385,387,405-406,416,450
——代序（他序）　**69**,295,416
——跋（跋文・後序・書後・書跋・題識・題跋・題跋記・尾跋・読書記）　42,44,**69**,76-77,81,**88-89**,98-99,119,126,249,**252**,258,261-262,281-282,295,297-298,303,307,309,311,323,328-329,334,344,359,**370-371**,373,375,377,**381-382**,394,396-397,412,416,418
眉批・校語・手跋　288,380
手批・手校　367,385-386
款識　282
蔵書印（印章・鈐印・収蔵印）　23,98,252,307,331,369,380
——印記　98-99,307,369-370,380,418
題箋　86
大題・小題　285,**329**
巻端題（巻端）　77,**81**,124,**126**
封面（扉・内封面）　**80-81**,99,**126**

書根　*81*,***126***
木記　*80*
牌記　*81,99*,***126***,*252,369,380,418*
奥付　*81,124*〔版権頁〕
葉（丁）　*94,98-99,126*,***128***,*129,285,307,319,321,342,377,379-380*
　——通し丁　*99*,***129***
　——零葉　*377*
框郭　*380*
　——単辺・双辺（双闌）　*98*,***128***,*285*
版心（柱・書口・版口）　*80-81,98*,***126,128***,*266,285,379,380*
　——中縫　***128***
　——魚尾　*98-99*,***128***,*285,379*
　——象鼻　***128***
　——白口・黒口　*98*,***128***,*266,285,379*
繡像・出像・出相・絵像　*77*,***125***
圏点　*40,353,417*
墨丁　*379*

《書物の素材・形態》

簡（竹簡・木簡・簡策）　*10,13,18,26,31,37*,***82-84,86***,*96,116,129,141,185,357,430*
　——竹書　*31,86,141,185-186,215*
　——殺青　***26***,*46*
　——脱簡　*96*
帛（絹帛）　*10*,***82-86***,*96*
　——帛書　*31,84,86,109,129*
紙・紙冊　*82,85-86,96*
巻子本　*84,261*
線装本　*31,84-87,128,206,301,324*
金石　*81,182,188,217,282,289,327-328,394,399,402*
石刻　*368*

《書物の制作》

抄写　*31,83-84,96,112,141,238,252,318,359,377,402,433*
　——抄本　*19,42*〔明藍格抄本〕,*76,88-89*〔旧抄本〕,*94,98*〔旧抄本〕,*104*〔明抄本慎子〕,*199,213,261,266*〔澹生堂抄本〕,*284,287-288,297*〔清初抄本〕,*301,307*〔旧抄本〕〔明末葉奕抄本〕,*314,318*〔百本堂抄本子弟書目録〕,*334,359,360,368*〔高麗抄本〕,*370-371,375*〔清抄本〕〔張立人抄本〕,*376*,***377***,*381,394*〔旧抄残本〕,*395*〔旧抄本〕,*396,416,440*〔藕香移抄本〕
　——鈔輯体　*153*,***187***
版刻（板刻・刊刻・刻印）　*23,61,77,96,115,205,242,243,282,285,306,309,311,313,328,334,337,343,348,351,354-355,367,377,379-383,394,402-403,417,442*
　——刻本　*76,79,84,89,94-95,98,127-128,207,242,248,259,276,284,295,297,307-309,317,333,335,354,357,359,368-370,372,375,377,384-386,394,398,400,411,413,415-416*
　——刊本　*31,50,88,94,98-99,127-128,130,141,199,205,243,259,262,282,285,287-288,295,299,301,303,307,310,345,379,382,386,394,400,431*
　——版本　*12,23*,***27***,*28*,***40***,*41,42,44-45,51,71,76,87*,***92-99***,*124,126-127,199,204,206,226,233,237,244-245,251,276,278,282,284-288,292,294,301-304,306,309,311-314,316-317,319-322,332,334-335,337-338,353,355-356,360*,***366-374,376,379-382***,*386,394-396,402,407,411,413,415-416,418-419,421,441-442,447*
活字本　*20,32,46,95,359,368,377*
石印本　*124,317,351,401*
鉛印本　*317,376,441,444*
原板（原版）　*99*,***129***,*342,369*
修板　*369*

補版　*99*,***129***

重刻・重刊　*78,93,195,272,303,349,354,398,433*

翻刻　*40,94,223,226,242,285-286,296,309,349,380-381*,***398***

覆刻　*40,261,276,309,335*

仿刻　*227*

復刻　*335*〔新会陳氏復刻殿本〕

版式　*23,79,224,264,369*,***379***,*418*

行款（幅式）　***98***,*252,284-285,307,312,369,371,418*

開本　*206*,***262***

紙張・墨色　*369,418*

刻工　*81,98,126*,***128***,*199*,***379-381***,*442*

缺筆　***128***

避諱（諱字）　*78,98*,***128***,*252*

《テキストの系統・種類》

祖本・子本　*369*

原刻本（原刊本）　*242-243*

初刻本（初版）　*354-355*

重刻本（重刊）　*93,303,349,354,398,433*

翻刻本　*40,94,223,285,381*

覆刻本　*40,95*〔覆宋刻本〕

影印本・影抄本　*19*〔影明抄本〕,*20*〔影印明活字本〕,*31*〔影印元至正本〕,*32,46,47,50*〔影印宋刊本〕,*72,93-95*〔影印宋大字本〕,*98*〔影宋本〕,*199*〔影宋抄本〕,*242,261*〔影宋本〕〔影宋蜀大字本〕〔影旧抄本巻子本〕,*296,360*〔汲古閣景宋抄本〕〔影印金本〕,*368,371,376,381*〔影抄本〕,*383-384*〔文禄堂影印宋建安刻本〕〔文学古籍刊行社影印宋刻本〕,*416,443*

写刻本　*79*

仿刻本（仿本）　*94*〔明正徳仿宋本・項氏玉淵堂仿宋刊本〕,*95*〔明仿宋刻〕,*333*〔仿宋刻本〕

校本　*80*〔新校本聖武親征録〕,*94*〔何義門校本〕,*95,98*〔校宋本〕,*242*〔校刻本〕,*293*〔孫星衍校本〕,*317*〔脈望館校古名家雑劇本〕,*335*〔精校本〕,*336*〔精校精注本〕,*354*〔点校本〕,*359,360*〔道蔵校補朱本〕,*379,386*〔烏亭蔣氏蔵黄蕘圃麟段茂堂校本〕,*387*

宋本（宋版・宋刊・宋刻）　*14,23,31,50,72,73*〔北宋本〕,*82*〔北宋版〕,*90*〔南北宋本〕,*93,94*〔宋蜀本〕,*95,98,127,141,199,207,227,242*〔宋袁州刻本〕,*248,259*〔剡川姚氏宋刊本〕,*261-262,268,284,307,309,333,349*〔宋元版〕,*356,360,367-371,379,383-384,386,413*

金本　*199*〔金大定年間刊本貞観政要〕,*360*

元本（元版・元刊・元刻・元槧）　*23,31,50,72,94,98,141,199,227,248,259,268,284,294,296,309,349,367-371,377,394,402,413*

明本（明版・明刻・明刊）　*19-20,32,40-42*〔明北監本・明毛晋汲古閣本〕,*46,79*〔明嘉靖刻本〕,*89,93,94*〔明正徳仿宋本・明嘉靖二十四年顧佃子刊本・明奇字斎本・明嘉靖丁酉南陽府陳鳳刊本〕,*95,104,199,205,259,284,285*〔明正徳十六年書戸劉洪刊本〕,*297,303,307*〔明正徳依宋刊本〕,*335,357,367*〔永楽刻・宣徳間刻・景泰五年刻・成化刻・弘治刻〕,*371,377,394*〔明万暦間武林陳氏刻本〕

――（明）嘉靖刻本　*79,94,400*

――（明）万暦本　*205,263,394*

（清）乾隆刻本　*40*〔乾隆四年武英殿刻附考証本〕,*79,94*〔乾隆元年趙氏刊本〕,*310,376,398*

（清）嘉慶刻本　*227*〔彙刻書目〕,*287,308*

（清）道光刻本　*252*〔天一閣書目〕,*264*

〔皇清経解〕,332〔経籍挙要〕,354〔癸巳類稿〕,376〔函海〕
（清）同治刻本　40〔同治十年広州書局覆刻殿本〕,287
（清）光緒刻本　67〔玉函山房輯佚書〕,79,223〔八史経籍志〕,261〔古逸叢書〕,333〔書目答問〕,344〔咫進斎叢書〕,445
高麗本（朝鮮本・韓本）　92,**127**,287,368
官本（官書・官刻・官刊・官編）　93,**127**,203,285,345,414,417
——武英殿本　40〔乾隆四年武英殿刻附考証本〕,335〔武英殿附考証本〕,394〔武英殿聚珍版本〕
監本（南監本・北監本）　40-41,92-93,**127**,128,243,285,335-336,368,383
書局本　40〔広州書局覆刻殿本〕,293〔湖南思賢書局本〕,335〔江寧・蘇州・揚州・杭州・武昌五書局合刻本〕
州郡公使庫本　92,**127**
坊刻本（坊刻）　**398**,400
書棚本　307,331,379
明毛晋汲古閣本（汲古閣本・汲古本）　40-41,330,333,335,360
秘閣本　92,**127**
内府本　205,368
中書（秘書・中秘書・内書）　13,**25**,31-33,45,50,61,72,213,372,444
外書　13,25,31-33,45

《テキストの性質・評価》

善本　89,95,97,141,199,238,251,261,288,302,311-312,335,337,359,369,372-373,**376-383**,**402-403**,410,418-419,431
孤本　288,312-313,435
稀覯書　309,312,334,359,432
完本　37,116-117,205,266,324,330,430
足本　97,359,377
節略本・删節本　90,206,444
簡略本　40
残本　97,377,394
通行本　305,323,335
今本　65,105-109,127,129-130,241,272,365
古本　51,77,91,105,114,129,284,364
偽書　**100-109**,129,212,288,293,329,334
合本子注書　37,66

《捜書・輯佚・禁書》

遺書　18,25,70,115,234,266,342-343,398,402,428,448,450
献書　17-18,260
佚書（逸書・散佚書・古佚書）　**66**,110-111,113,214,237,262,303,312,327,407,433
佚文　15,18,**26**,35-36,38,47,65-67,229,237,303,305,324,336,357,416
輯佚　**36-38**,**66**,67,70,214,226,264,273,324,366,407,409,444
輯本　66-68,70,129,243,268,328,330,363,416,435,450
禁書　199,**340-342**,**344**,**345**,412,441
違礙　**341-345**
删・改・焼・禁　341
銷燬・抽燬　**341-345**,405

《学術》

校讎・校讎学　**22**,27,54,83,**133**,141,**179**,307,407,**420**,430,440
版本学　41,306,366,382
校勘学　41,337
目録学（目録之学）　10,**16-24**,36,38,**40-43**,53-54,117,137,153,175,198,228,235,313,352,366,381,398,402,407,411,423
王官の学・私門の学　56-57,62,136,184
〈経学〉
六藝　20,62,63,134-135,139,143,147-149,

224,　244,275
六経　13,20,112,125,158,184,224,325,383
石経　92〔成都石経本〕,**128**〔開成石経〕,170,267
古文　17,68,69,105,107,111,114,170-171,182,260,275,326,334,399
今文　36,107,141,186,272,325,334
科斗文字（蝌蚪書）　141,**186**
訓詁　273,275,278,327,408
音韻　171,175,273-274,326,332,386
読若・反切　182,**196**
直音（直音法）　**196**
叶韻　**326**
古音　273-274,277,326
今音　273,326
〈史学〉
地方志（方志）　37,79,115,180,**229**,**232-238**,249,287,289,327,396,410,416,421,428-430,433,448
年譜　50,232,268,**286-289**,308,327,329,359,**387-390**,413
政書　50,180,311,399
長編　214,**263**,283,304
紀伝体　67,141,244,289
編年体　67,129,141,244,286
〈諸子学〉
子書（諸子書・子部書）　30,74,137,180,292-294,361
医書　88,195,298-299,**330**,349,406
道蔵　50,106,295,305,354,360,402,431
仏蔵　50,402
〈文学〉
詩歌　55,56,248,310,312,389
楽府　48,50,55,**69**,136,167,248,311,412,426
戯曲　48,247,310,314-315,317-318,321-322,331,339,406,410,416,444-445
曲藝　318-320,331
雑劇　248,315-318,410,412,444-445
小説　109,183,247-248,263,310,**312-314**,321-322,331,339,347,401,410,412,435,439,445
——筆記小説　37
——古小説　67,312
——通俗小説　312
——文言小説　313
——白話小説　313,331
——話本小説　359
——伝奇　248,316-318,435-436,439,445,449
子弟書　318-319,**331**
文藝理論　165,192,320-322
紅学　314
文集（詩文集）　50,53,79,153-154,167,186,207,210,221,225-226,287,302,305-309,358,373,396,422,446

《書閣・書肆》
秘書閣　61
秘閣　112,143,146,239,358
秘室（秘府）　17,18,25,26,112,141,199,450
内閣　61⇄中閣
中閣　138,139⇄内閣
外閣　61,138,139
延閣　17,26,212
広内　17,26,212
石渠閣　179,420
天禄閣（天禄）　179,420
国子監　127,382,383
文瀾閣　274,372,408
文宗閣　372
文匯閣　372
文淵閣　79,406
金台書鋪　348
通学斎書店　355
掃葉山房　336,351,352,401

中国版本図書館　206,261-262,353

《官署・官職》

太常　13,17,**26**,189,444
太史（太史令）　13,17-18,21,**26**,45,124,136
博士　17,**26**,340
光禄大夫　13-14,17,45,444
校中秘書　17,25
秘書　141,**184**
秘書郎　137-139,**184**,260
秘書監　60,114,137-139,143,146,**184**,260
秘書丞　143
著作郎　142,259
著作佐郎　137-138,184
大予楽（太予楽）　159,**189**
中塁校尉　197,**258**,429,444
中書令　138

《目録書〈諸序〉引用一覧》

＊総序等は数字のみ掲げ冒頭にまとめる
『漢志』　17-18,262：54-55〔詩賦略〕,56-57〔縦横家〕,160〔雑家〕,269〔兵書略〕
『七録』　21,44,57,63,138,142,145-148,239,305
『隋志』　51,58-61,112,139,143,149,259：15〔簿録類〕,66〔書〕,111-112〔讖諱類〕,114〔孝経類〕,149〔経部・史部・子部・集部〕,190〔雑家類〕,192〔集部〕,234〔地理類〕,392-393〔簿録類〕
『古今書録』　38
『旧唐志』　58,112,162,210,404-405
『新唐志』　260
『郡斎読書志』　393
『史略』　279
『直齋書録解題』　156-157〔語孟類〕,159-160〔讖緯類〕,243〔詩集類〕
『文献通考』　53〔自序〕,450〔経籍志総序〕
『録鬼簿』　48
『宋志』　61,113,211-212
『文淵閣書目』　406
『百川書志』　246,406
『明志』　212-214
『天録琳琅書目』　199
『四庫提要』　58-59,164,203-204,411-412,414：25〔目録類〕,64〔雑家類〕,155〔釈家類〕,155〔道家類〕,158〔四書類序〕,163〔雑家類〕,164〔類書類〕,165〔詩文評類〕,166-167〔詞曲類〕,191〔雑学・雑考・雑説・雑品・雑纂・雑編〕,192〔史鈔類〕,449〔目録類〕〔史部総序〕
『小学考』　274,408
『孫氏祠堂書目』　182-183
『書目答問』　334,336：335〔経部〕〔地理類〕〔略例〕,337〔国朝著述諸家姓名略〕
『蕘圃蔵書題識』　371,418
『温州経籍志』　53-54,271,428-438
『清史稿藝文志』　214
『史記書録』　284-285

《目録書〈解題・提要〉引用一覧》

『別録・劉向書録』
　列子　12-14,72
　説苑　19
　晏子　20,32-33,45-46
　戦国策　31,50
　孫卿（荀子）　46-47,83
　尸子　47
　鄧析子　48
　易伝古五子　50
　易伝道訓　50
　管子　50,119
『新唐志』

　邱為集　51-52
『郡斎読書志』
　文中子　101
　藝文志見闕書目　115
　史通　164
　笠沢叢書　225-226
　陶潜集　240-241
　王勃集　241-242
　道徳論述要　295
『子略』
　論衡　292
『直斎書録解題』
　関子明易伝　101
　秘書省四庫闕書目　113
　鄭氏書目　179
　郡斎読書志　243,393
　九経字様　243
　史記　243-244
　杜必簡集　244
　韋蘇州集　244
　熙寧日録　245
　道徳論述要　295-296
『録鬼簿続編』
　羅貫中　48
『百川書志』
　郁離子　246
　使琉球録　247
　初唐詩　247
　双偶集　247
『経義考』
　周易参同契　271
『読書敏求記』
　春秋公羊伝何休解詁　369
　顔氏家訓　369
　三辰通載　370
『小学考』
　爾雅注　275
『経籍挙要』
　説文解字　333
　説文解字注　333
　資治通鑑　333
『四庫全書総目』
　宝文堂分類書目　50-51,368
　直斎書録解題　101,244
　四書大全　157
　千頃堂書目　250
　経義考　270
　三朝北盟会編　358-359
『書目答問補正』
　曹子建集　95
『春在堂全書録要』
　古書疑義挙例　385
『蕘圃刻書題識』
　季滄葦蔵書目　370
『蕘圃蔵書題識続録』
　楊仁斎直指方論　88-89
『温州経籍志』
　東嘉書目考　230-231
　水中雁字詩　231
『四部叢刊初編書録』
　方言　98
『書目挙要』
　直斎書録解題　394
『戴東原著述纂校書目考』
　原善　387-388
『諸子書目』
　晏子　292-293
　欽定二十四史　335-336
『経子解題』
　論語　272-273
『老子考』
　道徳論述要　295-296
『許学考』
　説文解字校録　276-277

『曲海総目提要』
閙門神 315-316
『王静安先生手校手批書目』
広韻 386-387
『水経注引書考』
十州記 364-365
『宝礼堂宋本書録』
韋蘇州集 379-380
『子弟書総目』
百本張『子弟書目録』 318-319
『楚辞概説与読物』
楚辞新注 310
『史記書録』
史記集解索隠 285-286
『増訂四庫簡明目録標注』
王右丞集注 94-95
『四庫全書総目提要補正』
明会典 205
『増訂晩明史籍考』
盧司馬殉忠実録 283-284
『四庫提要辨証』
子略 205-206
『古籍目録』
癸巳類稿 354
『全金元詞引用書目録』
磻渓集 360
『中国歴代年譜総録』
孔子編年 286-287
『唐集叙録』
張祜詩 306-307
『中文系学生閲読書目提要』
広雅疏証 277-278
『古典戯曲存目彙考』
関漢卿「感天動地竇娥冤」 316-317
『全国新書目』
後山居士文集 206-207
『蔵園群書経眼録』
孟東野詩集 98-99
『近三百年人物年譜知見録』
（宝応）劉楚楨先生年譜 288-289

目録分類要覧

・原著の附表二「四部分類源流一覧表」(原載姚名達『中国目録学史』)を参照して、歴代の主な目録書における図書分類の沿革を表にして示した。
・ローマ数字は大分類を、アラビア数字は小分類を、○囲みのアラビア数字は細目を表し、各目録書における著録順を表す。
・中国古籍善本書目の「Ⅴ叢部」は省略した。なお、その小分類は「１彙編叢書」「２地方叢書」「３家集叢書」「４自著叢書」である。
・取り上げた目録書の大分類は以下の通りである。

目録書	大分類					
漢書藝文志	Ⅰ輯略	Ⅱ六藝略	Ⅲ諸子略	Ⅳ術数略	Ⅴ兵書略	Ⅵ方技略	Ⅶ詩賦略
七録	Ⅰ経典録	Ⅱ記伝録	Ⅲ子兵録	Ⅳ文集録	Ⅴ術伎録	Ⅵ仏法録	Ⅶ仙道録
隋書経籍志	Ⅰ経部	Ⅱ史部	Ⅲ子部	Ⅳ集部			
旧唐書経籍志	Ⅰ甲部経録	Ⅱ乙部史録	Ⅲ丙部子録	Ⅳ丁部集録			
新唐書藝文志	Ⅰ甲部経録	Ⅱ乙部史録	Ⅲ丙部子録	Ⅳ丁部集録			
崇文総目	Ⅰ経部	Ⅱ史部	Ⅲ子部	Ⅳ集部			
郡斎読書志	Ⅰ経部	Ⅱ史部	Ⅲ子部	Ⅳ集部			
遂初堂書目	Ⅰ経部	Ⅱ史部	Ⅲ子部	Ⅳ集部			
直斎書録解題	Ⅰ経部	Ⅱ史部	Ⅲ子部	Ⅳ集部			
文献通考経籍考	Ⅰ経部	Ⅱ史部	Ⅲ子部	Ⅳ集部			
宋史藝文志	Ⅰ経部	Ⅱ史部	Ⅲ子部	Ⅳ集部			
明史藝文志	Ⅰ経部	Ⅱ史部	Ⅲ子部	Ⅳ集部			
四庫全書総目	Ⅰ経部	Ⅱ史部	Ⅲ子部	Ⅳ集部			
中国古籍善本書目	Ⅰ経部	Ⅱ史部	Ⅲ子部	Ⅳ集部	Ⅴ叢書部		

<table>
<tr><th>漢書藝文志</th><th>七録</th><th>隋書経籍志</th><th>旧唐書
経籍志</th><th>新唐書
藝文志</th><th>崇文総目</th><th>郡斎読書志</th></tr>
<tr><th>Ⅱ六芸略</th><th>Ⅰ経典録</th><th>Ⅰ経部</th><th>Ⅰ甲部経録</th><th>Ⅰ甲部経録</th><th>Ⅰ経部</th><th>Ⅰ経類</th></tr>
<tr><td>1易</td><td>1易部</td><td>1易</td><td>1易類</td><td>1易類</td><td>1易類</td><td>1易類</td></tr>
<tr><td>2書</td><td>2尚書部</td><td>2書</td><td>2書類</td><td>2書類</td><td>2書類</td><td>2書類</td></tr>
<tr><td>3詩</td><td>3詩部</td><td>3詩</td><td>3詩類</td><td>3詩類</td><td>3詩類</td><td>3詩類</td></tr>
<tr><td>4礼</td><td>4礼部</td><td>4礼</td><td>4礼類</td><td>4礼類</td><td>4礼類</td><td>4礼類</td></tr>
<tr><td>5楽</td><td>5楽部</td><td>5楽</td><td>5楽類</td><td>5楽類</td><td>5楽類</td><td>5楽類</td></tr>
<tr><td rowspan="2">6春秋</td><td rowspan="2">6春秋部</td><td rowspan="2">6春秋</td><td>6春秋類</td><td>6春秋類</td><td rowspan="2">6春秋類</td><td>6春秋類</td></tr>
<tr><td rowspan="2">10経解類</td><td rowspan="2">10経解類</td><td rowspan="2">9経解類</td></tr>
<tr><td rowspan="2">7論語</td><td rowspan="2">7論語部</td><td rowspan="2">8論語
爾雅・五経総義附</td><td rowspan="2">8論語類</td></tr>
<tr><td>8論語類</td><td>8論語類</td><td>8論語類</td></tr>
<tr><td rowspan="2">8孝経</td><td>8孝経部</td><td>7孝経</td><td>7孝経類</td><td>7孝経類</td><td rowspan="2">7孝経類</td><td rowspan="2">7孝経類</td></tr>
<tr><td rowspan="2">緯讖部（Ⅴ2）</td><td rowspan="2">9讖諱</td><td rowspan="2">9讖緯類</td><td rowspan="2">9讖緯類</td></tr>
<tr><td rowspan="3">9小学</td><td rowspan="3">9小学類</td><td rowspan="3">10小学類</td></tr>
<tr><td rowspan="2">9小学類</td><td rowspan="2">10小学</td><td>11詁訓類</td><td rowspan="2">11小学類</td></tr>
<tr><td>12小学類</td></tr>
</table>

遂初堂書目	直斎書録解題	文献通考経籍考	宋史藝文志	明史藝文志	四庫全書総目	中国古籍善本書目
Ⅰ経類	Ⅰ経部	Ⅰ経部	Ⅰ経類	Ⅰ経類	Ⅰ経部	Ⅰ経部
1経総類 合刻九経善本各経						1総類
2周易類	1易類	1易	1易類	1易類	1易類	2易類
3尚書類	2書類	2書	2書類	2書類	2書類	3書類
4詩類	3詩類	3詩	3詩類	3詩類	3詩類	4詩類
5礼類	4礼類	4礼 11儀注 12諡法	4礼類	4礼類	4礼類 ①周礼 ②儀礼 ③礼記 ④三礼総義 ⑤通礼 ⑥雑礼書	5礼類 ①周礼 ②儀礼 ③礼記 ④三礼総義 ⑤通礼 ⑥雑礼書
6楽類	(Ⅲ18音楽類)	10楽	5楽類	5楽類	9楽類	6楽類
7春秋類	5春秋類	5春秋	6春秋類	6春秋類	5春秋類	7春秋類 ①彙編 ②左伝 ③公羊伝 ④穀梁伝 ⑤春秋総義
	9経解類	9経解	9経解類	8諸経類	7五経総義類	10群経総義類
8論語類 孝経孟子附	7語孟類	6論語 7孟子	8論語類	9四書類	8四書類	9四書類 ①論語 ②孟子 ③大学 ④中庸 ⑤四書総義
	6孝経類	8孝経	7孝経類	7孝経類	6孝経類	8孝経類
	8讖緯類	13讖緯				
9小学類	10小学類	14小学	10小学類	10小学類	10小学類 ①訓詁 ②字書 ③韻書	11小学類 ①彙編 ②訓詁 ③字書 ④韻書

漢書藝文志	七録	隋書経籍志	旧唐書 経籍志	新唐書 藝文志	崇文総目	郡斎読書志
	Ⅱ記伝録	Ⅱ史部	Ⅱ乙部史録	Ⅱ乙部史録	Ⅱ史部	Ⅱ史類
	1国史部	1正史	1正史類	1正史類	1正史類	1正史類
		2古史	2編年類	2編年類	2編年類	2編年類
	2注暦部	3雑史	4雑史類	4雑史類	4雑史類	4雑史類
		4覇史	3偽史類	3偽史類	5偽史類	5偽史類
	7偽史部	5起居注	5起居注類	5起居注類	3実録類	3実録類
	3旧事部	6旧事	6故事類	6故事類		
	4職官部	7職官	7職官類	7職官類	6職官類	7職官類
	5儀典部	8儀注	9儀注類	9儀注類	7儀注類	8儀注類
	6法制部	9刑法	10刑法類	10刑法類	8刑法類	9刑法類
	8雑伝部	10雑伝 鬼神附	8雑伝類	8雑伝記類	12伝記類	11伝記類
	9鬼神部				11歳時類	
	10土地部	11地理	13地理類	13地理類	9地理類	10地里類
	11譜状部	12譜系	12譜牒類	12譜牒類	10氏族類	12譜牒類
	12簿録部	13簿録	11目録類	11目録類	13目録類	13書目類
				(Ⅳ3総集類)	(4雑史類)	6史評類

遂初堂書目 Ⅱ史類	直斎書録解題 Ⅱ史部	文献通考経籍考 Ⅱ史部	宋史藝文志 Ⅱ史類	明史藝文志 Ⅱ史類	四庫全書総目 Ⅱ史部	中国古籍善本書目 Ⅱ史部
1 正史類 2 編年類	1 正史類 3 編年類 2 別史類	1 正史 2 編年	1 正史類 2 編年類	1 正史類 編年附	1 正史類 2 編年類 4 別史類	1 紀伝類 ① 彙編 ② 通代 ③ 断代 2 編年類 ① 通代 ② 断代
3 雑史類 8 本朝雑史 6 偽史類 夷狄附各国史後	7 雑史類 6 偽史類	4 雑史 6 偽史覇史	3 別史類 13 覇史類	2 雑史類	5 雑史類	4 雑史類
11 実録類 7 国史類 5 故事類 9 本朝故事	4 起居注類 8 典故類	3 起居注 8 故事	5 故事類	4 故事類	3 紀事本末類	3 紀事本末類 ① 通代 ② 断代
12 職官類	9 職官類	9 職官	6 職官類	5 職官類	12 職官類 ① 官制 ② 官箴	12 職官類 ① 官制 ② 官箴 ③ 政紀
13 儀注類	10 礼注類	(Ⅰ 11 儀注)	8 儀注類	6 儀注類	13 政書類 ① 通制 ② 典礼 ③ 邦計 ④ 軍政 ⑤ 法令 ⑥ 考工	13 政書類 ① 通制 ② 典礼 ③ 邦計 ④ 軍政 ⑤ 法令 ⑥ 邦交 ⑦ 考工 ⑧ 科挙 ⑨ 公牘 ⑩ 檔冊 ⑪ 雑録
14 刑法類	13 法令類	10 刑法	9 刑法類	7 刑法類		
(Ⅳ 2 章奏類)	5 詔令類 (Ⅳ 6 章奏類)	(Ⅳ 5 章奏)			6 詔令奏議類 ① 詔令 ② 奏議	5 詔令奏議類 ① 詔令 ② 奏議
4 雑伝類 10 本朝雑伝	12 伝記類	5 伝記	7 伝記類	8 伝記類	7 伝記類 ① 聖賢 ② 名人 ③ 総録 ④ 雑録 ⑤ 別録 9 載記類	6 伝記類 1 ① 総伝 ② 別伝 ③ 年譜 ④ 日記 7 伝記類 2 ① 家伝 ② 宗譜 ③ 雑録 ④ 貢挙 ⑤ 職官録
	11 時令類	12 時令			10 時令類	9 時令類
18 地理類	16 地理類	11 地理	12 地理類	9 地理類	11 地理類 ① 総志 ② 都会郡県 ③ 河渠 ④ 辺防 ⑤ 山川 ⑥ 古蹟 ⑦ 雑記 ⑧ 遊記 ⑨ 外紀	10 地理類 1 ① 総志 ② 方志 11 地理類 2 ① 雑志 ② 山水志 ③ 専志 ④ 遊記 ⑤ 外紀
15 姓氏類	14 譜牒類	13 譜諜	11 譜牒類	10 譜牒類	14 目録類 ① 経籍 ② 金石	14 目録類 ① 彙編 ② 公蔵 ③ 家藏 ④ 知見 ⑤ 地方藝文 ⑥ 雑録
17 目録類	15 目録類	14 目録	10 目録類			
16 史学類	(Ⅳ 7 文史類)	7 史評史鈔	4 史鈔類	3 史鈔類	8 史鈔類 15 史評類	8 史抄類 16 史評類
						15 金石類 ① 総類 ② 金類 ③ 石類 ④ 玉類 ⑤ 陶類 ⑥ 銭幣 ⑦ 璽印

漢書藝文志 Ⅲ諸子略	七録 Ⅲ子兵録	隋書経籍志 Ⅲ子部	旧唐書経籍志 Ⅲ丙部子録	新唐書藝文志 Ⅲ丙部子録	崇文総目 Ⅲ子部	郡斎読書志 Ⅲ子類
1 儒家	1 儒部	1 儒	1 儒家類	1 儒家類	1 儒家類	1 儒家類
2 道家	2 道部	2 道	2 道家類	2 道家類	2 道家類	2 道家類
4 法家	4 法部	3 法	3 法家類	3 法家類	3 法家類	3 法家類
5 名家	5 名部	4 名	4 名家類	4 名家類	4 名家類	4 名家類
6 墨家	6 墨部	5 墨	5 墨家類	5 墨家類	5 墨家類	5 墨家類
7 縦横家	7 縦横部	6 縦横	6 縦横家類	6 縦横家類	6 縦横家類	6 縦横家類
8 雑家	8 雑部	7 雑	7 雑家類	7 雑家類	7 雑家類	7 雑家類
9 農家家	9 農部	8 農	8 農家類	8 農家類	8 農家類	8 農家類
10 小説家	10 小説部	9 小説	9 小説類	9 小説類	9 小説類	9 小説類
兵権謀（Ⅴ1） 兵形勢（Ⅴ2） 陰陽（Ⅴ3） 兵技巧（Ⅴ4）	11 兵部	10 兵	12 兵書類	12 兵書類	10 兵家類	13 兵家類
3 陰陽家 天文（Ⅵ1） 暦譜（Ⅵ2） 五行（Ⅵ3） 蓍亀（Ⅵ4） 雑占（Ⅵ5） 形法（Ⅵ6）	3 陰陽部 天文部（Ⅴ1） 緯讖部（Ⅴ2） 暦算部（Ⅴ3） 五行部（Ⅴ4） 卜筮部（Ⅴ5） 雑占部（Ⅴ6） 刑法部（Ⅴ7）	11 天文 12 暦数 13 五行	10 天文類 11 暦算類 13 五行類	10 天文類 11 暦算類 13 五行類	16 天文占書類 17 歴数類 12 算術類 18 五行類 15 卜筮類	10 天文類 11 星暦類 12 五行類
医経（Ⅶ1） 経方（Ⅶ2）	医経部（Ⅴ8） 経方部（Ⅴ9）	14 医方	17 医術類 16 経脈類	17 医術類 16 明堂経脈類	14 医書類	16 医書類
神仙（Ⅶ4） 房中（Ⅶ3）	経戒部（Ⅶ1） 服餌部（Ⅶ2） 符図部（Ⅶ4） 房中部（Ⅶ3） 戒律部（Ⅵ1） 禅定部（Ⅵ2） 智慧部（Ⅵ3） 疑似部（Ⅵ4） 論記部（Ⅵ5）	経戒（Ⅴ1） 餌服（Ⅴ2） 符録（Ⅴ4） 房中（Ⅴ3） 経（Ⅵ1） 律（Ⅵ2） 論（Ⅵ3） 記（Ⅵ4）	（2 道家類）	（2 道家類）	19 道書類 20 釈書類	17 神仙類 18 釈書類
	雑藝部（Ⅴ10）	（10 兵）	14 雑藝術類	14 雑藝術類	13 藝術類	15 藝術類
			15 事類	15 類書類	11 類書類	14 類書類

遂初堂書目 Ⅲ子類	直斎書録解題 Ⅲ子部	文献通考経籍考 Ⅲ子部	宋史藝文志 Ⅲ子類	明史藝文志 Ⅲ子類	四庫全書総目 Ⅲ子部	中国古籍善本書目 Ⅲ子部
1 儒家類	1 儒家類	1 儒家	1 儒家類	1 儒家類	1 儒家類	1 総類 2 儒家類
3 道家類	2 道家類	2 道家	2 道家類 釈氏神仙附	11 道家類	14 道家類	15 道家類
2 雑家類	3 法家類 4 名家類 5 墨家類 6 縦横家類 8 雑家類	3 法家 4 名家 5 墨家 6 従横家 7 雑家	3 法家類 4 名家類 5 墨家類 6 縦横家類 8 雑家類	2 雑家類 名法墨縦横附	3 法家類 10 雑家類 ① 雑学 ② 雑考 ③ 雑説 ④ 雑品 ⑤ 雑纂 ⑥ 雑編	4 法家類 11 雑家類 ① 雑学雑説 ② 雑考 ③ 雑記 ④ 雑品 ⑤ 雑纂
5 農家類	7 農家類	9 農家	7 農家類	3 農家類	4 農家類	5 農家類 附獣医
8 小説類	9 小説家類	8 小説家	9 小説家類	4 小説家類	12 小説類 ① 雑事 ② 異聞 ③ 瑣語	12 小説類 ① 筆記 ② 短篇 ③ 長篇
6 兵書類	12 兵書類	15 兵書	14 兵書類	5 兵書類	2 兵家類	3 兵家類
7 数術家類 ① 天文 ② 暦議 ④ 陰陽 ③ 五行 ⑤ 卜筮 ⑥ 形勢	13 暦象類 14 陰陽家類 15 卜筮類 16 刑法類	10 天文 11 歴算 12 五行 13 占筮 14 刑法	10 天文類 11 五行類 12 蓍亀類 13 暦算類	6 天文類 7 暦数類 8 五行類	6 天文算法類 ① 推歩 ② 算書 7 術数類 ① 数学 ② 占候 ⑥ 陰陽五行 ④ 占卜 ⑦ 雑技術 ③ 相宅相墓 ⑤ 命書相書	7 天文算法類 ① 天文 ② 暦法 ③ 算書 8 術数類 ① 数学 ② 占候 ⑥ 陰陽五行 ④ 占卜 ⑦ 雑述 ③ 相宅相墓 ⑤ 命書相書
12 医書類	17 医書類	16 医家	17 医書類	（9 藝術類 医書附）	5 医家類	6 医家類 ① 叢編 ② 医経 ③ 本草 ④ 診法 ⑤ 方論 ⑥ 針灸 ⑦ 養生 ⑧ 史伝
（3 道家類）	10 神仙類	18 神仙家 17 房中	（2 道家類 釈氏神仙附）	（11 道家類）	（14 道家類）	（15 道家類）
4 釈家類	11 釈氏類	19 釈氏		12 釈家類	13 釈家類	14 釈家類 ① 大蔵 ② 訳経 ③ 撰疏
9 雑藝類	18 音楽類	21 雑藝術	15 雑藝術類	9 藝術類 医書附	8 芸術類 ① 書画 ② 琴譜 ③ 篆刻 ④ 雑技	9 芸術類 ① 書画 ② 画譜 ③ 篆刻 ④ 楽譜 ⑤ 棋譜 ⑥ 雑技
10 譜録類	19 雑藝類				9 譜録類 ① 器用 ② 食譜 ③ 草木鳥獣虫魚	10 譜録類 ① 叢編 ② 器物 ③ 食譜 ④ 花草樹木 ⑤ 鳥獣虫魚
11 類書類	20 類書類	20 類書	16 類事類	10 類書類	11 類書類	13 類書類

<table>
<tr><th>漢書藝文志</th><th>七録</th><th>隋書経籍志</th><th>旧唐書
経籍志</th><th>新唐書
藝文志</th><th>崇文総目</th><th>郡斎読書志</th></tr>
<tr><th>Ⅳ詩賦略</th><th>Ⅳ文集録</th><th>Ⅳ集部</th><th>Ⅳ丁部集録</th><th>Ⅳ丁部集録</th><th>Ⅳ集部</th><th>Ⅳ集類</th></tr>
<tr><td rowspan="2">1 賦（屈原等）</td><td>1 楚辞部</td><td>1 楚辞</td><td>1 楚詞類</td><td>1 楚辞類</td><td rowspan="3">2 別集類</td><td>1 楚辞類</td></tr>
<tr><td rowspan="2">2 別集部</td><td rowspan="2">2 別集</td><td rowspan="2">2 別集類</td><td rowspan="2">2 別集類</td><td rowspan="2">2 別集類</td></tr>
<tr><td rowspan="2">2 賦（陸賈等）</td></tr>
<tr><td rowspan="3">3 総集部</td><td rowspan="6">3 総集</td><td rowspan="6">3 総集類</td><td rowspan="6">3 総集類</td><td rowspan="5">1 総集類</td><td rowspan="5">3 総集類</td></tr>
<tr><td rowspan="2">3 賦（孫卿等）</td></tr>
<tr></tr>
<tr><td>4 雑賦</td><td rowspan="3">4 雑文部</td></tr>
<tr><td rowspan="2">5 歌詩</td></tr>
<tr><td>3 文史類</td><td>4 文説類</td></tr>
</table>

<table>
<tr><th>遂初堂書目</th><th>直斎書録解題</th><th>文献通考経籍考</th><th>宋史藝文志</th><th>明史藝文志</th><th colspan="2">四庫全書総目</th><th colspan="2">中国古籍善本書目</th></tr>
<tr><th>Ⅳ集類</th><th>Ⅳ集部</th><th>Ⅳ集部</th><th>Ⅳ集類</th><th>Ⅳ集類</th><th colspan="2">Ⅳ集部</th><th colspan="2">Ⅳ集部</th></tr>
<tr><td rowspan="7">1 別集類</td><td>1 楚辞類</td><td>1 賦詩</td><td>1 楚辞類</td><td rowspan="8">1 別集類</td><td colspan="2">1 楚辞類</td><td colspan="2">1 楚辞類</td></tr>
<tr><td rowspan="3">3 別集類</td><td rowspan="3">2 別集</td><td rowspan="7">2 別集類</td><td colspan="2" rowspan="7">2 別集類</td><td colspan="2">2 漢魏六朝別集類</td></tr>
<tr><td colspan="2">3 唐五代別集類</td></tr>
<tr><td colspan="2">4 宋別集類</td></tr>
<tr><td rowspan="3">4 詩集類</td><td rowspan="3">3 詩集</td><td colspan="2">5 金別集類</td></tr>
<tr><td colspan="2">6 元別集類</td></tr>
<tr><td colspan="2">7 明別集類</td></tr>
<tr><td rowspan="2">2 章奏類</td><td rowspan="2">6 章奏類</td><td rowspan="2">5 章奏</td><td colspan="2">8 清別集類</td></tr>
<tr><td rowspan="24">3 総集類</td><td rowspan="24">2 総集類</td><td colspan="2" rowspan="5">3 総集類</td><td rowspan="5">9 総集類</td><td>① 叢編</td></tr>
<tr><td rowspan="20">3 総集類</td><td rowspan="20">2 総集類</td><td rowspan="20">6 総集</td><td>② 通代</td></tr>
<tr><td>③ 断代</td></tr>
<tr><td>④ 地方藝文</td></tr>
<tr><td>⑤ 家集</td></tr>
<tr><td rowspan="19">5 詞曲類</td><td rowspan="4">① 詞集</td><td rowspan="6">11 詞類</td><td>① 叢編</td></tr>
<tr><td>② 別集</td></tr>
<tr><td>③ 総集</td></tr>
<tr><td>④ 詞話</td></tr>
<tr><td rowspan="4">② 詞選</td><td>⑤ 詞譜</td></tr>
<tr><td>⑥ 詞韻</td></tr>
<tr><td rowspan="13">12 曲類</td><td>① 諸宮調</td></tr>
<tr><td>② 雑劇</td></tr>
<tr><td rowspan="4">③ 詞話</td><td>③ 伝奇</td></tr>
<tr><td>④ 散曲</td></tr>
<tr><td>⑤ 俗曲</td></tr>
<tr><td>⑥ 弾詞</td></tr>
<tr><td rowspan="3">④ 詞譜詞韻</td><td>⑦ 宝巻</td></tr>
<tr><td>⑧ 曲選</td></tr>
<tr><td>⑨ 曲譜</td></tr>
<tr><td rowspan="4">⑤ 南北曲</td><td>⑩ 曲律</td></tr>
<tr><td rowspan="3">5 楽曲類</td><td rowspan="3">5 歌詞類</td><td rowspan="3">4 歌詞</td><td>⑪ 曲韻</td></tr>
<tr><td>⑫ 曲表・曲話</td></tr>
<tr><td>⑬ 曲目</td></tr>
<tr><td>4 文史類</td><td>7 文史類</td><td>7 文史</td><td>4 文史類</td><td>3 文史類</td><td colspan="2">4 詩文評類</td><td colspan="2">10 詩文評類</td></tr>
</table>